E-Text: Strategien und Kompetenzen

Textproduktion und Medium

HERAUSGEGEBEN VON
EVA-MARIA JAKOBS UND DAGMAR KNORR

BAND 7

PETER LANG
Frankfurt am Main · Berlin · Bern · Bruxelles · New York · Oxford · Wien

PETER HANDLER (Hrsg.)

E-Text:
Strategien und Kompetenzen

Elektronische Kommunikation in Wissenschaft,
Bildung und Beruf

PETER LANG
Europäischer Verlag der Wissenschaften

Die Deutsche Bibliothek - CIP-Einheitsaufnahme

E-Text: Strategien und Kompetenzen : elektronische
Kommunikation in Wissenschaft, Bildung und Beruf / Peter
Handler (Hrsg.). - Frankfurt am Main ; Berlin ; Bern ; Bruxelles ;
New York ; Oxford ; Wien : Lang, 2001
   (Textproduktion und Medium ; Bd. 7)
   ISBN 3-631-37206-X

Umschlaggestaltung:
Katrin Hinrichs

Gedruckt mit Unterstützung des
Bundesministeriums für Bildung, Wissenschaft
und Kultur in Wien.

ISSN 1431-0015
ISBN 3-631-37206-X
© Peter Lang GmbH
Europäischer Verlag der Wissenschaften
Frankfurt am Main 2001
Alle Rechte vorbehalten.

Das Werk einschließlich aller seiner Teile ist urheberrechtlich
geschützt. Jede Verwertung außerhalb der engen Grenzen des
Urheberrechtsgesetzes ist ohne Zustimmung des Verlages
unzulässig und strafbar. Das gilt insbesondere für
Vervielfältigungen, Übersetzungen, Mikroverfilmungen und die
Einspeicherung und Verarbeitung in elektronischen Systemen.

www.peterlang.de

Vorwort

Die Beiträge dieses Bandes sind das nun in Buchform „greifbare" Ergebnis des 4. Kolloquiums „Textproduktion im Zeitalter des Computers" der Arbeitsgruppe PROWITEC, das im April 2000 in Wien stattfand. Als Leitthema wurde „Strategien und Kompetenzen" gewählt, um im rasanten Wandel, den die Textproduktion, -distribution und -rezeption durch die elektronischen Medien erfährt, Antworten auf den latenten Orientierungsbedarf zu geben.

Die Beiträge stehen – den PROWITEC-Intentionen entsprechend – im Zeichen der Vielfalt: internationale Beteiligung, Interdisziplinarität, Begegnung der Generationen; ganz bewußt wurde jungen Wissenschaftlern viel Raum gegeben. Das Aufeinandertreffen von verschiedenen Methoden, Herangehensweisen und Wissenschaftskulturen wird als Chance und Bereicherung aufgefaßt.

Für die Bereitstellung der Tagungs-Infrastruktur danke ich der Wirtschaftsuniversität Wien; Franz Rainer hat als Institutsvorstand die Patronanz des Instituts für Romanische Sprachen ermöglicht. Begleitende Förderung erhielt die Tagung von verbal (Verband für angewandte Linguistik, die österreichische Teilorganisation der Association Internationale de Linguistique Appliquée - AILA). Das Zustandekommen des Buchs ist dem Druckkostenzuschuß des österreichischen Bundesministeriums für Bildung, Wissenschaft und Kultur zu verdanken.

In Fortsetzung der bisher geübten Praxis hat auch dieser PROWITEC-Band ein Review-Verfahren durchlaufen. Das Engagement der Beiträger ging somit weit über den eigenen Artikel hinaus, indem es auch die Auseinandersetzung mit den anderen Aufsätzen und deren kritisch-fördernde Kommentierung umfaßte.

Die weitgehende Einhaltung der vorgegebenen Fristen hat dazu beigetragen, daß das Buch innerhalb eines angemessenen Zeitraums erscheinen konnte. Es wurde allerdings dem Ziel Vorrang gegeben, auf individuellen Zeitbedarf einzugehen und möglichst vielen Tagungsreferenten die Beteiligung am Band zu ermöglichen. Ich danke den Beiträgern für die ausgezeichnete Zusammenarbeit.

Layout und Gestaltung des Bandes stehen im Zeichen der Kontinuität; es wurde alles darangesetzt, das ansprechende optische Design dieser Reihe fortzuführen. Die Druckvorlage wurde von mir in WordPerfect erstellt; spezielle Formatierungswünsche und die Qualität der meisten Grafiken fallen in den Verantwortungsbereich der Autoren. Es koexistieren hier im übrigen Beiträge in alter und neuer Rechtschreibung; auf schweizerische und österreichische Besonderheiten wird man ebenfalls treffen.

Die Konsequenzen der „Elektronisierung" für das wissenschaftliche Publizieren werden auch in diesem Band spürbar. Der Zugang zu Quellen per Internet ist einerseits komfortabel, andererseits von begrenzter Verfügbarkeit. Verschwundene Dokumente, Migration zu anderen Sites, inaktive Links waren bei der Überprüfung der angegebenen Web-Adressen an der Tagesordnung. Es wurde versucht, den aktuellen Status unmittelbar vor Einreichung der Druckvorlage wiederzugeben (vgl. Datumsangaben), doch es wird den Lesern nicht erspart bleiben, mit den üblichen Suchwerkzeugen dem Verbleib einzelner Netz-Dokumente nachzuspüren.

Ein großes Dankeschön geht an Eva-Maria Jakobs und Dagmar Knorr für die Mithilfe bei der Tagungsvorbereitung sowie für wertvolle Hinweise zur Publikation (vgl. dazu auch den Beitrag von Dagmar Knorr in diesem Band). Meinen Kollegen vom Institut für Romanische Sprachen der Wirtschaftsuniversität möchte ich hier für vielfältige Hilfe danken – von den Arbeiten im Zusammenhang mit der Tagung bis zur Bewältigung der drucktechnischen Herausforderungen anläßlich der Publikation. In dieser Phase hat sich insbesondere Harald Stopfer verdient gemacht. Ein ganz persönliches Danke will ich Janina Praschinger sagen.

Wien im Oktober 2001
Peter Handler

Inhalt

Peter Handler 1
    Das E zum Text
    Einführung

Teil 1 Wissen und Wissenschaft

Eva-Maria Jakobs 11
    Textproduktion im 21. Jahrhundert

Christoph Sauer 23
    Vom "Alten" im "Neuen"
    Zur Bestimmung der Integration früherer Medienentwicklungen
    in multimediale Textgestaltungen

Eva Martha Eckkrammer 45
    Textsortenkonventionen im Medienwechsel

Guido Ipsen 67
    Pragmatik des Hypertextes
    Linguistische Aspekte WWW-gebundener Informationsmedien
    als designtechnisches Instrument

Rolf Todesco 81
    MailTack – Individuelles Wissensmanagement

Carsten Hausdorf und Herbert Stoyan 95
    ScientiFix – ein modellbasiertes Werkzeug zur integrierten
    Rezeption und Produktion wissenschaftlicher Texte

Dagmar Knorr 109
    Von der Dissertationsschrift zur Publikation
    oder: Wie wird aus einem Manuskript ein Buch?

Teil 2 Lernumgebungen

Jörg Zumbach und Peter Reimann 131
   Hypermediales Lernen und Kognition
   Anforderungen an Lernende und Gestaltende

Bernd Gaede 143
   Konventionalisierung der Gestaltung multimedialer Software durch Automatisierung
   Ein Produktionssystem für interaktive Lernsoftware

Helmut Felix Friedrich, Aemilian Hron, Sigmar-Olaf Tergan
und Thomas Jechle 157
   Unterstützung kooperativen Schreibens in virtuellen Lernumgebungen

Katrin Lehnen und Kirsten Schindler 169
   Schreiben zwischen Studium und Beruf
   Zur didaktischen Vermittlung domänenspezifischer Schreibanforderungen in der Hochschulausbildung

Teil 3 Domänen der Praxis

Daniel Perrin 193
   „Wir tun uns hier mal um den Inhalt herummogeln"
   Strategien computergestützter Textreproduktion beim Nachrichtenschreiben

Horst Silberhorn 221
   Das Projekt ForeignSGML
   Übersetzungsunterstützung bei technischer Dokumentation

Karl-Heinz Pogner und Anne-Marie Søderberg 235
   Organisationsinterne ‚E-Mail an alle'-Kommunikation:
   Informationsübertragung oder Kommunikationsraum?

Marc Rittberger und Frank Zimmermann 255
   Wirtschaftliche und kommunikative Aspekte eines internen
   Kommunikationsforums in einem Unternehmen der Medienindustrie

Rogier Crijns 277
   Elemente textuellen Appellierens in der digitalen Produktwerbung
   Textgestaltung und kulturspezifische Appellformen im Webvertising

Über die Autoren 295

Namensregister 301

Sachregister 307

Das E zum Text

Einführung

Peter Handler
Wien

Dieser Beitrag verknüpft Titel und Inhalt des Bandes, indem „Einführung" im doppelten Wortsinn benutzt wird. Die erste Einführung ist eine lexikalische: Die Untersuchung der aktuellen Verwendung von „E-Text" zeigt einen unbegründet zurückhaltenden Gebrauch dieser Kurzform. Die Textwissenschaften werden daher ermuntert, sie in einem weiteren Sinn als bisher für die Beschreibung und Diskussion elektronisch geprägter Textphänomene zu nutzen. Die zweite Einführung, jene in den Band, präsentiert den inhaltlichen Duktus, der von „Wissen und Wissenschaft" über „Lernumgebungen" zu „Domänen der Praxis" hinführt. Die einzelnen Artikel werden kurz vorgestellt und in den größeren Zusammenhang eingeordnet.

1 E-Text

Die elektronische Textproduktion und der elektronisch vollzogene weitere Umgang mit Texten haben sich zu einer vielbeachteten Forschungsthematik entwickelt. Doch im Gegensatz zu anderen Bereichen, wo „elektronisch" sehr rasch durch das Kürzel „E" ersetzt wurde (E-Commerce, E-Learning, E-Organisation etc.), sind die Textwissenschaften dieser Verkürzungsmöglichkeit gegenüber noch sehr zurückhaltend.

Eine Überprüfung der Verwendung von „E-Text" per Suchmaschinen ergibt folgendes Bild: Gegenwärtig bezeichnet man damit vor allem Texte, die in elektronischen Archiven zum Abruf und zur weiteren Nutzung bereitgestellt werden. Eine Metacrawler-Suche nach „E-Text" – auch die nach romanischsprachigen Äquivalenten – kurz vor Drucklegung dieses Bandes brachte spärliche zehn Resultate. Sie beziehen sich überwiegend auf universitäre Textdepots, aber auch auf private Anbieter von elektronisch gespeicherten Artikeln und Fachdokumenten. Daß die Attraktivität dieser Kurzbildung durchaus erkannt wurde, belegt eine Firma, die www.etext.net als Web-Adresse gewählt hat. Sie vertreibt auf elektronischem Weg didaktische Materialien und sieht dies als "a new publishing paradigm". Daneben existiert für umfangreichere Texte „E-Book", elektronisch publizierte Periodika werden „E-Zines" genannt.

Die „E-Text"-Suche in den wichtigsten deutschsprachigen Bibliotheken, aber auch unter „Bibliotheken weltweit" im Karlsruher Virtuellen Katalog liefert als Ergebnis vorwiegend CD-ROM-Publikationen. Damit ist hier die elektronische *off line*-Repräsentation von Inhalten verschiedenster Thematik angesprochen – Inhalte, die üblicherweise in Buchform verbreitet werden, ohne daß jedoch eine solche CD ein „abgebildetes" Buch wäre. In dieser Publikationsform sind Technik, Medizin und Wirtschaft stark vertreten. Wie sehr dieses Format für den Wissenstransfer bedeutsam geworden ist, zeigt sich an wiederholten Auflagen (vgl. z.B. Callister ^{5}2000)

Es wäre nun aber aufschlußreich, die Situation auf der Meta-Ebene herauszufinden, d.h.: Wurde und wird im *Blick auf* Texte in elektronischen Medien von „E-Text" gesprochen, und findet dies in Buchtiteln der textwissenschaftlichen Literatur seinen Ausdruck? Die Bibliotheksdatenbanken geben darauf eine negative Antwort oder führen auf falsche Fährten.[1]

Bei www.amazon.com ist zwar quantitativ mehr zu holen, doch es bleibt bei der gleichen Kategorie. Auffällig ist, daß die Typbezeichnung „E-Text" vermehrt bei jüngeren oder erst angekündigten Publikationen in den Titel integriert wird; es soll augenscheinlich als Verkaufsargument dienen. Zudem werden proprietäre Qualitäten des Mediums mit hervorgehoben – es heißt etwa zusätzlich „interactive", und die Orientierung ist eindeutig didaktisch: ein Medium, das „Ereignisse" ablaufen lassen kann, soll besseres Verständnis für Prozesse vermitteln können.[2]

Hier wird mit dem Titel dieses Bandes dazu ermuntert, die Verwendung von „E-Text" auszuweiten. Wenn die gängigen E-Präfix-Wörter offensichtlich erfolgreiches Kommunizieren trotz „weiter" Semantik erlauben (Wer wüßte denn genau, wo eigentlich „E-Commerce" beginnt und endet?), lohnt es den Versuch, das Potential der Sprachökonomie auch mit „E-Text" umfassender zu nutzen. Bei genauerem Hinsehen zeigt sich z.B. gerade beim sehr „erfolgreichen" Wort „E-Mail", daß Polysemie nicht im Widerspruch zu Praktikabilität stehen muß – bezeichnet es doch u.a. zugleich die Kommunikationsform, ein einzelnes Schrei-

---

[1] Auf die Suchoperation reagiert z.B. auch „Passau in alten Photos [...] mit e. Text ‚Passauer Nostalgie' [...]"

[2] Die Ankündigung von Raven/Johnson (^{6}2001) in www.amazon.com (19.10.01) präzisiert diese Zusatzfunktionen so: "This e-Text not only contains the content of the BIOLOGY textbook, but also: Audio pronunciation of glossary terms. Audio of the end-of-chapter summary statements. 60 new Flash animations of BIOLOGY 6/e art. Links from Testing Your Knowledge and Thinking Scientifically end-of-chapter questions to additional questions on the OLC. [...] Pop-up boxes containing the definition of all boldface terms. [...]"

ben und die Gesamtheit der Schreiben in einem bestimmten Kontext (vgl. Janich 1994, 249).[3]

Eine semantisch weite Konzeption von „elektronischem Text" und dessen Kurzbezeichnung „E-Text" erweist sich vielmehr als unabdinglich, um mit den Entwicklungen Schritt halten zu können. Während der Einsatz des Computers anfangs nur darauf abzielte, den Weg bis zum gedruckten Text per Elektronik zu vereinfachen (vgl. Silberhorn 2001), betrifft die „Elektronisierung" nun genauso massiv die Distribution und Rezeption, bis hin zu vielfältigen kommunikativen Rückkopplungsschleifen.

Als „E-Text" wird hier im weitesten Sinn „Text im elektronischen Medium" verstanden, in welche kommunikativen Situationen, Abläufe und Konstellationen er auch immer eingebettet sein mag.

2 Schwerpunkte dieses Bandes

Parallel zur Entwicklung in der Medienwelt haben sich auch die Schwerpunkte von PROWITEC erweitert und verändert. Es geht nicht mehr nur – wenn auch weiterhin primär – um elektronische Textproduktion, sondern um alle Beteiligten und Prozesse im Kommunikationsverlauf, sofern elektronische Medien im Spiel sind.

Der Band ist Spiegelbild dieser Entwicklung. Er bezieht sich auf Kommunikationsprozesse mit elektronischen Mitteln in sehr unterschiedlichen Zusammenhängen: *Teil 1 – Wissen und Wissenschaft –* umfaßt Thematiken aus der Textwissenschaft und Medientheorie, aber auch Wissensmanagement und wissenschaftliches Publizieren sind vertreten. *Teil 2 – Lernumgebungen –* greift die Mediennutzung in didaktischen Zusammenhängen auf: vom brisanten Thema „Lernen mit Hypertext" bis zur Bewältigung von Schreibaufgaben. *Teil 3 – Domänen der Praxis –* bezieht sich auf die elektronische Umsetzung beruflicher Textproduktions- und Kommunikationshandlungen, bis hin zur dabei stattfindenden Konstruktion von Identitäten und sozialen Beziehungen.

---

3   Über die Sprachökonomie hinaus wird E- zudem für stilistisch-sprachspielerische Effekte in Ad-hoc-Wortkreationen herangezogen; z.B. „[...] l'éclatement de la bulle technologique. Ce qui faisait dire à certains que les Bourses et le Nasdaq en particulier – pépinière de valeurs high-tech – subissaient une «e-correction»! (Abescat 2001, 154)" Zu stilistischen Phänomenen in der Wortbildung vgl. Handler 1993.

2.1 Wissen und Wissenschaft

Es ist gute PROWITEC-Tradition, daß an dieser Stelle ein Überblick über die aktuellen Tendenzen in der Textproduktion sowie in den dazugehörigen Forschungsfeldern und ein Ausblick auf die zu erwartenden Veränderungen gegeben wird. Das soll auch diesmal so sein, nur wird dieser „klassische" Bestandteil aus organisatorischen Gründen in einen eigenen Beitrag gefaßt:

Eva-Maria Jakobs leitet damit den *ersten Teil* dieses Bandes ein, der Wissen und Wissenschaft gewidmet ist. Sie bilanziert die jüngsten Entwicklungen in der Textproduktions-Theorie und -Praxis und erkundet die Herausforderungen künftiger Forschung: Die weitere Ausdifferenzierung der arbeitsteiligen Gesellschaft wird von einer parallelen Spezialisierung in den Schreibaufgaben begleitet – womit bereits ein erster Schwerpunkt auf domänen- und kulturspezifischem Schreiben liegt. Hinzu kommt die Einbindung des Individuums in größere Teams, die Schreibaufgaben kooperativ zu bewältigen haben; Forschung darüber muß Aufschluß geben, wie das kommunikative Abstecken von Zielen, Inhalten, Verantwortlichkeiten verläuft. Damit könnten dann auch besser geeignete elektronische Werkzeuge für kollektives Schreiben konzipiert werden. Überhaupt ist und bleibt Textproduktion in Zusammenhang mit dem Medium Computer das dominierende Forschungsfeld, weil die Auswirkungen auf den Schreibprozeß und das -produkt grundsätzlich noch immer nicht ausreichend erschlossen sind, während die Entwicklungsschübe ungebrochen weitergehen: Hypertextvernetzung, Standardisierung und Modularisierung von Texten, Kombination von Medien, Praktikabilität der Spracherkennung, u.v.m.

Christoph Sauer erkundet, inwiefern in die hochkomplexen Präsentationsformen, wie sie von der heutigen Technologie ermöglicht werden, ältere Medien einfließen und ihre jeweilige Spezifik mitbringen. Andererseits gehört zu diesem „Alten" auch die Einsicht Lessings, daß jede Kunstäußerung ihre unverwechselbaren Merkmale besitzt, also auch die neuen Konfigurationen. In diesem Spannungsfeld wird eine Medientheorie entwickelt, die in der Konzentration auf „Transformationen" aus älteren Medien einen bewußten und adäquaten Umgang mit den neuen eröffnet. In zehn Thesen entsteht ein weitläufiges Panorama zur Nutzung der neuen Medien, das viele elementare Zusammenhänge veranschaulicht.

Eva Martha Eckkrammer liefert dazu gleich ein empirisches Pendant, indem sie an verschiedenen Gebrauchstexten untersucht, wie sich unter dem Einfluß des elektronischen Mediums die Konventionen der Textsorten ändern. Deutlich manifest sind die Tendenzen zu Formularstrukturen, zu direktem Adressatenbezug und zu konzeptioneller Mündlichkeit, aber auch zu Abschleifung im interkulturellen Vergleich. Vielfach zeigt sich jedoch noch eine Gespaltenheit oder Überforderung der Textproduzenten, die sich zwischen den traditionellen Konventionen und den technischen Möglichkeiten bzw. Vorgaben der neuen Medien erst neu orientieren und neue Strategien entwerfen müssen.

Eine Verknüpfung von Hypertextdesign und linguistischer Pragmatik nimmt *Guido Ipsen* vor. Er läßt die Konversationslastigkeit der Pragmatik hinter sich, besinnt sich auf deren semiotische Grundlagen und erschließt die kommunikative Dimension von Hypertext. Die Fragen richten sich z.b. darauf, wo im Hypertextparadigma Sprechakte anzusiedeln sind, wie es sich mit der Kohärenz verhält, wie Referenz und Inferenz vonstatten gehen und wie der Kontext eines Hypertexts – auch im Sinne des *user centred design* – gefaßt werden kann. Für Hypertextdesigner und Linguisten erweisen sich so eine Reihe von Aufgaben und Anliegen als gemeinsame.

Rolf Todesco zeigt in seinem Beitrag, wie mit Hilfe eines Softwaretools individuelle Wissensressourcen aus E-Mails geschaffen werden können: *MailTack* ermöglicht, Teile aus verschiedenen Mails mit verschiedenen Kommunikationspartnern zu selektionieren und unter neuen Gesichtspunkten zusammenzufassen, etwa weil sie ein bestimmtes Thema betreffen. Ziel ist jedoch nicht die Verwaltung von Inhalten, sondern vielmehr die Umsetzung der Idee, in der Produktion der persönlichen Wissensbasis das eigene Wissen widerspiegelt zu sehen. Im Zeichen des Radikalen Konstruktivismus wird *MailTack* und dessen Weiterentwicklung zur Konstruktion, die Aufschluß über Wissensprozesse gibt.

Für die Arbeitsprozesse im „wissenschaftlichen Alltag" entwickeln *Carsten Hausdorf* und *Herbert Stojan* ein ganzheitliches Assistenzsystem: Mit *ScientiFix* werden die Teilprozesse des wissenschaftlichen Arbeitens, für die sonst jeweils eigene elektronische Hilfsmittel herangezogen werden müssen, integriert unterstützt. Die Funktionalitäten von Browsern, elektronischen Karteikästen und Textverarbeitungssystemen bzw. Authoring Tools finden sich hier in einem Werkzeug wieder; der typische Wechsel zwischen Rezeption, Planung und Produktion kann innerhalb einer Benutzeroberfläche erfolgen. Zukünftige Erweiterungen der Software zielen auf die Unterstützung kollektiver Textproduktion, die parallele Produktion verschiedener Texte und die Einbeziehung innovativer Hardwarekomponenten zur Texterfassung.

Der entscheidende Schritt der wissenschaftlichen Publikation wird von *Dagmar Knorr* näher untersucht. Die Ergebnisse ihrer Fragebogenerhebung zur Veröffentlichungspraxis von Dissertationsschriften zeigen, daß zum Promovieren heutzutage auch solide Kompetenzen in der Computernutzung gehören. Der Einsatz der von modernen Publikationsprogrammen gebotenen Automatisierungen ermöglicht eine signifikante Verringerung des Bearbeitungsaufwandes. Ausführlich beleuchtet werden auch die Vorgaben der Verlage sowie deren sehr uneinheitliche Betreuungsqualität. Die „Checkliste" am Schluß des Beitrags liefert

Promovierenden Hinweise, deren Beachtung eine frühzeitige Weichenstellung zum guten und raschen Gelingen des eigenen Publikationsprojekts darstellt.

2.2 Lernumgebungen

Der *zweite Teil* des Bandes, der Lernumgebungen gewidmet ist, betrifft damit eine Thematik, die von Anfang an einen Fixplatz insbesondere in der Diskussion um den elektronischen Hypertext hatte und hat. Neben großen Hoffnungen stellten sich sehr rasch neue Probleme ein – etwa das ‚Lost in Hyperspace'-Phänomen oder kognitive Mehrbelastungen. Der Artikel von *Jörg Zumbach* und *Peter Reimann* bietet einen Blick auf den „state of the art": Auf Basis einer konstruktivistischen Konzeption von Lehr- und Lernprozessen sowie der Cognitive Flexibiliy Theory werden die Vor- und Nachteile des nichtlinearen Mediums diskutiert; daraus – sowie aus der Auswertung von Tests – ergeben sich Lösungs- und Gestaltungsvorschläge für die Lerner-Medien-Interaktion und die Konzeption hypermedialer Lernressourcen, wobei auch der Grad der Vertrautheit mit dem Medium Berücksichtigung findet.

Mit *Bernd Gaede* gelangen wir in den Bereich konkreter Umsetzungen; er stellt das Projekt *ProfiL* (Produktionssystem für interaktive Lernsoftware) vor, ein Werkzeug, das Autoren multimedialer Lernsoftware durch weitreichende Automatisierung von Arbeitsschritten unterstützt. Es handelt sich um einen dreiphasigen Entwicklungsvorgang – von initialer Spezifizierung durch Experten eines Fachs über iterierte Spezifikationstransformationen (mit Eingriffsmöglichkeit per Editor) zur Programmgenerierung. Ein entscheidendes Qualitätsmerkmal besteht darin, daß verschiedene Varianten für spezifische Lernstile und Fähigkeiten erzeugt werden können.

Helmut Felix Friedrich, Aemilian Hron, Sigmar-Olaf Tergan und *Thomas Jechle* gehen der Frage nach, wie sich in kooperativer Textproduktion verschiedene Grade von Unterstützung auswirken. Sie stellen in einem Feldexperiment eine starke und eine schwache Variante der Unterstützung in virtuellen Umgebungen gegenüber. Während sich letztere auf Empfehlungen zur Durchführung der Gruppenarbeit beschränkte, beinhaltete die starke Unterstützung zusätzlich Hinweise zur Schreibstrategie und eine vorgegebene Ordnerstruktur. Die Untersuchung zeigt, daß nicht so sehr die Intensität der Unterstützung für das Ergebnis bedeutsam ist, sondern vielmehr die Einschätzung des Binnenklimas in den Arbeitsgruppen. Es wird umso motivierender verstanden, je mehr Personen sich aktiv an der Schreibaufgabe beteiligen und je anregender der kognitive Gehalt der Schreibaufgabe empfunden wird.

Kirsten Schindler und *Katrin Lehnen* präsentieren ein umfassendes Lehr- und Lernkonzept. Ihr Programm zur Vermittlung domänen- und kulturspezifischen

Schreibens setzt sich aus drei Komponenten zusammen: ExpertInnen aus verschiedenen Berufen vermitteln die relevanten Anforderungen in Gastvorträgen, die Studierenden werden mit domänenspezifischen Schreibaufgaben konfrontiert, und parallel dazu erfolgen wissenschaftliche Analysen der Schreibprozesse und Textprodukte. Damit ist bereits der Übergang zum *dritten Teil* geschaffen, in dem die Domänen der Praxis im Mittelpunkt stehen.

2.3 Domänen der Praxis

Im Beitrag von *Daniel Perrin* werden die (Um)Schreibprozesse von Journalisten mit Hilfe eines eigens entwickelten Analyseverfahrens präzise unter die Lupe genommen. Es gelingt, aus den individuellen Schreibhandlungen eine Reihe von mentalen Strategien herauszufiltern und die Perspektive auf überindividuelle Regularitäten zu eröffnen. Von besonderem Interesse sind dabei die Praktiken jener Journalisten, „die gern, gut und viel schreiben": Sie stützen sich auf ein reichhaltiges Strategierepertoire, arbeiten prozeßorientiert und nutzen die Möglichkeiten der Computertechnik differenziert aus.

Horst Silberhorn stellt das Projekt *ForeignSGML* vor – ein integratives Werkzeug, welches im Unterschied zu bisherigen Systemen den gesamten Übersetzungsprozeß ins Visier nimmt und für alle Teilprozesse elektronische Unterstützung bietet. Es berücksichtigt zudem die Erfordernisse multilingualer Dokumenterstellung, wie sie für größere Unternehmen in einer globalisierten Wirtschaft unerläßlich ist. *ForeignSGML* zielt vorwiegend auf die Bedürfnisse bereits erfahrener Übersetzer ab, die den eigentlichen Übersetzungsvorgang routiniert bewältigen, sich jedoch für die Rahmenbedingungen und -handlungen mehr Unterstützung erwarten. Im Beitrag werden insbesondere die Teilwerkzeuge zur Übersetzungsvorbereitung, zur automatischen Vorverarbeitung spezieller Dokumentteile, zum Versionsabgleich und zur Verwendung existierender multilingualer Dokumente erläutert.

Auf Basis eines sozial-konstruktivistischen Ansatzes untersuchen *Karl-Heinz Pogner* und *Anne-Marie Søderberg* die ‚E-Mail an alle'-Kommunikation an einem dänischen Universitätsinstitut. Es sollte herausgefunden werden, ob das Medium bloß zur Informationsübertragung und Organisation dient oder ob es darüber hinaus zum Aufbau von Gemeinschaft und Identität genutzt wird. Die Analyse zeigt, daß die aktuelle Verwendung noch sehr im Dienst der bloßen Informationsmitteilung und Verwaltung von Abläufen steht. Das Potential zur Konstruktion von organisatorischer Identität, auch im Sinne neuer Management-Theorien, liegt noch brach; einzelne Mails zeigen jedoch einen Bedarf für diese Funktion und können als Vorausboten künftiger Entwicklungen interpretiert werden.

Marc Rittberger und *Frank Zimmermann* beschäftigen sich mit der Problematik, wie sich der erwartbare Nutzen bei der Einführung eines neuen Kommunikationssystems in einem Unternehmen abschätzen läßt. Sie entwickeln dafür einen Verfahrensmix, der auf Basis der Balanced-Scorecard-Methode mittels Interviews und eines Kennzahlensystems Nutzenaspekte quantifiziert. Zudem werden die Kosten des vorhandenen Systems jenen gegenübergestellt, die nach der Einführung eines internen Kommunikationsforums zu erwarten sind. Die an einem mittelständischen Unternehmen der Medienindustrie erprobte Vorgangsweise kann für Investitionsentscheidungen, aber auch zur Wirtschaftlichkeitsermittlung implementierter Systeme dienen.

Der Beitrag von *Rogier Crijns* zum Webvertising verbindet eine Reihe von Ansätzen: Die Textgestaltungsprinzipien des Mediums werden dabei ebenso relevant wie werbepsychologische Aspekte oder die Kulturspezifik des jeweiligen Zielpublikums. Nach einem Überblick über die medialen Spezifika, wie sie insbesondere aus der Hypertext-Strukturierung erwachsen, werden Ergebnisse aus der Appellforschung für das elektronische Medium erschlossen. Daraus resultieren Überlegungen, inwieweit global agierende Unternehmen ihre Werbeaktivitäten auch im Netz kulturdifferent gestalten müssen, um den angestrebten Persuasionseffekt zu erzielen.

Literatur

Abescat, Bruno (2001): Bourse: une prudence de Sioux. In: L'Express 04.10.2001, 154-155

Callister, William D. Jr. ([5]2000): Fundamentals of Materials Science and Engineering: An Interactive e.Text. New York: Wiley

Handler, Peter (1993): Wortbildung und Literatur. Panorama einer Stilistik des komplexen Wortes. Frankfurt am Main u.a.: Lang

Janich, Nina (1994): Electronic Mail, eine betriebsinterne Kommunikationsform. In: Muttersprache 3 (104), 248-259

Raven, Peter/ Johnson, George ([6]2001): etext CD-Rom to accompany Biology. Boston/ MA, London: McGraw-Hill

Silberhorn, Horst (2001): Das Projekt ForeignSGML. Übersetzungsunterstützung bei technischer Dokumentation. In diesem Band.

Teil 1
Wissen und Wissenschaft

Textproduktion im 21. Jahrhundert

Eva-Maria Jakobs
Aachen

Ausgehend vom Stand der Forschung werden Trends wie auch neue Aufgabenfelder der Schreibforschung benannt. Mit dem Übergang zur Wissensgesellschaft gewinnen vor allem Untersuchungen an Bedeutung, die sich mit domänen- und medienspezifischen Formen des Verfassens von Texten befassen. Am Beispiel der Kombination von Text- und Sprachverarbeitungstools wird diskutiert, wie sich medial bedingte Produktionsbedingungen auf individuenspezifische Präferenzen für Produktionsweisen und -strategien auswirken. Viele Aussagen zu medienspezifischen Produktionsprozessen bleiben im Bereich der Annahmen. Um valide Aussagen treffen zu können, sind adäquate Methoden der Datenerhebung und -auswertung zu entwickeln. Insgesamt bedarf die aktuelle Forschung einer grundlegenden Methodendiskussion.

1 Einführung

Der viel diskutierte Übergang in die Informationsgesellschaft hat in gravierender Weise in Anwendungsbereiche und Verfahren des Textproduzierens eingegriffen. Die globale Vernetzung und die in den Kommunikationsnetzen möglich gewordenen Formen des Informationstransfers, der Selbstdarstellung und des Austausches haben zu einem raschen Zuwachs schriftsprachlicher Kommunikate geführt. Immer mehr Menschen verfassen am Computer Texte. Allein in den USA wurden 1999 6,9 Trillionen E-Mails verschickt, Tendenz steigend. Im beruflichen Bereich werden nicht nur fachliches Wissen und Können, sondern auch Fähigkeiten im sicheren Umgang mit Sprache, insbesondere beim Vertexten von Konzepten, Sachverhalten und Entscheidungen gefordert. In vielen (akademischen) Berufen entscheiden schriftsprachliche Kompetenzen in zunehmendem Maße über den beruflichen Werdegang.

Schreibprozesse am Arbeitsplatz spielen sich fast ausschließlich am Computer ab. Im Kontext moderner Informationstechnologien entsteht ein wachsender Bedarf nach Fachleuten, die neben technischem Grundwissen kommunikative Fähigkeiten besitzen und gut schreiben können. E-Commerce, E-Service, Portalsites, WAP-Server und andere Anwendungsbereiche leben nach wie vor primär vom geschriebenen Wort.

Zu den Merkmalen dieser Umbruchsituation gehört, daß die Veränderungen in der Alltagswelt ihrer theoretischen Reflexion weit vorauseilen. Die sich abzeichnenden Forschungsdefizite zeigen sich besonders deutlich im Bildungs- und

Schulungsbereich. Vermittlungskonzepte setzen theoretisch fundierte Einsichten und Konzepte voraus. Im folgenden wird versucht, ausgehend vom derzeitigen Stand der Textproduktionsforschung im deutschsprachigen Raum einige dieser Defizite zu benennen und Aufgaben für die Forschung zu skizzieren.

2 Die Textproduktionsforschung in den neunziger Jahren des 20. Jahrhunderts

Die Hochzeit der deutschen Textproduktionsforschung – so man von einer solchen sprechen kann – ist zwischen 1990 und 1998 anzusiedeln. Inspiriert durch US-amerikanische Forschungsarbeiten entstehen zahlreiche Studien zu einzelnen Aspekten und Typen des Textproduzierens. Das Interesse an allgemeinen Theorien des Textproduzierens wird durch den Trend zu spezifischen Typen des Verfassens von Texten abgelöst. Der Schwerpunkt verlagert sich dabei zunehmend auf Formen des beruflichen Textproduzierens, so z.B. in den Wissenschaften, in der Technik oder im Journalismus.

In der zweiten Hälfte der neunziger Jahre wird die Schreibdidaktik zunehmend institutionell gefördert (vgl. Kruse/Jakobs/Ruhmann 1999). Die Entwicklung entsprechender Konzepte wird durch staatliche Maßnahmen begünstigt, die die Finanzierung didaktischer Forschung und ihrer praktischen Erprobung in sogenannten „Leuchtturmprojekten" ermöglichen. Der Erfolg dieser Bemühungen und die Resonanz, die schreibdidaktische Angebote vor allem bei Studierenden finden, führt nach Auslaufen des Förderprogramms dazu, daß einige Universitäten Schreibwerkstätten in eigener Finanzregie übernehmen bzw. einrichten. Beispielhaft ist hier neben den Schreibzentren der Universitäten Bielefeld und Bochum das Curriculum für den Erwerb wissenschaftlicher Schreibkompetenz im Fach Deutsch als Fremdsprache an der Maximiliansuniversität München zu nennen. Ein Ergebnis der damit einhergehenden Forschung ist die annotierte Bibliographie von Ehlich, Steets und Traunspurger (2000), die umfassend über zentrale Texte der theoretischen und didaktischen Schreibforschung informiert. Ähnliche Entwicklungen zeigen sich in den Nachbarländern, vor allem in den Niederlanden und Dänemark. Das Groninger Universitätszentrum für wissenschaftliches und berufliches Schreiben gilt derzeit als das größte didaktische Schreibzentrum in Europa, gefolgt vom Schreibzentrum der Universität Kopenhagen.

Ein anderer Entwicklungstrend zeigt sich im Weiterbildungsbereich. Die Universität Erfurt bietet seit 1999 erstmals Ausbildungsangebote für Schreibtrainer an. An der Universität Bern entsteht eine Forschungsstelle für professionelle

Textproduktion, die Schreibtrainer ausbildet und kommerzielle Einzelbetreuung (Coaching) für Schreibprofis anbietet.

Das zunehmende Interesse an Prozessen und Strategien des Schreibens erreicht schließlich auch das Schulsystem. Ab 1999 fordern die deutschen Lehrpläne verstärkt die Behandlung von Schreibprozessen und Schreibstrategien im Unterricht. Besonderes Interesse gilt dem kreativen Schreiben, das für verschiedene Fächer fruchtbar umgesetzt wird (vgl. Böttcher 1999; für die Anfänge des kreativen Schreibens vgl. Rico 1984). Die damit einhergehende wachsende Akzeptanz der Textproduktionsforschung zeigt sich unter anderem in der starken Nachfrage der Lehrenden nach Weiterbildungsangeboten.

Im Vergleich zur Schreibdidaktik verliert die theoretische Textproduktionsforschung Ende der neunziger Jahre an Terrain. Viele Forschergruppen haben sich aufgelöst, es fehlt an Nachwuchs und finanzieller Förderung. Das Interesse einschlägiger Disziplinen, etwa der Linguistik, gilt verstärkt elektronischen Texten. Im Vordergrund stehen weniger Prozesse ihrer Erzeugung als Fragen ihrer Beschaffenheit, ihrer Akzeptanz und ihrer Verarbeitung durch den Adressaten. Hier wiederholt sich Wissenschaftsgeschichte: Die sich Mitte der siebziger Jahre in den USA entwickelnde Disziplin der Schreibforschung profitierte von den Konzepten der ein Jahrzehnt früher einsetzenden (kognitiv orientierten) Rezeptions- und Verstehensforschung. Ähnliches zeichnet sich heute in bezug auf elektronische Texte ab. Inzwischen liegen zahlreiche Untersuchungen zur sprachlichen Beschaffenheit von E-Mail-Texten, Diskussionslisten, Chat-Kommunikation und Hypertexten vor wie auch Studien, die sich mit Bedingungen und Verfahren ihrer Verarbeitung befassen. Es gibt jedoch kaum Studien, die die Prozesse ihrer Entstehung (*online*) erfassen.

Das Defizit empirischer Erforschung computergestützter Textproduktionsprozesse steht in starkem Kontrast zu dem wachsenden gesellschaftlichen Bedarf und Interesse an einschlägigem Wissen (vgl. Abschnitt 3.3 und 3.4). Mit der „Veralltäglichung" des Computers werden zunehmend Schulungskonzepte und Softwareentwicklungen benötigt, die den Nutzer gezielt bei der Lösung von Schreib- und Kommunikationsaufgaben unterstützen. Dies gilt vor allem für den professionellen Bereich, d.h. für Schreibprozesse am Arbeitsplatz. Die Vermittlung einschlägiger Kompetenzen wie auch die Entwicklung geeigneter Hilfsmittel setzen elaborierte Einsichten in die Anforderungen von Schreibaufgaben und Strategien ihrer Bewältigung voraus wie auch Einsichten in die Bedingungen, unter denen heute Texte am Arbeitsplatz entstehen.

3 Aufgabenfelder zukünftiger Forschung

3.1 Domänen- und kulturspezifisches Schreiben

Das Verfassen von Texten vollzieht sich unter spezifischen Rahmenbedingungen. Sie resultieren u.a. aus dem Bereich, für den Texte verfaßt werden, und den damit verbundenen Interessen, Konventionen und Anforderungen. Schriftsteller arbeiten anders als Juristen, für ingenieurwissenschaftliches Publizieren gelten andere Normen und Konventionen als für das Texten von Werbeslogans. In der Textproduktionsforschung wird dies als domänenspezifisches Schreiben bezeichnet. Inzwischen liegen eine Reihe von Untersuchungen zu ausgesuchten Bereichen vor, so z.b. zum Schreiben von Ingenieuren (Pogner 1999), zum journalistischen Schreiben (Perrin 1998), zum Vorgehen professioneller Abstraktschreiber (Endres-Niggemeyer 1992), zum wissenschaftlichen Textproduzieren (Knorr 1998, Jakobs 1999) oder zur Textoptimierung (Sauer 1997). Viele andere in theoretischer wie praktischer Hinsicht interessante Bereiche harren noch ihrer Entdeckung.

So fehlen nach wie vor Studien zu Schreibaufgaben, die Ziele des Wissenstransfers verfolgen. Die Informationsgesellschaft lebt gleichermaßen von der Entwicklung spezialisierten Wissens und dem breiten Transfer dieses Wissens in verschiedene Gruppen der Gesellschaft (vgl. Antos 2001). Insgesamt ist kaum untersucht, welche Anforderungen und Strategien das Umschreiben von Texten für andere Zielgruppen wie auch das Popularisieren von Wissen verlangt (vgl. etwa Niederhauser 1999). Der Bedarf nach entsprechend geschulten Fachkräften wächst jedoch mit jedem Jahr. Dies zeigt sich unter anderem deutlich in der Kommunikation technischer Sachverhalte. Mit der Zunahme technischer Hilfsmittel und der Ausdifferenzierung ihrer Funktionen entsteht beim Nutzer Bedarf nach Aufklärung, Anleitung und Hilfestellung. Technische Redakteure sollen zwischen Entwicklern, Herstellern und Nutzern vermitteln. In vielen Fällen mißlingen diese Vermittlungsversuche aufgrund fehlenden Wissens um Strategien und Techniken einer adressatengerechten sprachlich-visuellen Aufbereitung technischer Sachverhalte. Das Defizit macht sich nicht zuletzt bei der Ausbildung technischer Redakteure bemerkbar. Ohne einschlägiges Wissen um die Spezifik von Textproduktionsprozessen im Bereich der Technikvermittlung, die sprachlich-visuellen und sozio-kognitiven Anforderungen ist eine effiziente Ausbildung ebenso schwierig wie eine effektive Gestaltung elektronischer Software zur Unterstützung von Aufgaben, die im Umfeld der Dokumentation und Kommunikation technischer Sachverhalte anfallen.

Weitere Defizite betreffen das Schreiben für andere Sprach- und Kulturräume wie auch kulturspezifische Zugangsweisen zu Schreibprozessen (Hornung 1997,

Pieth/Adamzik 1997). Mit der Globalisierung von Kommunikationsprozessen gewinnt nicht nur die Kulturspezifik von Schreibprozessen an Bedeutung, sondern auch die Frage, wie sich in Zeitgrenzen überschreitender Kommunikation per Internet unterschiedliche Zeitpunkte des Agierens auf die Produktion und Rezeption von Nachrichten auswirken. Haben Zeitunterschiede und damit bedingte differierende physische und psychische Befindlichkeiten z.b. Einfluß auf die Produktion und Rezeption von E-Mail-Texten? Und wenn ja, in welcher Weise?

3.2 Kooperatives Schreiben

In vielen Fällen entstehen Texte heute im Team. Obwohl sich die Forschung relativ lange mit diesem Thema befaßt hat, wissen wir heute immer noch relativ wenig darüber, wie die Beteiligten beim Verfassen gemeinsamer Texte interagieren und wie Trainingskonzepte und Hilfsmittel (z.B. Software) beschaffen sein sollten, um Textproduzenten bei der Lösung gemeinsamer Schreibaufgaben zu unterstützen.

Kooperatives Schreiben unterscheidet sich in wesentlichen Zügen vom einsamen Schreibprozeß am Schreibtisch. Neuere Arbeiten wie z.b. Lehnen (2000) belegen eindrucksvoll, daß der Erfolg kooperativer Texterstellung davon abhängt, wie es den Beteiligten gelingt, sich bereits sehr früh verbal über wesentliche Punkte des Produktionsvorhabens wie Ziele, Inhalte und gestalterische Aspekte des intendierten Textprodukts zu einigen. Andere Absprachen betreffen die Verteilung von Arbeitsaufgaben und Verantwortlichkeiten. Inhalte und Formen der mündlichen Interaktion differieren ihrerseits abhängig von Größen wie dem Aufgabenkontext, der Textsorte, den Fähigkeiten der Ko-Autoren oder etwa dem Typ des Produktionsprozesses (etwa sequentielles vs. interaktives Planen und Schreiben). Die Crux des gemeinsamen Vorgehens besteht darin, im gegenseitigen Austausch möglichst optimal die Fähigkeiten und den Beitrag Einzelner für die Entwicklung gemeinsamer Lösungen zu nutzen. Verbale Interaktionen bilden damit einen wesentlichen Bestandteil des Textproduktionsprozesses (vgl. Lehnen/Gülich 1997).

Für den Austausch können verschiedene Kommunikationswege gewählt werden, wie Face-to-face-Gespräch, Telefonat, Fax oder E-Mail. Insgesamt fehlen nach wie vor sowohl Studien, die Strategien des Textproduzierens bezogen auf verschiedene Typen kooperativer Textproduktion erheben und vergleichen, als auch Studien, die sich mit Fragen des Medienmanagements in der Autoren-Gruppe befassen. Erheblicher Forschungsbedarf besteht weiter hinsichtlich der Frage, welche Spezifika kooperative Textproduktion in elektronischen Umgebungen bei zeit- und raumversetzter Präsenz der Ko-Autoren kennzeichnen und wie technische Applikationen beschaffen sein sollten, um die Nutzer optimal zu unterstützen (vgl. etwa Friedrich/Hron/Tergan/Jechle, in diesem Band).

3.3 Textproduktion in elektronischen Umgebungen

Am stärksten wird der Bedarf nach Forschung – wie bereits angesprochen – im elektronischen Bereich deutlich. Hier hinkt die Forschung in fast allen Anwendungsbereichen einer sich verändernden Wirklichkeit hinterher. So ist man sich in Deutschland zwar endlich einig, daß der Bildungssektor in viel stärkerem Maße als bisher Kenntnisse im Umgang mit elektronischen Informations- und Kommunikationsmedien vermitteln sollte. Man ist auch bereit, in diesen Sektor zu investieren, genauer: die notwendigen materiellen Voraussetzungen durch Hard- und Software sowie elektronische Vernetzung zu schaffen. Eben hier – auf der Ebene technischer Voraussetzungen – endet jedoch das Konzept. Welche kommunikativen und prozeduralen Kenntnisse und Fähigkeiten im Umgang mit den vielgelobten Medien benötigt werden und wie sie zu vermitteln sind, scheint bisher weitgehend unklar. Hier wie auch in anderen Bereichen ergeben sich vielversprechende Aufgabenstellungen für die Textproduktionsforschung.

Nach wie vor bestehen große Defizite in der Untersuchung elektronisch gestützter Textproduktion. So wissen wir immer noch relativ wenig darüber, ob und wie sich das Medium Computer und die Spezifik seiner Produktionsbedingungen auf den Schreibprozeß und sein Produkt auswirken. Zum Gegenstand liegen zwar eine Reihe von Untersuchungen vor. Ihre Ergebnisse sind jedoch aufgrund differierender Untersuchungsdesigns und/oder veralteter Technik nur bedingt oder nicht vergleichbar und lassen daher kaum verallgemeinerbare Aussagen zu. So ist ungeklärt, ob und wie sich der allgemeine Trend zur Standardisierung und Modularisierung von Texten, etwa in Form von Document Type Definition (DTD), auf Planungs- und Vertextungsprozesse auswirkt. In einer DTD wird festgeschrieben, aus welchen Bausteinen ein Text besteht und welche Inhalte in welchem Teil wie zu repräsentieren sind. Die Auszeichnung der Textbausteine durch eine Markup-Sprache (HTML, SGML oder XML) soll die automatische Verwaltung wie auch Bearbeitung von Texten und Textbausteinen unterstützen. Das Verfahren bedingt kategoriales Denken, textlinguistische Grundkenntnisse und Strategien des modularen Formulierens.

Zu den Stiefkindern der Forschung gehören insbesondere Untersuchungen, die den Prozeß des Verfertigens von Hypertexten erfassen, Online-Studien zur E-Mail-Produktion und zur Chat-Kommunikation sowie Studien zum schriftlichen Agieren in synchronen wie asynchronen Online-Konferenzen. Das Internet konfrontiert den Nutzer mit Millionen von Webseiten, von denen viele nicht überzeugen. Gut gemachte, d.h. adressaten- und aufgabengerecht gestaltete Hypertexte erfordern in hohem Maße Vielseitigkeit der Kompetenzen, so die Verbindung technischen Wissens mit gestalterischem Können und Formulierungskompetenz. Bezogen auf die Produktion von Multimedia und Hypertext ist zu fragen, wie diese Mehrfachbelastung gelöst wird und wie Ausbildungskonzepte aussehen sollten, die Kernkompetenzen verschiedener Disziplinen zusammenführen.

3.4 Medienkombinationen

Die Entwicklung elektronischer Informations- und Kommunikationstechnologien zeichnet sich unter anderem durch die Tendenz zur Zusammenführung von Funktionen in einer medialen Umgebung aus, so z.b. im Falle des Mobilfunks. Die neuen Generationen des „Handy" erlauben nicht nur Telefonate, sondern auch den Informationsabruf vom WAP-Server, das Verwalten von Daten oder das Verschicken einer SMS-Nachricht. Bisher wissen wir kaum etwas darüber, wie Nutzer derartige polyfunktionale technische Lösungen verwenden, welche Probleme sie dabei haben und wie sie diese lösen.

Eine andere Frage ist, für welchen Nutzertyp sich welche Medienkombination eignet bzw. ob und in welchem Maße Medienkombinationen differierende Nutzerstrategien unterstützen. Medien unterscheiden sich mehr oder weniger deutlich hinsichtlich ihrer Funktionalität und ihrer Beschaffenheit. Ihre effiziente Nutzung bedingt Produktions- und Rezeptionsstrategien, die dieser Spezifik Rechnung tragen, wie auch Absprachen über die Inhalte und Formen ihrer Nutzung (vgl. etwa Höflich 1996). Der Wechsel zwischen Medien bedingt, daß sich der Nutzer auf die damit verbundenen Veränderungen der Kommunikationsbedingungen einstellt, indem er dem aktuellen Medium angemessene Strategien und Kommunikationsformen wählt. Der beschriebene Tatbestand mag trivial klingen, er ist es jedoch nicht, wie die Kombination von Spracherkennungs- und Textverarbeitungssoftware zeigt.

Einige Textverarbeitungsprogramme bieten heute die Möglichkeit, nach Starten des Programms zwischen natürlich-sprachlicher Eingabe, sprich Diktat, und Eingabe per Tastatur zu wählen. Der diktierte Text erscheint ab Cursorposition auf dem Bildschirm und kann anschließend per Tastatur oder per Spracheingabe (Befehle wie „neuer Absatz" oder „Attribut fett") editiert werden.

Mit der Integration sprachverarbeitender Komponenten stellt sich die Frage nach den daraus resultierenden Konditionen für das Handeln des Textproduzenten sowie, für welche Nutzer und Aufgabentypen sich diese Kombination von Produktionsmitteln eignet. Die Frage nach dem Nutzertyp ist insofern relevant, als die Option der mündlichen bzw. schriftlichen Texteingabe jeweils unterschiedliche Produktionsstrategien unterstützt. In der Literatur werden in Abhängigkeit von Größen wie Planungs- und Revisionsverhalten oder der mentalen Verarbeitungsrichtung (schema- vs. textgeleitet) Typen von Textproduzenten unterschieden, so z.B. bei Molitor (1985), die zwischen Top-down-, Bottom-up- und Mischtyp differenziert. Textproduzenten des Top-down-Typs schließen die Planung des Textes weitgehend vor dem Schreibbeginn ab und arbeiten schemaorientiert; Textproduzenten des Bottom-up-Typs entwickeln dagegen erst im Verlauf des Schreibens Strukturen und Ideen und arbeiten textgeleitet; Mischtypen nutzen beide Vorgehensweisen. Verschiedene Erhebungen, vor allem zum wissenschaftlichen Schreiben (Knorr 1998, Jakobs 1999) zeigen, daß die meisten Textproduzenten dem Mischtyp zuzuordnen sind. Circa ein Drittel scheint eher bottom-up-orientiert vorzugehen; nur einige wenige arbeiten strikt top-down-orientiert.

Kommen wir auf die Kombination von Spracherkennung und Textverarbeitungssoftware zurück, so ist mit einiger Sicherheit anzunehmen, daß die Möglichkeit der Eingabe per Tastatur andere Produktionsweisen unterstützt als die Eingabe per Diktat. Textverarbeitungsprogramme im klassischen Verständnis kommen dem Produktionsverhalten des Bottom-up-Typs u.a. durch komfortable Korrekturmöglichkeiten entgegen. Das Niedergeschriebene kann beliebig korrigiert und bearbeitet werden. Das Niederschreiben muß nicht in einem Zug erfolgen, sondern kann nach Belieben unterbrochen werden.

Die Texteingabe per automatischer Spracherkennung dürfte sich dagegen eher für den Top-down-Typ eignen, der seinen Text mental geplant hat und nach diesem mentalen Plan fortlaufend diktiert, ohne viel korrigieren zu müssen. Korrekturen wirken bei mündlicher Eingabe störend, da sie den Formulierungsprozeß unterbrechen. Zur Korrektur müssen Sprach-Befehle genutzt oder zum Bearbeitungsmodus per Tastatur gewechselt werden. In beiden Fällen wird der Textualisierungsprozeß durch technische Zwischenschritte gestört, was sich vor allem bei kognitiv und/oder sprachlich anspruchsvollen Textvorhaben negativ auswirken dürfte.

Will der Textproduzent zudem nicht ständig zwischen aktivierter und deaktivierter Spracheingabe wechseln, muß er auf eine wichtige Produktionsstrategie verzichten, nämlich das Ausprobieren von Formulierungsentwürfen durch leises Vorsichhinsprechen. Bei dieser Strategie prüft der Textproduzent anhand der Klangstruktur des Formulierungsentwurfes dessen Kohärenz und stilistische Stimmigkeit wie auch das Ausmaß, in dem das Formulierungsfragment an den bisher produzierten Text anschließt (vgl. Keseling 1993).

Zusammenfassend lassen sich folgende Hypothesen über die Eignung der Produktionsmittel für Typen von Nutzern und Textaufgaben ableiten. Während sich für den Top-down-Typ beide Varianten der Texterzeugung eignen, dürften Bottom-up-Schreiber im Falle anspruchsvoller Textvorhaben primär von der Eingabe per Tastatur profitieren. Für sie bietet die Möglichkeit der mündlichen

Eingabe nur bei häufig wiederkehrenden, weitgehend formalisierten Schreibaufgaben sowie beim Diktat vorformulierter Texte Vorteile, wobei sich der Zugewinn auf den Wegfall des lästigen Tippens beschränkt. Mischtypen, die über ein flexibles Repertoire von Strategien verfügen, können dagegen beide Eingabemöglichkeiten unter Umständen nutzbringend miteinander kombinieren, etwa bei Textvorhaben eines mittleren Schwierigkeitsgrades. Den größten Gewinn dürfte die Medienkombination für Arbeitssituationen besitzen, in denen es darum geht, die Ergebnisse nichtsprachlicher Handlungen, wie das Testen einer Maschine oder medizinische Operationen, sprachlich zu dokumentieren. Die mündliche Eingabe hält die Hände frei, die Speicherung im Textverarbeitungsprogramm ermöglicht, das Diktierte später beliebig zu bearbeiten. All dies sind leider nicht mehr als Hypothesen. Empirische Untersuchungen liegen meines Wissens nicht vor.

4   Fazit

Insgesamt drängt sich der Eindruck auf, daß sich die Textproduktionsforschung in der Diversität ihrer Ansätze und disziplinären Ausrichtung immer noch im Stadium der Konsolidierung und Rechtfertigung befindet. Andererseits ergeben sich – wie zu zeigen war – durch die aktuellen Entwicklungen in der kommunikativen Praxis neue, interessante, theoretisch wie gesellschaftlich relevante Aufgabengebiete, die es lohnen, in diesen Bereich zu investieren. Sie erfordern nicht nur die Zusammenarbeit der Textproduktionsforschung mit anderen Disziplinen wie z.B. der Informatik oder mit Forschungszweigen wie der Usability-Forschung, sondern auch die Entwicklung neuer Methoden für die Online-Registrierung von Schreibprozessen und -daten (vgl. Kollberg 1998, Perrin 1999).

Die Entwicklung neuer Untersuchungsmethoden sollte verstärkt in der Auseinandersetzung mit vorhandenen Ansätzen erfolgen. Insgesamt gibt es leider eher wenige Beiträge, die sich kritisch mit Fragen der Untersuchungsmethodik auseinandersetzen (vgl. etwa Krings 1992). Die Diskussion wird zwar vereinzelt im obligatorischen Methodenteil von Promotionen und Habilitationen geleistet, der intensive, aktuelle Austausch auf Tagungen und/oder in Zeitschriftenbeiträgen fehlt dagegen weitgehend, so mein Eindruck für Europa. Defizite bestehen vor allem in bezug auf die Erhebung sprachlichen Handelns in elektronischen Umgebungen. Neue Formen wie Hypertext und E-Mail erfordern ihnen angemessene Wege der Registrierung und Auswertung von Prozessen. Ein drittes Muß der Methodendiskussion ergibt sich aus der Forderung nach Interdisziplinarität der Untersuchung von Textproduktionsprozessen. Die Zusammenarbeit verschiedener Disziplinen wie Linguistik, Informatik, Übersetzungswissenschaft, Psychologie oder Pädagogik verlangt einen intensiven Austausch zwischen den Fächern, um die Unterschiedlichkeit der Fragestellungen und Untersuchungsmethoden produktiv nutzen zu können und sich gegenseitig sinnvoll zu ergänzen. Die Sache lohnt den Aufwand!

Literatur

Antos, Gerd (2001) [unter Mitarbeit von: Pfänder, Stefan]: Transferwissenschaft. Chancen und Barrieren des Zugangs zu Wissen in Zeiten der Informationsflut und der Wissensexplosion. In: Wichter, Sigurd/ Antos, Gerd (Hrsg.): Wissenstransfer zwischen Experten und Laien. Umriss einer Transferwissenschaft. Frankfurt am Main u.a.: Lang, 3-33

Böttcher, Ingrid (Hrsg.) (1999): Kreatives Schreiben. Berlin: Cornelsen Scriptor

Ehlich, Konrad/ Steets, Angelika/ Traunspurger, Inka (2000): Schreiben für die Hochschule. Eine annotierte Bibliographie. Frankfurt am Main u. a.: Lang [Textproduktion und Medium; 4]

Endres-Niggemeyer, Brigitte (1992): Abstrahieren, Indexieren und Klassieren. Ein empirisches Prozeßmodell der Dokumentrepräsentation. Habilitationsschrift. Informationswissenschaft, Universität Konstanz

Friedrich, Helmut F./ Hron, Aemilian/ Tergan, Sigmar-Olaf/ Jechle, Thomas (2001): Unterstützung kooperativen Schreibens in virtuellen Lernumgebungen. In diesem Band

Höflich, Joachim K. (1996): Technisch vermittelte interpersonale Kommunikation. Grundlagen, organisatorische Medienverwendung, Konstitution „elektronischer Gemeinschaften". Opladen: Westdeutscher Verlag

Hornung, Antonie (1997): Führen alle Wege nach Rom? Über kulturspezifische Zugangsweisen zu Schreibprozessen. In: Adamzik, Kirsten/ Antos, Gerd/ Jakobs, Eva-Maria (Hrsg.) (1997): Domänen- und kulturspezifisches Schreiben. Frankfurt am Main u.a.: Lang [Textproduktion und Medium; 3], 71-99

Jakobs, Eva-Maria (1999): Textvernetzung in den Wissenschaften. Zitat und Verweis als Ergebnis rezeptiven, reproduktiven und produktiven Handelns. Tübingen: Niemeyer [RGL; 210]

Keseling, Gisbert (1993): Schreibprozeß und Textstruktur. Empirische Untersuchungen zur Produktion von Zusammenfassungen. Tübingen: Niemeyer [RGL; 141]

Knorr, Dagmar (1998): Informationsmanagement für wissenschaftliche Textproduktionen. Tübingen: Narr [Forum für Fachsprachen-Forschung; 45]

Kollberg, Py (1998): S-Notation. A Computer Based Method for Studying and Representing Text Composition. Stockholm: Stockholm University [Interaction and Presentation Laboratory; 145]

Krings, Hans-P. (1992): Schwarze Spuren auf weißem Grund. Fragen, Methoden und Ergebnisse der Schreibprozeßforschung im Überblick. In: Krings, Hans-P./ Antos, Gerd (Hrsg.): Textproduktion. Neue Wege der Forschung. Trier: Wissenschaftlicher Verlag, 45-110

Kruse, Otto/ Jakobs, Eva-Maria/ Ruhmann, Gabriela (Hrsg.) (1999): Schlüsselkompetenz Schreiben. Konzepte, Methoden, Projekte für Schreibberatung und Schreibdidaktik an der Hochschule. Neuwied, Kriftel, Berlin: Luchterhand

Lehnen, Katrin (2000): Kooperative Textproduktion. Zur gemeinsamen Herstellung von Texten im Vergleich von ungeübten, fortgeschrittenen und sehr geübten SchreiberInnen. Dissertation, Univ. Bielefeld

Lehnen, Katrin/ Gülich, Elisabeth (1997): Mündliche Verfahren der Verschriftlichung: Zur interaktiven Erarbeitung schriftlicher Formulierungen. In: LiLi 108 (27), 108-136

Molitor, Sylvie (1985): Personen- und aufgabenspezifische Schreibstrategien. In: Unterrichtswissenschaft 4, 334-345

Niederhauser, Jürg (1999): Wissenschaftssprache und populärwissenschaftliche Vermittlung. Tübingen: Narr

Perrin, Daniel (1998): Journalistische Schreibstrategien optimieren. Bern, Stuttgart, Wien: Haupt

Perrin, Daniel (1999): „Eigene Darlings kannst Du nicht mehr killen" Die buffergestützte Text-Reproduktion im journalistischen Arbeitsprozeß. In: Jakobs, Eva-Maria/ Knorr, Dagmar/ Pogner, Karl-Heinz (Hrsg.): Textproduktion. HyperText, Text, KonText. Frankfurt am Main u.a.: Lang [Textproduktion und Medium; 5], 159-180

Pieth, Christa/ Adamzik, Kirsten (1997): Anleitungen zum Schreiben universitärer Texte in kontrastiver Perspektive. In: Adamzik, Kirsten/ Antos, Gerd/ Jakobs, Eva-Maria (Hrsg.) (1997): Domänen- und kulturspezifisches Schreiben. Frankfurt am Main u.a.: Lang [Textproduktion und Medium; 3], 31-70

Pogner, Karl-Heinz (1999): Schreiben im Beruf als Handeln im Fach. Tübingen: Narr [Forum für Fachsprachen-Forschung; 46]

Rico, Gabriele (1984): Garantiert Schreiben lernen. Sprachliche Kreativität entwickeln – ein Intensivkurs auf der Grundlage der modernen Gehirnforschung. Reinbeck: Rowohlt

Sauer, Christoph (1997): Visualisierung inbegriffen: Textüberarbeitung und Textumgestaltung. In: Jakobs, Eva-Maria/ Knorr, Dagmar (Hrsg.): Schreiben in den Wissenschaften. Frankfurt am Main u.a.: Lang [Textproduktion und Medium; 1], 91-106

Vom „Alten" im „Neuen"

Zur Bestimmung der Integration früherer Medienentwicklungen in multimediale Textgestaltungen

Christoph Sauer
Groningen

> Wenn multimediale Präsentationen unter dem Gesichtspunkt betrachtet werden, daß ihnen neben dem Neuen jeweils spezifische Konfigurationen älterer Medien zugrundeliegen, bedarf es einer angemessenen Medientheorie. Für diese wird ein Hypertext (Abb. 1) entworfen, der den Gang der Argumentation wiedergeben soll. Getreu den Lessingschen Prämissen zur Lage der Kunst („Laokoon"), daß nämlich jede Kunstäußerung ihre eigenen unverwechselbaren, nicht ohne weiteres übertragbaren Merkmale besitzt, sind Medien in ihrer Eigentümlichkeit zu erfassen. Gleichzeitig wird dabei überprüft, wie tragfähig die mündliche Kommunikation als prototypisches Modell für kommunikatives sprachlich-semiotisches Handeln ist. Die Überlegungen münden in eine Systematik der Veränderungen von Kompetenzen und Strategien der NutzerInnen und AutorInnen: wie diese Einsichten angewendet werden können, um funktional angemessen medientheoretisch und -praktisch zu handeln. „Transformationen" von Inhalten und deren Konsequenzen für verschiedene Medien und die Medientheorie werden diskutiert.

1   Hinführung zum Thema

Wer sich mit Hypermedia beschäftigt und solche anfertigen möchte, unternimmt eine Gratwanderung.[1] Einerseits fühlt man sich von den technischen Möglichkeiten verführt, andererseits ist man ihnen ausgeliefert. Das viele Neue lädt zum Ausprobieren ein, doch diese Einladung impliziert eine Aufforderung zum Vergessen. Vergessen soll man die alten Medien, vergessen, welche „Transformationen"[2] durchlaufen werden müssen, damit Inhalte auf neue Art vermittelt werden können. Nun ist diese Aufforderung, wenn sie als solche überhaupt erfahren wird,

---

1   Ich hatte BergführerInnen, die die Trittsicherheit erhöhten: Eva Martha Eckkrammer, Peter Handler und Guido Ipsen bildeten eine exzellente „Seilschaft" und unterstützten mich kritisch-solidarisch. Dafür danke ich herzlich.

2   Unter „Transformationen" verstehe ich hier die Veränderungen, die vorgenommen werden müssen, wenn Inhalte einer bestimmten Medienpräsentation auf ein anderes Medium umgesetzt werden und somit einem anderen Präsentationsmodus unterliegen (z.B. Enzyklopädie → CD-ROM).

gänzlich unrealistisch. In den Neuen Medien stecken nun einmal die Erfahrungen mit den alten, ob man es will oder nicht. Daher scheint es nur folgerichtig, den Reflexionsprozeß bewußt zu durchlaufen und daraus Vorteile zu ziehen (s.a. Eckkrammer 2001). Im Neuen steckt viel Altes, und je besser wir dieses Alte verstehen, desto besser verstehen wir auch die *Medialisierung* überhaupt (Enzensberger 2000), die in jedem Prozeß medialer Transformation aktualisiert wird. Desto besser wird es uns auch gelingen, das Neue innovativ – und nicht nur affirmativ und im Rahmen dessen, was gerade „in" ist – zu nutzen. Dabei muß man sich davor hüten, etwa das Kommunikationsmodell der *Telekommunikation* (Sender-Botschaft-Empfänger) zu verabsolutieren, da es einen bestimmten technisch-gesellschaftlichen Entwicklungsstand festschreibt. Das ist der Reflexion nicht gerade förderlich (vgl. zu einer Übersicht Handler 1998).

WWW-NutzerInnen, die Informationen aufrufen und verarbeiten, bewegen sich meist nicht mehr in den Aristotelischen Kategorien der „Geschichte" (mit Anfang, Mitte, Ende; vgl. Aristoteles 1994, 24f), sondern lassen eher viele „Geschichten" auf sich wirken. Sie werden aber längst nicht alle zu Ende geführt, nicht weil sie kein Ende hätten, sondern weil die NutzerInnen kein Ende finden können. Ihnen fehlt häufig die Gabe des Be-Endens. Sie hat sich vom Autor auf den Nutzer verlagert. Ist sie da auch in guten Händen? Für diese Frage ist nicht mehr Aristoteles zuständig, wie ja überhaupt die Rolle des Autors sich verändert (vgl. Storrer 1999, 2000). Der Autor eines hypermedialen Rezeptions- und Interaktionsangebots ist nicht länger eine Instanz, die letztverantwortlich für das *Produkt* ist, sondern eine, die als *Inszenator* oder *Arrangeur* Inhaltspotentiale zur Verfügung stellt und Rezeptionspfade eröffnet, in die man sich einfädeln kann. Es geht also eher um *Prozesse*, um Dynamik, um Flexibilität.

Der Bildschirm nun ist die Benutzeroberfläche einer *Universalmaschine*; deren Kennzeichen es ist, daß sie mit Ausnahme des direkten Gesprächs alle bestehenden Medien miteinander kombiniert (Schmitz 1997). Es sind vor allem visuelle Formen und bewegte Bilder (darunter Animationen), die zu einem einzigartigen und faszinierenden Angebot zusammengeführt werden. Daraus ergibt sich, daß die Komplexität der Wahrnehmung einen Stellenwert erhält, der über die semiotische Qualität von Schrifttexten mit Visualisierungen hinausreicht (Gross 1994): Man muß Bilder verstehen, Textfragmente zuordnen, Anordnungen auf dem Bildschirm auf ihre Bedeutung absuchen, Menüs entschlüsseln, Frames erkennen, anklickbare Flächen finden³, inhaltliche von Navigationselementen unterscheiden usw. Kurz: Man muß eine Art *Medienspezialist* sein, will man die Vielfalt adäquat nutzen. Es reicht daher nicht aus, das Wissen über herkömmliche Schrifttexte zu mobilisieren, sondern semiotische, wie etwa filmische, akustische u.ä. Informationen wollen ebenfalls einbezogen werden. In der Bilderwelt der Hypermedien verschlingen sich textlinguistische, rhetorische, semiotische Formen mit einer von den audiovisuellen Medien und der Werbung stammenden Massenästhetik zu einem Angebotsbündel, das sich nicht ohne weiteres aufschnüren läßt. NutzerInnen wenden automatisch das bestehende Wissen über Vorzüge und Nachteile bestimmter Massenmedien (zumindest Zeitung, Zeitschrift, Fernsehen) an, das sie mit der Bildschirmspezifik zusammenbringen.⁴ Hinzu kommt die Vertrautheit mit Computerspielen (Nintendo u.ä.), die ihrerseits eine spezifische Ästhetik – der *virtual reality* – propagieren.

Diese Überlegungen und/oder Beobachtungen eröffnen eine mehrfache Perspektive auf hypermediale Präsentationen. Zumindest erscheint es mir unumgänglich, die Reflexion über solche Erscheinungen auf grundlegende *medientheoretische* Ansätze zu beziehen. Im folgenden wird ein Hypertext/Portal „Medientheorie" schematisch vorgestellt (Abb. 1, siehe folgende Seite). Dessen viele Webseiten können – schon aus Platzmangel – hier nicht in extenso erläutert werden.

Daher werde ich zunächst eine „guided tour" unternehmen, in der ich thesenartig meine Vorschläge unterbreite. Anschließend bespreche ich vier Sichtweisen: eine kommunikative, eine anthropologisch-handlungstheoretische, eine kulturhistorische und eine kulturpraktische. Sie sind jeweils imstande, Hypermedien medientheoretisch, d.h. vor dem Hintergrund aller anderen Medien, zu verorten. Zum Schluß konkretisiere ich Erfahrungen mit den Neuen Medien hinsichtlich solcher mit den alten Medien und gehe dabei auf notwendige Kompetenzen und Strategien der NutzerInnen und ProduzentInnen ein. Generell gilt, daß ich einen *didaktischen* Ansatz vertrete. Dazu gehört, daß ich auf Ausprobieren und Simulieren aus bin. Nur wer probeweise handelt, kann die notwendige Distanz entfalten, um

---

3 Die Vorstellung, neue Medien würden vor allem mit den Augen (und den Ohren) genutzt, ist überholt. Sie benötigen ganz im Gegenteil das *Taktile*, das sich in der Allgegenwärtigkeit des Knopfdrucks zeigt (Bickenbach 2000). Das Taktile sollte in die medientheoretischen Bestimmungen eingehen; es ist nicht Rest, sondern Entrée.

4 M.E. hängt dies u.a. auch mit der Tatsache zusammen, daß der Monitor einem Fernsehbildschirm ähnelt. Im Kopf ist der Mediamix gewissermaßen schon vorhanden, bevor man ihn auch tatsächlich findet. Schmidt (1999, 139) faßt diese Entwicklung in die Beobachtung, daß sich der „Selektionsdruck angesichts des Pools von Optionen" verstärkt und daß sich eine „generalisierte Kontingenzerfahrung" ausbreitet.

den überbordenden Phänomenen gewachsen zu sein. Die Herangehensweise wird immer *komparatistisch* sein: Der Medienvergleich ist ein notwendiger Bestandteil der Reflexion.

2 Thesen zur Medientheorie

Die folgenden Thesen stellen das „Programm" dar, aus dem der Hypertext (vgl. Abb. 1) hervorging. In den anderen Abschnitten dieses Artikels versuche ich, Teile dieses Programms zu konkretisieren und zu kommentieren. Vollständigkeit ist dabei jedoch nicht möglich. Insbesondere kann ich weder die notwendigen noch die hinreichenden Querbezüge im einzelnen behandeln. Wichtiger ist mir, daß das Programm als solches deutlich wird. Seine Plausibilität muß sich in künftigen vergleichenden Analysen von Medienrepräsentationen erweisen.

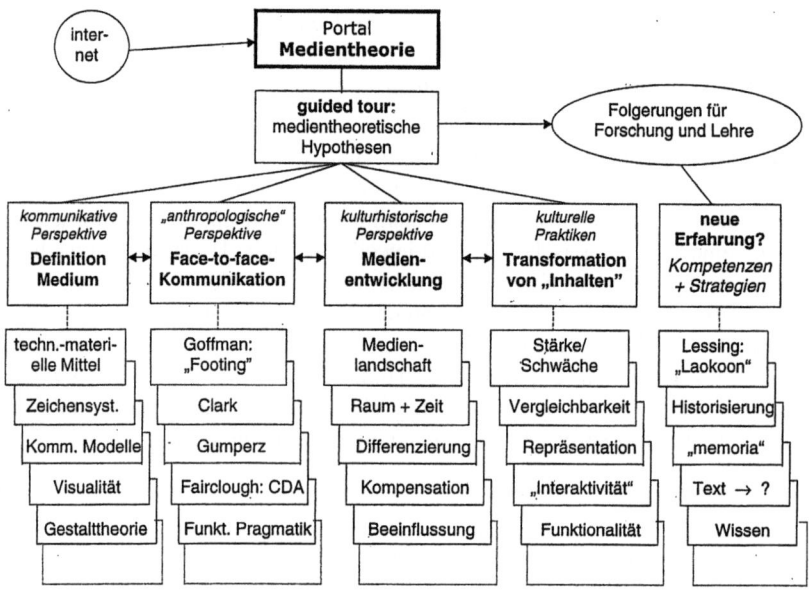

Abb. 1: Hypertext-Architektur zur Integration medientheoretischer Ansätze

(T1) Wer kommuniziert, kommuniziert immer mit Hilfe von Medien.

In dieser These steckt die Einladung an die LeserInnen, sich vorzustellen, daß prinzipiell *jede* Form der Kommunikation *medienvermittelt* ist. Da sich zwei Bewußtseine nicht direkt austauschen können, gibt es immer ein „Mittleres", sei es auch noch so „natürlich", wie die Luft, die Haut oder Geräusche, die wir mit Hilfe unseres Körpers erzeugen können. Technische Medien („Apparate") erscheinen somit überwiegend als Ergänzung, Fortentwicklung, Verbesonderung usw. dieser natürlichen Mittel (Ehlich 1996, Holly 1996, Ludes 1998).

(T2) Alter und Ego können kein gemeinsames Wissen entfalten oder einander in dieser Hinsicht beeinflussen, außer wenn sie spezifische Formen der Medialisierung anwenden.

Der Austausch von Alter und Ego verläuft in der Regel zweckbezogen. Handlungszwecke werden in der Sozialisation als „Grammatik des Verhaltens" erworben und verdichten sich zu unterschiedlichen „Handlungsmustern" (Ehlich/Rehbein 1986, Rehbein 1988) oder „discourse practices" (Fairclough 1995a). In der Realisierung werden sie auf die Spezifik der Kommunikationsform kalibriert. Wissensvermittlung und gemeinsame Wissensbearbeitung vollziehen sich unter Berücksichtigung medialer Bedingungen – also unter anderen Medienbedingungen jeweils anders (Kress/van Leeuwen 1996, Giesecke 1998).

(T3) Kennzeichen der Medien sind auf die verwendeten und verwendbaren Zeichensysteme und deren Restriktionen und Potentiale zu beziehen.

Es gibt keine Eins-zu-Eins-Entsprechung zwischen Zeichen und Medien, weshalb sich Medienkennzeichen nicht ausschließlich auf die Verwendung von Zeichen zurückführen lassen. Hingegen gehört es zu den Eigenschaften verschiedener (technischer) Medien, daß sie bestimmte Zeichen-*Kombinationen* realisieren: medienspezifische „Kodiermöglichkeiten und -grenzen" (Höflich 1997).[5]

(T4) Medien sind physische, materielle, technische Mittel (auch „Apparate"), die eingesetzt werden, um alle Facetten von Kommunikation zu realisieren. Sie finden ihre Bestimmung – auch wenn die Kommunikanten sie vor allem als Begleiterscheinungen wahrnehmen bzw. gerade nicht wahrnehmen – darin,

---

5   Für Semiotiker, die sich auf die erkenntnistheoretische Dimension der Zeichenvermittlung konzentrieren, ist der Begriff des „Mediums" im Grunde überflüssig; es gibt schließlich keine Zeichenprozesse, die ohne Medialisierung auskommen. Statt vom Medium sprechen sie von „Zeichenträgern". Es kommt nun allerdings darauf an, welchen Einfluß in der Kommunikation man dem „Zeichenträger" einräumt. Sofern man jedoch annimmt, daß diese die Kommunikation *ermöglichen*, erhebt sich die Frage, wie sie das tun. In diesem Beitrag plädiere ich dafür, daß die Zeichenträger als sprachlich-semiotische *Handlungs*-Einheiten angesehen werden. Ihre „Materialität" wird als Medium in einem funktional zu bestimmenden Handlungskontext ausgearbeitet.

Zeit und Raum zu überbrücken und zu übersteigen, wie klein dieser Raum und wie kurz diese Zeit auch sein mögen.

Diese Hypothese findet ihre Begründung in der Etymologie des Worts *Medium*, das „Mittleres" oder „Mitte" bedeutet (Ehlich 1998). Die Überbrückung von Zeit und Raum bedeutet, Kommunikation zeit- und ortsversetzt zu ermöglichen, auf spezifische Wissensbearbeitungen (der Partizipanten) zu richten, aufrechtzuerhalten, festzulegen, zu speichern, usw.

(T5) Sprachgebrauch (Face-to-Face-Kommunikation) fungiert als Ur-Medium (der Oralität) und ist gleichzeitig das Meta-Medium.

Die direkte Kommunikation im Gespräch ist der allgemeine Bezugspunkt für jegliche Form der Kommunikation (Porteman 1998). (Dies zeigt sich u.a. in der Karriere des Begriffs „Interaktivität", wie hanebüchen er auch immer manchmal bestimmt wird). Als Meta-Medium dient die direkte Kommunikation der Verständigung *über* die Kommunikation und ihre je konkreten Probleme, Schwierigkeiten, Stolpersteine und Ritualisierungen. Oralität, sinnliche Gewißheit und Leiblichkeit zeigen, welche Entkontextualisierungen der Kommunikation technische Medien nach sich ziehen (zu „contextualization" vgl. Gumperz 1992).

(T6) Ohne Einsichten in alte Medien keine Einsichten in neue Medien.

Jeder Medientheorie ist eine Perspektive auf Medienentwicklung inhärent (Ludes 1998, Schmidt 1999). Wer über Kennzeichen bestimmter Medien reflektiert, benötigt immer den Vergleich zu anderen Medien und zur Entwicklung, die sie genommen haben – wie rudimentär diese Reflexion auch sein möge (Ehlich 1998, Fairclough 1995b, Fidler 1997, Giesecke 1998). Dabei kann es von Nutzen sein, zwischen *primären* (physische, natürliche Mittel: Face to face, non-verbale Kommunikation), *sekundären* (technische Produktion, nicht-technische Rezeption: Buch, Zeitung, Foto, Zeitschrift usw.) und *tertiären Mitteln* zu unterscheiden (technische Produktion und technikabhängige Rezeption: Film, Radio, TV, elektronische Texte, Multimedia) (Holly 1996).

(T7) Hieraus ergeben sich Überlegungen zur Adäquatheit von Medien-Anwendungen. Es handelt sich um ein Spektrum von Realisierungsmöglichkeiten, das von Unterschätzung über konventionelle Nutzung über Innovation bis zu Extremformen reicht.

Ein schriftsprachlicher Text im Radio wäre eine Unterschätzung des Mediums (Crisell 1986); das Format eines aktuellen TV-Nachrichtenmagazins entspricht der dominierenden heutigen Konvention (Lacey 1998, Fairclough 1995b); innovativ sind einmal Videoclips gewesen („rhythmisierte Ton- und Imageteppiche": Zielinski 1989, 285); die vollgestopfte und übertreibungsverliebte Website eines Software-Unternehmens dürfte wegen ihrer Unlesbarkeit eine Extremform darstellen (Nielsen 1999, 11: „art vs. engineering approach"). Allerdings verändern sich solche Einschätzungen ständig, weil verschiedene Medien (fast) gleichzeitig nebeneinander genutzt werden und einander beeinflussen (Ludes 1998, Schmidt 1999, Schnell 2000).

(T8) „Transformationen" treten auf, wenn Inhalte, Themen, Formen, Strukturen usw. einer bestimmten Medienpräsentation in andere Medienpräsentationen umgesetzt werden.

Ein bestimmtes Medium kann, wenn eine frühere, aus einem anderen Medium stammende Präsentation in diesem angeboten werden soll, eine Anpassung aller inhaltlichen und formalen Elemente an die neuen Bedingungen erzwingen. Nicht was technisch möglich ist, steht im Vordergrund, sondern was funktional angemessen ist (Ehlich 1994, Giesecke 1998). Dabei muß Vorhandenes beispielsweise ergänzt, neue Lösungen für Darstellungsprobleme müssen gefunden werden (Doelker 1997); für anderes, das im Zielmedium nicht funktioniert, müssen kompensatorische Maßnahmen ergriffen werden (Lodge 1997, Sauer 2001). (Dieser „Transformations"-Begriff ist somit stärker auf *inhaltliche (Nicht-)Konvergenzen* angelegt als in allgemeinen Betrachtungen zum Medienwandel, wo er nur die Veränderbarkeit als solche bezeichnet).

(T9) Zur Erfassung, Untersuchung und Praktizierbarkeit solcher Transformationen benötigt man eine Vergleichsbasis, um die funktional zu bestimmende (Nicht)Übereinstimmung zwischen dem „Ersten" und dem „Zweiten" zu systematisieren: Als solche fungiere die Face-to-Face-Kommunikation.

Die Begründung für dieses *tertium comparationis* findet sich in der Verschränkung von Ontogenese und Phylogenese beim *homo loquens*: Die Direktkommunikation ist die grundlegende Kommunikationsform (Clark 1996, 8-11; vgl. auch Abschnitt 3.2). Der Vergleich mit der direkten Kommunikation begegnet in vielen medienwissenschaftlichen Publikationen. Was man jedoch selten findet, ist eine Darlegung des zugrundegelegten *Sprachbegriffs*; dieser ist öfters rein instrumentell bestimmt, als ob Sprache lediglich ein Werkzeug für den Austausch von Zeichen ist. Mündliches Sprach-*Handeln* kann jedoch nur dann für diesen Vergleich herangezogen werden, wenn es hinreichend differenziert als *Zusammenspiel inhaltlicher, mental-prozeduraler, illokutiver und non-verbaler Formen* aspektualisiert wird (Ehlich/Rehbein 1986, Ehlich 1998, Rehbein 1988). Was Präsentationen in anderen Medienumgebungen können und nicht können, zeigt sich somit erst, wenn man sie am Verhältnis von „Reichtum" und „Armut" der Direktkommunikation mißt; dies zumindest will dieser Vorschlag sagen (Crisell 1986, Porteman 1998, Habscheid 2000, Sauer 2001). Das bedeutet allerdings nicht, daß die Vis-à-vis-Situation zum absoluten Kriterium einer „guten" Kommunikation hochstilisiert wird.

(T10) Die hier vorgenommene Bestimmung des Medienbegriffs führt didaktische Konsequenzen mit sich; er soll zum systematischen und reflektierten Aufbau von Erfahrungen mit solchen Transformationen beitragen. Dabei geht es darum, Strategien für die Medienpraxis und Kompetenzen für die Medienanalyse zu entwickeln, die sich in dreierlei Hinsicht äußern: als intelligente Problemlösungen (nicht nur begrenzt durch das gerade technisch Mögliche), als radikale Fragestellungen und als Gerichtetsein auf funktionale – nicht nur technische – Innovationen.

Die Aufgabe einer zeitgemäßen Medientheorie ist es, traditionelle Programme und Konzepte so umzustrukturieren, daß sie einen anderen Stellenwert erhalten. Begriffe aus der vorindustriellen Gesellschaft, beispielsweise der Fiaker am Wiener Stephansdom, werden um die Vorstellung des Autos, die man heute im Hinterkopf hat, ergänzt (Fiaker=das Noch-nicht-Auto). An ihm wird er gemessen, und an diesem Vergleich ändern sich seine „informationellen" Merkmale (Giesekke 1998, 10). Um zu verhindern, daß sich nostalgische Vorstellungen breit machen, muß man Anschlußmöglichkeiten für die aktuelle Reflexion schaffen. Das kann man tun, indem man Transformationen von Medienpräsentationen simuliert und ausprobiert. Zum inhaltlichen Wissen heutiger Wissenschaft gehört, daß Vermittlungsformen (Medialisierung) und ihre Konsequenzen für die Kommunikation mitbedacht werden. Wissen pur gibt es nicht.

3 Vier Sichtweisen auf medienvermittelte Kommunikation

Der Hypertext (Abb. 1) soll eine Vorstellung davon erzeugen, wie (sinnliche) Wahrnehmung, Wissensbestände, technische Mittel, Medienwandel, sprachliches Handeln und kulturelle Praktiken miteinander verzahnt sind. Er kann dies nur in abgekürzter Form tun, da er eine Art Bibliothek darstellt, in der man sich sowohl umherschweifend als auch partiell vertiefend in Lektüren und andere Rezeptionsvorgänge einläßt. Die Web-Subseiten sind so angeordnet, daß sie Wege zu neuen Erfahrungen öffnen, die sich mit den Hypermedia verbinden. (Vernetzungen und Querverbindungen – also „links" – sind nicht eingezeichnet, sie werden allerdings vorausgesetzt). Zunächst jedoch sollen die Subseiten erläutert werden. Da die theoretische Arbeit im Prinzip unabgeschlossen ist, wird es daher (auch) programmatisch zugehen (müssen).

3.1 Kommunikative Perspektive

Die Definition des „Mediums" entsprechend T4 betont die Notwendigkeit, daß *alle* Formen menschlicher Kommunikation als *vermittelte* realisiert werden (T1, T2). Dabei werden *räumliche* und *zeitliche Distanzen* der Kommunizierenden angenommen, wie klein diese auch immer sein mögen. Auch das Gespräch unter

Intimi benötigt lautliche Materialisierungen, ein intaktes Gehör, unverstellte Sicht, unbeeinträchtigte Artikulation – neben der sprachlich-strukturellen Realisierung der *Sprechhandlungen* und dem System der die mentalen Aktivitäten steuernden *Prozeduren*[6] (Verfahren des unaufdringlichen Rückmeldens, des Eingriffs in das laufende Mitverstehen, des Signalisierens von Verständnisproblemen, des deiktischen Zeigens). Die das Gespräch (mit) konstituierenden Koordinationsverfahren können auch non-verbal erfolgen oder parallel, so daß auch Gesten, Berührungen, Gesichtsausdrücken, dem Riechen usw. eine zweckbestimmte Rolle beim kommunikativen Handeln zukommt.

Solche im ersten Hinschauen vielleicht penetranten Unterscheidungen dienen gleichwohl der Bestimmung einer übergeordneten Medienkonzeption. Sobald nämlich die Entfernung der Kommunizierenden über eine gewisse Größe anwächst, müssen *technisch-materielle* Mittel eingesetzt werden. Damit aber fallen bestimmte Möglichkeiten, die in der Face-to-Face-Kommunikation zur Verfügung standen, aus und müssen *ersetzt* oder *kompensiert* werden (T8). So entfällt beim Telephon der visuelle Kanal; dies hat zur Folge, daß non-verbale Aspekte sprachlich expliziert werden müssen; gleichzeitig ergibt sich eine Konzentration auf „Botschaft" und „Botschafter", die auf eine Intensivierung des Kontakts hinauslaufen kann. So ist ein Brief mit Fotos eine Stillegung der Gesprächsdynamik, die vom Inhalt des Schrifttexts und der Abbildung in Teilen kompensiert werden kann; gleichwohl können weitere Informationen gegeben und im Foto konkretisiert werden, wodurch eine reichere Kommunikation entsteht, die überdies *anschaulich* machen kann, was man sonst *beschreiben* müßte. Gegenüber der *Kompensation* stehen somit medienspezifische *Vorteile* und *Neuerungen*.

Wenn man auf diese Weise die Medienlandschaft Schritt für Schritt aufarbeitet und das Geflecht der medialen Kommunikationsmöglichkeiten entwirrt, erhält man eine *funktional* aspektualisierte Übersicht, wie sie im Idealfall auch den Partizipanten selbst zur Verfügung steht. Denn diese nutzen die verschiedenen Medien nebeneinander und z.T. gegeneinander, um ihre Ziele zu erreichen (T7). Dabei werden sie sich auch der verschiedenen *Zeichensysteme* bewußt, die sie

---

6   Prozeduren sind sprachliche Handlungseinheiten unterhalb des Sprechakts. Prozeduren verankern die sprachlichen Handlungsvollzüge dynamisch-praktisch in der Kommunikationssituation. Während sich im Sprechakt die sprachexternen Zwecke niederschlagen, verkörpern die in ihn integrierten Prozeduren sprachinterne oder kommunikations-funktionale Zwecke. In kritischer Weiterentwicklung von Bühler unterscheidet Ehlich (z.B. 1994) fünf Prozeduren, denen jeweils spezifische Ausdrucksklassen zugeordnet werden können. Durch Prozeduren bewirkt der Sprecher beim Hörer jeweils spezifische mentale Aktivitäten, die zum Vollziehen der Handlungen notwendig sind oder den gemeinsamen Wahrnehmungsraum – fürs deiktische Zeigen und Fokussieren – betreffen.

einsetzen (müssen), für die sie aber – auch als Folge der schriftzentrierten sekundären Sozialisation – möglicherweise nur unvollkommen kompetent sind. Was die Semiotik „medienspezifische Kodiergrenzen" (Höflich 1997) nennt, für die besondere „Bewältigungsstrategien" notwendig sind, zeigt sich trivial als Beschränkung: Wer Bilder nicht versteht, ist ihnen hilflos ausgeliefert (Doelker 1997), wer Musik nicht differenzieren kann, unterliegt dem, was jeweils modern ist (van Leeuwen 1999), usw.

Kommunikations-Modelle prägen die medientheoretischen Reflexionen, insofern sie bestimmte Sichtweisen nahelegen und andere ausblenden (Handler 1998). Die Karriere, die der Begriff „Interaktivität" im Zusammenhang mit Hypermedien durchläuft, ist ein Beispiel dafür, wie heterogene Modelle zusammengezwungen werden: ein Handlungs-, ein Zeichen- und ein Telekommunikationsmodell (Fidler 1997, Porteman 1998, Nielsen 1999). Was noch aussteht, ist eine Modellierung, die dem Wandel von der eher *passiven Rezeption* zur *aktiven Nutzung* in funktionaler Hinsicht Rechnung trägt: „Bedingte Dialogizität aufgrund der Möglichkeit der Einflußnahme des Nutzers auf die Navigation", wie Ipsen (2001) vorschlägt, wäre dann eine Minimalbedingung. Freilich verschränken sich hier wiederum alte und neue Medien, da man längst schon den „aktiven Leser" kennt (Gross 1994). Und was Bildschirmmedien anbetrifft, seit Fernbedienung und Video Gemeingut geworden sind, entstand eine zeitliche Souveränität gegenüber den Programmabläufen, die den Keim zu weiteren Einflußmöglichkeiten in sich trägt. Wie aber unterscheidet sich diese neue *Nutzung* von der alten *Leseraktivität*? Und sind zeitliche und räumliche Souveränitäten adäquate Kriterien?

Zur Lage der Medientheorie im Augenblick gehört, daß sie sich (leider) hauptsächlich auf sprachliche und visuelle Kommunikationsformen beschränkt. Dabei kommt der Bearbeitung der *Visualität* besondere Priorität zu, werden hier doch viele fehlende Kompetenzen vermutet (Doelker 1997). Einige Vorschläge fügen sich zu einer „visuellen Grammatik" (Kress/van Leeuwen 1996) zusammen, mit der eine „social semiotics" etabliert werden soll. Hinzu kommen psychologische Arbeiten zur Augenwahrnehmung (Bruce/Green/Georgeson 1996), die den Wahrnehmungsapparat erforschen. Viele dieser Arbeiten gehen daher auf *gestalttheoretische* Ansätze zurück: Sie unterstreichen die Andersartigkeit des sprachlichen und des visuellen Wahrnehmens. Da nun Medientheoretiker ohnehin schon auf die unterschiedliche Mobilisierung der Sinne beim Kommunizieren achten, müßte sich eigentlich ein Weg finden lassen, um Sinnesqualitäten und Inhaltliches aufeinander beziehbar zu machen, sei es als Restriktion, sei es als Erweiterung. Hiervon würde auch die Funktionale Pragmatik (Ehlich 1994, 1996, 1998) profitieren, der es immer schon um die „sinnliche Gewißheit" der Partizipanten des sprachlichen Handeln geht. Der Vorschlag wäre, die Prozeduren, die die Handlungsvollzüge in der Situation verankern, sinnenspezifisch zu rekonstruieren.

3.2 Anthropologische Perspektive

Die Überlegungen in Abschnitt 3.1 zielten auf eine umfassende Vorstrukturierung der medientheoretischen Domäne ab. Nunmehr soll die Tragweite des Vorschlags überprüft werden, daß die Face-to-Face-Kommunikation die Basis für alle Medienvergleiche liefere (T5, T8). Anthropologisch hieran ist, daß Menschen auf Sprache angewiesen sind, wenn sie Kommunikationsprobleme identifizieren und bearbeiten, und daß das sprachliche Handeln sich überwiegend im Medium der *Oralität* vollzieht, dem im Zuge der Evolution am weitesten entfalteten allgemeinen Medium.[7] Im einzelnen soll es darum gehen, welchen Beitrag verschiedene Konzeptionen des Sprachhandelns für die Erhellung der Übergänge (und der inhaltlichen Transformationen) von einem Medium aufs andere leisten.

Goffman (1981) löste die reduktionistische Sprecher- und Hörer-Kategorie der „Speech Act Theory" durch seinen Begriff des *footing* ab: daß es verschiedene Rollen für S und H gibt, die *gleichzeitig* ablaufen (S ist z.B. *animator, author, principal*, H kann *ratified* oder *unratified* sein; vgl. Levinson 1988). Mit diesen und weiteren Unterscheidungen etablierte Goffman das Forschungsfeld der Mikrostruktur der Interaktion und öffnete es, verkürzt gesagt, auch für mediale Einflüsse (die er an Radiointerviews, Werbefotos, Vortragssituationen u.ä. ausarbeitete). Seine Anregungen werden u.a. von Clark (1996, 9ff) aufgegriffen, der in die „features" der direkten Kommunikation explizit die Medienbedingungen einordnet. Er nennt drei grundlegende Unterscheidungen: *Flüchtigkeit, Nicht-Speicherung* und *Simultanität*. Medien lassen sich demnach voneinander abgrenzen, indem man ihre jeweiligen Ausprägungen dieser Dimensionen erarbeitet (etwa Speicher- von Übertragungsmedien unterscheidet) und auf das *Formeninventar* der sprachlichen *und* non-verbalen Kommunikation bezieht. Zu diesen Formen zählen somit nicht nur die sprachlichen Ausdrücke selber, darunter auch sprachliche Register, Idiomatik, Variation u.ä., sondern auch Ausdrucksmittel wie Gestik, Prosodie, Akzent, Geschwindigkeit usw. Mit diesen letzteren Mitteln nun, so der Ansatz von Gumperz (1992), werden sog. *Kontextualisierungshinweise* gegeben, deren Zweck es ist, für die laufende oder angekündigte Sprachhandlung

---

[7] Ich möchte hier nur noch einmal betonen, daß ich schon aus didaktischen Gründen auch die Face-to-Face-Kommunikation als *medialisiert* betrachte: Ein noch so kleiner Abstand muß überwunden, ein noch so kleiner Zeitunterschied realisiert werden. Daher sind physische Mittel wie Laute und Gesten notwendig. Das entspricht dem Ansatz der allgemeinen Medientheorie.

einen Interpretationskontext und/oder Wissensrahmen bereitzustellen oder zu evozieren.

Kontextualisierungshinweise sind ihrer semiotischen Natur nach – im Sinne von Peirce – „Indizes". Sie indizieren einen Kontext und damit die Interpretation der Handlungsvollzüge. Beim Übergang in ein anderes Medium kann sich die an den Zeichenträger gebundene Dimension der Indexikalität wandeln. Zeichen können dann auch – wiederum in Peirceschen Begriffen – „ikonische" Darstellungen (etwa Bilder in Identität mit dem Referenzobjekt) oder „Symbole" (konventionalisierte Zeichen, vulgo: Inhaltswörter und -zeichen) sein. Wo z.B. im Schrifttext Landschaftsbeschreibungen auftauchen, kann man sich in mündlicher Kommunikation auf Zeigegesten und Umherschauen beschränken (Indizes); im Film kann die Kamera die Landschaft zeigen (Ikone); im Hypertext wird sie durch Abbildung, Bildunterschrift und evtl. auch fragmentarische Beschreibung repräsentiert, also durch Zeichen aller drei Kategorien.

In der *Critical Discourse Analysis* (Fairclough 1995a, b) schiebt sich zwischen den „Text" (in welcher Präsentation auch immer) und seine sozio-funktionale Erklärung, die als „social practice" bezeichnet wird, die „discourse practice": Es handelt sich um eine Sammelbezeichnung für Verfahren, die üblicherweise die Textinterpretation durch die Partizipanten steuern. Im Text finden sich „Spuren" – was an die Kontextualisierungshinweise Gumperz' erinnert –, die Anhaltspunkte für das angestrebte Verstehen liefern. Viele solcher Spuren hat Fairclough als *intertextuelle* Relationen vorgefunden: wenn ein politisches TV-Interview z.B. zu einer Wahlkampfansprache umfunktioniert oder wenn in TV-Nachrichten Sensationelles und Amüsantes eingeflochten wird. In Faircloughs Begriffen sind diese Medientexte generell *heterogen*, sie sind in ihren sprachlichen und sonstigen Texturen uneinheitlich, widersprüchlich, jedenfalls komplex. Der Ansatz der Analyse besteht darin, die Heterogenität der Formen (und Inhalte) mit den Restriktionen der medienspezifischen Nutzungsformen einerseits (den „discourse practices") und mit den sozialen Implikationen andererseits (den „social practices", wie Macht, Ideologie, Provokation usw.) zu verrechnen.

Während bei Fairclough Oralität, Literalität und elektronische Medien nebeneinander stehen, sieht die *Funktionale Pragmatik* (z.B. Ehlich 1994) im mündlichen Sprachhandeln den Kern der Theorie. Die Verankerung des sprachlichen Handelns (also der Realisierung sprach*externer* Zwecke) in der Situation, die oben mittels der Prozeduren (die sprach*interne* Funktionen haben, FN 6) verdeutlicht wurde, eröffnet einen in sich konsistenten Weg, den Übergang auf ein anderes Medium systematisch zu rekonstruieren. Das exemplarische Beispiel ist der schriftliche Text im Vergleich zur prototypischen mündlichen Interaktion. Die Verständnissicherung, auf die augenblicklichen Erfordernisse der Interaktion

abgestimmt und von allen Partizipanten mitgesteuert, muß im Text durch Antizipation und Textorganisation erfolgen:
- Bearbeitung des Wissens (späterer LeserInnen) durch Vorwegnahme von Erklärungen und Erläuterungen;
- Darlegung dessen, was sich nicht zeigen läßt;
- Vorführung/Präsentation dessen, was sich – ikonisch – zeigen läßt (z.b. in Visualisierungen; es wird dann nicht verbalisiert);
- Strukturierung der Argumentation in medienspezifischer Weise;
- Hierarchisierung und lesebezogene Sequenzbildungsermöglichung;
- Nutzung von Typographie und semiotischer Form als Ausdrucksqualität;
- Bevorzugung allgemeinen Wissens vor situationsadäquatem Wissen; usw.

Grob gesagt, kann man von einer Explizitmachung der sprachinternen Zwecke sprechen; im Schrifttext wird benannt und symbolisiert, wo im oralen Medium Indexikalisches auftritt. Das Äußere des Texts, sein Textbild, wird einerseits zum Verweisobjekt und andererseits zum ikonischen Zeichen. Kompensationen stehen neben neuen Möglichkeiten. In ihnen schlägt sich nieder, was die eigentliche gesellschaftliche Funktion von Schrifttexten ist, ihre *Überlieferungsqualität*. Daran schließt sich direkt die Frage nach der Überlieferungs- und sonstigen funktionalen Qualität *anderer* Medien an. In der Rekonstruktion solcher Übergänge kann sich eine handlungstheoretisch-sprachlich-semiotische Medientheorie entfalten.

3.3 Kulturhistorische Perspektive

In seinem anschaulichen „ABC der Medienentwicklungen" versucht sich Ludes (1998, 127ff) an einem Gesamtbild, wie man es in vielen Publikationen auch so ähnlich antrifft (z.B. Fidler 1997). Das Ganze zeichnet sich nicht nur durch eine gewisse Zwangsläufigkeit aus, sondern auch Gott sei Dank! durch Tentativität. Ludes ermuntert seine LeserInnen ausdrücklich, sich den Entwicklungen zu stellen. MediennutzerInnen nun exerzieren tagtäglich einen „Blick" in die Vergangenheit der Medien, indem sie Konversation machen, schreiben, anrufen, im W3 surfen, fernsehen, Radio hören, etwas skizzieren, eine Ausstellung besuchen, fotografieren, durch die Stadt schlendern usw. Ihnen eröffnet sich somit in der Gegenwart die historisch gewordene *Medienlandschaft*, die Gleichzeitigkeit (fast) aller Medien. Sie zeichnet sich durch überwältigenden Reichtum an Optionen aus, der jedoch von der Armut der (individuellen) Nutzungssituation konterkariert wird. Es läuft meist aufs Rumsitzen, Rumgucken, Rumsurfen, Rumzappen, Rumblättern hinaus – wo nicht Arbeit wie Schreiben, Strukturieren, Aufbereiten,

Gestalten, Dozieren u.ä. angesagt ist. Der „Raum", den man durchstreift, wird irgendwie größer, die „Zeit" jedoch, die man dazu benötigt, knapp. Gewöhnungs- und Abnutzungseffekte im Medienkonsum wirken sich auf die „Logik der Aufmerksamkeitsökonomie" (Schmidt 1999, 139) aus. Das jeweils neueste Medium vereinigt auf sich mehr Zeit und Bewußtheit als die weiterhin bestehenden alten Medien. Diese drohen aus der Gleichzeitigkeit in die Ungleichzeitigkeit zu geraten. Dem Neumodischen stellt sich alles Alte als das Altmodische schlechthin dar. Die Grenzen verschwimmen – wenn sie nicht in den Medien selber thematisiert werden.

Wenn man angetreten ist, zur Reflexion über die Medienkultur beizutragen, ist der *Medienvergleich* eine gute Sache. Zunächst kann man paarweise vorgehen, dann größere Gruppen von Medien kritisch betrachten. In dreifacher Weise läßt sich ansetzen.[8] Im Medienvergleich richtet man sich auf:

- Differenzierung,
- Kompensation,
- gegenseitige Beeinflussung.

Unter dem ersten Gesichtspunkt – *Differenzierung* – geht es darum, aufzuarbeiten, worin sich Medien unterscheiden und welche Aspekte man dazu eigentlich benötigt. Vorgeschlagen wird, eine offene Liste zu hantieren. Als Vergleichsbasis bietet sich die prototypische mündliche Kommunikation an. Hilfreich ist es, wenn man historische Stellungnahmen aus der Zeit der Einführung dieser Medien zur Verfügung hat, weil sich dann zeigt, wie sich die Diskussionen ähneln (Zielinski 1989, Giesecke 1998, Schnell 2000). Der nächste Gesichtspunkt – *Kompensation* – berücksichtigt die sozial-kulturellen Kosten: Man kann dann rekonstruieren, was alles als Unzulänglichkeit oder Mangel erfahren wurde, bevor man mit den Kompensationen versöhnt war. Man kann dann auch erfahren, welche anderen Dimensionen im Laufe der Zeit vergessen oder gar aus der theoretischen Reflexion ausgeschlossen wurden (Ehlich 1996). Der dritte Gesichtspunkt – *gegenseitige Beeinflussung* – schließlich kann klären, wie sich bestehende Medien unter dem Einfluß der Durchsetzung neuer Medien anpassen: was ihnen als Mangel neuer Art zugeschrieben wird, für den dann neue Kompensationen eingeführt werden; was ihre dann neuartige Qualität ausmacht, auf die man sich als das Eigentliche

---

8   In „Adapting *Nice Work* for Television" setzt sich David Lodge (1997, 220-229) mit der Frage auseinander, wie sich ein Roman verändern muß, wenn er für den Film bearbeitet wird. Lodge zeigt, welche Formen der *Kondensierung* und *Dramatisierung* (d.h. "translating narration and represented thought into speech, action and image") er anwandte, neben *Kürzung* und *Ergänzung*. Diese Kategorien fundieren den Medienvergleich.

besinnt (Holly 1996). Der Beispiele sind viele, sie sollten jedoch durch konkrete Untersuchungen unterfüttert werden, wie sie beispielsweise Giesecke (1998) vorgelegt hat. Schlechte Leitfiguren sind Alarmisten vom Schlage eines Neil Postman, bessere sind Utopisten wie Marshall McLuhan. Noch günstiger ist, wenn man Gelegenheit hat oder nimmt, bei Medienproduktionen als teilnehmender Beobachter anwesend zu sein. Manchmal reicht auch schon die Videoaufzeichnung des Nutzerverhaltens, um die drei Gesichtspunkte in Angriff zu nehmen.

Zwei Themen sind es vor allem, die noch ihrer medientheoretischen Bearbeitung harren. Zum einen geht es um die Formen und Funktionen *fremder Zeichen* im laufenden „Text" (vulgo: Text-, Bild-, Geräusch*zitate*), weil dabei explizit Mediengrenzen überschritten werden und Intermedialität praktiziert wird. Zum andern um die Rolle von *Wiederholungselementen*, bei denen je nach Medium räumliche (Text, Bild, Hypertext) und zeitliche Dimensionierungen (mündlicher Text, Film, TV, Radio, Hypermedia) auftreten.

3.4 Perspektive kultureller Praktiken: „Transformationen"

Es ist eine Herausforderung der Medientheorie, zur Aufklärung des Problems beizutragen, wie sich kulturelle Praktiken im Umgang mit und durch Medien wandeln. Was ist eine kulturelle Praxis? In Anlehnung an die *Critical Discourse Analysis* geht es um die Art und Weise, wie NutzerInnen die Resultate ihrer Mediennutzung erfahren und verarbeiten (welche „discourse practices" sie ausführen) und wie sich aus dieser Verarbeitung Anschlußmöglichkeiten für weitere Verhaltensformen ergeben („socio-cultural practices"; Fairclough 1995b). Im Hinblick auf Medien bedeutet dies, daß ein bestimmtes Medium eine bestimmte kulturelle Praxis nahelegt oder ihr zuarbeitet, die nur unter spezifischen Umständen verändert, d.h. hier: auf ein anderes Medium übertragen werden kann (Hellemans 1996). So ist ein Philosophievortrag im TV eine Mindernutzung der medialen Möglichkeiten (und kann als Nebeneffekt komische Konnotationen bewirken – die *Stärke* des Vortrags entspricht eher einer *Schwäche* des Mediums); die seinerzeitige Veröffentlichung des Starr-Reports in der Lewinsky-Affäre als Hypertext im Internet war zwar schnell, nämlich zeitgleich mit der Zustellung der Druckfassung an die Abgeordneten in Washington, aber im Grunde unlesbar (die Geschwindigkeit wurde offensichtlich allen anderen funktionalen Kriterien vorgezogen); die gesellschaftliche Praxis des Im-Stau-Stehens hat vermutlich die kulturelle Praxis des Radiohörens beeinflußt, wodurch u.a. eine schweifende Rezeption üblich wurde, in der Weise, daß nach einem Wortbeitrag Popmusik ertönen „muß", selbst wenn dadurch die kognitive Verarbeitung des gerade Gesendeten beeinträchtigt wird.

Die mit den Medien einhergehenden kulturellen Praktiken – des Memorierens, des Überliefems, des Perspektivierens, des Repräsentierens, des Schweigens/ Ausblendens, des Inszenierens, des Manipulierens, des Synthetisierens, des Unterhaltens usw. – können nicht im Direktzugriff erfaßt werden. Daher scheint mir ein günstigerer Weg der zu sein, im einzelnen kritisch-rekonstruktiv nachzuvollziehen, wie ein bestimmter „Inhalt", wenn er von einem Medium ins andere umgesetzt wird, bestimmten *Transformationen* unterliegt. Worin diese Transformationen bestehen, das herauszufinden ist eben das Ziel der Unternehmung. Läßt sich *dasselbe* sagen/ausdrücken/gestalten, auch wenn das Medium wechselt? Chaplins „The Great Dictator" aus dem Jahre 1940 als Hypertext, in den vielleicht auch originale Filmsequenzen einbezogen werden? Oder entsteht dabei eher eine Art „Dokumentation", die die Praxis der Wissensvermittlung im Sinne des belehrenden Zeigefingers realisiert? Oder als Broschüre mit Fotos und den modernsten typographischen Errungenschaften? Wie wirkt das von Chaplin erfundene Idiom des Schtonkens auf dem Papier? Warum geht es nicht, obwohl es vielleicht als Schrifttext im Drehbuch stand?

Dabei entstehen Reihen(untersuchungen), die die Frage der *Vergleichbarkeit* auf den Tisch bringen. Weitere Unterscheidungen treten hinzu; sie reflektieren die Umgangsformen mit den Medien, wie z.B. die Frage, was kinder-, jugend-, erwachsenengemäß ist. Auch nationale Gewohnheiten und globale Trends spielen eine Rolle (am Beispiel von Weihnachtsansprachen von Staatoberhäuptern bei Sauer 2001 in erster Annäherung vorgestellt). Vergleichbarkeit bedarf der Konkretisierung. Immer wieder wird es darauf ankommen, fundamentale Merkmale zu isolieren und auszuprobieren. Soweit sich erkennen läßt, gibt es im Augenblick vier Themen, in denen die Beziehung von Inhaltstransformationen und kulturellen Praktiken diskutiert wird. Es handelt sich um:

- die *Repräsentation* (vgl. Lacey 1998: Was kann überhaupt repräsentiert werden und mit welchen Implikationen?),

- die *Interaktivität* (vgl. Storrer 2000: Kann sie sich in den neuen Medien aus den Zwängen einer vorprogrammierten Dialogsimulation befreien?),

- die *Funktionalität* (vgl. Kress/van Leeuwen 1996: Welche Zielsetzungen sind medienangemessen, welche nicht?) und

- die *Taktilität* (vgl. Bickenbach 2000: Welche Rolle spielt das Klicken, die Geste des Knopfdrucks beim Bedienen des Computers und Beobachten des Schirms?).

In diesem Rahmen, so steht zu hoffen, können die hier angeschnittenen Fragen zur Grundlage von Transformationsvergleichen werden.

4 Neue Erfahrungen vor dem Hintergrund alter Erfahrungen

4.1 Zusammensuchen von Kompetenzpartikeln

Es gibt eine sehr alte Diskussion, von der ich meine, daß diejenigen, die über Medien reflektieren, diese wiederaufgreifen sollten. Es ist die Diskussion um die Qualität der verschiedenen Künste. Der Wiederaufgriff bedeutet: Welches Medium ist das beste? Für viele stellt sich diese Frage gar nicht erst, sind für sie doch die neuesten Entwicklungen automatisch besser als alle früheren, und wenn es gar die integrativen Tendenzen der Hypermedien betrifft, die in sich – wie man ab und zu hört – alle bisherigen Möglichkeiten vereinigen sollen, dann scheint es festzustehen, wer der Sieger, der beste ist.

Gleichwohl ist diese Medienkonkurrenz nichts Neues. Man findet sie bereits seit den Anfängen der Schrift, bei Platon, in dessen Dialog „Phaidros" vom ägyptischen Gott Theut erzählt wird, dem Erfinder der Buchstaben, der zu König Thamus kommt, aber mit seiner Erfindung abgewiesen wird. Denn Thamus befürchtet die Vernachlässigung des Erinnerns, wenn man alles nachlesen kann (den Ersatz der *Aktivität* des Erinnerns durch passives Festlegen), und die tendenzielle Unhinterfragbarkeit des in Texten existierenden Wissens (mit den Buchstaben könne man keinen Dialog führen), so daß am Ende eher Dünkelhaftigkeit als Wissen übrigbleibe. Daß es nicht so gegangen ist, wie Platon uns durch seine Figur Sokrates mitteilt, ändert nichts an der Struktur dieser Auseinandersetzung. Sie wiederholte sich laufend und ist am eingängigsten dokumentiert in der Auseinandersetzung über die beste der Künste in der Aufklärungszeit. Von ihr läßt sich viel über die aktuellen Mediendebatten lernen. Man baut eine spezifische Kompetenz auf, wenn man solche Debatten nachvollzieht.

Betrachten wir einen Meilenstein in dieser Debatte. Lessing wendet sich in seiner Gelegenheitsschrift „Laokoon" (1766) gegen das Ausspielen der einen Kunst gegen die andere. Es gehe nicht an, etwa die Malerei höher zu bewerten als die Bildhauerei oder die Poesie (heute würde man vielleicht sagen: die Belletristik oder die fiktionale Literatur) oder umgekehrt; alle Künste hätten ihre je eigenen Vor- und Nachteile und ihre (medien)spezifischen Bedingungen, ungeachtet der technischen Fertigkeiten der jeweiligen Künstler:

> Es hat sich gezeigt, daß, so vortrefflich das Gemälde des Virgils [Epos, CS] ist, die Künstler dennoch verschiedene Züge desselben nicht brauchen können. Der Satz leidet also seine Einschränkung, daß eine gute poetische Schilderung auch ein gutes wirkliches Gemälde geben müsse, und daß der Dichter nur insoweit gut geschildert habe, als ihm der Artist in allen Zügen folgen könne. Man ist geneigt, diese Einschränkung zu vermuten, noch ehe man sie durch Beispiele erhärtet sieht; bloß aus Erwägung der weiteren Sphäre der Poesie, aus dem

unendlichen Felde unserer Einbildungskraft, aus der Geistigkeit ihrer Bilder, die in größter Menge und Mannigfaltigkeit nebeneinander stehen können, ohne daß eines das andere deckt und schändet, wie es wohl die Dinge selbst, oder die natürlichen Zeichen derselben in den engen Schranken des Raumes oder der Zeit tun würden (Lessing 1998, 54).

Lassen wir diesen Duktus für einen Moment auf uns wirken. Lessing spricht sich für die ohne jede Unter- oder Überordnung vorzunehmende Unterscheidung der Künste aus. Er tut dies, indem er *Inhaltstransformationen* (siehe Abschnitt 3.4) vergleicht, vom Epos auf die Bildhauerei usw., stets anhand des gleichen Inhalts. Dabei konzentriert er sich auf die „Sphären", das sind die Medienbedingungen: Lessing betrachtet *Raum* und *Zeit* als die entscheidenden Kriterien und reserviert den Raum für die Bildhauer, die Fläche für die Maler und die Handlungssequenz für die Poesie. Sollen zeitliche Relationen räumlich dargestellt werden, müssen *Kunstgriffe* vorgenommen werden, in denen sich die Anpassung ans Medium materialisiert.[9] Solche Kunstgriffe hat die Medientheorie zu diskutieren.

Mit Platon und Lessing wurden zwei Beispiele für die m.E. notwendige *Historisierung* der Medientheorie angeführt. Sie dürften belegen, daß das Verhältnis von alten zu neuen Medien – und umgekehrt! – zu vielfältigen Bearbeitungen Anlaß gibt. Daß dabei immer wieder auf der Prototypik der mündlichen Kommunikation beharrt wurde, sollte als Teil dieser Historisierung begriffen werden, nicht als Selbstzweck.

In der klassischen Rhetorik, die sich u.a. mit der Produktion mündlicher Texte auseinandersetzt, kennt man die Stadien, die der Redner durchlaufen muß: *inventio* (Stoffsammlung), *dispositio* (Organisation), *elocutio* (Gestaltung), *memoria* (Aneignung im Gedächtnis), *actio* (Ausführung). Auffällig ist nun, daß in Arbeiten, die auf die Rhetorik verweisen, meist nur die drei ersten Stadien vorkommen, während *memoria* und *actio* als typisch antik und unzeitgemäß abgetan werden. (*Actio* betrachte ich hier nicht näher; ihr kommt als die *Realisierung* der Steuerung und Selektivität in hypertextuellen Umgebungen ein neuer Stellenwert zu, der aber noch genauer ausgearbeitet werden muß, sicherlich auch im Zusammenhang mit der Taktilität). Nun beruht *memoria*, wie schon in Platons Beispiel deutlich wurde, auf einem *aktiven* Erinnern, nicht auf der bloßen Möglichkeit des Speicherns. Bei den Rhetorikern bedarf diese Aktivität der *imagines*, der Gedächtnisbilder, visueller Vorstellungen, in denen Portionen des vorzutragenden Textes kondensiert werden. Hieraus lassen sich für neue Medien zwei Anhaltspunkte

---

9   Ironischerweise verabsolutiert Lessing die Vorstellung der Zeichen*folge* als unabdingbar für Poesie und landet damit bei einer Mimesis-Theorie, die mit seinen Ausgangspunkten konfligiert. Er klammert nichtlineare Textverständnisprozesse unnötigerweise aus, weil er die ikonische Sequenz naturalisiert (vgl. Gross 1994, 115ff).

herauslesen: zum einen der Nachdruck, der auf visuelle Vorstellungen – und, wie man ergänzen kann, auf Visualisierungen überhaupt – gelegt wird, zum andern die Bedeutung der Aktivität des Erinnerns, die natürlich auch die Rezeption umfaßt. Wie erinnert man sich an neulich besuchte Hypertexte? Und welche Möglichkeiten gibt es, solche Erinnerungen zu unterstützen und auf das, was Besucher behalten sollten/könnten, zu fokussieren? Und schließlich: In welcher Richtung hat sich unser *Text*-Begriff zu entwickeln, damit wir diesen alt-neuen Möglichkeiten Rechnung tragen?

Für die Antike waren Gedächtnis und *Wissen* nicht nur kompatibel, sondern das erstere war als Bedingung für das letztere unabdingbar. Auf dieser Relation beruhte jede Qualifikation und Professionalisierung. Lehrprozesse wurden als dialogische Verfahren systematisiert, so daß neues Wissen nicht nur auf der Aneignung schon vorhandenen Wissens, sondern auf der Aktivierung von Wissenspotentialen beruhten (hier ist Comenius einschlägig). Dies nun gilt in doppelter Weise auch für die Verzahnung alter und neuer Medien, mit denen wir es zu tun haben. Wir benötigen *Kompetenzen* im Umgang mit neuartigem Wissen oder Wissen, das auf neue Weise strukturiert ist, um mit diesen erworbenen Qualifikationen in Entwicklungen planend, gestaltend, handelnd und evaluierend einzugreifen. Der Aufbau dieser Erfahrung gelingt nur, wenn wir den älteren Erfahrungen einen angemessenen Platz einräumen. Der Hypertext „Medientheorie", der hier kommentiert wurde, versucht, die Komplexität dieses Vorgehens in eine Reihe von Teilschritten und Teiluntersuchungen zu zerlegen, ohne den Gesamtzusammenhang aus den Augen zu verlieren.

4.2 Multimediale Kontexte

Am Ende dieses Artikels will ich mich noch kurz Versuchen überwiegend linguistischer Provenienz zuwenden, Texten und Informationsangeboten im WWW gerecht zu werden. Auffällig ist, daß viele Publikationen bemüht sind, den Begriff des „Textes" so zu erweitern, daß er auch in multimedialen Kontexten bleibende Verwendung finden kann. Warum? Man spricht von neuartigen Kohärenzkonzeptionen (Storrer 1999), von „Hybridisierung" (Wenz 1998, Eckkrammer 2001), von „konzeptioneller Linearität" (Storrer 2000, in Anlehnung an die „konzeptionelle Mündlichkeit und Schriftlichkeit" bei Koch/Österreicher 1985), von „mehrkanaliger Informationsvermittlung als einem konstitutiven Prinzip" (Dürscheid 2000), von „Enthegemonisierung der Schrift", „barocker Zeichenflut", schließlich vom „Rhizom" (Schmitz 1997). Diesen und ähnlichen Begriffen wohnt die Neigung inne, die Vorstellung vom „Text" zu erhalten, wie gummiartig sie auch wirken mag.

Storrer (1999, 2000) weist verschiedentlich darauf hin, daß WWW-Angebote irgendwie wie elektronisch bewegliche Bücher funktionieren. Da sie jedoch mittels externer Links mit anderen „Büchern" verbunden werden können, handelt es sich eher um eine *Bibliothek/Mediathek*, die aus „Text-Bild-Ton-Konglomeraten" (Schmitz 1997) besteht. Schwierig ist dann, den Ort der NutzerInnen zu bestimmen. *In* der Mediathek, *an* ihr *entlang* oder *um* sie *herum*? Vielleicht sollte man eine „konzeptionelle Rezeptionsattitüde von Mediathekbesuchern" postulieren: schwebend, doch nicht frei, verschiedene Zugriffe wagend, doch nicht unbeschränkt, sich ab und zu zurücklehnend, doch nicht ohne Anspannung, potentiell zielstrebig, doch auch herumstreunend. Wie man dieses in einen konsistenten Begriff einbringen kann, weiß ich nicht. Jedenfalls ist es die Vielheit und Diversität aller Eindrücke *zusammen*, die die WWW-Nutzung kennzeichnen – vor jeder individuellen Informationssuche.

Das letzte Wort soll Tucholsky haben. Er erklärt sich und seinen LeserInnen den „Ulysses" von Joyce folgendermaßen (1975/1927, 385):

> James Joyce hat eine Tür aufgestoßen; ich glaube, daß sie nach Freud nur noch war. Auch dem Können dieses Iren sind natürliche Grenzen gesetzt: solche des menschlichen Gehirns und solche des Buchdrucks: man denkt ungeheuer schnell, man denkt auch manchmal polyphon – während ein schwerer Gedanke wie ein Glockenton in der Tiefe brummt, hüpfen oben die Affen der Assoziation auf und ab. Das kann man nicht aufschreiben. Was gemacht werden konnte, hat Joyce gemacht. Denn so sieht es in einem menschlichen Gehirn aus.

So sieht es aber vielleicht auch aus, wenn wir uns in hypermedialen Kontexten aufhalten. Seien wir daher MedientheoretikerInnen, die ihnen gewachsen sind.

Literatur

Aristoteles (1994): Poetik. Griechisch/ Deutsch. Stuttgart: Reclam

Bickenbach, Matthias (2000): Knopfdruck und Auswahl. Zur taktilen Bildung technischer Medien. In: Zeitschrift für Literaturwissenschaft und Linguistik 117, 9-32

Bruce, Vicky/ Green, Patrick R./ Georgeson, Mark A. (eds.) (1996): Visual Perception. Physiology, Psychology, and Ecology. Hove: Psychology Press

Clark, Herbert H. (1996): Using Language. Cambridge: Cambridge University Press

Crisell, Andrew (1986): Understanding Radio. London: Methuen

Doelker, Christian (1997): Ein Bild ist mehr als ein Bild. Visuelle Kompetenz in der Multimedia-Gesellschaft. Stuttgart: Klett-Cotta

Dürscheid, Christa (2000): Sprachliche Merkmale von Webseiten. In: Deutsche Sprache 1 (28), 60-73

Eckkrammer, Eva Martha (2001): Textsortenkonventionen im Medienwechsel. In diesem Band

Ehlich, Konrad (1994): Funktion und Struktur schriftlicher Kommunikation. In: Günther, Hartmut/ Ludwig, Otto (Hrsg.): Schrift und Schriftlichkeit. Ein interdisziplinäres Handbuch internationaler Forschung. 1. Halbband. Berlin, New York: De Gruyter, 18-41

Ehlich, Konrad (1996): „Kommunikation" – Aspekte einer Konzeptkarriere. In: Binder, Gerhard/ Ehlich, Konrad (Hrsg.): Kommunikation in politischen und kultischen Gemeinschaften. Trier: Wissenschaftlicher Verlag Trier, 257-283

Ehlich, Konrad (1998): Medium Sprache. In: Strohner, Hans/ Sichelschmidt, Lorenz/ Hielscher, Martina (Hrsg.): Medium Sprache. Frankfurt am Main u.a.: Lang, 9-21

Ehlich, Konrad/ Rehbein, Jochen (1986): Muster und Institution. Untersuchungen zur schulischen Sozialisation. Tübingen: Narr

Enzensberger, Hans Magnus (2000): Das digitale Evangelium. In: Der Spiegel 2/2000, 92-101

Fairclough, Norman (1995a): Critical Discourse Analysis. London: Longman

Fairclough, Norman (1995b): Media Discourse. London: Edward Arnolds

Fidler, Roger (1997): Mediamorphosis. Understanding New Media. London: Pine Forge Press

Giesecke, Michael (1998): Sinnenwandel, Sprachwandel, Kulturwandel. Studien zur Vorgeschichte der Informationsgesellschaft. Frankfurt am Main: Suhrkamp

Goffman, Erving (1981): Forms of Talk. Oxford: Blackwell

Gross, Sabine (1994): Lese-Zeichen. Kognition, Medium und Materialität im Leseprozeß. Darmstadt: Wissenschaftliche Buchgesellschaft

Gumperz, John J. (1992): Contextualization and Understanding. In: Duranti, Alessandro/ Goodwin, Charles (eds.): Rethinking Context. Language as an Interactive Phenomenon. Cambridge: Cambridge University Press, 229-252

Habscheid, Stephan (2000): ‚Medium' in der Pragmatik. Eine kritische Bestandsaufnahme. In: Deutsche Sprache 2 (28), 126-143

Handler, Peter (1998): Medientheoretische Konzepte in der Modellbildung über Sprache und Kommunikation. In: Kettemann, Bernhard/ Stegu, Martin/ Stöckl, Hartmut (Hrsg.): Mediendiskurse. verbal-Workshop Graz 1996. Frankfurt am Main u.a.: Lang, 13-25

Hellemans, Frank (1996): De boodschap van de media. Een geschiedenis. Leuven, Amersfoort: Acco

Höflich, Joachim R. (1997): Ansätze zu einer Theorie der technisch vermittelten Kommunikation. In: Zeitschrift für Semiotik 3 (19), 203-228

Holly, Werner (1996): Alte und neue Medien. Zur inneren Logik der Mediengeschichte. In: Rüschoff, Bernd/ Schmitz, Ulrich (Hrsg.): Kommunikation und Lernen mit alten und neuen Medien. Frankfurt am Main u.a.: Lang, 9-16

Ipsen, Guido (2001): Pragmatik des Hypertextes. Linguistische Aspekte WWW-gebundener Informationsmedien als designtechnisches Instrument. In diesem Band

Kress, Gunther/ van Leeuwen, Theo (1996): Reading Images. The Grammar of Visual Design. London: Routledge

Koch, Peter/ Österreicher, Wulf (1985): Sprache der Nähe – Sprache der Distanz. Mündlichkeit und Schriftlichkeit im Spannungsfeld von Sprachtheorie und Sprachgeschichte. In: Romanistisches Jahrbuch 36, 15-43

Lacey, Nick (1998): Image and Representation. Key Concepts in Media Studies. London: Macmillan

van Leeuwen, Theo (1999): Speech, Music, Sound. London: Macmillan

Lessing, Gotthold Ephraim (1998) [1766]: Laokoon oder Über die Grenzen der Malerei und Poesie. Stuttgart: Reclam

Levinson, Stephen C. (1988): Putting Linguistics on a Proper Footing: Explorations in Goffman's Concepts of Participation. In: Drew, Paul/ Wootton, Anthony (eds.): Erving Goffman. Exploring the Interaction Order. Oxford: Polity Press, 161-227

Lodge, David (1997): The Practice of Writing. Harmondsworth: Penguin

Ludes, Peter (1998): Einführung in die Medienwissenschaft. Entwicklungen und Theorien. Berlin: E. Schmidt

Nielsen, Jakob (1999): Designing Web Usability. Indianapolis: New Riders

Porteman, Piet (1998): Web Electronic Publishing. Op weg naar een nieuw mediamodel? In: Communicatie 3 (27), 25-43

Rehbein, Jochen (1988): Ausgewählte Aspekte der Pragmatik. In: Ammon, Ulrich/ Dittmar, Norbert/ Mattheier, Klaus (Hrsg.): Soziolinguistik. 2. Halbband. Berlin, New York: De Gruyter, 1181-1195

Sauer, Christoph (2001): Alle Jahre wieder. Weihnachtsansprachen und Massenmedien. In: Diekmannshenke, Hajo/ Meißner, Iris (Hrsg.): Politische Kommunikation im historischen Wandel. Tübingen: Stauffenburg, 225-252

Schmidt, Siegfried J. (1999): Theorien zur Entwicklung der Mediengesellschaft. In: Internationales Archiv für Sozialgeschichte der deutschen Literatur. 10. Sonderheft: Lesesozialisation in der Mediengesellschaft (Hrsg. Norbert Groeben). Tübingen: Niemeyer, 118-145

Schmitz, Ulrich (1997): Schriftliche Texte in multimedialen Kontexten. In: Weingarten, Rüdiger (Hrsg.): Sprachwandel durch Computer. Opladen: Westdeutscher Verlag, 131-158

Schnell, Ralf (2000): Medienästhetik. Zu Geschichte und Theorie audiovisueller Wahrnehmungsformen. Stuttgart, Weimar: Metzler

Storrer, Angelika (1999): Kohärenz in Text und Hypertext. In: Lobin, Henning (Hrsg.): Text im digitalen Medium. Opladen: Westdeutscher Verlag, 33-65

Storrer, Angelika (2000): Was ist „hyper" am Hypertext? In: Kallmeyer, Werner (Hrsg.): Sprache und neue Medien. Berlin, New York: De Gruyter, 222-249

Tucholsky, Kurt (1975): Ulysses. In: Gesammelte Werke 5 [des Jahres 1927]. Reinbek: Rowohlt, 379-385

Wenz, Karin (1998): Formen der Mündlichkeit und Schriftlichkeit in digitalen Medien. In: Linguistik online 1 (1). http://viadrina.euv-frankfurt-o.de/~wjournal/wenz.htm (31.07.2001)

Zielinski, Siegfried (1989): Audiovisionen. Kino und Fernsehen als Zwischenspiele in der Geschichte. Reinbek: Rowohlt

Textsortenkonventionen im Medienwechsel

Eva Martha Eckkrammer
Salzburg

Der Beitrag zeigt anhand von Ergebnissen einer korpuslinguistischen Analyse von Produktdaten dreier Gebrauchstextsorten (Kontaktanzeige, Stellenangebot, Kochrezept) auf, inwieweit die veränderten Rahmenbedingungen bei der Textproduktion mittels Computer für virtuelle Umgebungen die Konventionen der Textsorten verändern. Die Kontrastierung weist sowohl auf mediale als auch konzeptionelle Aspekte hin, wobei vor allem die Tendenz zum Formularcharakter, zum direkten Adressatenbezug und zu konzeptioneller Mündlichkeit ins Auge stechen. Auf interkultureller Ebene beobachten wir parallel dazu Abschleifungstendenzen, deren mögliche Wurzeln diskutiert werden. In jedem Fall manifestiert sich beim Schritt der Textsorten in digitale Textwelten auf verschiedenen Ebenen eine Hybridisierung von Konventionen, die bereits innerhalb der untersuchten hypertextuellen Mikroeinheiten die Notwendigkeit aufzeigen, daß Strategien und Kompetenzen des Schreibens für virtuelle Umgebungen interdisziplinär entwickelt und gezielt vermittelt werden müssen.

1 Linguistisch-methodische Prämissen

1.1 Zur Kulturgebundenheit von Textsortenkonventionen

Jede Art von Textproduktion unterliegt spezifischen Bedingungen, die nicht ausschließlich aus der Konzeption und dem Medium resultieren, sondern grundlegend durch das in einer Gesellschaft kollektiv verankerte Allgemeinwissen um die Adäquatheit und Akzeptanz verschiedener Texte in einem konkreten Kontext beeinflußt werden. Jede Gesellschaft operiert auf diese Weise mit einem detaillierten Wissen über Textsorten[1] sowie deren konkrete Funktion. Dieses Wissen, betont Fix (1997, 98), ist jedoch nicht typologischer Natur, sondern innerhalb des Alltagswissens der Individuen einer Gesellschaft organisiert und somit bis zu einem gewissen Grad stets unstrukturiert, unvollständig und vage. Dennoch bleibt unbestritten, daß die Textproduzenten der verschiedenen Kommunikations- und

---

1 Nach einer anfänglich sehr unsystematischen und diffusen Verwendung der Begriffe Textart, -genre, -gattung, -klasse, -typ, -sorte etc. hat sich letztgenannter in der deutschsprachigen Linguistik zur Bezeichnung eines funktionell und pragmatisch rekurrenten Kommunikationsakts/Texts mit einer spezifischen thematischen Orientierung sowie einer konkreten kommunikativen Funktion weitgehend durchgesetzt.

Sprachgemeinschaften[2] über ein gemeinsames Kernwissen verfügen, das ihnen beim Textproduzieren Kompetenzen und Strategien bereitstellt, die es ihnen ermöglichen, eine konkrete Sprachhandlung mittels Text adäquat durchzuführen oder sie im Gegenzug als Rezipient als (in)adäquat zu beurteilen. Werden die Konventionen zu weit überschritten, mißlingt die Kommunikation. Im Umfeld alltäglicher Gebrauchstexte, die im Gegensatz zum wissenschaftlichen Textkanon über keine fixe Leserschaft verfügen und meist rein sachliche Funktionen erfüllen, ist die Einhaltung der Konventionen für eine ökonomische – innerhalb eines akzeptablen Zeitrahmens durchführbare – Textrezeption unabdingbar. Gleichzeitig erlauben die relativ strengen Textkorsette vieler etablierter Gebrauchstextsorten bewußte Normabweichungen, die funktionell unterschiedlich eingesetzt werden können – etwa um spezielle Aufmerksamkeit zu erregen und dadurch textimmanente Appelle zu intensivieren. Derartige Brüche mit den Vertextungskonventionen, die kaum unbewußt aus Unkenntnis (z.B. bei Nicht-Muttersprachlern), sondern vielmehr gezielt wie etwa in der Werbung oder in literarischen Texten stattfinden, werden von den Mitgliedern der Gemeinschaft als solche wahrgenommen und geahndet. So haben beispielsweise Stolt und Trost (1976) im Rahmen eines interdisziplinären Projekts zur Relation zwischen dem Text einer Kontaktanzeige und dessen Response-Rate herausgefunden, daß die Einhaltung der Textsortenkonventionen für das Echo fundamental ist; d.h. daß konventionswidrige Inserate, deren sprachexterne Kriterien auf eine hohe Antwortrate schließen lassen, tatsächlich eine auffällig geringe Antwortziffer zeigen. Im Gegensatz dazu kann eine Werbeanzeige, die durch die gezielte Verwendung von formalinhaltlich widersprüchlichen Textmustern die Aufmerksamkeit der Leser auf sich zu lenken versucht, durchaus Erfolg haben. Als Beispiel sind an dieser Stelle Textmustermontagen, z.B. die starre Makrostruktur und stereotype Floskelsprache der Todesanzeige in funktionsfremden Kontexten (vgl. Eckkrammer 1996, 20) oder die Füllung des ‚profanen' Textmusters eines Kochrezepts mit wissenschaftlichen Inhalten im Kochbuch der LinguistList[3] (vgl. Abb. 1), zu nennen.[4]

---

2   Die beiden Termini werden im Kontext der Abgrenzung von Reiss (1977/78) verwendet.

3   http://linguistlist.org/cgi-bin/cookfly.cgi?recipe.main.20 [31.01.2000]

4   Fix (1997) klassifiziert die verschiedenen Arten der typologischen Intertextualität als Textmustermontage, Textmustermischung und Textmusterbruch.

Textsortenkonventionen im Medienwechsel

Post-Creole Continuum Roll
by **Anonymous**
Gastronomical Linguistics
lxalvarz@udc.es

The
LINGUIST
List Cookbook

Ingredients:

1 Acrolet   1 Implicational Scale (large size)
1 Basilect   2 kgs. of Assorted Variants
1 square clothe   5-10 Spelling Systems (to taste)
                   leftover chicken broth

Directions:

Amass the Acrolect and the Basilect separately and shape them as two equal-sized elongated rectangular pieces.

Carefully spread the Acrolect lenghtwise on upper region of the clothe. Do likewise with the Basilect, on the bottom of the clothe.

Take the Implicational Scale and gradually use the grid to thin the Acrolet and spread it downwards. Simultaneously spread the Basilect upwards until it lightly touches the Acrolect.

Fix the edges of contact with chicken broth and smooth the surface of the resulting paste. Do not leave fingerprints.

Sprinkle the Assorted Variants unevenly on the mass. DO NOT PRESS, they'll settle spontaneously.

Place the Implicational Scale grid over the mass, mark lines lightly and remove the grid (doesn't cook well).

Let the mass cool down and then nativize it for one generation or two at slow fire.

If you're still alive by then, take the 5-10 Spelling Systems, throw them in the garbage, roll the Continuum and eat it raw with bologna. Burping ensues.

If you enjoyed this cookbook
please donate to the LINGUIST List

Cookbook homepage | Main Dishes homepage | LINGUIST homepage

Abb. 1: Kochrezept aus der LinguistList (Reproduktion)

Wir gehen in unseren nachfolgenden Überlegungen deshalb davon aus, daß die Mitglieder einer Sprach- oder Kommunikationsgemeinschaft über ein umfangreiches (wenn auch unstrukturiertes), natürlich innerhalb der Kultur gewachsenes Wissen um die Gepflogenheiten bei der Versprachlichung von Textsorten – über Konventionen – verfügen. Kommt es nun zu einem Schreibprozeß, so werden diese Konventionen, die Lewis (1975) als stillschweigende, ungeschriebene Regeln, die bis zu einem gewissen Grad obligatorisch sind, jedoch eine geringere Stringenz als grammatikalische Regeln aufweisen, zum Einsatz gebracht. Konventionen lassen stets ein gewisses Maß an Variabilität im Ausdruck zu. Darüber hinaus ist eine enge Verbindung von Konventionen mit sprachexternen Faktoren des jeweiligen Texttyps vorauszusetzen (Publikationsmedium, zwischengeschaltete Korrekturinstanzen, Art der Publikation, Kostenpflichtigkeit des Texts, Verteilerkreis etc.), die die Vertextung nachhaltig beeinflußt. Auf der Grundlage der Ergebnisse einer intermedialen und -lingualen kontrastiven Untersuchung von drei konkreten Gebrauchstextsorten (vgl. Eckkrammer/Eder 2000) gehen wir nun der Frage nach, inwieweit

1) das Publikationsmedium WWW und dessen hypertextuelle Modellierung für alle Sprachgemeinschaften Modifikationen der Versprachlichung implizieren,

2) konkrete Faktoren der Textproduktion mittels Computer auf intrasprachlicher Ebene zu einer Veränderung der etablierten Textkonventionen führen und

3) auf intersprachlicher Ebene eine Abschleifung – im Sinne einer beginnenden Gleichmachung – kultureller Konventionen auf der Grundlage des Datenmaterials prognostiziert werden kann.

Methodisch nährt sich unsere sprachvergleichende Herangehensweise hauptsächlich aus der ‚Kontrastiven Textologie' (vgl. Hartmann 1980, Spillner 1981), wobei zur Achse des Sprachvergleichs jene des Medienvergleichs hinzukommt (vgl. auch Eckkrammer/Eder 2000, 47ff). Konkret werden innerhalb einer Textsorte vorerst auf intrasprachlicher Ebene die isolierbaren makrothematischen und -strukturellen Textsequenzen herausgegriffen, quantifiziert und einer qualitativen Untersuchung unterzogen. Auf diese Weise lassen sich sprachspezifische Prototypen erzeugen, die wir auf intersprachlicher Ebene miteinander vergleichen, um Veränderungen beim Schritt in den Cyberspace festzumachen.

1.2 Die Rekonstruktion der Textproduktionssituation

Es erscheint uns sinnvoll, im Anschluß an eine kurze Synthese der wichtigsten Ergebnisse eine Rekonstruktion der konkreten Textproduktionssituationen zu versuchen, um jene Faktoren der veränderten Rahmenbedingungen beim Schreiben mittels Computer für virtuelle Umgebungen herauszufiltern, die deutlich auf die Textprodukte einwirken und aufgrund ihrer Frequenz als Gründe für die Veränderungen der Konventionen in Frage kommen.

Obgleich es kaum möglich ist, die exakten mentalen Prozesse beim elektronischen Verfassen der untersuchten Textsorten substantiell zu erfassen, scheinen uns Rückschlüsse von Produkten technisierter Kommunikation auf die zugrundeliegenden Strategien und Prozeduren (im Sinne der von Baurmann/Weingarten 1995 getroffenen Unterscheidung in Prozesse, Prozeduren und Produkte) durchaus legitim. Methodisch ist der Ausgangspunkt ein kontrastiv textologischer Vergleich von (erweiterten) Schreibproduktdaten, die unter Berücksichtigung von Medium, Konzeption und Kultur analysiert werden, um auf die Produktionssituation rückzuschließen. Dieser Ansatz scheint uns eine Möglichkeit der sinnvollen Verquikkung von Textlinguistik und Schreibforschung, da die Rekonstruktion kognitiver und prozeduraler Prozesse durch die Kondensierung korpuslinguistischer Resultate einen zweifellos aufschlußreichen Ansatz für die Erforschung von Schreibprozessen bietet.

Die Konzentration auf den prozeduralen Aspekt des Schreibens, der das Vorhandensein von schematischem Wissen über Textmuster seitens der Schreiber voraussetzt, liegt im Kontext der Beobachtungen von Textsortenkonventionen (die genau dieses Wissen implizieren) auf der Hand. Das Erkenntnisinteresse gilt deshalb vor allem den konkreten Schreibprozeduren, die Veränderungen der in Printmedien über Jahrhunderte etablierten Textsortenkonventionen im virtuellen Raum überhaupt ermöglichen. Im Zusammenhang mit der Abschleifungshypothese muß hier bereits im Vorfeld zwischen jenen sprachübergreifenden parallelen Veränderungen unterschieden werden, die auf konvergente Modifikationen der Rahmenbedingungen bei der Textproduktion und -publikation mittels Computer zurückgehen, und jenen, die durch eine gegenseitige Beeinflussung der Sprachgemeinschaften hervorgerufen werden (zur Verteilung der im WWW verwendeten Sprachen vgl. Global Internet Statistics 1997ff). Hier könnte insbesonders ein vorstellbares ‚Abfärben' anglophoner Konventionen in den globalen Netzen auf andere Sprachgemeinschaften ins Gewicht fallen. Eine genaue Trennlinie kann allerdings nicht gezogen werden, da die situative Verknüpfung eine Abschleifung interkultureller Unterschiede durch die Vernetzung der beiden Pole nahe legt. Über die Erörterung einer möglichen Abschleifung kulturspezifischer Konventionen durch transkulturelle Prozesse (vgl. Luger 1997) im *Global Village* hinaus gilt es Schwachstellen in den elektronischen Textkonstrukten zu isolieren, die eine funktionelle Überlastung der Texte widerspiegeln. Die Beobachtungen sollen Entwicklungen referieren und Empfehlungen zu jenen Strategien und Kompetenzen abgeben, die sich das postmoderne Individuum im Kontext elektronischer Textgestaltung angesichts des rezenten Medienwechsels aneignen muß.

1.3 Das Datenmaterial

Die Daten der Untersuchung entstammen einer Korpusanalyse von typologisch genau definierten Textkorpora bestehend aus:

- 600 Kontaktanzeigen (Typus seriöse Suche nach einem/r Lebenspartner/in): jeweils 200 für das Deutsche, Englische und Französische, wobei jeweils die Hälfte aus Printmedien sowie dem Internet stammt,

- 800 Stellenofferten aus dem Bereich Wirtschaft und Technik (inkl. Informatikbranche) in deutscher, englischer, französischer und spanischer Sprache mit paralleler quantitativer Streuung,

- 400 Kochrezepten mit großer thematischer Breite (Vorspeisen, Hauptgerichte, Desserts etc.), jeweils 100 deutsch-, englisch-, französisch- und italienischsprachige Texte (zur Hälfte aus analogen und digitalen Quellen).[5]

Bei allen drei Textsorten handelt es sich um Gebrauchstextsorten, die auf eine mehrere Jahrhunderte umfassende Tradition zurückblicken können und somit über tief verankerte sprachspezifische Vertextungskonventionen verfügen. Während die Regularitäten der Versprachlichung des Kochrezepts bis in die Antike zurückverfolgt werden können und in der Diachronie sichtbare Veränderungen aufweisen (vgl. Eckkrammer/Hödl/Pöckl 1999), haben die beiden ausgewählten Annoncentypen eine kürzere Geschichte, die jedoch mit einem rasanten quantitativen Aufschwung der Textsorten einhergeht. Beobachtet man etwa die Entwicklung der Kontaktanzeige in Europa, die Ende des 17. Jahrhunderts erstmals in England auftaucht, anhand von einschlägigen Printmedien, so zeigt sich, daß selbst in Ländern wie Frankreich oder Deutschland, die der Textsorte zu Beginn eher zögerlich begegnen, spätestens mit dem Beginn des 20. Jahrhunderts ein regelrechter Boom einsetzt. Alle drei Textsorten weisen eine starke Kulturgebundenheit auf und spiegeln den sozialen Wandel innerhalb der jeweiligen Gesellschaften wider (vgl. Kaupp 1968, Handlos 1995, Liefländer-Koistinen 1993).

1.4 Alte und neue Textualität

Die Multiplikation der medialen Wirklichkeit und damit der Möglichkeit der Repräsentation von Text, die sich seit dem Ende des 20. Jahrhunderts abzeichnet,

---

5   In bezug auf die Quellen wurde sowohl bei den Print- als auch bei den Online-Publikationen auf eine möglichst große Streuung hinsichtlich der Herkunft und Art der Veröffentlichung geachtet (z.B. auf einen repräsentativen Länderquerschnitt in bezug auf die verschiedenen Sprachgemeinschaften bzw. eine entsprechende sozio-kulturelle Streuung).

führt zu einer Abbildung und Erweiterung des traditionellen Textkosmos *online*. Das Schlagwort der *Informationsgesellschaft* und damit implizit einer Revolution der Gesellschaft und deren Verhaltensweisen hat sich selbst angesichts seiner enormen semantischen Vagheit in den Köpfen festgesetzt. Im Rahmen jeglicher Diskussion um eine ‚digitale Revolution' darf jedoch nicht vergessen werden, daß die meisten Individuen, die nunmehr mittels Computer Texte erzeugen und diese *online* publizieren oder versenden, nach wie vor eine sehr deutliche Prägung durch die traditionelle Schriftlichkeit und ihre Produkte beibehalten (vgl. Sauer in diesem Band). Somit wird das traditionelle Textwissen auch in den neuen medialen Umgebungen perpetuiert, ein Faktum, das nicht selten auch zur Erklärung ineffizienter digitaler Textprodukte notwendig ist. Selbst im Kontext ganz alltäglicher Textsorten – etwa jene unseres Korpus – spiegelt sich stellenweise das Unvermögen der Schreibenden, Altes mit Neuem ersprießlich zu verbinden, wider. Denn auch die fruchtbare Synthese von traditionellen Textkonventionen mit den Möglichkeiten und Zwängen des Schreibens von Text für virtuelle Umgebungen will gelernt sein. Hypothetisch nehmen wir somit an, daß die Hybridisierung von alten und neuen Vertextkonventionen Schwierigkeiten verursacht, die sich anhand des Datenmaterials beobachten lassen.

2 Synthese und Diskussion der Analyseergebnisse

2.1 Grundlegende Tendenzen

Fassen wir die zentralen Veränderungstendenzen, die sich im Rahmen einer kontrastiven Korpusanalyse auf der intermedialen Achse nachweisen lassen, zusammen, so gilt es einleitend festzustellen, daß alle drei Textsorten im Cyberspace im Regelfall merkliche Veränderungen konzeptioneller, formal-struktureller und inhaltlicher Natur zeigen, die bei den beiden Anzeigentypen mit einem deutlichen Anstieg des Textvolumens einhergehen. Dieser Zuwachs im Umfang der Texte resultiert vielfach aus tendenziell ablesbaren Veränderungen im Sprechakt und Adressatenbezug. Die Veränderungen sind innerhalb eines breiten Kontinuums anzusiedeln und weisen überdies eine starke kontextuelle Abhängigkeit auf, so daß einerseits Beispiele zu finden sind, die intensiv an der traditionellen Versprachlichung der Textsorte festhalten, andererseits jedoch auch Texte im Korpus auftreten, die massive Auflösungstendenzen exemplifizieren. Zweifellos spielt in diesem Zusammenhang das Wegfallen des sprachökonomischen Drucks, der bei Annoncen sprachlich meist zu Kürze, Prägnanz und dadurch oftmals lapidarenumerativem Stil führt, eine bedeutsame Rolle. Die folgenden beiden deutschsprachigen Beispiele sollen die Spanne der Veränderungsmöglichkeiten exemplarisch aufzeigen (vgl. Abb. 2 und Abb. 3):

> Akad. Gebildeter Mann, 58, verw., sucht Partnerin für Neubeginn. Unter "Sehnsucht" ✉ XXXX an den Verlag.

Abb. 2: Kontaktinserat aus *Der Standard* (Österreich), 18.01.1998, (Reproduktion)

Vorname: Manfred   Alter: 40
Wohnort: Stuttgart   E-mail: Antworten

Hallo Unbekannte, Du bist schlank, nett, natürlich, romantisch, ungebunden, hast Interesse an fremden Ländern und Kulturen, verreist gerne, gehst gerne shoppen, fühlst Dich sowohl in Jeans als auch im Abendkleid zuhause, gehst gerne gut essen, ins Kino, Musical und Theater, magst die Natur, mit anderen Worten, Du geniesst jede freie Minute Deines Lebens, bist ein positiv denkender Mensch und stehst mit beiden Beinen im Leben. Wenn die meisten dieser Attribute auf Dich zutreffen, sollten wir uns unbedingt näher kennenlernen. Gemeinsam sind all diese Dinge doppelt so schön. Nun zu mir, ich bin 40 Jahre alt, habe mir, so glaub ich, viel von meiner Jugend erhalten, ich hoffe, dass sich das auch nie ändern wird, bin 1,78m gross, 79kg schwer, und würde mich als sportlichen, südländischen Typ bezeichnen. Ich habe dunkelbraune Haare, die auch alle noch vorhanden sind, braune Augen, und bin Waage. Aus meinem Sternzeichen kann man einige meiner Eigenschaften ableiten, ich bin ausgeglichen, keineswegs langweilig, mag Harmonie, bin aber kein Softy und hab einen ausgeprägten Gerechtigkeitssinn. Ich lebe in der Nähe von Stuttgart in einem schönen Haus mit grossem Garten und bin finanziell abgesichert. Von Beruf bin ich Industriekaufmann, und mein Job macht mir sehr viel Spass und bietet vielseitige Gestaltungsmöglichkeiten. Ich mag sowohl Kinder als auch Tiere, und bin offen für alles Schöne auf dieser Welt. So, Unbekannte, jetzt hoffe ich, Dein Interesse etwas geweckt zu haben - bist nicht genau Du die Richtige, die ich suche? Nur Mut, schick mir doch einfach eine Mail, vielleicht können wir uns bei einem guten Glas Wein in einem schönen, romantischen Lokal mal gegenseitig beschnuppern. Ich freu mich schon riesig drauf. Also, bis bald, Tschüss

Anzeige vom 8.8.2000

Abb. 3: Kontaktinserat im WWW, http://www.webliebe-datenbank.de/webliebe/esbad.htm [15.08.2000]

Im Rahmen der quantitativen und qualitativen Analyse wurde für jede Sprachgemeinschaft pro Medienraum ein Prototyp herausgearbeitet, der den Mittelwerten weitgehend entspricht und somit allgemein verbreitete Vorgangsweisen bei der elektronischen Textproduktion ablesen läßt. Selbst angesichts eindeutiger Veränderungstendenzen zeigen die Ergebnisse der Korpusanalyse auf, daß in den meisten Sprachgemeinschaften dennoch sowohl im inhaltlichen Kontext als auch in bezug auf die dominanten Stilmittel und Lexeme deutlich an den traditionellen Konventionen festgehalten wird. Erstaunlich ist beispielsweise die Perseveranz der beliebtesten Adjektive, z.b. bei der Charakterbeschreibung im Deutschen: *nett, ehrlich, romantisch, humorvoll*, im Englischen: *romantic, caring, GSOH* (*Good Sense of Humour*) oder im Französischen: *sérieux/se, simple, affectueux/euse*. Ähnliche Parallelen manifestieren sich auch bei der Stellenanzeige (vgl. Eckkrammer/Eder 2000, 129ff).

Aus intermedialer Perspektive fällt auf, daß die Textproduzenten in allen Sprachgemeinschaften insbesondere dann, wenn sie im digitalen Umfeld dem Korsett der Eingabemaske entkommen und eine Textsequenz frei gestalten können, auf bewährte Modelle zurückgreifen. Auf formal-struktureller Ebene resultieren die häufigsten Modifikationen offensichtlich

1) aus computer-technischen Textproduktionsvorgaben wie elektronischen Eingabemasken, auf deren Grundlage der Computer automatisch Texte generiert, sowie

2) aus intertextuellen Phänomenen, da das Medium dem Textproduzenten eine starke Anlehnung an die Vertextungsstrategien der Textsorte ‚E-Mail' suggeriert. Im speziellen gilt es hier die in zahlreichen Studien beschriebene Annäherung an Modelle der Mündlichkeit zu nennen (vgl. z.B. Murray 1988, Leslie 1994, Handler 1995, Herring 1996, Günther/Wyss 1996, Meise-Kuhn 1998, Baron 1998, 2000).

Tendenziell werden die Texte im virtuellen Raum dadurch persönlicher, gehen direkter auf den fiktiven Illokutionspartner ein (Tendenz zum direkten Adressatenbezug), weisen eine größere Anzahl an Verstößen gegen die Systemnormen der Sprachen auf (inflationärer oder fehlerhafter Gebrauch von Interpunktion, allgemeine Orthographiemängel, fehlende Akzente etc.), weichen vom lapidarenumerativen Stil auf vorzugsweise kurze parataktische Konstruktionen aus und reichern den Text durch Charakteristika der gesprochenen Sprache wie z.B. holophrastische Elemente, unvollständige Sätze, geringe lexikalische *type-token* Relation (vgl auch Ong 1995, Tannen 1993) an, z.B.

> Oh ..., jetzt hat' s bei mir geklickt. Warst Du das...? Also gut, dann will ich mich auf dieser Seite von meiner besten darstellen. Aber wie fange ich an? Also zuerst zu Dir: **Ich suche eine Frau**, die zwischen 30 und 40 Jahren alt ist und

die - etwas altmodisch gesagt - ein gutes Herz hat. Na ja, etwas Schönheit wäre ja auch nicht so schlimm. Und ... und ... Also, eine **Frau**. (...) (ourworld.compuserve.com/homepages/Joschu/love.htm [21.01.1998]).

Im Kontext der Textfunktion ist eine erhöhte Frequenz an emotiven Textsequenzen abzulesen, die ebenfalls auf ein verändertes Näheverhältnis zwischen Textemittent und -adressat schließen läßt. Aus der Tendenz zur Re-Oralisierung bzw. zur konzeptionellen Mündlichkeit (vgl. Koch/Österreicher 1985) des elektronisch geschriebenen und publizierten Texts ergeben sich gleichzeitig neue Elemente wie die häufige Verwendung von bildhaften semiotischen Konstellationen – den Emoticons, die den Gemütszustand der Kommunikationspartner als pragmatisch-kommunikativen Faktor zum Ausdruck bringen soll. In diesem Zusammenhang kommt wiederum intertextuellen Faktoren, wie der Erfahrung mit anderen Online-Kommunikationsformen (z.B. E-Mail, Chat, News-Groups) eine wichtige Rolle zu.

2.2 Textsortenspezifische Tendenzen

Während die Kontaktanzeige durch eine starke formale und strukturelle Annäherung an Strukturen der E-Mail-Kommunikation sowie die häufige Verwendung von elektronischen Eingabemasken die stärksten Divergenzen aufweist, zeigt sich für die Stellenanzeige eine stärkere Verankerung in den Konventionen der traditionellen Textualität. Diese werden lediglich stellenweise bzw. sprachspezifisch durch die veränderten Bedingungen der Textproduktion sowie eine Kontextualisierung und Personifizierung durchbrochen (Tendenz zum Aktiv, zu direktem Adressatenbezug, zu detaillierteren Beschreibungen der Qualifikationen und Aufgabenbereiche, zur Einbindung von umfangreichen Firmenprofilen bzw. Links zu den firmeneigenen Homepages, zu umgangssprachlichen Formulierungen in der Kontaktnahmesequenz etc.). Das Kochrezept erfährt ebenfalls eine deutliche Personifizierung, wenngleich die Spielarten der direktiven Handlungsanweisung stark konventionell geprägt bleiben (Imperativ oder Infinitiv in konventioneller sprachspezifischer Streuung). Inhaltlich auffällig ist bei allen Textsorten eine deutliche Zunahme humoristischer Komponenten sowie ein Plus an metadiskursiven Äußerungen, die auf eine intensive Auseinandersetzung mit der Textsorte hinweisen, z.B.

> When you look through some of these ads, do you ask yourself, 'Why does that person need to place an ad on the internet'?? 'Are they that sad'? I know I do. My reason for doing this is that it is different from any other form of communication, it[']s free and and that this ad can be read by girls almost anywhere in the world. Now, here's the part where people say how normal they are, how they are fed up with the bar scene etc., anything to prove that they have a life off the internet: (...) (http://207.193.107.20/romance/adsearch.h...owCount=43& Index=859558&AssociateID=1900 [31.03.1998]).

Diese Auseinandersetzung mit den Mustern und Strategien der Textsorte zeigt deutlich, daß im Umfeld elektronischer Textualität keine Politik des *anything goes* herrscht. Eine spürbare Aufwertung von Bildinformation manifestiert sich erstaunlicherweise in keiner der drei Textsorten beim Schritt in die virtuellen Textwelten. Die Text-Bild-Beziehungen[6] sowie die Frequenz des Bildmaterials zeigen keine nennenswerten Veränderungen, so daß die Semiose der virtuellen Textkonstrukte noch keine semiotische Entgrenzung aufweist, wie sie für das hybride Multimedium W3 oftmals diskutiert wird (vgl. Saarinen/Taylor 1996).[7]

Der Schritt in die Virtualität bewirkt zusammenfassend für alle Textsorten ähnliche strukturelle, formale und inhaltliche Veränderungen, die den Texttypen neue Charakteristika verleihen (z.B. dominant direkten Adressatenbezug, Parataxe etc.), ohne dabei mit den traditionellen Textkonventionen vollkommen zu brechen. Außerhalb der rein maschinell generierten Textteile, die sehr steril und unpersönlich wirken, versuchen die Textproduzenten im WWW durch eine starke Personifizierung, die sich stilistisch am konzeptionell mündlichen Stil der elektronischen Post orientiert, der Anzeige eine persönliche Note zu verleihen.

2.3 Konzeptionelle Veränderungen in der Interaktion?

Die Resultate weisen deutlich auf Veränderungen der Beziehungen zwischen Sender und Empfänger hin, die vom Computer als Medium sowie der damit einherschreitenden Schnelligkeit der Interaktion suggeriert werden. Wenden wir beispielsweise die Präferenzmodelle von Mündlichkeit und Schriftlichkeit von Koch/Österreicher (1985) auf die untersuchten Online-Texte an, so bleibt die Dichotomie des Mediums zwar erhalten, in punkto Konzeption gilt es jedoch von einem Kontinuum an Varianten auszugehen. Das Medium bleibt stets graphisch, während die Konzeption sich stark an Modellen der Mündlichkeit orientiert. Zahlreiche Links zu den Textproduzenten vermitteln den Eindruck einer interaktiven Dialogsituation (hier kommt das Schlagwort der Interaktivität ins Spiel, vgl. Danet 1995, Storrer 2000a, 2000b), die Vertextung suggeriert eine im Ver-

---

6   Zu einer Kategorisierung derselben siehe u.a. Hoek (1995).

7   Dies zeigt sich sehr deutlich im Kontext der nach wie vor sehr geringen Zahl an Fotos in virtuellen Kontaktgesuchen, wobei das Zurückhalten derartig expliziter Information zweifellos bewußt geschieht. Während jedoch eine Dekontextualisierung der Botschaften bei Kontaktanzeigen intendiert scheint, ist sie bei Kochrezepten zweifellos auf mangelnde technische Grundbedingungen zurückzuführen. Nur wenige verfügen derzeit über Digitalkameras und digitale Bildbearbeitungsterminals, ein Umstand der sich jedoch schnell ändern und zu einem Mehr an Bildinformation und komplexeren – z.B. synkretistischen – Text-Bild-Beziehungen (vgl. Hoek 1995) führen kann.

gleich zu den analog publizierten Pendants gesteigerte Spontaneität, Affektivität und Situationsgebundenheit (der deutliche Zuwachs an humorvollen Elementen in den drei Textsorten belegt dies eindrucksvoll).

Im morphosyntaktischen Bereich treffen wir auf zahlreiche Charakteristika gesprochener Sprache wie geringe Elaboriertheit und Komplexität, dem Sprachsystem widersprechende Formulierungen (grammatische Mängel wie Auslassungen, fehlende Kongruenz, Anakoluthe oder die Verwechslung von Imperativ und Infinitiv im französischen Kochrezept), geringere strukturelle Planung (z.B. Nachträge, epistolografische Post-Scriptum-Zusätze) etc. In der Lexis manifestieren sich häufiger expressive Bildungen wie Hyperbeln oder Kraftwörter, Passe-partout-Wörter und in einigen Sinnbezirken ein enormer lexikalischer Reichtum. Auf pragmatischer Ebene weisen die zahlreichen Abtönungspartikel sowie die hohe Frequenz direkter Rede auf eine Annäherung an die Oralität hin. Es kommt offensichtlich zu einer Durchmischung traditioneller Vertextungskonventionen mit neuen Parametern der Textproduktion, die mit Versprachlichungstendenzen konzeptioneller Mündlichkeit einhergehen. Diese manifestieren sich vorzugsweise in jenen thematischen Sequenzen, die a) bereits in den traditionellen Publikationsformen eine geringe Formelhaftigkeit und Fixierung aufweisen und b) neu hinzukommen. So wird nur selten in die sprachökonomisch geprägte Beschreibung der Zubereitung oder Auflistung der Zutaten einer Speise eingegriffen oder in das Anforderungsprofil eines potentiellen Mitarbeiters. Jene Universalien, die der Sprache der Nähe (vgl. Koch/Österreicher 1985) zuzuordnen sind, prägen die virtuelle Kontaktanzeige am stärksten und sind im Kochrezept am seltensten anzutreffen.

2.4 Intersprachliche Aspekte – Abschleifungstendenzen als Perspektive?

Aus sprachvergleichender Perspektive läßt sich feststellen, daß das Englische die stärksten Divergenzen zu den traditionellen Publikationsmedien aufweist, da die deutsch- aber auch die romanischsprachigen Inserate und Kochrezepte den Mustern der analog veröffentlichten Textsorte stärker verpflichtet bleiben. Von einer Textrevolution zu sprechen, ist in jedem Fall verfrüht, da abseits der Aspekte fehlender sprachlicher Ökonomie die vieldiskutierte neue, kreative ‚Freiheit', wie sie etwa Gilder (1989,77) herausstreicht, nur punktuell zur Realität wird. Das etablierte Textwissen und Denken fließt deutlich in die Vertextung der digitalen Varianten ein. Viele stereotype Verbalisierungen bleiben erhalten, die behandelten Themen konvergieren erstaunlich stark, lediglich ihre Frequenz verändert sich punktuell (etwa Angaben in bezug auf den Standort eines Unternehmens bzw. den geographischen Lebensmittelpunkt einer kontaktsuchenden Person). Dennoch ist sprachübergreifend festzustellen, daß die interkulturellen Unterschiede in der

Vertextung sich in Online-Anzeigen bei genauem Hinsehen abschleifen, was jedoch nicht mit einer vollkommenen Einplanierung der sprachspezifischen Vertextungskonventionen gleichzusetzen ist. Denn auch hier ist zu beobachten, daß die meisten Faktoren, die zu einer Abschleifung führen, aus den veränderten Rahmenbedingungen der Textproduktion und -publikation resultieren. Denn einerseits richtet sich die Online-Textsorte grenzüberschreitend an eine internationale Leserschaft. Andererseits wird der Text mit dem Computer produziert und nur selten einer Prüfung mittels bedrucktem Papier unterzogen (meist sieht der Inserent seine Annonce gar nicht im Endzustand vor der Publikation). Korrekturinstanzen wie Zeitungsredaktionen oder Lektorate fallen vollkommen weg (vgl. die genauere Rekonstruktion des Textproduktionsprozesses in Kapitel 3).

Alle Faktoren, die Schreibaktivitäten mittels Computer und deren Online-Veröffentlichung bestimmen, führen zu parallelen Tendenzen in der Textkonstitution, die sich exemplarisch am besten anhand der Modifikationen im Adressatenbezug aller drei Textsorten nachweisen lassen. Während wir in den Printversionen deutliche intersprachliche Divergenzen bei der Verwendung direkten Adressatenbezugs konstatieren, zeigt sich im W3 eine deutliche Steigerung in allen Sprachkulturen, die jedoch meist reziprok zu den Ziffern traditioneller Textualität verläuft. So treffen wir bei der Kontaktanzeige, die im Englischen und Deutschen in mehr als 50% der Fälle bereits mit zumindest einer Formulierung mit direktem Adressatenbezug vertextet ist (D: 55%, E: 54%), auf einen deutlichen Anstieg auf 87% für das Deutsche und sogar 97% für das Englische. Das Französische, das traditionell nur selten zu dieser Vorgangsweise tendiert (8% der Zeitungsinserate), weist im W3 einen Anstieg auf 50% auf, was sowohl für eine Reziprozität der Entwicklung der Sprachgemeinschaften als auch das Festhalten an typischen Vertextungsstrategien spricht. Auf einer zweiten Ebene liegt auch die Vermutung einer gegenseitigen Beeinflussung der verschiedenen Sprachkulturen nahe. Konkret könnten die neuentstehenden Konventionen des Englischen, das von etwas mehr als 50% der Internet-User vornehmlich benutzt wird (51,3% laut Global Internet Statistics 04/2000), auf andere Sprachgemeinschaften abfärben.[8]

---

8   Das Englische dominiert häufig bei neuen Technologien und medialen Umsetzungsmöglichkeiten und wird auf diese Weise zum Modell, von dem ausgehend oftmals übersetzt bzw. adaptiert wird. Dennoch stellen die nicht-englischsprachigen Internet-User seit 1997 jene Gruppe dar, die das intensivste Wachstum verzeichnet (derzeit sind es ca. 150 Millionen), so daß davon Abstand genommen werden muß, das W3 als monokulturellen anglophonen Raum abzukanzeln.

2.5 Problematische Entwicklungen

Es liegt auf der Hand, daß viele nicht englischsprachige Anzeigen-Server bei den Eingabemasken auf ursprünglich in englischer Sprache konstruierte Modelle zurückgreifen und auf diese Weise Formulare enthalten, die den Gepflogenheiten der betroffenen Sprachkultur widersprechen. Dem Textproduzenten bleibt in diesem Fall nichts anderes übrig, als das eigene Wissen um adäquate Prozeduren und Formulierungen zurückzustellen und sich vollkommen den vorgegebenen Mustern und Auswahlparametern anzupassen. Daß dies schwer fällt, zeigt sich an der Häufigkeit ineffizienter hybrider Textkonstrukte bei allen drei Textsorten, die sich vor allem im Spanischen, Italienischen und Französischen nachweisen lassen, z.B. die nachfolgende spanische Stellenanzeige aus dem Internet (Abb. 4):

Empresa Ofertante	
F. Alta	01-12-97
Nombre	IMPORT PERFUMES, USA
Provincia	SEVILLA
Pais [sic!]	ESPAÑA
Persona de Contacto	SR. HERRADOR
Teléfono	
E-Mail	sss@xxx
Perfil del Trabajador	
Profesión	EJECUTIVAS DE VENTAS
Experiencia	NINGUNA
Disponibilidad	TOTAL
Nivel de Estudios	Sin estudios
Idiomas	INDIFERENTE
Sector	Comercio/Ventas
Edad entre	16 y 55
Sexo	MUJER
Servicio Militar	INDIFERENTE
Carnet de conducir	INDIFERENTE
Vehículo propio	INDIFERENTE

> **Observaciones**
>
> Empresa de Perfumería internacional selecciona señoras o señoritas, por ampliación de su red comercial, para venta de perfumes Primeras Marcas. Debe tener experiencia en ventas y disponer de su propia cartera de clientes. Altos ingresos.
>
> Mande sus datos personales y referencias así como teléfono de contacto a la siguiente dirección de correo electrónico : sss@xxx.es
>
> Las seleccionadas, serán contactadas por teléfono.

Abb. 4: Hybride spanische Stellenanzeige, http://www2.ceta.es/cgi-shl/foxweb.exe/ ficha_oferta@curricul^000456 [14.05.1998], (Reproduktion)

Unter ineffizienter Hybridität verstehen wir hier die Durchmischung WWW-spezifischer Textmuster und traditioneller Textsortenkonventionen. Oftmals fügt der Textproduzent dabei redundante Informationen nach traditionellen Vertextungsmustern ein, sobald das Eingabeformular ihm eine gewisse Freiheit zugesteht. Dadurch entstehen Textprodukte mit verminderter Informativität, Akzeptabilität, Effizienz und Effektivität (vgl. Beaugrande/Dressler 1981). Grundlegenden Maximen der Benutzerfreundlichkeit und Sprachökonomie wird damit widersprochen, die Rezeption des Textes (vgl. Nielsen 1990, 1995, 1999) gestaltet sich mühsamer als bei durchschnittlichen Printanzeigen. Fazit: Die Textproduktion in virtuellen Umgebungen ist nicht von sich aus effizient, da die mit der Textproduktion befaßten Individuen aufgrund ihrer starken Verankerung in traditionellen Konventionen, die Produktionshilfen oftmals nicht sinnbringend einsetzen können. Teilweise fehlt die nötige Erfahrung und Vertrautheit mit der Textproduktion über automatisierte Formulare, teilweise werden diese als unnütz empfunden. Diejenigen Informations- oder Anzeigenserver, die der Textproduktion relativ freien Lauf lassen, weisen jeweils eine deutlich höhere Anzahl an Textprodukten auf, die nur geringfügig von den traditionellen Konventionen abweichen. Die Textproduzenten greifen in diesen Fällen bewußt auf die traditionellen Muster der Versprachlichung zurück und lassen lediglich Modifikationen zu, die auf das Wegfallen des sprachökonomischen Drucks sowie tw. auf die konzeptionelle Re-Oralisierung zurückzuführen sind.

Inwieweit die automatischen Generierungsformulare nicht sinnbringend eingesetzt werden, weil sie den konventionellen Mustern der Sprachkultur des Textproduzenten widersprechen, ist derzeit schwer zu sagen. Stark technisierte Abläufe – wie automatische Textgenerierungsmasken – müssen den Konventionen der betroffenen Sprachgemeinschaft Rechnung tragen, um den Textproduktionsprozess tatkräftig zu unterstützen. Denn nur wenn der Textproduzent sich mit der Maskenstruktur sowie den Auswahlmöglichkeiten identifiziert, wird er die automatischen Generierungsmechanismen sinnvoll nutzen können. Vielfach sieht er sich beim Schreiben mit dem Computer in einem Netz aus angestammten und virtuellen Konventionen und Vorgaben des Schreibens gefangen und muß erst lernen, symbiotisch zu agieren, d. h. sein unscharfes traditionelles Textsortenwissen mit den Bedingungen und Möglichkeiten des neuen Mediums zu verbinden. Es gilt beide an der Online-Textproduktion beteiligten Seiten für die Thematik zu sensibilisieren, denn weder der Hypertext-Designer, der die Struktur vorgibt, noch der Textproduzent, der für die Füllung sorgt, kann im Alleingang Abhilfe schaffen. Makro- oder mikrostrukturelles ‚Texten' in virtuellen Umgebungen bedarf eines Sozialisationsprozesses, der kritisch reflektiert und handlungsorientiert verlaufen muß, um lesbare Produkte hervorzubringen.

2.6 Fazit

Die Verwendung von Vermittlungskanälen der Computer-Mediated-Communication (CMC) sowie des Computers als Schreibgerät führt für den Textproduzenten zu einer ambivalenten Situation, die ihm einerseits größere Freiheit in der Textproduktion sowie Nähe zum Kommunikationspartner suggeriert, auf die er mit einer Annäherung an sprachliche Strategien der Oralität reagiert. Andererseits ist die schreibende Instanz mit einer extern determinierten Einengung des textproduktiven Rahmens (z.B. durch digitale Formulare) konfrontiert. Es verwundert deshalb auch nicht, daß die Textproduzenten den Brückenschlag zwischen dem Althergebrachten und dem Neuen nicht immer synergetisch bewältigen und es sogar soweit kommt, daß die Textprodukte an einem Mangel an Effizienz leiden, der sich auf die Rezeption negativ auswirkt. So finden sich häufig Beispiele, die in der freien Textsequenz (fast) alle bereits im Formular abgefragten und wiedergegebenen Inhalte im Rahmen einer traditionellen Vertextung wiederholen. Der zentralen Maxime der Gebrauchstextualität, mit einem Minimum an sprachlichen Mitteln ein Maximum an Botschaft zu übermitteln, wird damit nicht mehr entsprochen. Welche Faktoren der Produktion von Online-Texten erschweren nun konkret die Symbiose von Konventionen im Zuge des Medienwechsels?

3 Rekonstruktive Annäherung an die Produktionssituation

In den in der vorliegenden Untersuchung analysierten Texten handelt es sich um Schreibprodukte, in denen der Computer als Medium eingesetzt wird (vgl. Weingarten 1997). Die Publikation erfolgt im Internet, dem bisher erfolgreichsten Ansatz einer weltweiten Datenvernetzung via Computer. Der Adressatenkreis erweitert sich in Anbetracht der Publikation in den weltweiten Datennetzen erheblich, so daß der Textproduzent nicht nur damit rechnen kann, daß Nicht-Muttersprachler der verwendeten Sprache den Text lesen, sondern auch Mitglieder anderer Kommunikationsgemeinschaften seiner eigenen Sprachgemeinschaft. Dieses Faktum bedeutet im Vergleich zu traditionellen Printmedien mit jeweils spezifischen geographischen Beschränkungen eine substantielle Veränderung, die eine Tendenz zur Abschleifung interkultureller und -sprachlicher Divergenzen zweifellos begünstigt. Die Online-Publikation der Produkte erfolgt innerhalb nicht-linearer semiotischer Gewebe, wobei der Schreiber mit den Strukturen der zugrundeliegenden Hypertexte nicht zwingend etwas zu tun hat, daher vielfach die hypertextuelle Struktur nur annehmen aber nicht modifizieren kann. Für den Schreibprozeß selbst ist die spätere hypertextuelle Einbettung deshalb von Bedeutung, da der Schreiber in punkto Layout, aber auch auf verbaler Ebene ein an die Umgebung angepaßtes Produkt liefern sollte, wenn er am Gelingen des Kommunikationsprozesses interessiert ist. Aus dieser Modalität ergibt sich für alle drei Textsorten, wenn auch in unterschiedlichem Ausmaß, der Umstand, daß der Schreibprozeß häufig als unmittelbare Reaktion durch das Klicken auf einen Hyperlink zustande kommt. Die Aktivierung des betreffenden Links eröffnet vorrangig zwei mögliche Varianten, die auf die Textproduktion einwirken.

1) Im ersten Fall, der sich bei der Kontakt- und Stellenanzeige als dominant manifestiert, erscheint ein vorgefertigtes Formular, das Informationen nach einer festen Struktur abfragt und daraus automatisch eine Anzeige generiert, an der der Produzent nur selten Veränderungen vornehmen kann. Hier sieht der Verfasser das tatsächliche Endprodukt des Schreibprozesses nur selten. Er muß sich vielmehr mit den vorgegebenen Strukturen sowie einem automatisch generierten Textkonstrukt abfinden.

2) Im zweiten Fall öffnet sich durch den Link die Maske eines elektronischen Mailprogramms, mit dem der Textproduzent die Textsorte innerhalb einer E-Mail redigiert. Inwieweit bei diesem Produktionsweg durch eine zwischengeschaltete Instanz Veränderungen bzw. Standardisierungen am Text vorgenommen werden, hängt von der Strategie der Betreiber des jeweiligen Web- bzw. Mailservers ab.

Lediglich bei Homepages von Individuen, Firmen, Vereinen, Institutionen etc. findet der Schreibprozeß ohne die erwähnten Navigationswege statt, die den Textproduzenten in seiner kognitiven Entwicklung zweifellos deutlich beeinflussen.[9] Die Tatsache, daß die Textlinguistik der vergleichenden Bewertung von hypertextuellen Konstrukten, insbesondere von *nodes* und *links* (vgl. Moulthrop 1991), zwar näher kommt, nach wie vor jedoch über nur wenige elaborierte Instrumentarien verfügt, führt zu Schwierigkeiten im intermedialen Textvergleich. In der vorliegenden Untersuchung werden diese durch die Beschränkung auf funktionell fest definierte Textsorten umgangen.

Die mentalen Prozesse, die den Navigationspfad bis hin zum tatsächlichen Aufrufen des Sendeformulars begleiten, spielen bei der Textproduktion jedoch zweifellos eine zentrale Rolle, da während des Surfens durch die Hypertextelemente einer Website mit Kleinanzeigen oder Kochrezepten eine unbewußte Auseinandersetzung mit den Merkmalen, Vertextungsstrategien und Konventionen der Textsorten erfolgt. Der spätere Sender ist vorerst noch Rezipient von WWW-Texten, wobei ‚instinktiv' eine Aneignung der Online-Vertextungsmuster erfolgt. Die Intervalle zwischen der Textrezeption einer Textsorte und der Produktion derselben können sich auf diese Weise beim Schreiben mit dem Computer für virtuelle Umgebungen stark verringern. Somit dürfen wir festhalten, daß nicht nur die Art der Textrepräsentation in elektronischen Medien deutliche strukturelle Unterschiede zu traditionellen Umgebungen aufweist, sondern daß auch auf textpragmatischer Ebene Veränderungen eintreten. Die entscheidenden Modifikationen ergeben sich offensichtlich aus der Konzeption, da die veränderten Rahmenbedingungen bei der Textproduktion (vor allem verkürzte Reaktions- und Interaktionsintervalle, nicht-lineares Schreiben, intertextuelle Einflußnahme, suggerierte Kurzlebigkeit der Produkte) allesamt in die bereits diskutierte veränderte Konzeption der Texte münden. Dies alles geschieht bei gleichzeitigem Festhalten an der ursprünglichen Funktion der Textsorten, im vorliegenden Fall wird meist zu einem bestimmten Zweck informiert, appelliert und instruiert. Die Prozeduren, die beim Verfassen eines Online-Inserats oder -Rezepts greifen, implizieren eine Bündelung verschiedener mentaler und physischer Aktivitäten, die durch den traditionellen Textkosmos und dessen Regeln ebenso geprägt sind wie durch die computertechnischen Rahmenbedingungen der Textproduktion für und in virtuelle/n Umgebungen. Es erfolgt somit eine bewußte Symbiose, die beherrscht werden muß, um rezipierbare Textprodukte zu garantieren.

---

9 Unsere Recherchen im WWW während der Konstitution der Korpora haben gezeigt, daß diese ‚selbständige' Form der Publikation von Kontakt- und Stelleninseraten sowie Kochrezepten eine sehr geringe Frequenz zeigt.

4 Strategien und Kompetenzen

Resümierend können wir feststellen, daß viele Schreibende im elektronischen Umfeld noch nicht über die notwendigen Kompetenzen und Strategien verfügen, um einen den traditionell publizierten Textkonstrukten ebenbürtigen benutzerfreundlichen Text zu schaffen, der (mit den Mitteln und Vorgaben des digitalen Umfeldes erstellt) sämtlichen konstitutiven und regulativen Kriterien der Textualität (Kohäsion, Kohärenz, Intentionalität, Akzeptabilität, Informativität, Situationalität, Intertextualität, Effizienz, Effektivität und Angemessenheit, vgl. Beaugrande/Dressler 1981) zur Gänze entspricht. Diese Beobachtungen scheinen insofern bedenklich, als wir in der vorliegenden Untersuchung nur funktionell fest definierte Textsorten kontrastiert haben, die im Normalfall gezielt modularisierte Einzelelemente hypertextueller Strukturen darstellen. Die Tatsache, daß bereits in diesen textuellen Mikroeinheiten Probleme auftauchen, läßt den Schluß zu, daß der Textproduzent von komplexen hypertextuellen Strukturen und Inhalten über umfangreiches Wissen sowie praktische Kompetenzen verfügen muß, um digitale Texte kompetent zu strukturieren, zu modularisieren, zu formulieren bzw. zu übersetzen. Hier sind zahlreiche Disziplinen (Linguistik, Psychologie, Neuphilologien, Kognitionswissenschaft, Übersetzungswissenschaft etc.) aufgerufen, sich neuen Themen zu stellen. Denn am Arbeitsmarkt der Zukunft wird nicht nur das Verfassen linearer Schreibprodukte ein zentraler Kompetenzfaktor sein, sondern ebenso die Erstellung, Modularisierung und Vernetzung von Hypertexten; ganz zu schweigen von den Möglichkeiten des Einsatzes umfassender Datenbanken zur ‚Speisung' hypertextueller Anwendungen.

Der sinnvolle Einsatz dynamischer Hypertextstrukturen impliziert einen sorgsamen Umgang mit den klassischen Textsortenkonventionen einer Sprachgemeinschaft und deren überlegte Verquickung mit den technologischen Möglichkeiten und neuen Konventionen, um die Rezipienten nicht zu verunsichern oder zu behindern. Die analysierten Daten zeigen, daß die Qualität der Produkte elektronischer Textproduktion für virtuelle Umgebungen vielfach an der Gespaltenheit oder Überforderung der Textproduzenten leidet, die sich zwischen den technischen Möglichkeiten und Vorgaben der elektronischen Medien und den Konventionen des traditionellen Textkosmos gefangen sehen. Der Schlüssel liegt hier in einer fruchtbringenden, wohldurchdachten Symbiose und Erweiterung des Textkosmos auf virtueller Ebene unter Beachtung jener Paradigmen, die das schriftliche Erleben der Menschen bisher geprägt haben.

Zweifellos werden sich Sprachverwendungsformen und deren Interpretationen dabei modifizieren, vervielfältigen und auf die traditionellen Repräsentationsformen von Textsorten in unterschiedlichem Ausmaß rückkoppeln. Das Bildungssystem, das die Rolle der elektronischen Sozialisation in Zukunft noch intensiver als bisher wahrnehmen muß, ist in diesem Kontext auf didaktisch-linguistische Grundlagenforschung angewiesen. Mit einer Handvoll Netiquette-Regeln bzw. strikten Vorgaben zur automatischen Generierung von Hypertextmodulen ist das Thema bei weitem nicht abgetan. Es gilt vielmehr jene Grundlagen bereit zu stellen, die für die didaktische Vermittlung elektronischer und insbesondere hypertextueller Schreibkompetenzen unbedingt notwendig sind. Selbst die Translatologie wird sich über Fragen des Sprachtransfers hinaus auch mit der Übersetzung von Text in Hypertext auseinandersetzen müssen, um ihren AbsolventInnen auf dem Arbeitsmarkt der Zukunft eine Chance zu geben.

Literatur

Baron, Naomi S. (1998): Letters by phone or speech by other means: the linguistics of email. In: Language and Communication 2 (18), 133-170

Baron, Naomi S. (2000): Alphabet to email: how written English evolved and where it's heading. New York: Routledge

Baurmann, Jürgen/ Weingarten, Rüdiger (Hrsg.) (1995): Schreiben. Prozesse, Prozeduren und Produkte. Opladen: Westdeutscher Verlag

Beaugrande, Robert-Alain de/ Dressler, Wolfgang U. (1981): Einführung in die Textlinguistik. Tübingen: Niemeyer

Brown, David (1997): Cyberdiktatur. Das Ende der Demokratie im Informationszeitalter. Berlin: Ullstein

Danet, Brenda (1995): SRB Insight: Computer-Mediated-Communication. In: The Semiotic Review of Books 2 (6), 8-10 bzw. http://ilex.cc.kcl.ac.uk/srb/srb/computer.html (25.02.2000)

Eckkrammer, Eva M. (1996): Die Todesanzeige als Spiegel kultureller Konventionen: eine kontrastive Analyse deutscher, englischer, französischer, spanischer, italienischer und portugiesischer Todesanzeigen. Bonn: Romanistischer Verlag

Eckkrammer, Eva M./ Hödl, Nicola/ Pöckl, Wolfgang (1999): Kontrastive Textologie. Wien: Edition Praesens

Eckkrammer, Eva M./ Eder, Hildegund M. (2000): (Cyber)Diskurs zwischen Konvention und Revolution. Eine multilinguale textlinguistische Analyse von Gebrauchstextsorten im realen und virtuellen Raum. Frankfurt am Main u.a.: Lang

Fix, Ulla (1997): Kanon und Auflösung des Kanons. Typologische Intertextualität – ein „postmodernes" Stilmittel? Eine thesenhafte Darstellung. In: Antos, Gerd/ Tietz, Heike (Hrsg.): Die Zukunft der Textlinguistik. Traditionen, Transformationen, Trends. Tübingen: Niemeyer, 97-108

Gilder, George (1989): The New Technologies and Freedom. In: Economic Impact 2, 73-77

Global Internet Statistics (1997ff): http://www.euromktg.com/globstats (16.12.1997, 17.04.1998, 25.08.1998, 15.12.1998, 09.03.1999, 12.04.1999, 25.09.1999, 02.02.2000, 22.02.2000, 15.05.2000, 14.08.2000)

Günther, Hartmut (1997): Mündlichkeit und Schriftlichkeit. In: Balhorn, Heiko/ Niemann, Heide (Hrsg.): Sprachen werden Schrift. Mündlichkeit – Schriftlichkeit – Mehrsprachigkeit. Lengwil/ Bodensee: Libelle Verlag, 64-73

Günther, Ulla/ Wyss, Eva L. (1996): E-mail-Briefe – eine neue Textsorte zwischen Mündlichkeit und Schriftlichkeit. In: Hess-Lüttich, Ernest W.B./ Holly, Werner/ Püschel, Ulrich (Hrsg.): Textstrukturen im Medienwandel. Frankfurt am Main u.a.: Lang, 61-86

Handler, Peter (1995): „There's a message in the wire ..." Stilistische Annäherungen an das Phänomen E-Mail. In: Moderne Sprachen 1-2 (39), 44-63

Handlos, Andrea (1995): Stellenanzeigen im Wertewandel: wie Unternehmen um Mitarbeiter werben. München: R. Fischer

Hartmann, Reinhard R. K. (1980): Contrastive Textology. Comparative Discourse Analysis in Applied Linguistics. Heidelberg: Groos

Herring, Susan (ed.) (1996): Computer-Mediated Communication. Linguistic, Social and Cross-Cultural Perspectives. Amsterdam u.a.: Benjamins

Hoek, Leo H. (1995): La transposition intersémiotique pour une classification pragmatique. In: Hoek, Leo H./ Meerhoff, Kees (éd.): Rhétorique et Image. Textes en hommage à Á. Kibédi Varga, 65-80

Kaupp, Peter (1968): Das Heiratsinserat im sozialen Wandel. Ein Beitrag zur Soziologie der Partnerwahl. Stuttgart: Enke

Koch, Peter/ Österreicher, Wulf (1985): Sprache der Nähe – Sprache der Distanz. Mündlichkeit und Schriftlichkeit im Spannungsfeld von Sprachtheorie und Sprachgeschichte. In: Romanistisches Jahrbuch 36, 15-43

Leslie, Jacques (1994): Mail bonding: E-mail is creating a new oral culture. In: Wired, März, 42-48

Lewis, David (1975): Konventionen. Eine sprachphilosophische Abhandlung. Berlin, New York: de Gruyter

Liefländer-Koistinen, Luise (1993): Zur Textsorte „Kochrezept" im Deutschen und Finnischen. Eine übersetzungstheoretisch relevante Textanalyse. In: Schröder, Hartmut (Hrsg.): Fachtextpragmatik. Tübingen: Narr, 129-139 [Forum für Fachsprachen-Forschung; 19]

Ludwig, Ralph (1986): Mündlichkeit und Schriftlichkeit. Felder der Forschung und Ansätze zu einer Merkmalsystematik im Französischen. In: Romanistisches Jahrbuch 37, 14-45

Luger, Kurt (1997): Interkulturelle Kommunikation und kulturelle Identität im globalen Zeitalter. In: Renger, Rudi/ Siegert, Gabriele (Hrsg.): Kommunikationswelten. Wissenschaftliche Perspektiven zur Medien- und Informationsgesellschaft. Innsbruck, Wien: Studien Verlag, 317-346

Meise-Kuhn, Kathrin (1998): Zwischen Mündlichkeit und Schriftlichkeit: sprachliche und konversationelle Verfahren in der Computerkommunikation. In: Brock, Alexander/ Hartung, Martin (Hrsg.): Neuere Entwicklungen in der Gesprächsforschung. Tübingen: Narr, 213-235

Moulthrop, Stuart (1991): Beyond the Electronic Book: A Critique of Hypertext Rhetoric. In: The Association of Computing Machinery (ed.): Proceedings of the Third ACM Conference on Hypertext. San Antonio/ Texas: ACM, 291-298

Murray, Denise E. (1988): The context of oral and written language: a framework for mode and medium switching. In: Language in Society 17, 351-373

Nielsen, Jakob (1990): Hypertext and hypermedia. New York: Academic Press

Nielsen, Jakob (1995): Multimedia and Hypertext. The Internet and Beyond. Cambridge/ Mass: Academic Press Professional

Nielsen, Jakob (1999): Designing Web Usability. Indianapolis: New Riders

Ong, Walter J. (^{12}1995): Orality and Literacy. The Technologizing of the World. London, New York: Routledge

Reiss, Katharina (1977/78): Textsortenkonventionen. Vergleichende Untersuchung zur Todesanzeige. In: Le Langage et l'Homme 35, 46-54; 36, 60-68

Saarinen, Esa/ Taylor, Marc C. (^{3}1996): Imagologies: Media Philosophy. New York: Routledge

Sauer, Christoph (2001): Vom „Alten" im „Neuen". Zur Bestimmung der Integration früherer Medienentwicklungen in multimediale Textgestaltungen. In diesem Band

Spillner, Bernd (1981): Textsorten im Sprachvergleich. Ansätze zu einer kontrastiven Textologie. In: Kühlwein, Wolfgang/ Thome, Gisela/ Wilss, Wolfram (Hrsg.): Kontrastive Linguistik und Übersetzungswissenschaft. Akten des internationalen Kolloquiums, Trier/ Saarbrücken, 25.-30.9.1978. München: Fink, 239-250

Stolt, Birgit/ Trost, Jan (1976): ‚Hier bin ich – wo bist du?' Heiratsanzeigen und ihr Echo, analysiert aus sprachlicher und stilistischer Sicht. Kronberg/ Ts.: Scriptor

Storrer, Angelika (1999): Kohärenz in Text und Hypertext. In: Lobin, Henning (Hrsg.): Text im digitalen Medium. Opladen: Westdeutscher Verlag, 33-65

Storrer, Angelika (2000a): Was ist „hyper" am Hypertext? In: Kallmeyer, Werner (Hrsg.): Sprache und Neue Medien. Berlin, New York: de Gruyter, 222-249

Storrer, Angelika (2000b): ‚Wie wird man ein guter Linker?' Prinzipien und Strategien im Umgang mit Hyperlinks. [Vortrag, 4. PROWITEC-Kolloquium, Wien 2000]

Tannen, Deborah (ed.) (^{3}1993): Spoken and written language: exploring orality and literacy. Norwood/ NJ: Ablex Publications

Weingarten, Rüdiger (Hrsg.) (1997): Sprachwandel durch Computer. Opladen: Westdeutscher Verlag

Pragmatik des Hypertextes

Linguistische Aspekte WWW-gebundener Informationsmedien als designtechnisches Instrument

Guido Ipsen

Kassel

Einer der Pioniere der Hypertexttheorie, George P. Landow, sprach 1992 von Hypertext als *convergence of contemporary critical theory and technology*. Darunter war der Versuch zu verstehen, die Prinzipien von Hypertext und poststrukturalistischer Literaturtheorie zusammenzuführen. Dieses Paradigma ist ähnlich dem, welches die vorliegende Arbeit formuliert, nämlich dasjenige der Verwandtschaft der Verweispraktiken im weitestverbreiteten Hypertextmedium[1], dem *WorldWideWeb* (WWW), mit den Prinzipien, welche die linguistische Pragmatik erforscht. Sowohl für das Design als auch die Verwendung von Hypertexten finden sich interessante Vergleichsansätze, so daß am Ende unserer kleinen Untersuchung das Paradigma der *convergence of linguistic theory and information systems engineering* stehen möge.

1 Pragmatik und Hypertext

Die Pragmatik hat sich in den letzten Jahrzehnten zu einer etablierten Teildisziplin im linguistischen Diskurs entwickelt, nachdem lange Zeit das strukturalistische Paradigma nach Saussure den Vorzug genoß – Yule (1996, 6) nennt all die unbearbeitet gebliebenen Phänomene süffisant auch den *pragmatic wastebasket*. Heute besteht das Feld der linguistischen Pragmatik kurz gesagt in der Untersuchung von Sprache und Sprechern in sogenannten Sprechsituationen. Wo bestehen hier Gemeinsamkeiten mit Textproduktion in elektronischen Umgebungen oder Hyper-

---

[1] „Medium" ist hier zu verstehen als ein alltagssprachlicher Begriff. Weder meinen wir, Hypertext sei an sich ein Medium (ohne Notwendigkeit des Computers als sogenannten „Mediums" als Träger), noch soll die Existenz mehrerer „Hypertextmedien" behauptet werden. Eigentlich ist Hypertext eine Technologie eher im abstrakten Sinne, die auch ohne elektronische Realisierung auskommt. Wir müßten insofern, da ein *Medium* im semiotischen Sinne etwas *Vermittelndes an sich* darstellt, von Hypertext in seinen verschiedenen Vorkommen als *Medialisierungsformen* sprechen, wenn wir noch von *technischen Medien* unterscheiden wollen. Da die semiotisch-medienwissenschaftliche Debatte den Rahmen dieser Arbeit sprengen würde, wird der Begriff des Mediums hier ohne jeglichen wie auch immer gearteten wissenschaftlichen Hintergedanken verwendet.

textdesign? Auf den ersten Blick vielleicht wenig. Die Disziplinen der Informationsanalyse und -organisation sowie die graphische Gestaltung von WWW-Seiten scheinen der Pragmatik fern.

Geht man von einer Pragmatik aus, die vorwiegend im Bereich gesprochener natürlicher Sprache arbeitet (vgl. Brünner/Graefen 1994), so ist es allerdings schwer, die virtuelle Kommunikation des WWW in ihrem Rahmen zu betrachten. Allerdings ergeben sich drastische Verschiebungen, wenn Kommunikationssituationen in das elektronische Medium verlagert werden, etwa im Bereich elektronischer Post, wo Wallmannsberger (1994, 122-125) bereits „spezifische Parameter der Kommunikation" findet.

Freilich wird die klassische Dreiteilung der Zeichentheorie (nach Charles W. Morris) gern auf linguistische Parameter reduziert. Bei Morris ist die Pragmatik jedoch viel universeller:

> Syntax [is] the study of the syntactical relations of signs to one another in abstraction from the relations of signs to objects or to interpreters; [...] semantics deals with the relation of signs to designata and so to objects which they may or do denote [and] 'pragmatics' is designated the science of the relation of signs to their interpreters (Morris 1971, 28, 35 , 43).

Dies ist eine semiotische Definition und an der Terminologie und der triadischen Form unschwer als von Charles Sanders Peirce beeinflußt zu erkennen. Die Pragmatik umfaßt denn auch alle *biotic aspects of semiosis*; wie es in der deutschen Übersetzung heißt: die „lebensbezogenen Aspekte der Semiose" (Morris 1972, 52). Natürlich ist der sprachlich-kommunikative Bereich unter dieser Perspektive nur einer von vielen; jedoch lädt uns Morris' klassischer Ansatz dazu ein, den engen Rahmen der *face-to-face*-Kommunikation zu erweitern und elektronische Kommunikationsformen unter Verwendung differenter Codes in die Betrachtung mit einzubeziehen, denn sie sind Bestandteil der menschlichen Soziosphäre.

Inwiefern ist WWW-gebundener Hypertext eine Form der Kommunikation? Angesichts der variierenden Auffassungen von Kommunikation an sich folgen wir der Basisdefinition von Nöth:

> Grundbedingung für das Zustandekommen einer Kommunikation ist ein Semioseprozeß, an dem ein *Kommunikator*, ein *Zeichen* bzw. eine *Botschaft* und ein *Rezipient* oder *Interpret* des Zeichens beteiligt sind (Nöth 2000, 235).

Botschaft und Rezipient sind uns auf Anhieb transparent, wenn wir vom WWW sprechen: es sind die Homepages und Nutzer bzw. *Surfer*. Wer aber ist der Sender der Nachrichten? Informationssysteme werden gern als unabhängige Instanzen gesehen, die dann als Partner von Menschen in der Kommunikation auftreten. Bei genauerem Hinsehen entpuppt sich das kommunikative Potential eines Computers oder hier des Hypertextes als Potemkinsches Dorf. Nadin stellt das unmißverständlich klar:

> Es gibt keine Mensch-Maschine-Kommunikation. Dies ist nur eine Redeweise, eine Art der Anthropomorphisierung der Maschinen. Kommunikation [im Computer-Interface] ist die semiotische Tätigkeit, die Nutzer und Designer zusammenbringt. Wenn ein Nutzer erst einmal eine [Programmier-]Sprache akzeptiert hat, wird er sie nach den Regeln des Designers anwenden, die dem Interface inhärent sind, und es wird eine Kommunikation zwischen *ihnen* stattfinden, die durch eine gewisse Maschine vermittelt wird (Nadin 1985, 468-469).

Damit erhält durch Computer oder Netzwerke medialisierter Hypertext die Rolle der Botschaft, nicht eines Partners. Dieser ist immer der Anbieter von Information. Ein solches Verständnis der Kommunikationstriade ist für unsere Auffassung von Hypertext als kommunikativem Medium unerläßlich.

Es bleibt noch die Frage nach dem Dialog in der Kommunikation. Vielleicht kann man streiten, ob ein solcher im WWW gegeben ist, wenn man berücksichtigt, daß in mündlichen Dialogen ein echtes *turn-taking*, das Wechseln der Kontrolle zwischen Kommunikanten, jederzeit zustande kommen kann. Ich meine, daß durch die Möglichkeit der Einflußnahme des Nutzers auf die Navigation eine Art bedingter Dialogizität gegeben ist. Der Rollentausch Sender-Empfänger ist ja ohnehin nicht notwendiger Bestandteil von Kommunikation, denn Monologe oder Asymmetrien zwischen Kommunikanten stellen alltägliche Ausnahmen dar. Immerhin aber muß eine potentielle Dialogizität bestehen, die nur bedingt reversibel sein kann (vgl. Nöth 2000, 237).

Tatsächlich kann man die Nutzung eines Hypertextes mit Prinzipien menschlicher Konversation vergleichen, wobei der Autor als Kommunikant durch die von ihm etablierten netzwerkartigen Strukturen sozusagen indirekt anwesend ist. Die Konversationsanalyse, Mittel zur Untersuchung von Mensch-Mensch Gesprächen, befindet, daß es für nahezu jede Äußerung einen Zusammenhang mit einer strukturell definierten Stelle im Gespräch gibt (Heritage/Atkinson 1984, 6). So gibt es die berühmten von Schegloff (1984) definierten *adjacency pairs*, Paare jeweils zweier durch verschiedene Sprecher hervorgebrachter Äußerungen, die sich logisch bedingen: Fragen/Antworten, Angebote/Annahmen (bzw. Ablehnungen) usw. Gray (1993) untersucht die Möglichkeit der Abbildung dieser Vorgänge auf Hypertextnutzung; sie benennt Hypertext eine *technology of conversation*. Zwar erwähnt sie, daß die Möglichkeit, Verständnisfehlern ausgesetzt zu sein, durch die fehlende Präsenz eines Kommunikanten wahrscheinlich höher ist als im menschlichen Gespräch (Gray 1993, 24), allerdings existiert diese Möglichkeit auch im letzteren Falle, wie Jefferson (1988, 16) anmerkt, denn Gesprächsteilnehmer unterhalten eine Schwelle, jenseits der Fehler nicht korrigiert werden. Immerhin können diese Fehler aber durch zusätzliche Nachfragen, sogenannte *error-locating non-correctional queries*, aufgedeckt werden (Jefferson 1988, 12). Gray zufolge entspricht diesem Vorgang fehlgegangene Navigation im Hypertext:

> A sufficiently irrelevant file opened during hypertext navigation does the computer-human-interactional equivalent to this [query, Anm.d.Autors], in that the text appearing on the screen, although not a direct query, may indicate by its irrelevant text that an error has been made (Gray 1993, 24).

So wird das Surfen durch einen Hypertext zur kommunikativen Auseinandersetzung. Zwar ist das *turn taking* im Hypertext höher kodifiziert (ibid.), doch ist die programmierte Aktion/Reaktion des Computers versus die Kontrollnahme durch den Nutzer zu vergleichen mit Situationen in Gesprächen, wo soziale interaktionale Regeln gelten (vgl. Yule 1996, 72).

Diese Arbeit stellt sich nun die Aufgabe, unter diesen Vorzeichen Pragmatik und Hypertextdesign transdisziplinär miteinander zu verknüpfen. Dies ist im Wortsinne gemeint wie Jürgen Mittelstraß (1998) ihn einführt, denn ein Verharren einzelner Disziplinen in altbekannten Bereichen oder nur die oberflächliche sogenannte interdisziplinäre Zusammenarbeit bringen uns nicht weiter:

> Interdisziplinarität ist nicht genug. In interdisziplinären Forschungskontexten rücken die Disziplinen lediglich auf Zeit zusammen; sie bleiben, wie sie sind, zumal es auch keine interdisziplinären Kompetenzen gibt, die disziplinäre Kompetenzen ersetzen könnten (Mittelstraß 1998, 7).

Die Transdisziplinarität, wie Mittelstraß sie versteht, kann uns helfen, die ungleichen Freunde Pragmatik und Hypertextdesign zusammenzuführen, um Neues zu gewinnen, denn sie besteht in „Forschung, die sich aus ihren disziplinären Grenzen löst, die ihre Probleme disziplinenunabhängig definiert und disziplinenunabhängig löst" (ibid.). Wir wollen uns beispielhaft anschauen, worin diese disziplinenunabhängig anzugehenden Probleme des Hypertextes liegen.

2 Pragmatische Prinzipien *at work*

Die im ersten Kapitel dargestellten Parallelen zwischen Gespräch und Hypertextnutzung, die offenkundig für das Verständnis von hypertextuellen Verweisen entscheidend sind und somit für die Textproduktion im elektronischen Medium eminent wichtig, wollen wir im folgenden an Hand verschiedener pragmatischer Prinzipien untersuchen.

2.1 Pragmatisches Hypertextdesign und Sprechakte

Ein Text, der schon in seinem Titel unsere Felder zusammenführt, ist *Pragmatic Hypertext Design* (PHD) von Wolfgang Schuler und Manfred Thüring (1994).

Die Autoren entwickeln ein Designverfahren für Hypertextanwendungen, welches in weiten Teilen den Prinzipien allgemeiner Softwareentwicklung entspricht, wie sie durch die Disziplin des *Information Systems Engineering* bereits seit langer Zeit eingeführt sind (vgl. Kendall/Kendall 1978, 1992).

PHD besteht aus einem *prozeduralen Rahmen*, bestimmten *Designregeln* und *Designmethoden* (vgl. Schuler/Thüring 1994, 6).

Der Erfolg oder Mißerfolg eines Systems hängt von seiner Nutzbarkeit ab. Daher ist der Schlüssel zum Erfolg die Frage, ob das System den Erfordernissen der Nutzer gerecht wird oder nicht. Folgende Graphik gibt Aufschluß über das übliche Analyseverfahren im *Information Systems Engineering*.

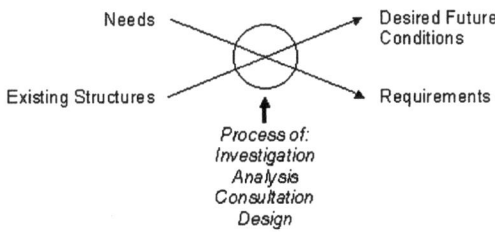

Abb. 1: Requirements Specification Process (nach Kendall/Kendall 1978, 1992)

Die Bedürfnisse der Nutzer müssen in Erfordernisse und die – wenn überhaupt – existierenden Strukturen zu künftigen Bedingungen umgestaltet werden. Dazwischen liegt der Prozeß der Analyse. Schuler/Thüring (1994, 8) gliedern diesen Vorgang auf in (in dieser Reihenfolge):

- *Planning*
- *Preparation*
- *Authoring-in-the-large*
- *Authoring-in-the-small*
- *Evaluation*
- *Maintenance*

Zeitgleich verläuft noch die Aktivität des *Monitoring*, wobei alle Schritte überwacht werden. Zur Frage nach der Analyse und Spezifikation der Bedingungen, die das System erfüllen muß, kommen wir später im Kapitel über *user-centred design*. Widmen wir uns hier dem *authoring-in-the-large*. Nach Schuler/Thüring (1994, 22-25) müssen die Arten der zu verbindenden Entitäten (*Nodes*), der Vernetzungsstruktur und der Links definiert werden. Das erfolgt vor dem eigentlichen Füllen spezifischer Inhalte in die so entstehende Struktur (*authoring-in-the-small*). Selbstverständlich haben Inhalte ebenfalls strukturierenden Einfluß; im *authoring-in-the-small* müssen sie aber stilistisch den übergeordneten semantischen Strukturen angepaßt werden, um die notwendige Kohärenz zu stiften.

Interessant ist der Vergleich, den die Autoren zwischen Links und Sprechakten ziehen. Will man einen Link etablieren, so muß zunächst die Relation zwischen zwei Entitäten geklärt werden. Daraufhin wird festgelegt, welche Entität die Quelle und welche das Ziel des Links ist. Schließlich muß der Link benannt werden. Die Autoren (Schuler/Thüring 1994, 24) bestimmen insgesamt vierzehn Möglichkeiten der semantischen Abhängigkeit der Entitäten. Die Relationen sind pragmatischer Natur und entsprechen denen zwischen Sprechakten; so können Entitäten einander u.a. generalisieren, zusammenfassen, weiterführen, evaluieren, unterstützen, erklären usw.:

> Together, the names of two connected nodes and the label of their link can be used to constitute short, meaningful sentences, for example: painting A (source) illustrates (link) painting method Z (destination). As can be seen from this example, the link label determines the syntax of the link because it determines its direction, i.e., the source always corresponds to the subject of the sentence while the destination corresponds to its object (Schuler/Thüring 1994, 24).

Dieser pragmatisch orientierte Ansatz, Links und Entitäten zu strukturieren, ermöglicht außerdem Schlüsse über das System an sich. Wenn der Nutzer weiß, welche Verbindungsform sich hinter welchem Link verbirgt, wird die Vernetzungsstruktur transparent. So erst wird dem Nutzer der Diskurs des Autors verständlich.

2.2 Kohärenz

Das Stichwort Diskurs bringt uns zu den globalen semantischen Strukturen eines Hypertextes. Während Kuhlen (1991, 27-39) noch eine sehr kritische Sichtweise auf Kohärenz in Hypertexten pflegt, hat sich die Einstellung zu diesem wesentlichen Prinzip von Textualität (vgl. Beaugrande/Dressler 1981, 84-109) deutlich gewandelt. So diskutieren van Berkel/de Jong (1999) ausführlich die sprachlichen und nichtsprachlichen Möglichkeiten der Kohärenzbildung in Hypertexten. Storrer (1999) legt überzeugend dar, daß Kohärenz unabhängig von Linearität, Nicht-Linearität oder Netzwerkcharakter eines Textes herzustellen ist. Ipsen (1999) zeigt, daß die technischen Möglichkeiten elektronischer Texte dynamische Metaphern erzeugen können, welche wiederum kohärenzstiftend wirken.

In der Konversation wird Kohärenz über das Gespräch hinweg durch die Teilnehmer konstruiert (vgl. Levinson 1983, 315). Entscheidend ist die Annahme, daß aufgrund des Konversationspostulats von Grice (1975), des Prinzips der Relevanz, in Gesprächen keine abwegigen, irreführenden Informationen eingebracht werden (es sei denn, der Topos des Gesprächs wird grundlegend verändert, wodurch aber das Prinzip nicht verletzt wird). Schuler/Thüring (1994, 6) greifen dieses Prinzip auf und formulieren die globale Regel für das Hypertextdesign: *be coherent*. Diese globale Regel läßt sich den Autoren zufolge in hierarchisch untergeordnete Ausführungsregeln untergliedern; so folgen logisch eine kohärente graphische Darstellung der Dokumentstruktur, ein kohärenter Inhalt der Textknoten, kohärente Knotenbezeichnungen und kohärente Linkbezeichnungen. Letztere Designregeln machen deutlich, daß der Autor nicht nur eine Kohärenz der statischen Einheiten eines Hypertextes erreichen muß, sondern eine Kohärenz der Navigationsmöglichkeiten mit einschließen muß, damit die Nutzung ergonomisch bleibt. Hypertextkohärenz geht also über Textkohärenz hinaus: Es sind nicht nur textimmanente Mechanismen, sondern auch Aspekte des Interfacedesigns gemeint (vgl. Hannemann/Thüring 1995, 30).

2.3 Referenz, Inferenz und User-Centred Design

Daraus folgt, daß Autoren von Hypertexten grundlegende Annahmen über die künftigen Nutzer des Systems machen müssen, wie bereits oben dargelegt. Technisch mögliches, aber nicht durch den Autor vorhergesehenes Nutzerverhalten führt zu verwirrenden Ergebnissen oder Nonsens-Navigation, die zum berühmten Phänomen des *Lost in Hyperspace* führen kann. Die Strategien, nach denen Nutzer im *Hyperspace* navigieren, sind von verschiedenen Faktoren abhängig (vgl. Wright 1993). Hypertexte sind also durch ihre vernetzte Struktur extrem darauf angewiesen, transparente Referenzstrukturen aufzuweisen. Referenz und Inferenz bedingen sich gegenseitig in der Konversation: Ein Sprecher benützt eine Referenz sprachlicher Form, um einem Zuhörer zu ermöglichen, den Gegenstand der Referenz zu identifizieren (vgl. Yule 1996, 17). Inferenz auf der Seite des Zuhörers ist der Akt, die Äußerung einer Sache zuzuordnen. Funktioniert das Zusammenspiel, so herrscht Übereinstimmung. Allerdings ist der Akt der Referenz klar auf das Ziel des Sprechers ausgelegt. Die korrekte Inferenz wird durch das Übereinstimmen der Weltwissen von Sprecher und Zuhörer begrenzt.

Referenz findet in Hypertexten auf zwei Ebenen statt: Es existieren Referenzstrukturen im HTML-Skript, die durch Programmcode festgelegt sind und die Links zwischen zwei Hypertextdokumenten etablieren, sowie die natürlichsprachlichen oder bildlichen Verweise, die auf der Bildschirmoberfläche auftauchen und durch den Nutzer klickbar sind. Diese textuellen oder graphischen Mittel visualisieren die Referenzen des Hypertextes innerhalb der vorhandenen Knoten. Daß diese in natürlichen Sprechsituationen unmögliche Teilung in strukturelle und verbalisierte bzw. verbildlichte Referenz besteht, macht das Beispiel von Zitatindikatoren als Referenzmuster deutlich.[2] Eine Besonderheit von Hypertexten ist es, daß die Zitationsindikatoren (Tschauder 1989, 126) – in mündlicher Rede etwa: „*Peirce hat gesagt*, daß..." – nicht nur explizit, sondern immer implizit vorhanden sind, und zwar durch die graphische Kennzeichnung der Links. Daß ein solcher Link auf andere Textstücke verweist, bedarf keiner weiteren Erklärung. Gleichzeitig wird das Zitat selbst externalisiert; es verbleibt der bloße Verweis darauf. Der Indikator nimmt also die Stelle des Zitates an sich ein. Ebenso kann im Hypertext die Grammatikalität von Referenzen im Gegensatz zu Texten etwa der gesprochenen Sprache variieren. Tschauder (1989, 135) führt für ungrammatische Zitatindikatoren das Beispiel der makrotextologischen Äußerung „Deine Behauptung ist falsch" an. Da hier nur eine Ergänzung zum Zitat (nämlich der Behauptung, im Beispiel, Heinz sei krank) vorliege, jenes selber aber nicht, sei die Interpretation behindert. Im Hypertext allerdings kann durch einen Link, etwa „Deine Behauptung ist falsch" (Unterstreichung = Link), welcher dann zur zitierten Behauptung, Heinz sei krank, führt, ein grammatisches Paradoxon herbeigeführt werden, denn obwohl die Äußerung oberflächlich nicht akzeptabel erscheint, so wird sie es durch die Verknüpfung. Diese wird aber nicht sprachlich indiziert, sondern liegt nur im Skript vor. Die Visualisierung ist nicht natürlichsprachlich.

Zwischen der durch den Code etablierten Referenz und ihrer Visualisierung gibt es den grundsätzlichen Unterschied, inwiefern sie für den Nutzer Gültigkeit erlangen. Ein Verweis kann technisch einwandfrei implementiert sein, aber in einer Weise visualisiert sein, die dem Nutzer kryptisch bleibt; auf der anderen Seite kann ein sprachlich ausgezeichnet beschriebener Verweis in fehlerhaftem Code geschrieben sein, so daß ein Link nicht etabliert werden kann. Außerdem gibt es die Möglichkeit, daß das Ziel des Verweises gelöscht wurde oder an einen anderen Ort bewegt, so daß eine Verbindung nicht zustande kommt. Schließlich, und dies ist sicherlich die optimale Situation, kann ein Link verständlich sein und funktionieren wie vorgesehen.

In Hypertexten wird der natürlichsprachliche Verweis also durch die Mittel der Technik unterstützt. Daher kann die Referenz auf andere Texte bzw. *chunks* unter Umständen auf transparente sprachliche Mittel verzichten. Beispiele wie „Klicken Sie hier", wobei das unterstrichene Wort einen aktiven Link bedeutet, verdeutlichen, daß jedes Wort im Hypertext zu einem Referenzträger für ganze Kontexte

---

2   Im folgenden wird auf einen erweiterten Zitatbegriff Bezug genommen, den Tschauder (1989, 123-126) auf der Basis des Modells von Russell (1977) entwickelt.

werden kann. Die Akkuranz einer Referenz ist somit nicht mehr kontextabhängig, sondern situationsabhängig. Bei einem Hypertextnutzer kann gewöhnlich vorausgesetzt werden, daß er die Vorgehensweise und Handlungsweise in einem Hypertextuniversum kennt, und so kann die Referenz sogar auf entsprechende Anweisungen wie „Klicken Sie" o.ä. verzichten: „Weitere Informationen sind erhältlich". Allerdings gilt diese Transparenz von Referenzen lediglich für so offenkundige Verlinkungen. Komplexer verhält es sich, wenn Fachtexte dargebracht werden sollen, die umfangreiche Vernetzungen in Informationsbereichen aufweisen, die den Nutzern noch unbekannt sind. Schlecht gestaltete Referenzen wirken sich daher nachteilig auf die Navigierbarkeit aus. In der Praxis erfordert diese Problematik ein *user-centred design* (UCD) von Hypertexten. Der Begriff stammt aus der Softwareergonomie (vgl. Norman/Draper 1986, Eason 1988). Dillon (1994, 19-23) führt ihn in den Kontext elektronischen Textdesigns ein. Für ihn sind elektronische Dokumente nichts weiter als eine weitere computergestützte Technologie. Widerstand, der sich da auch bei dem geneigten Leser bilden mag, sieht Dillon voraus:

> Talk of documents as a technology might be disconcerting at first but this probably results more from an old-fashioned view of what a technology is rather than any flaw in the description (Dillon 1994: 26).

UCD erfolgt in mehreren Schritten: Zunächst müssen die *stakeholder*, alle an dem Hypertext Interessierten, identifiziert werden. Das sind Autoren, Nutzer, Trainer etc. Die Nutzer werden daraufhin analysiert. Im Detail bedeutet dies, daß sich der Autor ein genaues Bild von den möglichen Nutzern machen muß. In welchem Kontext wird der Text genutzt werden? Wer genau sind mögliche Nutzer? Diese Zielgruppe wird das System zu bestimmten Aufgaben nutzen. Welche werden das sein? Diese *task analysis* muß äußerst gewissenhaft ausgeführt werden, denn wozu das System nicht in der Lage ist, das wird später nicht ausführbar sein. Die Ergebnisse dieser Analyseverfahren fließen in die Spezifikation des Hypertextsystems ein. Je nach Vorgehen wird dann gleichzeitig oder danach ein Prototyp gefertigt, der einem Reviewverfahren unterworfen werden muß (vgl. Dillon 1994, 23). Im Zentrum der Betrachtungen steht bei einem Hypertext sicherlich die Summe der Informationen und ihre Verknüpfung. Das Ergebnis ist ein Hypertext, dessen Referenzen optimiert sind und eine größtmögliche Transparenz erlauben.

2.4 Kontext und Design

Ein zentraler Punkt bei UCD ist die Klärung des Genres oder der Textsorte und der Kontext der Nutzung. Dillon umreißt das Problem:

> The type of document will range from technical to leisure material, books and magazines, articles and essays, notes and memos, bills and love letters, etc. Users will be reading for pleasure and for need, to learn and to amuse, to find

specific information and to browse, to pass exams and to pass the time (Dillon 1994, 27).

Es ist also äußerst wichtig, den Kontext der Nutzung zu erforschen. Wird das Design dem Kontext nicht gerecht, so mag ein Hypertext abgelehnt werden, obwohl der Inhalt an sich informativ ist. Sicherlich ist dies eine der komplexesten Aufgaben im Hypertextdesign, denn zu definieren, was der Kontext einer Konversation sei, fällt auch der Pragmatik selbst schwer (vgl. Levinson 1983, 22f.). Van Dijk (1976, 29) unterscheidet zwischen der Vielfalt einer Gesprächssituation und den Spezifika, dem genauen Kontext, der für das Verständnis von Äußerungen relevant ist. Lyons (1977, 574) versucht eine genaue Liste solcher Spezifika zu erstellen. Nach Ochs (1979, 1) gehört dazu allerdings "the social and psychological world in which the language user operates at any given time". Levinson reduziert die Ambiguität bzw. die Vielfalt in seiner Definition der Pragmatik: "Pragmatics is the study of the ability of language users to pair sentences with the contexts in which they would be appropriate" (Levinson 1983, 24).

Bezogen auf unsere Hypertext-Problematik bedeutet das, daß wir Hypertexte so gestalten müssen, daß sie für alle intendierten Verwendungskontexte passen. Die Analyseverfahren, die wir aus den vorhergegangenen Kapiteln kennen, helfen dabei, diese Kontexte zu ermessen. McKnight/Dillon/Richardson (1991, 123-134) stellen in einer kurzen Fallstudie anschaulich dar, wie bereits mit recht einfachen Überlegungen der Ansatz zur richtigen Analyse und damit erfolgreichem *Authoring* getan werden kann. Auch hier gehört die korrekte Analyse von Nutzern und deren Aufgaben essentiell zum pragmatisch motivierten Design. Dies ist um so wichtiger bei WWW-gebundenen Hypertexten, da hier Produkte durch Autoren produziert werden, die zwar von den Nutzern verwendet, in den allermeisten Fällen aber nicht mehr verändert, d.h. ihren spezifischen Bedürfnissen angepaßt werden können. Autoren müssen also die Leser bestmöglich unterstützen (vgl. McKnight/Richardson/Dillon 1989, 146). Der Hypertext-Kontext wird auch von Herrstrom/Massey als nutzer- und aufgabenspezifisch angesehen:

> Often hypertext seems to be a solution searching for a problem; consequently, many hypertext designs appear to be driven by technology rather than by the needs of users. [...] Our approach to hypertext, then, is to place it squarely in the context of user needs (Herrstrom/Massey 1989, 45).

Wie aber entstehen diese Kontexte? Reicht es aus, von „dem" Kontext des Lernens oder Arbeitens, der Freizeit usw. zu sprechen? Wie bilden sich spezifischere Kontexte heraus? Eine mögliche Antwort darauf gibt Pogner (1999), wenn er von Diskursgemeinschaften spricht. Mitglieder einer Diskursgemeinschaft „teilen gemeinsame Erwartungen an Inhalt und Form ihrer kommunikativen Aktivitäten" (Pogner 1999, 145). Diese Erwartungen resultieren in spezifischen Konventionen, nach denen Texte und Textsorten beurteilt werden. Eine Möglichkeit, den Kontext der Hypertextnutzung zu spezifizieren, ist also, den soziokulturellen Konventionscode in der Diskursgemeinschaft zu entschlüsseln und das so gewonnene Regelwerk im Designprozeß zu verwenden.

3 Zusammenführung und Ausblick

Designer von Internetseiten beschäftigen sich intensiv mit der Frage, wie die zu vermittelnde Information schnell, verständlich und natürlich gewinnbringend an den Mann bzw. die Frau gebracht werden kann. WWW, das bedeutet nicht weltweiter Verbund der Wissensquellen, Cyberliteratur und virtuelle Demokratie (vgl. Bolter 1990), sondern vor allem Marketing, Verkaufsstrategie, globalisierter Handel und Entwicklung der Firmen hinein in das elektronische Medium. Hypertext in der Form von HTML auf dem WWW hat dabei in den neunziger Jahren einen unvergleichlichen Siegeszug angetreten (vgl. Nielsen 1996, 171).

In diesem ökonomisch dominierten Metier ist es unabdingbar, Kunden zu interessieren und zu binden. Da die Verweildauer eines Internetsurfers auf einer Seite aber relativ kurz ausfällt, ist das Informationsdesign der kritische Punkt. Dabei handelt es sich nicht nur um sprachliche Mittel. Kommunikation im WWW bedient sich in hohem Maße graphischer Mittel, animierter Bilder etc. – unbenommen der Tatsache, daß viele der Texte, die über das Web vermittelt werden, ohnehin nicht in Form von natürlicher Sprache etwa eingebettet in HTML, sondern von vornherein als Graphiken in verschiedensten Formaten auf den Servern abgespeichert werden.

Kommunikatives Handeln bedeutet immer Vermittlung von Zeichen, seien es die einer natürlichen Sprache oder eines Bildercodes. Der Mensch als semiotisches Wesen bedient sich hochtechnisierter Mittel wie des Internets und kann kommunikative Akte aus natürlicher Sprache in andere Zeichensysteme transkodieren. Beide, Designer wie Linguisten, sind daher gefragt. Internetkommunikation ist sprachliches Handeln, besonders wenn man die illokutionäre Verkaufsabsicht vieler Angebote bedenkt. So kann das Wissen über menschliches Verhalten in Sprechsituationen dem Designer helfen, die Informationsangebote zu optimieren. Pragmalinguisten sollten sich von der Vorstellung verabschieden, kommunikatives Handeln müsse unbedingt auf eine *face-to-face*-Situation zurückführbar sein: Dieses Paradigma gilt sicherlich für traditionelle Sprechsituationen; es bedarf aber der Ergänzung. Die Kommunikation des 21. Jahrhunderts wird weiterhin entpersönlicht werden und erweitert damit den kommunikativen Erfahrungsraum des Menschen enorm. Das bedeutet einerseits die bereits erwähnte Transkodierung sprachlicher Inhalte in andere Zeichensysteme – etwa die nicht akustische, sondern graphische Darstellung von Informationen über *wap*-Handys und die kommende DSL-Technologie oder eben die Dominanz der Graphik auf WWW-Seiten. Andererseits wird das Vorhandensein eines Kommunikanten als Autor oder Empfänger virtualisiert. Liest tatsächlich jemand meine Homepage? Bekommt wirklich der Kommunalpolitiker die E-Mails, welche ich ihm über seine Hotline schicke? Virtuelle Kommunikation bedingt virtuelle Kommunikationsakte. Diese Tatsache und das Erscheinen vieler neuer Codes stellt die pragmatische Linguistik sicherlich als geeignetes Werkzeug einer Computerphilologie und Computersemiotik vor neue Aufgaben.

Literatur

Beaugrande, Robert de/ Dressler, Wolfgang (1981): Introduction to Text Linguistics. London, New York: Longman

van Berkel, Arrie/ de Jong, Mariët (1999): Coherence Phenomena in Hypertextual Environments. In: Jakobs, Eva-Maria/ Knorr, Dagmar/ Pogner, Karl Heinz (Hrsg.): Textproduktion. HyperText, Text, KonText. Frankfurt am Main u.a.: Lang, 29-40

Bolter, Jay David (1991): Writing Space: The Computer, Hypertext and the History of Writing. Hillsdale/ New Jersey: Lawrence Erlbaum

Brünner, Gisela/ Graefen, Gabriele (1994): Zur Konzeption der Funktionalen Pragmatik. In: Brünner, Gisela/ Graefen, Gabriele (Hrsg.): Texte und Diskurse: Methoden und Forschungsergebnisse der Funktionalen Pragmatik. Opladen: Westdeutscher Verlag, 7-21

van Dijk, Teun A. (1976): Pragmatics of Language and Literature. Amsterdam: North Holland

Dillon, Andrew (1994): Designing Usable Electronic Text. London: Taylor and Francis

Eason, K. (1988): Information Technology and Organisational Change. London: Taylor and Francis

Gray, Susan H. (1993): Hypertext and the Technology of Conversation. Orderly Situational Choice. Westport/ Connecticut, London: Greenwood Press

Grice, Paul (1975): Logic and Conversation. In: Cole, Peter/ Morgan, Jerry (eds.): Syntax and Semantics, vol. 3: Speech Acts. New York: Academic Press

Hannemann, Jörg/ Thüring, Manfred (1995): What Matters in Developing Interfaces for Hyperdocument Presentation. In: Schuler, Wolfgang/ Hannemann, Jörg/ Streitz, Norbert (eds.): Designing User Interfaces for Hypermedia. Berlin: Springer, 29-42

Heritage, John/ Atkinson, Maxwell (1984): Introduction. In: Heritage, John/ Atkinson, Maxwell (eds.): Structures of Social Action. Cambridge: Cambridge University Press, 1-15

Herrstrom, David S./ Massey, David G. (1989): Hypertext in Context. In: Barrett, Edward (ed.): The Society of Text. Cambridge/ MA: The MIT Press, 45-58

Ipsen, Guido (1999): Dynamische Verweise in Hypertexten. In: Jakobs, Eva-Maria/ Knorr, Dagmar/ Pogner, Karl Heinz (Hrsg.): Textproduktion. HyperText, Text, KonText. Frankfurt am Main u.a.: Lang, 11-28

Jefferson, G. (1988): Remarks on "non-correction" in conversation. Paper presented at Helsingin Yliopisto, Suomen Kielsen Laitos, Helsinki

Kendall, Julie E./ Kendall, Kenneth E. (1978): Introducing systems analysis and design. Manchester: NCC Publications

Kendall, Julie E./ Kendall, Kenneth E. (1992): Systems analysis and design. Englewood Cliffs/ NJ: Prentice Hall

Kuhlen, Rainer (1991): Hypertext: Ein nicht-lineares Medium zwischen Buch und Wissensbank. Berlin: Springer

Landow, George P. (1992): Hypertext. The Convergence of Contemporary Critical Theory and Technology. Baltimore, London: Johns Hopkins University Press

Levinson, Stephen C. (1983): Pragmatics. Cambridge: Cambridge University Press

Lyons, John (1977): Semantics. [vol. 1&2] Cambridge: Cambridge University Press

McKnight, Cliff/ Dillon, Andrew/ Richardson, John (1991): Hypertext in Context. Cambridge: Cambridge University Press

McKnight, Cliff/ Richardson, John/ Dillon, Andrew (1989): The Authoring of HyperText Documents. In: McAleese, Ray (ed.): Hypertext. Theory into Practice. London: Intellect, 138-147

Mittelstraß, Jürgen (1998): Forschung und Lehre – das Ideal Humboldts heute. In: Aus Politik und Zeitgeschichte 15, 3-11

Morris, Charles W. (1971): Foundations of the Theory of Signs. In: Morris, Charles W.: Writings on the General Theory of Signs. The Hague: Mouton, 17-74

Morris, Charles W. (1972): Grundlagen der Zeichentheorie. München: Hanser

Nadin, Mihai (1985): The Semiotics of Man-Machine-Communication. In: Deely, John N. (ed.): Semiotics 1984. Lanham: University Press of America, 463-470

Nielsen, Jakob (1996): Multimedia, Hypertext und Internet. Wiesbaden: Vieweg

Nöth, Winfried (2000): Handbuch der Semiotik. Stuttgart: Metzler

Norman, D./ Draper, S. (eds.): User Centred System Design. Hillsdale/ New Jersey: Lawrence Erlbaum

Ochs, E. (1979): Introduction. What Child Language Can Contribute to Pragmatics. In: Ochs, E./ Schieffelin, B.B. (eds.): Developmental Pragmatics. New York: Academic Press, 1-17

Pogner, Karl-Heinz (1999): Textproduktion in Diskursgemeinschaften. In: Jakobs, Eva-Maria/ Knorr, Dagmar/ Pogner, Karl Heinz (Hrsg.): Textproduktion. HyperText, Text, KonText. Frankfurt am Main u.a.: Lang, 145-158

Russell, Bertrand (1977): On Denoting. In: Russell, Bertrand: Logic and Knowledge: Essays 1901-1950. Edited by Robert Charles Marsh. London, New York: Allen and Unwin, 41-56

Schegloff, E.A. (1984): On some questions and ambiguities in conversation. In: Heritage, John/ Atkinson, Maxwell (eds.): Structures of Social Action. Cambridge: Cambridge University Press, 28-52

Schuler, Wolfgang/ Thüring, Manfred (1994): Pragmatic Hypertext Design. Sankt Augustin: Gesellschaft für Mathematik und Datenverarbeitung mbH [Arbeitspapiere der GMD; 813]

Storrer, Angelika (1999): Kohärenz in Text und Hypertext. In: Lobin, Henning (Hrsg.): Text im digitalen Medium. Wiesbaden: Westdeutscher Verlag, 33-65

Tschauder, Gerhard (1989): Textverbindungen. Bochum: Brockmeyer

Yule, George (1996): Pragmatics. Oxford: Oxford University Press

Wallmannsberger, Josef (1994): Virtuelle Textwelten. Heidelberg: Winter

Wright, Patricia (1993): To Jump or Not to Jump: Strategy Selection While Reading Electronic Texts. In: McKnight, Cliff/ Dillon, Andrew/ Richardson, John (eds.): Hypertext: A psychological perspective. New York: Ellis Horwood

MailTack – Individuelles Wissensmanagement

Rolf Todesco
Zürich

Ich stelle *MailTack* – ein spezifisches E-Mail-Verwaltungsprogramm – vor, das wir als Tool zum Individuellen Wissensmanagement entwickeln. Das Programm erlaubt die mehrfache Kategorisierung und Verknüpfung von E-Mail-Segmenten. Ich diskutiere dabei das von uns verwendete Wissenskonzept, das auf unserer Interpretation des Radikalen Konstruktivismus beruht. Anstelle einer kollektiven Ontologie verwenden wir im Programm eine persönliche Konstellation von Kategorien, die wir als Wissensportfolio betrachten. Die kognitiven Anforderungen, die die Benutzung unseres Tools stellt, diskutiere ich anhand der Unterscheidung zwischen Metatext und Link, die Vannevar Bush in seinem Aufsatz „As we may think" implizierte.

1 Einleitung

Wissensmanagement ist zum Schlagwort geworden. Die meisten Applikationen, die unter diesem Label auftreten, lassen sich aber problemlos als Dokument- oder Datenmanagement begreifen. Wissensspezifische Aspekte werden kaum diskutiert – oder es wird kaum diskutiert, was Wissen in diesem Zusammenhang bedeuten soll. In unserem Verständnis muss das Wissensmanagement auf den Wunsch „If I only knew what I know" reagieren. Es geht uns also explizit nicht darum, neues Wissen zu schaffen oder vorhandene Wissensbestände zu verwalten, sondern darum, sich in Form eines Knowlegde Portfolios bewusst zu machen, was an Wissen wie vorhanden ist – was natürlich das *retrieval* von Dokumenten, das das *mainstream knowledge management* beschäftigt, mit einschliesst. Auch im kruden Wissensmanagement wird zwar von *tacit knowledge* gesprochen (Nonaka/ Takeuchi 1995), damit ist aber meistens nicht das eigene Sich-seines-Wissens-nicht-bewusst-Sein gemeint, sondern die Geheimnisse, die die andern „Mitarbeiter" zum Schaden der Firma nicht explizit machen, um ihren Marktwert zu erhalten.

Es gibt eine Art *common sense* darüber, dass Wissen im Unterschied zu Daten an Individuen gebunden ist. Unser individuelles Wissensmanagement fokussiert aber nicht das individuelle Wissen, sondern individuelle Handlungen im Rahmen des Wissensmanagements.

Im konventionellen Wissensmanagement geht es darum, eine Daten-Ordnung zu (er)finden, die vordergründig für alle Beteiligten möglichst gut nachvollziehbar ist, so dass alle ihr Wissen in Form von Daten so charakterisieren und ablegen, dass es von allen andern „Mitarbeitern", die der Firma Gutes wollen, gefunden werden kann. Das etwas durchsichtige Konzept dazu heisst Ontologie (Seinslehre) und suggeriert, dass die Daten eine Wirklichkeit widerspiegeln und dass es – in Näherung zu diesem wirklichen Sein – eine wahre Datenordnung gibt, auf die man sich wenigstens intersubjektiv einigen kann und sollte. Dieses datenorientierte Wissensmanagement ist von zwei Seiten angefochten: von logischen Eichhörnchen und von unlogischen Robotern. Von den Eichhörnchen lernen wir, dass wir uns nicht merken müssen, wo wir Daten ablegen. Die Eichhörnchen merken sich nämlich auch nicht, wo sie ihre Eicheln vergraben. Wenn sie im Winter Eicheln suchen, schauen sie einfach dort, wo sie die Eicheln vergraben würden, und dort finden sie dann „logischerweise" Eicheln. Die Roboter merken sich auch nicht, wo sie die Daten ablegen. Sie schauen im Bedarfsfall einfach „schnell" alle Daten durch, und finden dann die gesuchten Daten natürlich auch. Die ausgedacht richtig klugen Roboter machen während des sogenannten *data mining* gleich noch semantische Überlegungen, so dass sie auch im gröbsten Chaos nur die wirklich relevanten Daten finden.

Wir sind weder Eichhörnchen noch Roboter. Wir haben andere Gründe anzunehmen, dass sich unser Wissen nicht in kollektiven Begriffs-Ontologien repräsentieren lässt. Ich will unseren individuellen Ansatz im Wissensmanagement anhand einer Software vorstellen, die wir im Rahmen eines europäischen Forschungsprojekts entwickeln. Es handelt sich um ein Tool, das seinen Benutzer bei seiner E-Mail-Kommunikation unterstützt. Dabei erläutere ich auch die theoretischen Hintergründe unserer Wissensauffassung. Schliesslich will ich unsere Arbeit am Begriffspaar Metatext versus Link in einem grösseren Rahmen problematisieren.

2 Projekt(e) und Produkt(e)

2.1 *MailTack*

MailTack ist ein Softwaretool, mit welchem Teile von verschiedenen E-Mails kategorisiert und zu Argumentationsketten verbunden werden können; jede Kette kann entweder als zusammenhängender Text oder als Graph von verknüpften Knoten im globalen Graph der gesamten Diskussion angeschaut werden. *MailTack* ermöglicht es also, aus einer Vielzahl von Mails mit verschiedenen Partnern jene Teile zu selektionieren und zusammenzufügen, die ein Thema betreffen. Viele Mails enthalten Beiträge zu verschiedenen Themen und viele Mails enthal-

MailTack - Individuelles Wissensmanagement 83

ten Beiträge wie Terminabsprachen, die nur im aktuellen Moment interessieren. Mit *MailTack* filtert man die wichtigen Teile zu einem Thema zusammen.

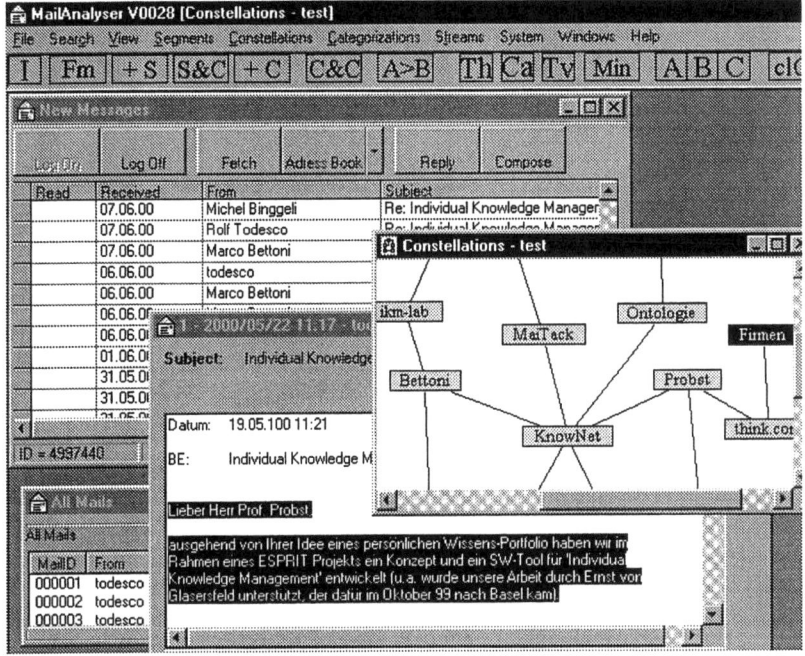

Abb. 1: *MailTack* - Konstellationen

MailTack wird – wie etwa *Outlook*, zu welchem es eine Datenschnittstelle hat – nicht auf dem Server, sondern auf dem eigenen, lokalen PC installiert. Es ist also ein individuell benutztes Programm, mit welchem jeder Benutzer seine eigene Sicht auf die Gruppenprozesse modelliert. Für verschiedenen Teilnehmer eines Kommunikationsprozesses sind normalerweise nicht alle Teile von gleicher Relevanz. Ausserdem sind die verschiedenen Teilnehmer eines Projektes normalerweise in verschiedene andere Projekte involviert, so dass sie verschiedene Querbezüge machen und die E-Mails auch deshalb verschieden gewichten und sortieren.

MailTack ist Teil von zwei verschiedenen Projekten. Konzeptionell ist *MailTack* Teil von *KnowPort* (www.ikm-lab.ch), und realisiert wurde *MailTack* als Teil des EU

Esprit *applied-research*-Projektes (IT for Learning and Training in Industry) *KnowNet* (www.know-net.org). Im *KnowPort*-Projekt ist *MailTack* ein Spezialfall einer allgemeineren Strategie, die ich hier erläutern werde, im EU-Projekt *KnowNet* ist *MailTack* ein konkretes Tool im Rahmen einer umfassenden Wissens-Management-Applikation, die *Knowledger* heisst und auf *Lotus Notes* basiert.

2.2 Knowledger

Die *Knowledger*-Applikation wurde für das sogenannte *corporate knowledge management* entwickelt. Die Entwickler „Knowledgeassociates" wollten im Rahmen des *KnowNet*-Projektes das bestehende Tool weiterentwickeln. Ziele waren die Integration einer Ontologie für Wissensobjekte, die Einbindung von sogenannt intelligenten Agenten (*robots*) und nebenbei die Entkoppelung von *Lotus Notes*. Das *KnowNet*-Tool ist eine Serverapplikation. Die Projektpartner haben dieses Tool während des Projektes als gemeinsame Wissens-Plattform benutzt.

Etwas skeptisch beurteilt war der *Knowledger* am Anfang des Projektes im wesentlichen eine heterogene Dokumentverwaltung, in welcher verschiedene Dokument-Typen spezifiziert werden können – und das ist er während des Projektes durch das Hinzufügen von weiteren Tools wie *MailTack* immer mehr geworden. Die Kernidee des *Knowledger* besteht darin, Dokumente als „Wissensobjekte" zu deklarieren und über eine Ontologie zugänglich zu machen. Die Ontologie kann von einem „Wissensmanager" jederzeit verändert werden, wenn die Benutzer diesen Bedarf anmelden. Im Projekt ging es diesbezüglich darum, die Ontologie als Softwaretool mit graphischer Oberfläche und einem Editorprogramm verfügbar zu machen und einzubinden, und natürlich auch darum, eine Ontologie für den Projektzusammenhang aufzubauen.

2.3 KnowPort

Know(ledge) Port(folio), aus welchem das Konzept zu *MailTack* stammt, ist ein praktisches Projekt, in welchem wir die Theorie des Radikalen Konstruktivismus anwenden und auf den Begriff bringen wollen. Wir nehmen dabei den Ausdruck Konstruktivismus in einem spezifischen Sinn wörtlich: es geht uns um Konstruktionen. Wir erachten aber nicht „die" Wirklichkeit als konstruiert, sondern unsere Erklärungen. Als Erklärungen akzeptieren wir Beschreibungen von Mechanismen, mit welchen wir das zu erklärende Phänomen erzeugen können. Beschreibungen von Mechanismen betrachten wir dann als vollständig, wenn wir die Mechanismen auch wirklich herstellen können. In diesem Sinn ist unsere Forschung Engineering und unsere Mechanismen sind Softwaretools.

Wissen im Kontext des Wissensmanagements verstehen bedeutet unter dieser Perspektive Werkzeuge konstruieren, die uns in unseren Wissensprozessen unterstützen. Als Wissensprozesse betrachten wir in diesem Zusammenhang – das zeigen uns eben unsere Werkzeuge – Prozesse, in welchen Texte (oder Symbole) eine Rolle spielen (können). Im *KnowPort* haben wir verschiedene Textcharakterisierungen als Ausgangspunkte für Untersuchungen gewählt. Unter dem Label *MailTack* befassen wir uns mit E-Mails.

2.4 E-Mails als Wissens-Objekte

E-Mails gehören zweifellos zu den best gelesenen Texten. Sie sind meistens kurz, aktuell und erheischen Antwort. Sie behandeln oft mehrere Themen oder Projekte und betreffen oft mehrere Leute. Sie sind Ausdruck eines spezifischen Falls der Kommunikation: Die Partner kommunizieren zeit- und ortsverschoben in schriftlicher Form. Durch die Eigenschaften des E-Mail-Mediums, vor allem durch dessen Schnelligkeit gegenüber der mittlerweile *snail mail* genannten Briefpost und die damit verbundenen Reaktionszeiten, sind Mail-Texte oft wie Gesprächsbeiträge. Das heisst, es werden viele Aktualitäten ausgetauscht, E-Mails sind eher wie Zeitungen als wie Bücher. Es werden oft Sequenzen von Rede und Gegenrede ausgetauscht und es sind oft mehrere Kommunikationspartner involviert, was in Briefen selten der Fall ist. Die einzelnen Mails enthalten oft Abschnitte zu verschiedenen Gegenständen und Anlässen, was in Aufsätzen oder Essays gewünschterweise nicht der Fall ist. Es werden oft wichtige und unwichtige Dinge in derselben E-Mail mitgeteilt. E-Mails haben in vielen Hinsichten einen eigenständigen Charakter.

Das Wissen ist in den Mails auf komplizierte Art verteilt. Viele Mails lassen sich keinem halbwegs eindeutigen Begriff zuordnen. Die gebräuchliste Art, Mails zu verwalten, ist, sie in einer Datenbank mit Suchfunktionen wie Absender, Datum oder Betreff zu speichern. Damit lassen sich einzelne Mails meistens relativ gut finden, aber die Rekonstruktion einer Mail-Diskussion über verschiedene Mails mit verschiedenen Partnern ist so sehr schwierig und aufwendig. Noch schwieriger ist es, sich einen Überblick zu verschaffen, zu welchen Themen man mit welchen Menschen kommuniziert hat, um daraus abzuleiten, wo wer – und vor allem man selbst – welche Kompetenzen im Wissens-Portfolio hat.

2.5 Das Werkzeug

Wir verfolgen mit *MailTack* einen aktionsorientierten Ansatz, welcher sich auf unser *trace-your-tack*-Prinzip stützt: Protokolliere (*trace*) Dein Wissen im Laufe der Fahrt (*on tack*), um im Wissens-Ozean auf dem richtigen Kurs zu segeln! Wir konzentrieren uns also – anders als Eichhörnchen und Roboter – auf die Input-Seite der Dokumentenverwaltung, so dass das Retrieval an Bedeutung verliert.

Während ich eine Mail lese, markiere ich mit dem Cursor das Textsegment, das mir in einem spezifischen Zusammenhang wichtig scheint. Bei vielen Mails markiere ich natürlich gar nichts. Dem markierten Textsegment kann ich eine oder mehrere Kategorien zuordnen, die ich in einem Fenster, in welchem meine Kategorien und deren Verknüpfungen graphisch dargestellt sind, auswähle.

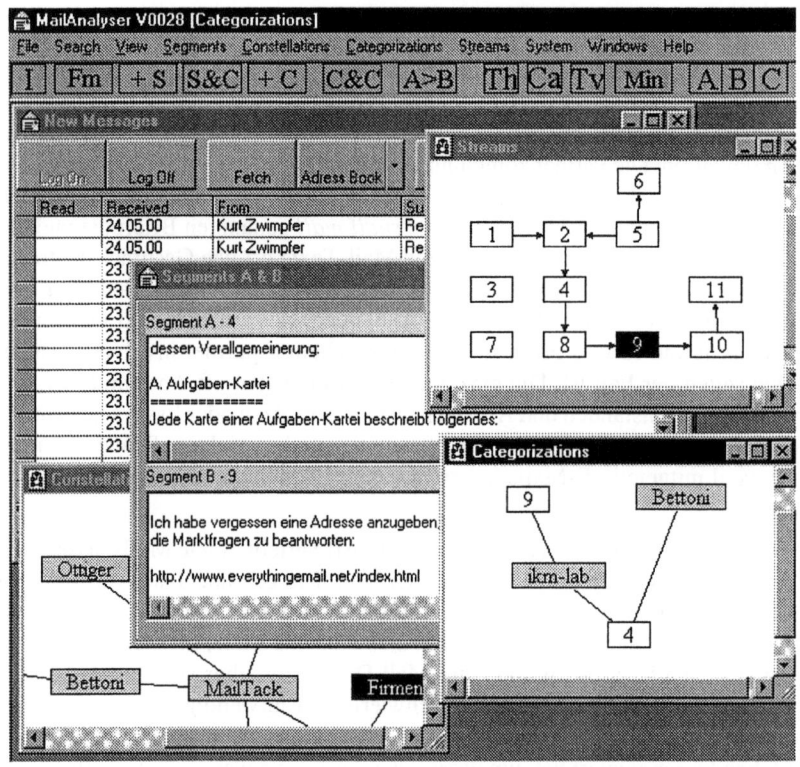

Abb. 2: *MailTack* - Verknüpfung von Segmenten und Kategorien

Die Segmente bleiben mit ihrer Herkunftsmail verknüpft, so dass ich den jeweiligen Kontext wiederfinden kann. Ausserdem kann ich die Segmente annotieren, und ich kann sie zu sogenannten Streams verknüpfen, so dass ich aus beliebigen Teilen aus verschiedenen Mails einen zusammenhängenden Text generieren kann.

Die Streams lassen sich über die Kategorien der involvierten Segmente aufgreifen. Und natürlich kann ich von jedem Segment sehen, wie ich es kategorisiert habe. Wir nennen einen Datensatz, den wir mit *MailTack* erzeugen, Wissensbasis. Damit die Überschaubarkeit erhalten bleibt, kann ich mit *MailTack* verschiedene, eigenständige Wissensbasen herstellen. Noch nicht programmiert, aber im Rahmen von *KnowPort* konzeptionell geleistet ist die Möglichkeit, nicht nur Mail-Segmente, sondern beliebige Dokumente in die Graphen einzubinden.

3 Konstruktivistischer Hintergrund

MailTack kann man ganz vordergründig auffassen. Dann dient *MailTack* als Werkzeug zum Verwalten von Mails, respektive von interessierenden Inhalten. Wir sehen den Nutzen eher auf einer weiteren Ebene: Mit der Anwendung von *MailTack* produziere ich eine persönliche Wissensbasis, in welcher ich mein Wissen fortlaufend widerspiegelt sehe. Die Portfolio-Idee hinter *MailTack* ist, dass sich in der Art, wie wir unsere Texte organisieren, ein wesentlicher Teil unseres Wissen zeigt. Die Analyse der Mails, die ich schreibe und erhalte, gibt Auskunft darüber, womit ich mich beschäftige und mithin in welchen Gebieten ich Kompetenzen aufbaue. Und die Kategorien, unter welchen ich die Texte klassifiziere, zeigen mir, wie ich darüber denke. Mit *MailTack* generiere ich keine Ontologie darüber, wie die Welt wirklich ist, sondern eine Klassifikation, die wir Constellation nennen, die Ausdruck meiner Konstruktionen ist. In diesem Sinne macht die Verwendung von *MailTack* das eigene Wissen und das eigene Meta-Wissen darüber, wie man sein Wissen organisiert, bewusst.

Unser primäres Anliegen war nicht, ein Werkzeug zu schaffen, das man brauchen kann. Wir woll(t)en forschen oder Wissen über Wissen schaffen. Forschen resultierte früher in Beschreibungen darüber, wie die Welt ist – also in eigentlichen Ontologien. Im Paradigma des Radikalen Konstruktivismus – wo es keine Wirklichkeit gibt, die man entdecken könnte – ist Forschen logischerweise Konstruieren. Man muss die Wirklichkeit erfinden. Man kann in diesem Sinne operativ beschreiben, wie man Texte handhaben soll, oder konsequent weitergehend Werkzeuge herstellen, die bestimmte Handhabungen von Texten zulassen und unterstützen. *MailTack* ist eine Konstruktion.

Die Herstellung von *MailTack*, respektive das hergestellte Werkzeug macht explizit, wie wir uns diesen Bewusstwerdungsprozess vorstellen.

3.1 Benutzeranforderungen ...

Wenn man ein Produkt herstellt, das man verkaufen will, kann man durch Umfragen erheben, was die Leute gerne hätten und was sie kaufen würden. In der

Forschung scheint es mir ein ziemlich unsinniges Unterfangen, die Leute zu fragen, welche Forschungsresultate gefunden werden sollen. In unserem Projekt waren – nach einem gängigen Muster in der *applied*-Forschung – von Anfang an neben Entwicklern auch sogenannte Users, die ihre Anforderungen in den Entwicklungsprozess einbringen sollten. Wie aber sollten die Benutzer vorauswissen, was die Forschung zutage bringt? Wir stellten uns auf den Standpunkt, dass wir selbst die Benutzer unseres Werkzeuges sind und so relativ unmittelbar Rückmeldung über die Funktionalität des Werkzeuges erhalten. Wenn das Werkzeug für uns brauchbar wird, dann können es vermutlich auch andere Menschen brauchen.

3.2 ... und Benutzungsanforderungen

Vorderhand erscheint uns unser Werkzeug noch nicht praktisch, weil wir die Anforderungen, die *MailTack* im Gebrauch stellt, nur mit grossem intellektuellen und zeitlichen Aufwand erfüllen können. Das Segmentieren und Klassifizieren von Text, wie es das Werkzeug vorsieht, erscheint uns nun als eine ungemein anspruchsvolle Aufgabe. Da wir selbst die Benutzer unseres Werkzeuges sind, können wir uns nicht, wie das in der Informatik verbreitet der Fall ist, damit trösten, dass das Werkzeug gut ist, aber die Benutzer nicht wissen, wie es zu verwenden ist – und noch weniger können wir irgendwelche Anforderungen von unbedarften Benutzern für das Werkzeug verantwortlich machen. In diesem Sinne erspart uns der Konstruktivismus eine aussichtslose Dialektik zwischen Entwicklern und Benutzern.

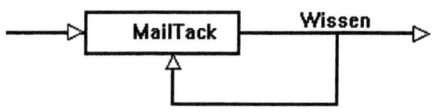

Abb. 3: Wissen als Voraussetzung für Wissen

Durch unser Werkzeug gesehen verstehen wir Wissen als Handlungszusammenhang im Sinne eines funktionalen Systems. Wissen entsteht in diesem Sinne durch Tätigkeiten, die auf Wissen beruhen. *MailTack* verkörpert als Mechanismus Wissen, das zur Generierung von Wissen verwendet wird. Die Benutzung von *MailTack* setzt aber das Wissen, das mit *MailTack* entwickelt wird, in einem autopoietischen Sinne voraus. Dabei sind zwei Ebenen unterscheidbar. Zum einen das kategoriale Wissen, das in den verwalteten Texten und in deren Charakterisierungen repräsentiert ist, und zum andern das konstruktive Wissen, wie man den *MailTack*-Mechanismus weiterentwickeln muss. Als explizites Wissen erscheint nicht vor allem der Text, sondern der Mechanismus, mit welchem der Text organisiert wird. Natürlich ist auch dieser Mechanismus in Text darstellbar – und seine Weiterentwicklung geschieht sicher zunächst in Form von Beschreibungen neuer Spezifikationen, die ihrerseits Wissen verkörpern.

Die Schwierigkeiten, die sich aus den Benutzungsanforderungen von *MailTack* für uns ergeben, lassen uns *MailTack* und die darin verwendeten Konzepte neu sehen. Diese neue Sicht ist vorerst eine hypothetische Konstruktion auf der Ebene von Beschreibungen. Als Entwurf einer Weiterentwicklung ist sie eine Kritik im eigentlichen Sinne des Wortes, also eine Basis für einen Vergleich zwischen dem, was der Fall ist, und dem, wie wir uns die Sache vorstellen. Vor allem macht die Kritik die verwendeten Konzepte als solche bewusst, weil ihnen andere entgegengestellt werden. Von einer Entwicklung sprechen wir, wenn die neuen Konzepte die vorangegangenen nicht verwerfen, sondern als Spezialfall ausweisen, so wie die Relativitätstheorie die Mechanik als Spezialfall bestimmt, der bei relativ kleinen Geschwindigkeiten und relativ grossen Massen zutrifft.

Ontologien scheinen vorerst nicht daran zu scheitern, dass sie eine intersubjektiv wahrnehmbare Wirklichkeit voraussetzen, sondern daran, dass unsere Kapazität Ordner und Register nachzuführen sehr beschränkt ist – selbst dann, wenn wir sie wie die Constellation in *MailTack* ganz persönlich organisieren können. Die Ontologien im Wissensmanagement erscheinen uns nun als eine Gegenbewegung zu den Suchmaschinen bis hin zum sogenannten *data mining*. Sie sind Ausdruck davon, dass man nicht nur finden muss, sondern auch eine kategoriale Ahnung davon haben sollte, was man finden will. Unser *trace-your-tack*-Prinzip ist in diesem Sinne ein Versuch, sich der eigenen Kategorien bewusst zu werden. Wenn die Textmenge, respektive die Inhalte eine gewisse kritische Grösse erreichen, ergeben sich aber Hyperphänomene – das Präfix „hyper" steht für „über das Ziel hinaus schießen" – wie sie Vannevar Bush schon in den 40-er Jahren wahrgenommen hat: Entweder man verliert sich in der Menge der Kategorien, oder man macht die Kategorisierung so allgemein, dass sie nichts taugt.

4 Metatext und Links

Solange die Kategorisierung Dokumente aus Papier betrifft, ist quasi materiell gesichert, dass eine bestimmte Komplexität nicht überschritten wird. Die Grenzen der Verwaltbarkeit von Büchergestellen und beschrifteten Ordnern ist augenfällig. Auf der entwickeltsten Produktivkraftstufe basiert die Organisation des expliziten Wissens aber in Computern, die Dokumente und die Zugriffszeiten werden verschwindend klein. Im Internet kann ich „Dokumente" beliebigen Textumfanges aus der ganzen Welt innerhalb von Sekunden auf meinen Computer holen. Gleichgültig was an Artefaktischem hinter den Datenverwaltungen in Computern steht, in allen widerspiegelt sich das Prinzip der Bibliotheken, in welchem die einzelnen Texte auf bezeichneten Plätzen abgelegt werden und in Registern aufgeschrieben wird, welcher Text wo zu finden ist – wenn ich Dokumente mit Kategorien charakterisiere. Dann befasst sich das Wissensmanagement weitgehend mit der Organisation der Register. Die globale Funktion der Register besteht darin, verschiedene Ordnungen über den Dokumenten darzustellen, dass diese unter verschiedenen Gesichtspunkten effizient und effektiv gefunden werden können.

Die einfachste Form des Registers ist eine implizite, nämlich die alphabetische Ablage der Dokumente. Dabei muss man bei gegebenem Alphabet – die Abarbeitung der Umlaute macht auch das Problem des vermeintlich gegebenen Alphabets deutlich – nur festlegen, welches Wort des Dokumentes als Schlüsselwort für die Registrierung verwendet wird. Im Telefonbuch sucht man beispielsweise nach Angaben über einen Meier und findet diese Angaben unter dem Stichwort Meier, weil das Schlüsselwort einen Teil der Angaben ausmacht. Man kann diesen Fall als nichtausdifferenzierten Index verstehen. In einem solch impliziten Register kann man die Stellen, wo der alphabetisch nächste Wörterbereich beginnt, beispielsweise mit plastifizierten Zwischenblättern – die wir auch Register nennen – oder ähnlichem deutlich machen. Ein explizites Register ist eine gegenüber den eigentlichen Texten eigenständige Liste. Auf solchen Listen kann man beliebig viele Relationen definieren. In der Bibliothek verweist beispielsweise je ein Eintrag aus der Autorenkartei, aus der Buchtitelkartei und aus der Sachgebietkartei auf dasselbe Buch. Explizite Register verweisen auf ein Ur-Register, das den Ort der eigentliche Texte repräsentiert, quasi den Wohnort eines Buches im Gestell.

Die Art der Verweise auf dieses Ur-Register richtet sich nach dem Zweck oder der Funktion der Verweise. Ich unterscheide zwei grundsätzliche Fälle, die in Büchern mit Stichwortregister oder Inhaltsverzeichnis und Literaturangaben oder Fussnoten beide realisiert sind. Stichwortregister und Inhaltsverzeichnisse sind aus dem Text ausgelagerte Verweise, die in den Text hinein zeigen, Literaturangaben und Fussnoten sind Verweise, die aus dem Text hinaus zeigen. Im ersten Fall sind die Verweise als Stichworte in einer Liste, die Verzeichnis oder Index heisst. Im zweiten Fall sind die Verweise über den Text verteilt, also kein eigenes Dokument. Seit der Verbreitung des Internets nennen wir solche Verweise häufig (Hyper-)Links. Indexe führen zu einer bestimmten Stelle im Text. Links öffnen den Text in einen umfassenderen Kon-Text.

Während Links Bestandteile des eigentlichen Textes sind, sind die Stichwörter in den Registern im einfachsten Fall dupliziert. Im Inhaltsverzeichnis eines Buches stehen normalerweise duplizierte Titel von Kapiteln und die Seitenzahl, wo dieser duplizierte Textteil nochmals zu finden ist. Im Namensregister am Ende eines Buches stehen etwa alle Seiten, auf denen die Buchstabenkette Meier auch zu finden ist. Das eigentliche Register zeichnet sich dadurch aus, dass es nicht wie ein Inhaltsverzeichnis durch die Titel der Kapitel der Erzähllogik des Buches unterworfen ist. Die Schlüsselwörter in den Registern folgen Ordnungen, die vom Buch weitgehend unabhängig sind. Es handelt sich um Ordnungen, die quasi quer zur Ordnung des Buches stehen. Ich kann im Register ganz unabhängig vom Inhalt des Buches schauen, wie oft Marx zitiert wurde, oder wie oft von der Evolutionstheorie gesprochen wird. In diesem Sinne kriege ich durch die Register zusätzliche Sichtweisen auf ein Buch. Mittels Register kann ich über Stichworte Textstellen wiederfinden, die ich mit bestimmten Stichworten in Verbindung bringe. Wenn ich etwas über Darwin wissen will, dann kann ich unter Evolution schauen und umgekehrt. Und wenn ich mich erinnere, dass in einem bestimmten Buch im Zusammenhang mit der Evolution von Erdbeeren oder Elefanten die Rede war, kann ich auch unter diesen Stichworten suchen. So verwende ich in Registern den Index im engeren Sinne des Wortes, indem ich ein Wort als Zeichen für das Vorhandensein anderer Wörter lese: Wo Rauch ist, ist Feuer.

Metatexte nenne ich eigenständige Texte, die – wie Indexe in Büchern – Aussagen *über* andere Texte machen, die also quasi *hinter* den andern Texten stehen. Der einfachste Fall ist die Beschriftung eines Ordners oder der Name eines Directory im Computer. Wenn ich dafür beispielsweise den Text „Privat" schreibe, dann charakterisiere ich alle Dokumente, die in diesem Ordner oder Directory liegen, als privat. Ich mache die Meta-Aussage, dass diese Dokumente privat sind, obwohl in den Dokumenten das Wort „privat" nicht vorkommt. Mit Metatext kann man beliebige Sortierordnungen beschreiben, welchen man die Dokumente frei zuordnen kann. Die Metatexte folgen nicht aus den Texten, sondern werden den Texten – als Verzeichnisse – zugefügt. Die Inhalte der Metatexte beschreiben nicht die Texte, sondern im Falle von Ontologien die Welt und im Falle unserer *MailTack*-Constellation das Wissen des Konstrukteurs des Metatextes.

4.1   *MailTack* als Metatext-Maschine ...

Man kann *MailTack* als Metatext-Maschine sehen, wenn man den Gesichtspunkt der Constellation betont. Diese Sicht dominierte die bisherige Entwicklung von *MailTack*, nicht zuletzt auch, weil *MailTack* im Rahmen des *KnowNet*-Projektes entwickelt wurde und dessen Perspektive einer Ontologie mindestens teilweise teilen musste, um als Projektteil Sinn zu machen. Geplant war schliesslich, die

Constellations der *MailTack*-Benutzer in regelmässigen Abständen zusammenzuführen und als Basis für die Ontologie des *Knowledger* zu verwenden. Mit der Idee eines Wissens-Portfolios verbinden wir überdies eine Form von explizitem Wissen, wie sie sich in einer Liste von Kategorien niederschlagen kann. Die Constellation gibt leicht lesbar Auskunft über die Themen, die mich beschäftigen, weil sie als Metatext ein eigenständiges Dokument darstellt. Ein zentrales Motiv für *MailTack* war ja gerade das quasi automatisch anfallende kategoriale Wissen, das der Benutzer aus der Spiegelung seiner Tätigkeit gewinnen kann. Natürlich generiert jeder Benutzer von *MailTack* auch Wissen darüber, wie *MailTack* verbessert werden könnte, aber dieses konstruktive Wissen bleibt ohne bewusste Explikation implizit, weil der Benutzer das Programm *MailTack* nicht verändern kann.

4.2   ... und als Link-Maschine

In der nächsten Entwicklungsphase betrachten wir *MailTack* bewusster als Link-Maschine. Die Segmentierung der Texte und deren Verknüpfung zu Streams entsprechen der Hypertextphilosophie, nach welcher Texte in bedeutungsmässig eigenständige Einheiten zerlegt und mit Links verbunden werden (Todesco 1999). Die Streams und auch die Annotation, die man im *MailTack* zu den einzelnen Segmenten machen kann, basieren auf namenlosen Verknüpfungen von Textelementen, die praktisch einfach wieder grössere Textelemente erzeugen, nachdem die Segmente zuvor auseinander geschnitten wurden. Die diesen Verknüpfungen zugrundeliegende Logik bleibt völlig implizit oder realisiert formale Aspekte wie zeitliche Reihenfolgen, in welchen die Elemente geschrieben wurden.

Vannevar Bush, der den Link im Sinne einer maschinellen Textersetzung vorgeschlagen hat, erwog im Titel seiner Schrift „As we may think", dass er in Links denken würde. Wie sein Kopf funktioniert, kann ich nicht beurteilen, seine Link-Maschine wurde weder von ihm noch von andern je gebaut. Sie ist allenfalls kategoriales Wissen geblieben. Die Link-Maschinen, die bislang wirklich gebaut wurden, verwenden die Linktechnik vorab in Registern und für die Navigation, also gerade nicht für Links. Die einzige Ausnahme davon bilden Lexika, die immer schon eine Hyperstruktur aufwiesen und Inbegriff jeder Wissenskultur sind. Da aber konventionelle Lexika konventionell als Nachschlagewerke verwendet werden, dienen sie viel mehr der Verwaltung von vorhandenem Wissen – auf welches auch dort über Register zugegriffen wird – als der Bewusstwerdung, was man wie weiss. Manchmal schaue ich in alten Lexika, was man beispielsweise vor hundert Jahren schon wie gewusst hat, in neuen Lexika lese ich ganz selten mit diesem Bewusstsein.

Im Rahmen von *KnowPort* untersuchen wir, wie *MailTack* eine Link-Maschine werden kann. Im Unterschied zu Bush versuchen wir nicht, eine erst beschriebene Maschine mit Verweisen auf unser Denken – von welchem wir wie Bush keine Ahnung haben – zu plausibilisieren, wir versuchen unsere Wissensprozesse zu erklären, indem wir Maschinen bauen, die als erklärende Mechanismen dienen können. Ich freue mich auf die Fortsetzung dieser Geschichte.

Literatur

Bush, Vannevar (1945): As We May Think. In: The Atlantic Monthly 1 (176), 101-108

Nonaka, I./ Takeuchi, H. (1995): The Knowledge-Creating Company. New York: Oxford University Press

Todesco, Rolf (1999): Konstruktives Wissensmanagement im Hypertext. In: Jakobs, Eva-Maria/ Knorr, Dagmar/ Pogner, Karl-Heinz (Hrsg.): Textproduktion. HyperText, Text, KonText. Frankfurt am Main u.a.: Lang [Textproduktion und Medium; 5], 265-280

ScientiFix – ein modellbasiertes Werkzeug zur integrierten Rezeption und Produktion wissenschaftlicher Texte

Carsten Hausdorf und Herbert Stoyan

Erlangen

> Wissenschaftliches Arbeiten bedeutet, vorhandenes Wissen zu nutzen und neues Wissen zu liefern. Dies geschieht unter anderem über die Rezeption und die Produktion von Texten. Bisherige Informationstechnologien unterstützen nur Teile dieser Prozesse und vernachlässigen insbesondere ihre Integration. Wir stellen in diesem Artikel daher ein Modell der wissenschaftlichen Textproduktion vor, anhand dessen die beiden Teilprozesse Rezeption und Produktion sowie deren enge Verzahnung detailliert betrachtet werden. Auf der Grundlage des Modells werden Anforderungen an ein Assistenzsystem aufgestellt. Unser System *ScientiFix* greift diese Anforderungen auf und stellt die Integration der beiden Prozesse Rezeption und Produktion ins Zentrum. Das Werkzeug vereinigt die bisherige Lesefunktionalität von Browsern, die Verwaltungsfunktionalität von elektronischen Karteikästen und die Schreibfunktionalität von Textverarbeitungssystemen bzw. Authoring-Tools in einem einzigen Werkzeug. Ziel ist es, kreatives Arbeiten zu ermöglichen, das Gedächtnis zu entlasten und eine hohe Effizienz und Qualität bei der wissenschaftlichen Textproduktion zu erreichen.

1 Einleitung

Wissenschaftliche Textproduktion als Teil wissenschaftlicher Arbeit bedeutet, vorhandene Texte zu rezipieren und neue Texte zu produzieren. Genauer betrachtet gliedert sich der Prozeß in die Beschaffung von Informationen über den Forschungsgegenstand in Form von Texten, die Rezeption dieser Texte zur Neubildung von Wissen und die Textproduktion selbst (vgl. Jakobs 1999).

Heutzutage finden diese Prozesse zunehmend in elektronischen Umgebungen statt. Bei der Produktion von Texten sind Tools für die elektronische Textverarbeitung unverzichtbar geworden. Herkömmliche Formen von Textverarbeitungssystemen werden gerade im Kontext der Hypertextproduktion durch mächtigere Software-Werkzeuge, wie Autoren- und Redaktionssysteme, ergänzt. Bei der Rezeption von Texten denke man an die üblichen Browser sowie Lesewerkzeuge wie den *Adobe Acrobat Reader*. Auch für die Prozesse der Wissensneubildung wird Software, wie zum Beispiel zur Darstellung von *mind maps*, angeboten, die Begriffe und deren Beziehungen verwalten kann.

Dennoch unterstützen bisherige Informationstechnologien nur Teile dieser Prozesse und vernachlässigen insbesondere deren Überschneidungen. Im folgenden Artikel stellen wir daher ein Modell der wissenschaftlichen Textproduktion vor, das die oben beschriebenen Prozesse beinhaltet. Im zweiten Teil gehen wir auf Anforderungen an ein Software-Werkzeug ein, das auf diesem Modell basiert, um im darauf folgenden dritten Teil unseren Software-Ansatz *ScientiFix* vorzustellen. Ziel ist es nicht, vorhandene Software an die Prozesse anzupassen, sondern ausgehend von den Prozessen eine geeignete Software zu konzipieren und zu realisieren.

2 Modell der wissenschaftlichen Textproduktion

Im folgenden gehen wir zunächst auf die Informationsobjekte ein, die in dem Modell der wissenschaftlichen Textproduktion, wie wir sie verstehen, eine Rolle spielen. Auf der Basis dieser Darstellung wird in den Abschnitten 2.2 und 2.3 auf die Prozesse und Schreibstrategien der wissenschaftlichen Textproduktion eingegangen.

2.1 Objekte im Modell der wissenschaftlichen Textproduktion

Wie in Abbildung 1 dargestellt, lassen sich die Informationsobjekte einer der drei Schalen *wissenschaftlicher Informationsbestand*, *Exposition* und *Veröffentlichung* zuordnen:

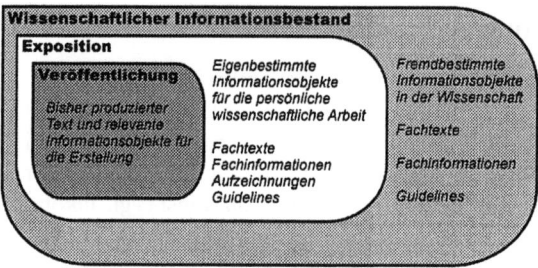

Abb. 1: Drei Formen der Materialgrundlage als Ausgangspunkt für Rezeptions- und Produktionsprozesse

Die äußere Schale, der wissenschaftliche Informationsbestand, besteht aus allen existierenden Fachtexten, Fachinformationen und *guidelines* einer Wissenschaft. Knorr faßt Fachtexte als Objekte auf und gliedert sie in ein bibliographisches und ein materielles Objekt (1998, 81). Nach Knorr setzt sich das bibliographische

Objekt aus einem Objekt „bibliographische Angabe", das z.B. den Autor und den Titel enthält, und einem Inhaltsobjekt zusammen. Zu dem Inhaltsobjekt gehören neben dem Titel und dem Textkörper auch Verzeichnisse, Register etc. Das materielle Objekt eines Fachtextes enthält die verschiedenen Formen materieller Realisierungen des bibliographischen Objekts (Knorr 1998, 81). Fachtextinformationen sind Informationen, die extern gespeichert vorliegen und sich auf einen Fachtext beziehen (Knorr 1998, 68) und Fachinformationen sind Fachtextinformationen, die professionell erstellt werden. Bei Fachinformationen handelt es sich beispielsweise um fachtextübergreifende Informationen wie Schlagwörter und Stichwörter oder um fachtextbezogene Informationen wie Abstracts und Signaturen. Unter *guidelines* fassen wir Konventionen zu Textstruktur, Zitierweise, Layout o.ä. zusammen.

Während der wissenschaftliche Informationsbestand fremdbestimmt und sehr umfangreich ist, enthält die Exposition ausschließlich Informationsobjekte, welche die Arbeit und Interessen des Wissenschaftlers widerspiegeln. Neben den oben beschriebenen Informationsobjekten befinden sich in der Exposition auch Aufzeichnungen als Ergebnis eigener Produktionsprozesse. Aufzeichnungen können einerseits Zitate, Zusammenfassungen, Exzerpte, Verweise, Anmerkungen zu gelesener Literatur, Notizen zu Ideen und Textentwürfe sowie andererseits Wissensstrukturen, Fragen, Zielformulierungen und Aufgabenlisten des Wissenschaftlers sein. Unter Strukturen verstehen wir Mengen, Listen oder Hierarchien von Informationsobjekten. Beispiele hierfür sind die Menge von Dokumenten, die sich auf ein bestimmtes Konzept beziehen, die Menge von relevanten Textstellen zu einem bestimmten Thema oder die Gliederung einer Publikation. Die wesentlichen Unterschiede zwischen den beiden äußeren Schalen bestehen darin, daß der wissenschaftliche Informationsbestand fremdbestimmt, öffentlich und in mehreren fremden Kontexten zu betrachten ist, wohingegen die Exposition durch den Wissenschaftler selbst geprägt wird, dessen persönliches Arbeitsumfeld darstellt und für andere nicht einsehbar ist.

In der Schale der Veröffentlichung befinden sich alle Informationsobjekte, die für die Konzeption und Realisierung eines konkreten Textproduktes relevant sind. Hierbei modellieren die Informationsobjekte entweder den bisher produzierten Fachtext oder die Materialgrundlage für diesen. Beispiele für den ersten Fall sind Gliederungen, Textentwürfe für einzelne Abschnitte oder das Literaturverzeichnis. Im zweiten Fall handelt es sich beispielsweise um die Menge der Literaturstellen und Ideen, die noch eingearbeitet werden sollen.

Neben der Schalenzugehörigkeit der genannten Informationsobjekte sind auch das Schreib- und das Speichermedium wie Papier oder elektronisches Medium zu berücksichtigen. Im letzteren Fall spielen die Formate eine Rolle.

2.2 Prozesse im Modell der wissenschaftlichen Textproduktion

Nach der Betrachtung der Informationsobjekte wenden wir uns den Rezeptions-, Produktions- und Organisationsprozessen bei der wissenschaftlichen Textproduktion zu. Vorweg sei erwähnt, daß im vorliegenden Beitrag der Begriff der wissenschaftlichen Textproduktion nicht im engeren Sinn verwendet wird, sondern auch Rezeptionsprozesse im Vorfeld der eigentlichen Textproduktion umfaßt (vgl. Knorr 1998). Als Rezeptionsprozesse bezeichnen wir alle Prozesse, bei denen Objekte, die in Papierform oder in einem elektronischen Medium vorliegen, vom Wissenschaftler aufgenommen werden. Produktionsprozesse sind alle Tätigkeiten, bei denen der Wissenschaftler Objekte auf Papier oder im elektronischen Medium verändert oder erzeugt. Organisationsprozesse umfassen Tätigkeiten, um das Lesen oder Schreiben von Objekten zu ermöglichen, wie z.B. das Aufschlagen eines Buches oder eine Literaturrecherche.

Bei der Betrachtung der Prozesse ist es wichtig zu erkennen, daß diese miteinander verzahnt sind (vgl. Molitor-Lübbert 1997; Jakobs 1999). In Jakobs (1999, 339) werden beispielsweise textproduktive Rückgriffe als „obligatorischer Bestandteil wissenschaftlicher Textproduktionsprozesse" behandelt. „Sie bedingen die Konzeptualisierung dieser Form der Texterzeugung als interaktive Einheit produktiver, rezeptiver und reproduktiver Prozesse" (Jakobs 1999, 339).

Ferner gibt die Autorin eine Übersicht über verschiedene Motive und Formen des Rückgriffs auf Fachliteratur (Jakobs 1999, 197f.). Sie unterscheidet folgende zwei Phasen für die Darstellung, weist aber darauf hin, daß die Trennung in der Praxis nicht aufrecht zu erhalten ist. Im Vorfeld der Textherstellung werden von ihr Wissensaneignung und Ideenentwicklung, Heranziehen früher erworbener Fachtextinformationen, Konfrontation und Vergleich von Annahmen, Orientierung und Lokalisierung von Annahmen in Forschungsparadigmen und die Absicherung der Originalität bzw. Novität von Ideen und Konzepten als Motive beschrieben. Im Verlauf der Textherstellung rezipiert der Textproduzent bei verändertem Wissen oder bei Perspektivwechsel erneut, überprüft frühere Textinterpretationen auf Stimmigkeit, greift auf Fachtexte beim Zitieren und Verweisen auf Texte zu und kontrolliert Bezugnahmen auf Texte (Jakobs 1999, 207f.). Es sollte darüber hinaus aber darauf hingewiesen werden, daß jeder Schreiber seinen eigenen Text während des Schreibens liest und selbstkritisch bewertet (Molitor-Lübbert 1997). In Abbildung 2 wird dies in den Prozessen 5, 6 und 7 dargestellt:

Scientifix - Rezeption und Produktion wissenschaftlicher Texte 99

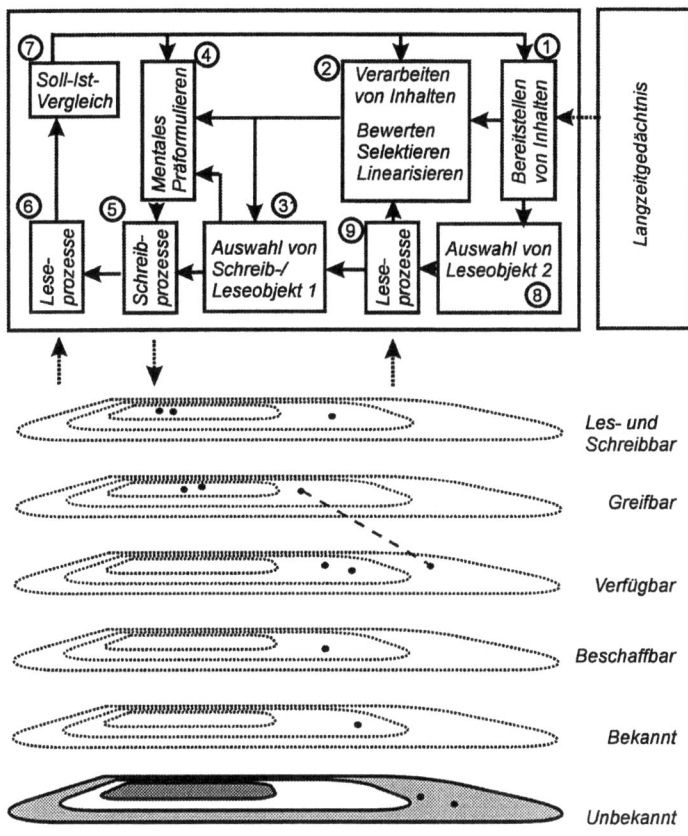

Abb. 2: Modell der wissenschaftlichen Textproduktion

Neben dem Rückgriff auf Fachtexte werden in unserem Modell wie auch in dem von Jakobs Rückgriffe auf eigene Aufzeichnungen berücksichtigt (vgl. Jakobs 1999, 327f.). Grundlage der Prozeßdarstellung (Abbildung 2 oben) ist das Modell von Jakobs (Jakobs 1999, 327f.). Jedoch wird die Darstellung der unmittelbaren Textproduktionssituation auf weitere Produktions- und Rezeptionssituationen erweitert bzw. angewendet. Eine Änderung ist, daß das Ziel der Produktionshandlung nicht an ein konkretes Textprodukt gebunden ist, sondern auch der mögliche Wechsel (3) zu Aufzeichnungen, die sich auf Fachtexte beziehen, dargestellt wird. Dies ermöglicht dem Schreiber beispielsweise, Ideen, die beim

Lesen der eigenen Arbeit oder von Objekten der anderen Schalen entstehen und nicht in das aktuelle Textprodukt einfließen, ebenfalls in den Produktionsprozeß in entsprechender Weise mit aufzunehmen. Die Schnittstelle zu externen Speichern und deren Behandlung (3, 8) wird in dem unteren Teil der Abbildung dargestellt. Organisationsprozesse sind medienabhängig und stellen die Übergänge zwischen den Ebenen dar. So führt das Aufschlagen eines Buches dazu, daß das materielle Objekt „Buch" auf der Ebene der greifbaren Objekte auf die Ebene der aufgeschlagenen Objekte gelangt. Nur diese Ebene ist für Lese- und Schreibprozesse zugänglich. Bei letzteren werden Objekte neu gebildet oder verändert (neue Formulierungen oder *cut&paste*-Operationen).

Leseprozesse beziehen sich auf das momentan ausgewählte Schreib-/Leseobjekt (6) oder auf andere Informationsobjekte aus den Schalen (9). Die Resultate aus den Leseprozessen gehen entweder direkt (9, 2, 3, 5 bzw. 9, 3, 5) oder indirekt (9, 2, 4, 3, 5 bzw. 9, 2, 4, 5) in den Schreibprozeß ein. Eine besondere Rolle spielt das Lesen von *guidelines*, bei denen der Effekt des Leseprozesses auf metakognitiver Ebene stattfindet.

Organisationsprozesse und Auswahlprozesse (3, 8) sind zusammen zu betrachten. Sie umfassen die Suche und den Zugriff auf die Informationsobjekte. Bei der Auswahl für den Schreibprozeß ist auch die Einordnung in die vorhandenen Informationsobjekte der Schalen zu berücksichtigen. Wir gehen davon aus, daß eine Information umso schneller wiedergefunden werden kann, je besser die mentale Repräsentation von dem Informationsobjekt ist und in wie der Benutzer diese Informationen bei der Interaktion mit dem externen Speicher zur Suche verwenden kann. Im Falle von Texten lassen sich bei der mentalen Repräsentation textbezogene Informationen, Informationen über den Textträger, Rezeptionssituation und Rezeptionsgeschichte unterscheiden (vgl. Jakobs 1999, 203). Eine besondere Rolle bei der Auswahl spielen Beziehungen zwischen den Informationsobjekten (gestrichelte Linie in der Abbildung 2), wie z.B. bei einem Zitat und dem dazugehörigen Fachtext. Diese können benutzt werden, um im Raum der Informationsobjekte zu suchen.

2.3 Schreibstrategien im Modell der wissenschaftlichen Textproduktion

„Personenspezifische Schreibstrategien zeigen Abweichungen in der Ausführung von Teilprozessen (Grad der Interaktivität), der Verarbeitungsrichtung (schema- oder textgeleitet), dem Ausmaß der Exteriorisierung von Teilprozessen und in der Aufbereitung des Materials" (Jakobs 1999, 170). Bei einer Top-down-Verarbeitungsrichtung wird von einer aufbereiteten Materialbasis ausgegangen, während bei der Bottom-up-Strategie erst bei der Formulierung das Material aufbereitet wird (Jakobs 1999, 170). Übertragen auf das im vorherigen Abschnitt vorgestellte Modell bedeutet dies, daß die Häufigkeit von Wechseln zwischen den Rezeptions- und Produktionsprozessen sowie die Häufigkeit bestimmter Abfolgen von Prozeßschritten von der Schreibstrategie abhängt. Dies betrifft auch die Anzahl der Zwischenprodukte im externen Speicher. Im folgenden unterscheiden wir drei Klassen der Verknüpfung von Rezeptions- und Produktionsprozessen:

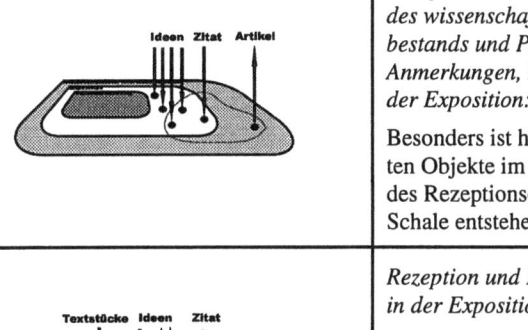

Rezeption von Objekten aus der Schale des wissenschaftlichen Informationsbestands und Produktion von Notizen, Anmerkungen, Zitaten, Exzerpten etc. in der Exposition:

Besonders ist hierbei, daß die produzierten Objekte im gedanklichen Kontext des Rezeptionsobjektes aus der äußeren Schale entstehen.

Rezeption und Produktion von Objekten in der Exposition:

Hierunter fallen die Prozesse Gliederungen entwerfen, Begriffsdefinitionen entwerfen, Systematiken erarbeiten, eigene Ideen und Meinungen formulieren. Rezipiert und produziert werden hauptsächlich Objekte in der Exposition. Objekte in der Exposition stehen nun nicht mehr unbedingt in dem gedanklichen Kontext, in dem sie entstanden sind.

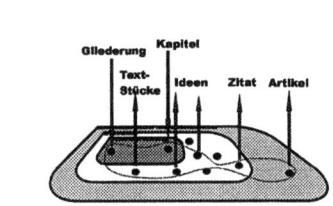

Produktion der Veröffentlichung:

Rezipiert werden hierbei die Notizen zu eigenen Ideen, die selbst entwickelten Systematiken, schon formulierte Textstücke aus der Exposition und zu den Zitaten und Ideen gehörige Objekte aus dem wissenschaftlichen Informationsbestand. Objekte aus der Exposition und dem wissenschaftlichen Informationsbestand werden nun in den gedanklichen Kontext der zu erstellenden Publikation gesetzt.

3 Anforderungen an ein Werkzeug zur wissenschaftlichen Textproduktion

Wie im vorherigen Abschnitt beschrieben, spielt der Entstehungs- und Verwendungskontext von Objekten eine Rolle. Objekte der Exposition müssen demnach zu dem Zeitpunkt eingegeben werden können, zu dem sie mental entstehen, also in vielen Fällen schon bei der Rezeption anderer Objekte. Werden beispielsweise am Bildschirm Texte mit einem Browser rezipiert, muß die Möglichkeit bestehen, einfach und schnell Anmerkungen, Ideen etc. dazu einzugeben:

> Nichts ist so wertvoll wie das, was man sich an Gesichtspunkten beim Lesen erarbeitet. Es verdient sofort notiert und gespeichert zu werden. Sonst gibt es keine Entwicklung in den eigenen Positionen, denn man muß das gleiche immer wieder denken (Kruse 1999, 218).

Des weiteren sollen möglichst viele Informationen, die in späteren Prozessen wichtig sind, einfach und weitgehend automatisiert festgehalten werden. Letzteres betrifft hauptsächlich die Kontextinformationen. Beispielsweise sollte beim Lesen eines Fachtextes und dem Anfertigen eines Exzerpts das Werkzeug die Literaturangaben sowie einen Verweis von einem Exzerpt auf die rezipierte Literatur und umgekehrt automatisch mitführen, um beim späteren Einarbeiten in die Veröffentlichung und bei der Erstellung des Literaturverzeichnisses diesen Verweis benutzen zu können. An dieser Stelle weist Knorr auf die Integrierbarkeit und Prüfbarkeit von Zitaten und Verweisen hin (1998, 276).

Ferner fordern wir, daß die Art der elektronischen Speicherung der Informationsobjekte wie beispielsweise in Textdateien oder in einer Datenbank vor dem Benutzer des Software-Tools verborgen ist und daß auf der Ebene der Benutzerschnittstelle die Vorteile beider Speichermedien vereint sind. Dies löst das von Knorr diskutierte Problem des zeitlichen Abstands zwischen dem Anlegen eines externen Speichers und der Nutzung sowie einer eventuell damit verbundenen extremen Form der Planung (1998, 287).

Eine weitere Anforderung ist die Möglichkeit, erfaßte Objekte zu dekontextualisieren, d.h. beispielsweise Anmerkungen und Ideen, die beim Lesen eines Artikels entstanden sind, von diesem zu lösen und in den Kontext der eigenen Arbeit zu setzen. Dabei müssen auch Experimente möglich sein, insbesondere das „Spielen" mit verschiedenen Gliederungsvarianten. Diese Experimente müssen sich auch zu späteren Zeitpunkten einfach wiederholen lassen und dürfen nicht zu Inkonsistenzen in der Exposition führen, z.B. wenn neue Begriffe gefunden werden oder sich deren Definitionen ändern.

Ein weiterer Bereich der Anforderungen behandelt den Zugriff auf die Objekte in den Schalen. Auf jedes Objekt muß schnell und einfach zugegriffen werden können. Dies ist besonders wichtig aufgrund des Platzmangels auf dem Bildschirm. Der Zugriff sollte über verschiedene Strukturen – wie z.b. Literaturlisten, Stichwörter und Gliederungen – erfolgen können und den Kontext des momentanen Prozesses berücksichtigen (vgl. auch Knorr 1998, 272).

Eine Stärke elektronischer Systeme gegenüber dem Medium Papier ist zweifellos die mögliche Automatisierbarkeit. Bei der wissenschaftlichen Textproduktion betrifft dies insbesondere die Anforderung, Literaturverzeichnisse zu erstellen und deren Konsistenz zu überprüfen (vgl. Knorr 1998, 281).

Zusammenfassend lassen sich ausgehend von dem vorgestellten Modell der wissenschaftlichen Textproduktion drei Ansatzpunkte für ein Software-Werkzeug finden, das den wissenschaftlichen Textproduktionsprozeß unterstützt:

1. Unterstützung der Befüllung, Verwaltung und Nutzung des externen Speichers: Recherchierbarkeit, Integrierbarkeit, Automatisierbarkeit etc.

2. Unterstützung des Wechsels zwischen Lese- und Schreibprozessen und den damit verbundenen Auswahlprozessen: Ergonomie der Bedienoberfläche

3. Unterstützung des Schreib- und Leseprozesses: Wiederherstellung von Rezeptionskontexten, Ergonomie der Bedienoberfläche, Anleitungen für das wissenschaftliche Schreiben (vgl. Kruse 1999) und Assistenzwerkzeuge (vgl. hierzu Rothkegel 1995, 179f.)

Unserer Meinung nach erfüllen vorhandene Werkzeuge wie Browser, Textverarbeitungssysteme etc. diese Anforderungen nur teilweise, so daß wir uns entschieden haben, das Werkzeug *ScientiFix* zu konzipieren und zu realisieren, das insbesondere die geforderte Verzahnung von Rezeptions- und Produktionsprozessen unterstützt.

4 Konzeption und Realisierung von *ScientiFix*

Bei der Konzeption und Realisierung des Assistenzsystems zur wissenschaftlichen Textproduktion spielte vor allem das Design der Oberfläche eine entscheidende Rolle, um die im vorherigen Abschnitt behandelten Anforderungen zu erfüllen und eine Akzeptanz bei potentiellen Nutzern zu erreichen. Abbildung 3 zeigt die Benutzeroberfläche von *ScientiFix*:

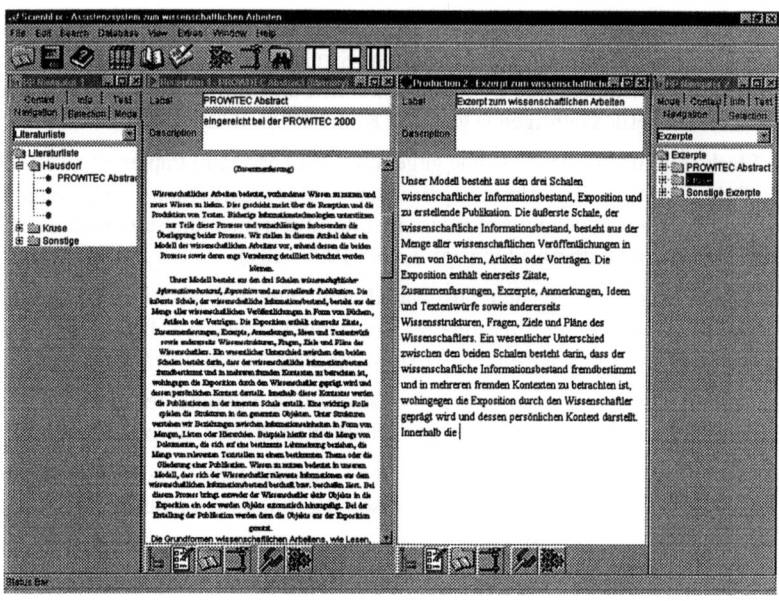

Abb. 3: Bildschirmausschnitt von *ScientiFix*

Im Zentrum stehen ein Rezeptionsfenster und ein Produktionsfenster. Beide Fenster werden durch ein zugehöriges Navigationsfenster links bzw. rechts umgeben. Icons auf einer Werkzeugleiste ermöglichen das schnelle Öffnen und Schließen von Projekten, den Zugriff auf Nachschlagewerke, das Starten von Werkzeugen und die Wahl anderer Fensterkonfigurationen. Im folgenden gehen wir auf die verschiedenen Fenstertypen ein.

4.1 Unterstützung der Rezeption durch das Rezeptionsfenster

Alle Objekte der Schalen des wissenschaftlichen Informationsbestands, der Exposition und der Veröffentlichung können rezipiert werden. Nach Michelmann/ Michelmann (1999) können Texte auf folgende Arten rezipiert werden: durch Lesen im Überblick, durch suchendes Lesen und durch studierendes Lesen. Angelehnt an diese Klassifikation wurde auch das Werkzeug konzipiert.

Beim Lesen im Überblick werden die Objekte bzw. deren Teile so aufbereitet, daß sie schnell durchgeblättert werden können. Die selektive Rezeption von Verzeichnissen und Abbildungen im Buch wird durch das Werkzeug unterstützt, indem verschiedene Sichten auf ein Objekt gebildet werden können. Statistiken über Seitenzahlen oder das Auftreten von Fachbegriffen geben Aufschluß darüber, wieviele Informationen zu einem bestimmten Thema in dem rezipierten Objekt enthalten sind. Ziel ist es, sich schnell einen Überblick über den Text zu verschaffen.

Beim suchenden Lesen besteht das Ziel darin, Informationen zu finden, die zu einer bestimmten Fragestellung gehören. Meist wird nur nach dem Auftreten bestimmter Begriffe gesucht. Das Werkzeug bietet hierfür eine Suchmaschine und die Möglichkeit, eventuell relevante Stellen automatisch optisch hervorzuheben.

Nach Michelmann/Michelmann (1999) kann das studierende Lesen auf drei Arten erfolgen: Beim textbezogenen Lesen versucht der Leser, die Informationen zu erfassen, die in dem Text vorhanden sind. Zum Beispiel fertigt er eine *mind map* zu dem Textinhalt an. Dies ist anders beim wissensbezogenen Lesen. Hier werden die Textinhalte verstärkt im Kontext des eigenen Wissens betrachtet. Angefertigt werden hier Notizen über Zusammenhänge zu eigenen Texten oder Ideen. Beim textkritischen Lesen wird der Textinhalt auch im Kontext des eigenen Wissens betrachtet, jedoch mit dem Ziel, den Text zu bewerten. Ergebnisse dabei sind Fragen zu dem Text, Anmerkungen etc. Das Werkzeug bietet in allen drei Fällen die Möglichkeit, bei der Rezeption die genannten Objekte einfach und schnell zu produzieren.

4.2 Unterstützung der Produktion durch das Produktionsfenster

Es können per definitionem nur Objekte in den Schalen der Exposition und der Veröffentlichung produziert werden. Die Objekte können dabei in unterschiedlichen Formaten vorliegen, wie zum Beispiel als Texte oder Bilder. Die Produktion wird auf drei Weisen unterstützt:

1. Mit Assistenzwerkzeugen können Informationen eingesammelt, strukturiert und darauf aufbauend Texte formuliert werden.

2. Die Übertragung von Inhalten aus dem Rezeptionsfenster (Texte, Wörter, Bilder etc.) ist eine weitere Möglichkeit, Texte zu produzieren. Jeweils zur Produktion passende Objekte können im Rezeptionsfenster ausgewählt werden. Diese werden dann durch Markieren ins Produktionsfenster übernommen.

3. Neben diesen Möglichkeiten existieren die konventionellen Funktionalitäten einer Textverarbeitung, um Texte im Produktionsfenster zu produzieren.

Möglichkeiten, proaktiv Informationen darzubieten, werden im Moment noch erforscht. Ein Beispiel hierfür ist, daß aufgrund des Typs eines Rezeptionsobjektes (Zitat, Exzerpt etc.), der Rezeptionsgeschichte und statistisch häufiger Rezeptionssituationen automatisch Objekte auf der Ebene der greifbaren Objekte zur Verfügung gestellt werden.

4.3 Unterstützung der Navigation für die Rezeption und Produktion

Entscheidend für die Bedienung von *ScientiFix* ist es, schnell und einfach die zu rezipierenden und zu produzierenden Objekte bzw. Stellen innerhalb der Objekte auswählen zu können (siehe Prozesse 3 und 8 in Abbildung 2). Navigationsprozesse finden zwischen den verschiedenen Objekten und innerhalb eines Objektes statt. Z.B. besteht im ersten Fall das Ziel darin, einen bestimmten Artikel zu finden, im zweiten eine Stelle in einem Artikel. Weitere Beispiele sind die Navigation in Themenstrukturen, die Suche mit Stichwörtern oder der Rückgriff auf die zuletzt rezipierten Objekte (Rezeptionsgeschichte). In *ScientiFix* ermöglichen entweder eigene Fenster (siehe Abbildung 3) oder Links in dem Rezeptions- und Produktionsfenster diese Navigation.

4.4 Weitere Werkzeuge und Nachschlagewerke

In *ScientiFix* lassen sich in Zukunft weitere Werkzeuge einbinden. Zur Klasse der vollautomatischen Werkzeuge gehören Text-Mining-Systeme (z.B. zur automatischen Erkennung von Fachbegriffen) sowie Werkzeuge zur automatischen Zusammenfassung oder zum Erzeugen von Gliederungen aus Layoutinformationen. Innerhalb der Klasse der semiautomatischen Werkzeuge sind noch Assistenten zur Textproduktion zu entwickeln, die Teil des Produktionsfensters werden.

Als Nachschlagewerke stehen u.a. Lexika, ein eigenes Glossar und ein Personenverzeichnis zur Verfügung. Externe Verzeichnisse, die z.B. über das Internet oder Intranet zu erreichen sind, können eingebunden werden. Allen Nachschlagewerken gemeinsam ist, daß die Rezeption der Inhalte ebenfalls innerhalb des Rezeptionsfensters erfolgt.

5 Ausblick

Noch offen ist bis jetzt eine Evaluierung des Werkzeugs *ScientiFix*. Durch Aufzeichnung der Rezeptions- und Produktionsprozesse ist zu überprüfen, inwieweit die Kreativität, die Effizienz und die Qualität bei der Textproduktion gesteigert werden können. Ein weiterer Bereich zukünftiger Forschung wird die Ausweitung des Modells und der Software auf die Produktion eines gemeinsamen Textes durch mehrere Autoren, die parallele Produktion mehrerer Texte sowie die Einbindung moderner Hardware sein, wie beispielsweise von Lesestiften.

Literatur

Jakobs, Eva-Maria (1999): Textvernetzung in den Wissenschaften: Zitat und Verweis als Ergebnis rezeptiven, reproduktiven und produktiven Handelns. Tübingen: Niemeyer [RGL; 210]

Knorr, Dagmar (1997): Verwaltung von Fachtextinformationen. Anforderungen an Nutzer und Hilfssysteme. In: Knorr, Dagmar/ Jakobs, Eva-Maria (Hrsg.): Textproduktion in elektronischen Umgebungen. Frankfurt am Main u.a.: Lang, 67-86

Knorr, Dagmar (1998): Informationsmanagement für wissenschaftliche Textproduktionen. Tübingen: Narr [Forum für Fachsprachen-Forschung; 45]

Kruse, Otto (1999): Keine Angst vor dem leeren Blatt. Frankfurt am Main: Campus

Michelmann, Rotraut/ Michelmann, Walter U. (1999): Effizient und schneller lesen. Reinbeck bei Hamburg: Rowohlt

Molitor-Lübbert, Sylvie (1997): Wissenschaftliche Textproduktion unter elektronischen Bedingungen. Ein heuristisches Modell der kognitiven Anforderungen. In: Knorr, Dagmar/ Jakobs, Eva-Maria (Hrsg.): Textproduktion in elektronischen Umgebungen. Frankfurt am Main u.a.: Lang, 47-66

Rothkegel, Annely (1995): Konzept für eine Werkbank zum Textschreiben. In: Jakobs, Eva-Maria/ Knorr, Dagmar/ Molitor-Lübbert, Sylvie (Hrsg.): Wissenschaftliche Textproduktion. Mit und ohne Computer. Frankfurt am Main u.a.: Lang, 179-192

Von der Dissertationsschrift zur Publikation

oder: Wie wird aus einem Manuskript ein Buch?

Dagmar Knorr
Hamburg

> In diesem Artikel werden die Ergebnisse einer Fragebogenerhebung vorgestellt und diskutiert, die sich mit den verschiedenen Bearbeitungsformen von Dissertationen für die Publikation beschäftigt. Das Ergebnis ist, daß Promovieren heutzutage nicht mehr nur bedeutet, sein fachliches Wissen unter Beweis zu stellen. Ein Doktorand muß sich auch zu einem kompetenten Computernutzer schulen, um die Anforderungen an ein zu veröffentlichendes Manuskript erfüllen zu können.

1 Einleitung[1]

Promovieren bedeutet nicht nur das Schreiben der Dissertation – es gehören auch noch die Abschlußprüfungen (Disputation oder Rigorosum) und die Publikation dazu. Doktoranden neigen jedoch häufig dazu, nur bis zur Fertigstellung der Dissertation zu planen. Dies ist verständlich, da das Ringen um den Gegenstand und Formulierungen die gesamte kognitive Kapazität des Schreibers fordert. Das verwendete Schreibwerkzeug sollte daher nicht noch zusätzliche Ressourcen beanspruchen. Das – oder besser – die Schreibwerkzeuge sind nach wie vor Papier und Stift und dann ein Computer, genauer: ein Publishingprogramm (vgl. hierzu Jakobs/Knorr 1995). Besonders in der Aufbereitungsphase einer Dissertationsschrift für die Publikation wird elektronisches Schreibwerkzeug verwendet (vgl. unten).

Inwieweit die Software den Textproduzenten beim Arbeiten unterstützt bzw. unterstützen kann, ist von mindestens zwei Faktoren abhängig. Auf der Benutzerseite ist es relevant zu fragen, inwieweit der Textproduzent „sein (Schreib-) Werkzeug" beherrscht, auf der Softwareseite ist es die vom Programm bereitgestellte Funktionalität.

Die Funktionalität einer Publishingsoftware zu beurteilen, ist für Doktoranden am Beginn ihrer Promotionszeit schwierig, weil zunächst mit der Software „nur" geschrieben wird. Anforderungen, die durch die Generierung von Abbildungen,

---

[1] Ich danke Peter Handler und Sylvie Molitor-Lübbert für ihre Kommentare.

Numerierungen, Indices etc. entstehen, kommen erst viel später. Aber sie kommen: für den Textproduzenten *und* die Software.

Daß eine Publishingsoftware nicht über die benötigten Befehle verfügt, ist heutzutage fast ausgeschlossen. Bei der diesem Artikel zugrundeliegenden Befragung handelt es sich jedoch um bereits abgeschlossene Dissertationen. Zum Zeitpunkt, als diese Dissertationen begonnen wurden – und damit auch die Software gewählt wurde, gehörten automatische Numerierungs- und Verzeichnisgenerierungsfunktionen nicht zum Standard.

Der Textproduzent muß diese Funktionen einsetzen, will er ihre Vorteile nutzen. Dies ist nicht immer der Fall, wie die Ergebnisse zeigen.

Dementsprechend befaßt sich dieser Artikel mit zweierlei: Zum einen wird eine Bestandsaufnahme durchgeführt, welche Schritte beim Bearbeiten von Dissertationsschriften für die Publikation durchgeführt werden. Die Daten hierfür liefert eine Fragebogenerhebung. Zum anderen wird dem Zusammenhang zwischen dem Grad der Kompetenz des Textproduzenten als Nutzer der Schreibtechnologie „Computer" und der Dauer bzw. der Art der Bearbeitung der Dissertationsschrift für die Publikation nachgespürt. Die Hypothese ist, daß die Bearbeitungszeiten sinken, je kompetenter der Autor in der Computernutzung ist. Dies zeigt sich u.a. darin, daß er mehr Funktionen zur Automatisierung nutzt als weniger kompetente Nutzer.

In Kapitel 2 gehe ich auf die Methode der Datenerhebung sowie die Testpersonen und die Zeiträume der Bearbeitung ein. In Kapitel 3 werden die verschiedenen Publikationstypen sowie die Zeiträume bis zur Veröffentlichung vorgestellt. In Kapitel 4 werden die Ergebnisse der Erhebung zu den verschiedenen Textbearbeitungen (Textänderungen, Abbildungen, Index und Textgestaltung) vorgestellt und diskutiert. Kapitel 5 behandelt die (Schreib-)Werkzeuge. Hierfür wird ein Konzept für Expertenschaft vorgestellt und in diesem Lichte die Anforderungen an eingesetzte Software und Textproduzenten diskutiert. Die Rolle der Verlage ist Gegenstand von Kapitel 6. Der Artikel endet mit einem Fazit für die Aufbereitung von Dissertationsschriften für Publikationen.

2 Der Fragebogen

Bei der Bearbeitung einer Dissertationsschrift für eine Publikation handelt es sich um Produktionsprozesse, die in vorliegenden Modellen zur Textproduktion nicht berücksichtigt werden (einen Überblick über Modelle der Textproduktionsforschung geben u. a. Molitor-Lübbert 1996; Jakobs 1999): Der zu bearbeitende Text ist nämlich bereits x-mal überarbeitet und aus Sicht des Textproduzenten

„fertig" – ansonsten hätte er ihn nicht eingereicht. Dennoch werden viele Dissertationsschriften für die Publikation überarbeitet. Welche Überarbeitungsprozesse vorgenommen werden, z. B. ob sich diese auf den Inhalt beziehen und/oder mehr formal-technischer Art sind, sollte mit Hilfe der explorativ angelegten Fragebogenerhebung ermittelt werden.

Die Befragung wurde unter Absolventen an Graduiertenkollegs in Deutschland durchgeführt. Die Anschreiben wurden per E-Mail entweder direkt an Absolventen bzw. an den/die Sprecher/in oder den/die Koordinator/in geschickt. Insgesamt wurden 248 E-Mails verschickt. 218 der E-Mails waren an die Sprecher bzw. Koordinatoren mit der Bitte adressiert, sie an die Absolventen der Kollegs weiterzuleiten. 44 der gesendeten E-Mails kamen als „nicht auslieferbar" zurück. 61 Personen nahmen an der Befragung teil.

Der Fragebogen konnte auf drei Wegen ausgefüllt werden:

- im WWW konnte er direkt ausgefüllt werden. Die Daten wurden bei Drücken des „Absenden"-Knopfs als E-Mail an mich geschickt;
- Anforderung eines E-Mail-Formulars;
- Anforderung einer pdf-Datei.

Mit dieser Mehrfachplazierung wurde sichergestellt, daß jeder, der an der Befragung teilnehmen wollte, dies in einem ihm genehmen Medium tun konnte. So begründete bspw. eine Testperson ihren Wunsch nach einer pdf-Datei damit, daß sie sich an ihrem Arbeitsplatz zwar das Formular herunterladen und drucken, es aber nicht während der Dienstzeit ausfüllen könne. Dies müsse in der Freizeit geschehen und zuhause stünde kein Computer zur Verfügung.

68,9% wählten das Formular im WWW (n= 42, N=61). 19,7% der Teilnehmer ließen sich den Fragebogen als E-Mail zuschicken (n= 12) und 11,5% forderten die pdf-Datei an (n= 7).

2.1 Die Testpersonen

79,7% der Testpersonen sind männlich (n=47) und 20,3% weiblich (n=12, N=59)[2]. Die Testpersonen promovierten in verschiedenen Disziplinen, wobei die Physiker mit 27,9% (n=17, N=61) den größten Anteil stellen. Mit jeweils 14,8% bilden die Disziplinen Informatik und Sprachwissenschaften die nächst größeren Gruppen (jeweils n=9). 15,5% der Testpersonen geben ihr Promotionsfach mit

---

2 N bezeichnet die Gesamtzahl der Befragten, die diese Frage beantwortet haben, und n die Teilmenge. Die Zahlen sind daher folgendermaßen zu lesen: 59 von 61 Personen haben die Frage nach dem Geschlecht beantwortet. Daher ist N=59. Von diesen 59 sind n=47 männlich und n=12 weiblich.

Mathematik an (n=7). Weitere Nennungen sind: Psychologie (n=3), Chemie, Pädagogik, Politik und Soziologie (jeweils n=2) sowie Biologie, Computerlinguistik, Geographie, Geschichte, Hydrologie, Maschinenbau, Medizin, Philosophie (jeweils n=1).

2.2 Zeiträume der Bearbeitung

Die Überarbeitung der Dissertation erfolgt in der Regel nach der Disputation bzw. dem Rigorosum. Zu diesem Zeitpunkt sind die Stipendien der Graduiertenkollegs überwiegend abgelaufen, so daß die Überarbeitungszeit von der Finanzierungsfrage abhängt.

Nur 3 Befragte geben an, in der Bearbeitungszeit der Dissertation ein Stipendium erhalten zu haben. Das sind 5,0%. 62,7% der Befragten geben an, in der Überarbeitungsphase vollbeschäftigt gewesen zu sein (n=37, N=59), und 28,8% waren teilzeitbeschäftigt (n= 17). Nur 5 Personen (8,5%) waren in dieser Zeit nicht berufstätig (darunter ist eine Person, die sich im Mutterschutz befand).

Immerhin haben 55,2% der Befragten ihre Dissertation während ihrer regulären Arbeitszeit bzw. tagsüber bearbeiten können (n=32, N=58). Dies liegt u. a. auch daran, daß die meisten Teilnehmer der Befragung (87,3%) an wissenschaftlichen Einrichtungen tätig waren (n=48, N=55). Weiterhin arbeiteten die Teilnehmer wie folgt: 27,6% am Wochenende (n=16), 25,9% nach Feierabend (n=15), 20,7% in einem Block bzw. im Urlaub (n=12) sowie 19,0% nachts (n=11).

Nimmt man hinzu, daß die Bearbeitung der Dissertation meist mehrere Monate in Anspruch nimmt (vgl. Kap. 3.1), dann zeigt sich, daß diese Tätigkeit einen erheblichen Raum in der freien Zeitgestaltung einnimmt. Eine Optimierung, die zu einer schnelleren Bearbeitungsfrist führt, kann m.E. daher nur vorteilhaft sein.

3 Publikationen

49,1% der Befragten haben ihre Dissertation als Buch publiziert (n=30, N=61). Damit steht die Buchpublikation (noch immer) an erster Stelle in der Vielfalt der Veröffentlichungsmöglichkeiten. Pflichtexemplare lieferten 39,4% ab (n=24). 54,2% in dieser Gruppe sind Physiker (n=13, N=24).

Andere Publikationsformen spielen nur eine geringe Rolle und wurden teilweise nur zusätzlich gewählt: 14,8% veröffentlichten ihre Dissertation im Internet (n=9). Von diesen 9 Personen konnten jedoch nur 2 dieses Medium ausschließlich wählen. Die anderen haben Pflichtexemplare abgeliefert (n=6) bzw. ein Buch erstellt (n=1).

5 Dissertationen wurden in grauen Reihen veröffentlicht, 2 als Mikrofiche und eine zusätzlich zum Buch als CD-ROM. 2 Befragte arbeiteten ihre Dissertationen zu Zeitschriftenartikeln um.

Die beiden Personen, die ausschließlich im Internet publizieren durften, haben in der Informatik bzw. in der Pädagogik promoviert. Besonders der Kommentar der Pädagogin zeigt, wie problemlos die Publikation einer Dissertation laufen kann, wenn keine Überarbeitungen notwendig sind und die Prüfungsordnung eine elektronische Publikation zuläßt:

(1) Da ich die elektronische Publikation gewählt habe, gab es überhaupt keine diesbezüglichen[3] Probleme. Die Diss.Schrift wurde von mir im Word-Format an die UB Dortmund geschickt. Die UB hat dann ins PDF- und Postscript-Format konvertiert (weiblich, Pädagogik).

Die Publikation von Dissertationen im Internet wird zukünftig verstärkt genutzt werden. Immer mehr Fakultäten ändern ihre Promotionsordnungen entsprechend. Einen Nachteil birgt jedoch die Internet-Publikation: Sie ist leserunfreundlich. Viele Seiten am Bildschirm zu lesen, ist heutzutage nach wie vor sehr anstrengend. Sich eine ganze Dissertation auszudrucken, ist teuer (zumindest, wenn man die wirklich anfallenden Kosten betrachtet). Beides spricht gegen eine Rezeption der Dissertation über den Kreis der engsten Fachkollegen hinaus. Wünscht sich der Doktorand, daß seine Arbeit von einem breiteren Fachpublikum zur Kenntnis genommen (und rezipiert) wird, ist der Doktorand nach wie vor auf einen Verlag angewiesen, der einerseits ein in der Hand zu haltendes materielles Objekt, nämlich das Buch, herstellt und andererseits für dessen Verbreitung sorgt.[4]

Die 30 Bücher wurden insgesamt bei 21 Verlagen publiziert: Der Shaker Verlag (Aachen) ist fünfmal vertreten, Infix (Sankt Augustin) und Narr (Tübingen) je dreimal und Leske+Budrich (Opladen) zweimal.

Die Vielfalt zeigt, daß die Verlagswahl[5] durchaus problematisch sein kann: Wer in einer bestimmten Reihe publizieren möchte, ist an den Verlag gebunden, der die Reihe herausgibt. Mit zu berücksichtigen sind weiterhin die zu zahlenden unterschiedlich hohen Druckkostenzuschüsse, aber auch das Renommee des Verlags in der Fachgesellschaft. Hier gilt es abzuwägen.

Die Rolle der Verlage wird uns im folgenden immer wieder beschäftigen, da sie an verschiedenen Aspekten des Bearbeitungsprozesses Einfluß nimmt.

---

3   Probleme, die die Überarbeitung betreffen (Anm. D.K.)

4   Inwieweit sich dies durch den Ausbau virtueller Bibliotheken mit der Möglichkeit verändern wird, sich Texte auf Wunsch zu erschwinglichen Preisen ausdrucken zu lassen (*print-on-demand*), ist noch nicht abzusehen.

5   Einen Überblick über Verlage, die Dissertationen veröffentlichen, gibt Marschang (1997).

3.1 Zeiträume bis zur Veröffentlichung

Zwischen der Einreichung der Dissertationsschrift und der öffentlichen Verfügbarkeit des Werkes können Monate oder Jahre vergehen. Um einen Überblick zu erlangen, wieviel Zeit Doktoranden tatsächlich für die Publikation benötigen, habe ich erfragt, wieviel Zeit für folgende Bearbeitungsabschnitte benötigt wurden:

1) von der Einreichung der Dissertationsschrift bis zur Doktorprüfung,
2) von der Doktorprüfung bis zur Einreichung des Manuskripts bei der veröffentlichenden Stelle (Verlag, Prüfungsamt, UB etc.),
3) von der Einreichung des Manuskripts bis zur Verfügbarkeit des gedruckten Werkes.

Der Zeitraum von der Einreichung der Dissertationsschrift bis zur Doktorprüfung wird wesentlich durch die Gutachter bestimmt: Stehen die Gutachten schnell zur Verfügung, kann der Termin für die Doktorprüfung bald angesetzt werden. Bei mehr als der Hälfte der Befragten war dies der Fall: 54,1% konnten ihre Abschlußprüfung innerhalb von 3 Monaten nach Einreichung der Dissertationsschrift durchführen (n=33, N=61). Bei 29,5% dauerte es 4-6 Monate (n=18), 14,8% der Befragten mußten 7-12 Monate warten (n=9) und bei einem Doktoranden der Germanistik verstrich mehr als ein Jahr.

Ist die Doktorprüfung erfolgreich absolviert, beginnt die Phase der Überarbeitung der Dissertationsschrift. Für den Zeitraum von der Prüfung bis zur Fertigstellung des publikationsfähigen Manuskripts ist allein der Doktorand verantwortlich. 60,7% der Befragten benötigten für diesen Arbeitsgang weniger als 3 Monate (n=37, N=61). Bei 18,0% dauerte es 4-6 Monate (n=11). 5 Befragte brauchten 7-12 Monate. In 4 Fällen nahm die Überarbeitung bis 2 Jahre in Anspruch und in einem Fall ging die Bearbeitungszeit sogar noch darüber hinaus. Gründe für die langen Bearbeitungszeiträume wurden nicht erfragt. In 2 Fällen konnte ich durch persönliche Gespräche ermitteln, daß persönliche sowie technische Gründe verantwortlich waren.

Zudem ist auffällig, daß die 5 Personen, die mehr als ein Jahr für die Bearbeitung brauchten, alle in geisteswissenschaftlichen Disziplinen promoviert haben. Es ist daher zu fragen, in welcher Form die Disziplinzugehörigkeit Einfluß auf die Bearbeitung nimmt. Meine Hypothesen gehen hierbei in zwei Richtungen: Zum einen existiert möglicherweise weniger (Konkurrenz-)Druck, das Ergebnis einer Forschungsarbeit schnell zu präsentieren als in naturwissenschaftlichen Disziplinen wie bspw. in der Physik. Zum anderen können technische Probleme im Umgang mit den eingesetzten Schreibmedien zu Verzögerungen führen. Inwieweit besonders der zweite Aspekt tatsächlich Einfluß nimmt, wird in Kapitel 5 diskutiert.

Bei dem dritten erfragten Zeitraum ging es mir wesentlich um die Arbeit der veröffentlichenden Stellen und hier vor allem um die Verlage: Wie lange braucht ein Verlag, um aus einem eingereichten Manuskript ein Buch zu machen? Jeder, der den Weg der Buchpublikation gewählt hat, möchte „sein Buch" schnell in Händen halten (auch wenn er selbst lange gebraucht hat).

Die Pflicht zur Veröffentlichung eines eingereichten Druckmanuskripts wird von den Verlagen unterschiedlich verstanden: Der Peter Lang Verlag verpflichtet sich in seinen Publikationsangeboten, die Bestandteil der Autorenverträge sind, zu einer Produktionszeit von 8-10 Wochen.[6] Der Gunter Narr Verlag und der Niemeyer Verlag legen sich vertraglich nicht auf eine Produktionszeit fest. Bei Niemeyer kommt hinzu, daß jedes Jahr nur eine begrenzte Anzahl an Dissertationen und Habilitationen auf den Markt gebracht wird. Ist die Quote erfüllt, wird die Produktion einfach auf das Folgejahr verschoben.[7]

3 Befragte geben an, daß mehr als 2 Jahre (!) vergangen sind, bevor der Verlag das Buch gedruckt hatte: Hierbei handelt es sich zweimal um den Gunter Narr Verlag in Tübingen[8] und einmal um den Springer-Verlag.

4 Textbearbeitungen

Eine eingereichte Dissertationsschrift ist ein „fertiger" Text, d.h. er wurde x-mal überarbeitet, korrigiert und schließlich für „abgabereif" befunden. Für die Publikation wird der Text dann häufig noch einmal überarbeitet. Weshalb Änderungen durchgeführt werden und welche, wird im folgenden dargestellt.

4.1 Textänderungen

55% der Befragten geben an, ihren Text bearbeitet zu haben. 20% der Befragten haben Änderungen des Dissertationstextes auf der Makroebene (n=12) und 55% auf der Mikroebene (n=33, N= 60) durchgeführt.

Die Makrostruktur des Textes zeigt sich an der Textoberfläche durch die Einteilung in Kapitel. Für die Publikation wurden von 58,3% der Befragten, die

---

[6] Vorbehaltlich einer einwandfreien Druckvorlage.

[7] Es bedarf dann – wie ich von einem Fall weiß – erheblicher Anstrengungen, die Produktion trotz ausgeschöpfter Quoten durchzusetzen.

[8] Bei der dritten Person, die bei Narr veröffentlichte, ging es schnell: Innerhalb von 3 Monaten war das Buch produziert.

Änderungen auf der Makroebene des Textes durchführten, Kapitel gelöscht (n=7); 50% stellten einzelne Kapitel um (n=6) und 41,7% fügten weitere Kapitel ein (n=5, N=12).

Wird die Makrostruktur verändert, wirkt sich dies inhaltlich wie formal auf der Mikroebene des Textes aus. Aber auch Bearbeitungen auf der Mikroebene können formale Änderungen nach sich ziehen: So muß der Autor darauf achten, daß durch inhaltliche Änderungen keine Brüche im Text entstehen und daß die Argumentationsstruktur erhalten bleibt. Numerierungen müssen ebenso wie Verweise auf Kapitel und Unterkapitel der neuen Struktur angepasst werden.

Während für die inhaltliche Seite der Bearbeitung kaum eine Unterstützung durch die eingesetzte Software möglich ist, kann der formale Aspekt von entsprechenden Programmfunktionen übernommen werden (z.b. automatische Numerierungen). 67,9% der Befragten nutzten solche Funktionen (n=38, N=56).

Die durchgeführten inhaltlichen Änderungen auf der Mikroebene des Textes lassen sich in vier Gruppen einteilen:

a) Textoptimierung,

b) Fehlerkorrekturen,

c) Aktualisieren,

d) Auflagen erfüllen.

Unter Textoptimierung sind Änderungen der sprachlichen Oberfläche zusammengefaßt: D.h. die sprachliche Form wird geglättet und die eigene Vorstellung sprachlich besser zum Ausdruck gebracht. 57,6% der Aussagen beziehen sich auf diesen Aspekt (n=19, N=33).

Das Korrigieren von Fehlern wird von 54,6% der Befragten genannt (n=18, N=33). Es handelt sich hierbei überwiegend um Rechtschreib- und Zeichensetzungsfehler.

36,4% der Befragten aktualisieren die Dissertationsschrift für die Publikation (n=12, N=33). Dieser Aspekt wird vermehrt von Personen genannt, bei denen zwischen Einreichung der Dissertation und der Abschlußprüfung mehr als 3 Monate vergangen sind (n=8, N=12). Die Bearbeitung der Dissertationsschrift verläuft dann überwiegend zügig, d.h. in weniger als 3 Monaten (n=5) bzw. innerhalb eines halben Jahres (n=4, N=12).

Von denjenigen, die aktualisierten, arbeiteten 75% in einer wissenschaftlichen Einrichtung (n=9, N=12). Meine Hypothese ist, daß sich aus dem Arbeitskontext ein Aktualisierungswunsch entwickelt. Wer in der Forschung tätig ist, kennt die

Diskussion und möchte neue Literatur zumindest mit dem Label „zur Kenntnis genommen" noch in die eigene Arbeit integrieren.[9]
Die vierte oben genannte Gruppe heißt „Auflagen erfüllen". Auflagen können von drei Seiten her an den Doktoranden herangetragen werden: von den Gutachtern, von dem oder den Reihenherausgeber/n und/oder vom Lektor. Auflagen, die in den Gutachten formuliert sind, müssen erfüllt werden. Das für den Druck vorgesehene Manuskript muß nämlich von den Gutachtern „freigegeben" werden, d.h. das bearbeitete Manuskript wird noch einmal angesehen (u.a. auch, um zu prüfen, ob und wie die Auflagen erfüllt worden sind). Für 21,1% der Befragten führten solche Auflagen zu Textbearbeitungen (n=7, N=33).

Reihenherausgeber sichern die Qualität ihrer Reihe, indem sie ebenfalls Gutachten für ein Manuskript erstellen, das in der Reihe erscheinen soll. 18,2% bearbeiteten ihre Dissertation, um den Anforderungen des Reihenherausgebers zu genügen (n=6, N=33). Für 5 dieser 6 Personen war die Umsetzung dieser Anforderungen der schwierigste Teil der Textbearbeitung. Gründe hierfür liegen darin, daß ein Reihenherausgeber unvoreingenommen (er kennt die Genese der Arbeit häufig nicht) und vom Blickwinkel seiner Reihe her Texte betrachten kann.

2 Personen geben an, Bearbeitungen aufgrund von Anforderungen eines Lektors durchgeführt zu haben. Nur noch wenige Verlage „leisten" sich Lektoren. In diesem Fall war es der Beltz-Verlag, dessen Lektor dem Doktoranden Auflagen gemacht hat, die jedoch innerhalb von 3 Monaten zu erfüllen waren. In dem anderen Fall handelt es sich um eine Doktorandin, die ihre Dissertation als Zeitschriftenartikel veröffentlicht hat. Für die Veröffentlichung von Zeitschriftenartikeln gelten andere Regeln als für Monographien. Hier sind Peer Reviews die Regel, und diese ziehen – ebenfalls in der Regel – Auflagen zur Überarbeitung nach sich (vgl. Jakobs 1999, 57f.).

4.2 Abbildungen

Im Zeitalter des Computers weisen immer mehr Texte Abbildungen auf. Im Kreis der Befragten befinden sich nur 5 Personen, deren Dissertation keine Abbildungen enthält: je eine Dissertation in Geschichte, neuere deutsche Literaturwissenschaft und Physik. Die beiden anderen haben vor 1980 promoviert und ihre Dissertation noch mit der Schreibmaschine geschrieben; sie gehören damit nicht in das Computerzeitalter.

---

9 Kennzeichnend für solche Verweise sind Fußnoten mit Hinweisen wie „... wie x in (Jahr) ebenfalls gezeigt hat..." oder „Die Darstellung von x konnte für die eigene Argumentation nicht mehr berücksichtigt werden".

Folgende Abbildungstypen sind vertreten: Graphiken (n=50), Diagramme und Charts (n=41), Bilder (n=23) sowie Bildschirmabbildungen (n=6, N=56).

Für die Aufbereitung des Textes für die Publikation ist zum einen die Art der Integration der Bilder in den Text, zum anderen die Qualität der Abbildungen relevant.

Digitalisierte Abbildungen können auf unterschiedliche Weise in den Text integriert werden. 52,7% der Befragten kopieren Abbildungen in die Dissertationsschrift hinein bzw. importieren sie (n=29, N=55). Durch diesen Vorgang wird die Abbildung in das Textdokument integriert und dort gespeichert. Werden viele Abbildungen auf diese Weise eingebunden, wächst die Dateigröße stark, was in Abhängigkeit von der eingesetzten Hard- und Software zu Problemen beim Öffnen, Scrollen und Speichern der Datei führen kann.

Werden die Abbildungen an den Text dagegen nur angekoppelt bzw. abonniert, wird nur ein Verweis auf die Abbildung in der Datei gesichert. Voraussetzung für diese Technik ist, daß für jede Abbildung eine eigene Datei angelegt wurde. 30,9% der Befragten setzen diese Technik für ihre Dissertationsschrift ein (n=17).

43,6% der Befragten greifen auf Zeichenwerkzeuge zurück, die die Textverarbeitung bereitstellt (n=24). Damit wird wiederum die Abbildung direkt im Dokument gespeichert. Der Unterschied zum Hineinkopieren/Importieren besteht darin, daß man Abbildungen mit der Software erzeugt, mit der auch der Text geschrieben wird.

25,5% der Befragten verwenden keine digitalisierten Abbildungen, sondern andere Vorlagen, die sie in die Dissertationsschrift einklebten (n=14). Für die Publikation ersetzen 57,1% dieser Gruppe die eingeklebten Abbildungen durch digitalisierte (n=8, N=14). Für 3 von ihnen war die „Abbildungsbearbeitung" der „nervigste" Bearbeitungsprozeß, da er viel Zeit kostet, aber keinen sichtbaren Fortschritt in der Bearbeitung des Textes bringt.

Die Digitalisierung ist jedoch nicht der einzige Bearbeitungsgrund von Abbildungen. 21,8% der Befragten wurden vom Verlag aufgefordert, Abbildungen zu überarbeiten (n=12, N=55). So sollten Abbildungen mit Grauwertdarstellungen in Schwarz/Weiß-Darstellungen umgewandelt (n=4) bzw. keine Farbbilder geliefert werden (n=3). Einzelne Verlage gehen noch weiter: Der Verlag Wissenschaft und Technik gibt die Grauwerte vor, die verwendet werden dürfen, VDI fordert eine Linienstärke von mind. 0,2 mm, Shaker verlangt die Rasterung von Fotografien, Leske+Budrich gibt die Rastergrößen beim Scannen vor und fordert in einem Fall, eingeklebte Abbildungen durch integrierte zu ersetzen oder, wenn dies nicht möglich sei, die Abbildungen ganz zu entfernen, falls „die Bildqualität einen schlechten Druck erwarten ließ" (männlich, Soziologie).

Die Verlagsforderungen tragen dazu bei, daß die Bearbeitung von Abbildungen von 27,3% der Befragten als „aufwendig" beurteilt wird (n=15, N=55). Der Hauptgrund für diese Einschätzung liegt in der Komplexität der Abbildungen. Aufwendig ist auch die Nachbearbeitung gescannter Abbildungen. Andere Gründe (unzureichende Vorlagen, keine geeignete Hard-/Software etc.) spielen dagegen nur eine untergeordnete Rolle.

4.3 Index

Die Rezeption wissenschaftlicher Texte erfolgt in der Regel zielgerichtet: Man liest einen wissenschaftlichen Text, um sich das darin befindliche Wissen anzueignen, oder um einen Überblick über das Fachgebiet zu erlangen etc. (Jakobs 1997). Die unterschiedlichen Leseziele führen dazu, daß der Rezeptionsprozeß häufig nicht linear verläuft, sondern selektiv. Der Leser springt an die Stelle im Text, von der er hofft, daß sie ihm beim Erreichen seines Handlungsziels weiterhilft.

Das Ziel, sich einen Überblick über einen Text zu verschaffen, gelingt über das Abstract (falls eines vorhanden ist), das Inhaltsverzeichnis und – nicht zuletzt – über den Index. Im Abstract finden sich die wichtigsten Aussagen des Textes; das Inhaltsverzeichnis macht die Textstruktur sichtbar; der Index bildet das kategoriale und begriffliche Wissen des Textes ab. Jeder dieser drei Teile des Gesamttextes besitzt nach dieser Auffassung eine spezifische Funktion. Die Definition der Funktion von Abstract, Inhaltsverzeichnis und Index orientiert sich an geisteswissenschaftlichen Texten. So sind linguistische und literaturwissenschaftliche Dissertationen in der Regel nicht so stark gegliedert wie solche aus der Physik oder Chemie. In der Physik fallen die Funktion von Inhaltsverzeichnis und Index meist zusammen: Alle wichtigen Begriffe lassen sich über das Inhaltsverzeichnis finden. Dementsprechend weist keine der physikalischen Publikationen einen Index auf (n=17). Daher schließe ich im folgenden die Physiker von der Analyse aus. Für Kapitelüberschriften in geisteswissenschaftlichen Arbeiten gibt es derartige Regeln nicht. Hier sind sogar metaphorische Titel möglich (vgl. Dietz 1995). Ein Index erleichtert somit dem Leser den Einstieg in die Rezeption.

Unterschätzt wird bei der rein leser- und rezeptionszentrierten Sichtweise das Potential, das die Erstellung eines Indexes für den Autor selbst beinhaltet. Ein Index spiegelt zum einen das im Text befindliche begriffliche Wissen wider. Wie die Begriffe im kategorialen Zusammenhang stehen, wird – auch für den Textproduzenten – häufig erst durch das Explizieren des Begriffsnetzes deutlich. So kann das Erstellen eines Indexes durchaus als Arbeitstechnik angesehen und genutzt werden. Zum anderen sichert es die begriffliche Konsistenz des Textes. So werden unterschiedliche Schreibweisen eines Begriffes entdeckt, wenn die Indexfunktion der Software genutzt wird.

Meine These ist, daß die Indexerstellung in der Regel nicht als Textproduktionshilfe angesehen wird. Da die Erstellung aufwendig ist, also Zeit kostet, und möglicherweise auch noch Rückwirkung auf den Text haben kann, erwartete ich, daß nur wenige Dissertationen freiwillig für die Publikation mit einem Index versehen werden.

Die Erwartung wurde bestätigt: Nur 31,8% der befragten Nicht-Physiker haben sich der Arbeit der Indexerstellung unterzogen (n=14). 68,2% der Befragungsteilnehmer haben keinen Index erstellt (n=30, N=44). Begründet wird dies von 63,2% mit der (zur Wahl vorgegebenen) Aussage „wurde nicht gefordert" (n=24, N=38). 21,1% geben (z.T. zusätzlich) an, keine Nerven/Lust mehr gehabt zu haben, noch einen Index zu erstellen (n=8). 15,8% der Befragten fehlte die dafür benötigte Zeit (n=6).Technisch motivierte Gründe spielten nur in einem Fall eine Rolle.

Mangelnde Motivation und mangelnde Zeit sind somit – zumindest im Kreise der Befragungsteilnehmer – die Hauptursachen für das Fehlen von Indices in wissenschaftlichen Monographien.

4.4 Textgestaltung

Die Textgestaltung von Dissertationen wird häufig durch die Promotionsordnung vorgegeben. So weisen Dissertationsschriften in der Regel einen breiten Korrekturrand auf. Die Plazierung des Textes auf dem Blatt (Satzspiegel) ist aber nur ein Merkmal der Textgestalt. Während die Gestaltung der Dissertationsschrift zum Großteil dem Doktoranden überlassen ist, unterliegt das reprofähige Manuskript dem mehr oder weniger strengen Reglement der Verlage und/oder der Reihenherausgeber.

40% aller Befragten (n= 24, N=60) und 66,7% derjenigen, die ihre Dissertationsschrift als Buch veröffentlicht haben (n=20, N=30), bekamen Vorgaben zur Gestaltung der Publikation. Die Gestaltungsvorgaben fielen unterschiedlich konkret aus. 70% der Nennungen entfielen auf die Schriftgröße des Fließtextes, den Satzspiegel sowie die Plazierung von Kopf- bzw. Fußzeile und der Seitenzahl (N=14, N=20). In 55% der Fälle wurde festgelegt, auf welcher Seite ein Kapitel zu beginnen hat und welche Schriftgröße die Überschriften haben sollen (n=11, N=20). 45% bekamen Vorgaben für die Zeichensätze des Fließtextes und der Überschriften sowie die Art der Numerierung der Überschriften (n=9, N=20). 35% mußten den Umgang mit Zitaten den Richtlinien anpassen – z.B. ob ein Zitat vom Text abgehoben und/oder eingerückt wird oder nicht (n=7, N=20). Die Form der bibliographischen Angaben im Literaturverzeichnis wurde in 4 Fällen vorgeschrieben. Und mit jeweils 3 Nennungen wurden folgende Vorgaben genannt: Festlegung der Zitierkonvention im Kerntext, Art der Numerierung von Fußnoten sowie Abmessung und Abstände des Fußnotenstriches. Die Art der Numerierung von Abbildungen und Tabellen sowie die Art der Gestaltung von Registern und Verzeichnisses wurden jeweils einmal genannt.

Diese Aufzählung zeigt, wie stark Verlage und/oder Reihenherausgeber in den Text eingreifen. Um einen Text an solche Vorgaben möglichst schnell und einfach anpassen zu können, ist es notwendig, daß der Dissertationstext entsprechend elektronisch gestaltet ist. Das heißt: Arbeiten mit Formatvorlagen bzw. Absatztypen sowie Zeichentypen und automatischen Numerierungen und Querverweisen ist sinnvoll. Hierfür können entsprechende Softwarefunktionen eingesetzt werden (vgl. Kap. 5).

Problematisch wird es bei Vorgaben der Zitierkonventionen und der Form der bibliographischen Angaben im Literaturverzeichnis. Um Änderungen der Zitierkonvention im Text automatisch durchführen lassen zu können, wäre es notwendig, diese als Funktionen im Text zu definieren bzw. sie entsprechend mit Markern zu versehen, die eine Bearbeitung mit einer Skriptsprache erlauben. Solche Verfahren sind beim heutigen Stand der Technik noch sehr aufwendig und daher beim Schreiben nicht durchführbar. Eine Teilnehmerin der Befragung schildert ihre Erfahrung mit diesem Problem wie folgt:

(2) Changing the document that was written in APA style to comply with the Psychology Department requirements to the MLA format to meet the University graduation requirements. The dissertation was written twice, using two different punctuation and citations styles. This is of course a very unfortunate exception (weiblich, Psychologie).

Anders sieht es bei den Vorgaben der Form der bibliographischen Angaben im Literaturverzeichnis aus. Diese Angaben können – im Prinzip – ohne viel Aufwand geändert werden. Voraussetzung hierfür ist jedoch, erstens, daß das Literaturverzeichnis aus den Verweisen im Text automatisch generiert wird und daß, zweitens, das Literaturverwaltungsprogramm die Definition verschiedener Ausgabeformate zuläßt. Und drittens muß der Textproduzent in der Lage sein, die eingesetzte Software so zu manipulieren, daß das gewünschte Ergebnis erzielt wird.

5 (Schreib-)Werkzeuge

Der Computer hat sich im Bereich Wissenschaften als Schreibmedium durchgesetzt (vgl. Knorr 1998, 132ff.). In dieser Befragung haben nur vier Teilnehmer angegeben, ihre Dissertationsschriften mit Schreibmaschine erstellt zu haben.

Diese vier Dissertationen wurden jedoch vor 1984 erstellt, also in einer Zeit, in der (persönliche) Computer noch nicht verfügbar bzw. erschwinglich waren. Wer heutzutage eine Dissertation schreibt, benutzt mindestens eine Software: ein Publishingprogramm.[10] Hinzu kommen in Abhängigkeit von dem Thema und der Bereitschaft des Doktoranden (und der thematischen Notwendigkeit), sich mit dem Medium Computer auseinanderzusetzen, Datenbank-, Graphik-, Kalkulationsprogramme etc.

5.1 Experten und Novizen im Lichte einer elektronischen Literalität

Der Umgang mit dem Medium Computer gehört bei den heutigen Erwachsenen im Gegensatz zum Umgang mit Papier und Stift noch nicht zu einer Standard-Kulturtechnik.[11] Es ist daher davon auszugehen, daß die Fertigkeit der Befragten im Umgang mit Tastatur und Bildschirm aufgrund privater Initiative bereits während der Schulzeit und/oder während des Studiums erworben wurde. Da es aber nicht zum Inventar des Literalitätserwerbs gehört, war es möglich, sich dem Medium Computer weitestgehend zu entziehen und sich auf das Notwendigste zu beschränken. Für die Publikation einer Dissertation bietet ein Computer, der als elektronische Schreibmaschine benutzt wird, mehr Komfort, weshalb sich seine Benutzung durchgesetzt hat. Inwieweit dieses Schreibwerkzeug beherrscht wird, ist jedoch unklar.

Wagner (2001, 52ff.) unterscheidet fünf Grade von Expertenschaft: *novice, advanced beginner, competence, proficiency, expertise*. Novizen können auf keinerlei Erfahrungswerte zurückgreifen und vollziehen erlernte Handlungsabfolgen schematisch. Fortgeschrittene Anfänger können in gewissem Maße Erlerntes auf neue Situationen übertragen. Der kompetente Computernutzer kann selbständig Ziele definieren und diese auch selbständig unter Nutzung von Hilfe-

---

10 Heutzutage gibt es kaum noch reine „Schreib-" oder Textverarbeitungsprogramme. Zum Leistungsumfang eines Publishingprogramms gehören zumindest Layout- und Graphikfunktionen.

11 Schreiben und Lesen sind Bestandteile unserer Literalität und gehören zu den Fertigkeiten unserer Schriftkultur (vgl. Günther/Ludwig 1994). Die Diskussionen um elektronische Literalität, also die Fertigkeiten, die benötigt werden, um im Informationszeitalter kritisch an der elektronischen Kommunikation teilnehmen zu können, sind noch im Fluß (vgl. Wagner/Venezky/Street 1999). Für mich ist der Computer als Kommunikationswerkzeug noch keine Kulturtechnik, da erst künftige Generationen mit der Informationstechnologie aufwachsen. Dazu gehört, daß bereits in den Grundschulen parallel zum Schreiben mit dem Stift und dem Lesen von Büchern auch das Recherchieren im Internet und das Schreiben mit dem Computer gelehrt und erlernt wird. Erst wenn nicht mehr über die Beherrschung dieses Werkzeugs diskutiert zu werden braucht (wer diskutiert heute noch darüber, wie ein Stift gehalten werden muß?), ist diese Technik als Kulturtechnik etabliert.

systemen erreichen. Der Profi kennt meist mehrere Wege, um ein Ziel zu erreichen, und kann sich bewußt für den einen oder anderen Weg entscheiden. Der Experte braucht nicht mehr über Problemlösungswege nachzudenken; er handelt einfach.

Bei der Einstufung eines Individuums nach diesen Kriterien ist jedoch folgendes zu berücksichtigen:

> Fast alle Systeme, die einen gewissen Komplexitätsgrad erreicht haben, umfassen derartig viele Funktionen und Verwendungsweisen, so dass viele Benutzer nur einen geringen Teil extensiv nutzen. So kann es sein, dass ein Benutzer den Status eines Experten nur in Bezug auf die von ihm häufig genutzten Funktionen eines konkreten Systems erlangt. Novizenhaftes Verhalten wird man bei ihm jedoch nicht mehr feststellen können (Wagner 2001, 59).

Die technische Bearbeitung einer Dissertationsschrift für die Publikation ist ein Produktionsprozeß, bei dem vor allem Computerexpertise benötigt wird. Die Ansprüche, die ein Verlag an ein „reprofähiges Manuskript" stellt, sind – wie in Kapitel 4.4 gezeigt wurde – hoch. Die Bearbeitungszeit nehme ich daher als einen Indikator für den Aufwand, der betrieben werden muß, um das Manuskript entsprechend „in Form" zu bringen. Meine These lautet: Je höher der Grad der Expertise im Umgang mit dem elektronischen Medium ist, desto kürzer ist die Bearbeitungszeit. Diese These beruht auf meinen Beobachtungen und Fallstudien (vgl. Knorr 1998): Je sicherer und kompetenter ein Textproduzent im Umgang mit dem Computer ist, desto selbstverständlicher ist es für ihn, Funktionen zur Automatisierung der Textbearbeitung einzusetzen. Hierzu gehören: Formatvorlagen/ Absatztypen, automatische Numerierungsfunktionen, automatisches Erstellen von Verzeichnissen etc. Diese Funktionen ermöglichen ein sicheres und schnelles Umformatieren und Aktualisieren der Dokumente.

5.2 Eingesetzte Publishingprogramme

Von den Befragungsteilnehmern wurden zwei Publishingprogramme am häufigsten eingesetzt: 49,1% benutzten *Microsoft Word* (n=28) und 43,9% *TeX* bzw. *LaTeX*[12] (n=25, N=57). Alle anderen Programme sind weit abgeschlagen: *FrameMaker* und *PageMaker* wurden von jeweils zwei Personen, *WordPerfect* und *Write* von jeweils einer Person verwendet.

Was unterscheidet *TeX/LaTeX* von *Microsoft Word*? Die Stärken von *TeX/LaTeX* liegen in ihrer Systemunabhängigkeit: Ein *TeX*-Dokument kann mit jedem beliebigen Texteditor erstellt werden. Die Layoutinformationen werden als metasprachli-

---

12 *LaTeX* ist kein Publishingprogramm, sondern eine Dokumenten-Markupsprache. Da *LaTeX* jedoch „in der Funktion eines Publishingprogramms" eingesetzt wird, führe ich es hierunter auf.

cher Text in das Dokument eingegeben. Die Stärke birgt gleichzeitig den Nachteil: Ein *TeX*-Dokument muß, um in seinem Layout sichtbar zu werden, kompiliert werden (z.B. mit *LaTeX*). Das Kompilieren nimmt in Abhängigkeit von der Leistungsfähigkeit des Computers und der Komplexität des Dokument entsprechend viel oder wenig Zeit in Anspruch. In der Layoutphase störte dies 17,4% der befragten *TeX*-Verwender (n=4, N=23). Schwierigkeiten bereitete auch die Plazierung von Abbildungen auf den Seiten. 30,4% beschreiben dies als den „nervigsten" Arbeitsprozeß (n=7). Dennoch würden 91,3% *TeX* wieder verwenden (n=21).

In *Word* werden Layoutinformationen vom Programm direkt interpretiert, so daß das Ergebnis der Manipulation sofort auf dem Bildschirm sichtbar ist (und sogar die metasprachliche Auszeichnung dem Produzenten nicht zugänglich ist, was einige *TeX*-Benutzer an *Word* stört). Der Funktionsumfang von *Word* ist in seiner Entwicklungsgeschichte seit 1983 erheblich gestiegen. 2 Befragungsteilnehmer begannen mit *Word 2.0b*, 11 setzten die Versionen *5* oder *6* ein. Der Sprung zu den *Word*-Versionen *7* bzw. *97* oder jünger ist gewaltig. Die Funktionsvielfalt und das Interface veränderten sich erheblich. 5 Doktoranden arbeiteten mit 2 Programmversionen und 2 sogar mit 3 verschiedenen Programmversionen (Updates). 16 verwendeten jedoch kein Update. Nur 1 Person wechselte für die Publikation von *Word 2.0b* auf *Word 97*.

Daß 57,1% der *Word*-Benutzer bei ihrer Programmversion geblieben sind, mit der sie die Dissertation zu schreiben begonnen haben, bedeutet für mich, daß es eine Tendenz zur Gewöhnung gibt: Man stellt seine Schreibgewohnheiten auf das Werkzeug ein, mit dem man zu arbeiten beginnt. In Gesprächen wurde mir häufig berichtet, daß man sich lieber mit den Unzulänglichkeiten der Programmversion abfindet und sich Umwege und Tricks überlegt, wie man bestimmte Effekte erzielen kann, als daß man sich ständig auf eine neue Programmversion einstellt.[13]

Schon aus diesem Grund sollte die Publishingsoftware zu Beginn der Promotionszeit nicht zufällig, sondern bewußt gewählt werden.

Während man in *TeX* nicht um die Definition von Absatztypen als Layoutangaben herumkommt, kann man in *Word* darauf verzichten und alles per Hand formatieren. Bei längeren Texten ist diese Freiheit z.T. von Nachteil: So merken 4 der *Word*-Verwender in einer offenen Frage an, daß sie beim nächsten Mal mehr Format-/Druckvorlagen verwenden würden und daß diese möglichst gleich in Kenntnis der Verlagsvorgaben anzulegen seien, so daß die Bearbeitung auf ein

---

13 Bei den Entwicklungen, die *Word* erlebt hat, kann man schon fast von einem neuen Programm sprechen.

Minimum reduziert werden könne. Den (nicht vorgegebenen) Tip, sich frühzeitig über Verlagsvorgaben zu informieren, geben übrigens 11,5% (n=7, N=61). Das bedeutet, daß die Erfüllung der Verlagsvorgaben mindestens bei diesen Doktoranden ein auffälliger, d.h. zeit- und arbeitsaufwendiger, Faktor in der Bearbeitungszeit war.

Die Art, Textformatierungen etc. manuell durchzuführen und nicht über Absatzformate, führt bei einigen der *Word*-Benutzer zu längeren Bearbeitungszeiten. 4 Teilnehmer der Befragung benötigten für die Bearbeitung der Dissertationsschrift zum publikationsfähigen Manuskript 13-24 Monate. Die Dissertationsschrift wurde von den Vieren in *Microsoft Word* geschrieben. 2 von ihnen blieben bei *Word*, eine wechselte zu *FrameMaker* und eine ließ ihre Arbeit von einem Setzer bearbeiten, der seine eigene Software benutzte. Die Teilnehmerin, die die Software wechselte, begründete dies mit der einfacheren und besseren Indexerstellung in *FrameMaker* und einer Layoutoptimierung.

Das Aktualisieren von Querverweisen ist, wird es manuell durchgeführt, sehr aufwendig und fehleranfällig. Dennoch haben 29,5% der Befragten die Querverweise auf Kapitel, Abbildungsnummer, Fußnoten etc. in den Text getippt (n=18, N=61). Von diesen haben 83,3% *Word* eingesetzt (n=15, N=18). Unter den anderen 3 Personen ist nur ein *TeX*-Verwender. Dies spricht für zweierlei: Erstens, daß *TeX* aufgrund seiner Struktur und der Art, wie mit Text umgegangen wird, den Textproduzenten mehr auffordert, Programmfunktionen zu benutzen. Und zweitens, daß dies nur gelingen kann, wenn der Textproduzent bereit ist, sich selbst mindestens zu einem kompetenten Computerbenutzer zu schulen.

6 Verlage

Die Aufgabe eines Verlages ist es, einen Autor bei der Herstellung eines Buches zu betreuen, das Buch zu produzieren und zu vermarkten. Im Zuge der Verlagerung der Druckvorlagenerstellung vom Verlag weg hin zum Autor kommen besonders die großen traditionellen Verlage nicht hinter der technischen Entwicklung hinterher. Dies führt dazu, daß heutzutage der Autor im Hinblick auf die Vorlagenerstellung technisch kompetenter sein kann als sein Ansprechpartner im Verlag:

(3) Genervt hat mich des weiteren die fachliche Inkompetenz der Verlage, was Publikationsmöglichkeiten angeht. Z.B. wurde ich gefragt, was denn bitteschön „PDF" ist und auf die Frage, ob ich PostScript Level 2 oder EPS als Datei schicken soll, war die Antwort „Halt einfach PostScript" (männlich, Germanistik).

Auch die technischen Vorgaben sind nicht immer einwandfrei. So antwortet eine Teilnehmerin auf die offene Frage, was sie am meisten bei der Bearbeitung genervt hat:

(4) Die Details der technischen Vorgaben vom Verlag, insbes. weil sie nicht widerspruchsfrei bzw. nicht immer eindeutig waren (weiblich, Soziologie).

Diese Doktorin hat für sich aus ihrer Erfahrung den Schluß für zukünftige Projekte gezogen:

(5) Falls es Verlagsvorgaben gibt, dann auf Eindeutigkeit und Verbindlichkeit stärker achten. Mit dem Verlag von Anfang an unklare Punkte klären. Das erspart viel Kommunikations-‚gewusel' (weiblich, Soziologie).

Zusammen mit den vertraglichen Aspekten, die in Kapitel 3 angesprochen worden sind, bilden sie m.E. die wichtigsten Punkte, auf die es bei der Vorbereitung einer Buchpublikation ankommt.

7 Fazit

Die Fragebogenerhebung hat gezeigt, daß die Mehrzahl von Dissertationen für die Publikation überarbeitet werden. Die Überarbeitungen lassen sich in 2 Kategorien einteilen:

a) inhaltlich bedingte und

b) technisch bedingte Überarbeitungen.

Die inhaltlich bedingten Überarbeitungen können weiter in „selbst gewünschte" und „von anderen geforderte Überarbeitungen" differenziert werden. Technisch bedingte Überarbeitungen werden häufig durch die Publikationsart (Buch, CD-ROM etc.) notwendig bzw. eingefordert. Die damit verbundene Arbeit „nervt" am meisten – zumal, wenn die Zeit für die Bearbeitung knapp ist und dadurch die Publikation verzögert wird.

Welche Lehren können aus der Befragung gezogen und als Empfehlungen an Doktoranden weitergegeben werden?

Promovieren bedeutet nicht nur das Schreiben des Dissertationstextes. Es macht durchaus Sinn, sich frühzeitig über die Schritte zu informieren, die der Einreichung der Dissertation folgen. Dies gilt besonders dann, wenn man plant, seine Dissertation als Buch zu publizieren.

- *Gibt es einen Verlag bzw. eine Reihe, von dem/der man sich wünscht, daß das eigene Buch dort erscheint?*

Wenn dies der Fall ist, prüfen Sie, ob es spezifische Zitierkonventionen gibt und schreiben Sie Ihre Dissertation gleich nach diesen Regeln. Informieren Sie sich über die Produktionszeiten des Verlags. Lassen Sie sich die Produktionszeit vertraglich zusichern. Nur auf diese Weise können Sie verhindern, daß es zu untragbaren langen Produktionszeiten kommen kann.

- **Möchten Sie Ihre Dissertation mit einem Mehrwert versehen? Dann erstellen Sie einen Index!**

Die Indexerstellung bedeutet zwar einen Mehraufwand, aber begreifen Sie die Indexerstellung als Chance und Werkzeug für die Textproduktion. Er hilft, begriffliche Inkonsistenzen im Text aufzuspüren. In diesem Fall sollte der Index kurz nach Fertigstellung der ersten vollständigen Textfassung erstellt werden. Vielfach ist es üblich, eine solche sogenannte „nullte Fassung" den Gutachtern vorzulegen. Die Zeit, die die Gutachter für die Rezeption der Dissertationsschrift benötigen, kann für die Indexerstellung genutzt werden. Dies kann die Qualität der Dissertation nur steigern und verkürzt die spätere Bearbeitungszeit.

- **Liegen die Abbildungen in ausreichend guter Qualität für den Druck vor?**

Während des Schreibprozesses gibt es immer wieder Phasen, in denen man nicht so gut schreiben kann. Diesen „Leerlauf" kann man sehr gut nutzen, um „lästige" Arbeiten – wie die Bearbeitung von Abbildungen – zu erledigen.

- **Nutzen Sie die Funktionen der Software beim Numerieren und Verweisen.**

Wer Funktionen zur Automatisierung nutzt, hat beim Überarbeiten weniger zu tun. Das Anpassen von Numerierungen und Verweisen ist mühsam und fehleranfällig. In der Erhebung war auffällig, daß von 5 Personen, die eine Bearbeitungszeit von 13-24 Monaten und länger angegeben haben, 4 die Numerierungen und Verweise manuell getippt haben. Diese Zeit können Sie sich sparen.

Darüber hinaus besteht die Notwendigkeit, sich zu einem kompetenten Computernutzer auszubilden. Dies erleichtert die Überarbeitung (z.B. weil es dann leichter fällt, Softwarefunktionen einzusetzen) und ermöglicht es, die Möglichkeit nutzen zu können, seine Dissertation online zu publizieren. So schreibt ein Chemiker, der seine Dissertation als Buch veröffentlicht hat:

(6)   Unsere Universität liefert neuerdings die Möglichkeit zur online-Publikation der Dissertationsschrift. Die Anforderungen an die Formatierung (Inhaltsverzeichnis und pdf-Format!) waren mir jedoch zu hoch, um die Übertragung meiner bereits endgültigen doc-Version vorzunehmen (männlich, Chemie).

Promovieren bedeutet heute nicht mehr nur, die Fähigkeit, wissenschaftlich arbeiten zu können, unter Beweis zu stellen, sondern auch die formal-technische Bearbeitung seines Manuskripts für die Veröffentlichung am Computer erledigen zu können.

Literatur

Dietz, Gunther (1995): Titel wissenschaftlicher Texte. Tübingen: Narr [Forum für Fachsprachen-Forschung; 26]

Günther, Hartmut/ Ludwig, Otto (1994): Vorwort. In: Günther, Hartmut/ Ludwig, Otto (Hrsg.): Schrift und Schriftlichkeit. Ein interdisziplinäres Handbuch internationaler Forschung. Berlin, New York: de Gruyter, V-XXII [Handbücher zur Sprach- und Kommunikationswissenschaft; 10.1]

Jakobs, Eva-Maria (1997): Lesen und Textproduzieren. Source reading als typisches Merkmal wissenschaftlicher Textproduktion. In: Jakobs, Eva-Maria/ Knorr, Dagmar (Hrsg.): Schreiben in den Wissenschaften. Frankfurt am Main u.a.: Lang, 75-90 [Textproduktion und Medium; 1]

Jakobs, Eva-Maria (1999): Textvernetzung in den Wissenschaften. Zitat und Verweis als Ergebnis rezeptiven, reproduktiven und produktiven Handelns. Tübingen: Niemeyer [Reihe: Germanistische Linguistik; 210]

Jakobs, Eva-Maria/ Knorr, Dagmar (1995): Wissenschaftliches Schreiben am Computer. Ein professionelles Muß? In: OBST – Osnabrücker Beiträge zur Sprachtheorie 50, 83-106

Knorr, Dagmar (1998): Informationsmanagement für wissenschaftliche Textproduktionen. Tübingen: Narr [Forum für Fachsprachen-Forschung; 45]

Marschang, Dietwald (1997): Wer verlegt meine Doktorarbeit? Die richtige Strategie für wissenschaftliches Publizieren; Adressen, Kosten, Alternativen. Frankfurt am Main: Eichborn

Molitor-Lübbert, Sylvie (1996): Schreiben als mentaler und sprachlicher Prozeß. In: Günther, Hartmut/ Ludwig, Otto (Hrsg.): Schrift und Schriftlichkeit. Ein interdisziplinäres Handbuch internationaler Forschung. Berlin, New York: de Gruyter, 1005-1027 [Handbücher zur Sprach- und Kommunikationswissenschaft; 10.2]

Wagner, Daniel A./ Venezky, Richard L./ Street, Brian V. (eds.) (1999): Literacy. An international handbook. Boulder/ CO: Westview Press

Wagner, Jörg (2001): Mensch-Computer-Interaktion. Sprachwissenschaftliche Aspekte. Frankfurt am Main u.a.: Lang [Textproduktion und Medium; 6]

Teil 2
Lernumgebungen

Hypermediales Lernen und Kognition

Anforderungen an Lernende und Gestaltende

Jörg Zumbach und Peter Reimann
Heidelberg

Das Lernen mit Hypertext und Hypermedia stellt besondere Anforderungen an Lernende und Gestalter von nicht-linearen Informationsressourcen. Im Gegensatz zu traditionell linearen Texten können bei der Nutzung hypermedialer Informationen völlig neuartige Probleme wie das „Lost-in-Hyperspace"-Phänomen oder eine kognitive Mehrbelastung auftreten. Dieser Beitrag führt in konkrete Gestaltungshinweise hypermedialer Lernressourcen ein, mittels derer diesen Problemstellungen auf Ebene der Navigationsmöglichkeiten, aber auch auf Ebene der Lernercharakteristika begegnet werden kann. Ausgehend von einigen grundlegenden Annahmen aus der konstruktivistischen Auffassung von Lehr-Lernprozessen sowie der Cognitive Flexibility Theory werden Vor- und Nachteile des nicht-linearen Mediums diskutiert und Lösungsvorschläge hinsichtlich etwaiger Probleme bei der Lerner-Medien-Interaktion gegeben. Darüber hinaus erfolgt eine Analyse der Defizite von Novizen im Umgang mit Hypermedia sowie eine Beschreibung einiger empirisch getesteter Gestaltungsmöglichkeiten hypertextbasierter Lernumgebungen.

1 Einleitung[1]

Mit der zunehmenden Wissensexplosion und der immer weiter fortschreitenden „Digitalisierung" von Medien erschließen sich mehr und mehr Lehrende und Lernende diesen Bereich zur Aus-, Fort- und Weiterbildung. Die sinnvoll gestaltete Präsentation von Informationen und Wissen in digitaler und „nicht-linearer" Form erfordert jedoch in hohem Maße, daß die verschiedenen Vor- und Nachteile neuer Medien im Vergleich zu bisherigen, „analogen" Darstellungsmethoden berücksichtigt werden (Gerdes 1997; Kuhlen 1991). Diese Erfordernisse resultieren zum einen aus der Präsentationsmethode, die andere Möglichkeiten als beispielsweise ein Lehrbuch besitzt (Perfetti 1996), zum anderen aus den medienspezifischen Vor- und Nachteilen, die sich auf Lernerseite hinsichtlich der Informationsverarbeitung und verschiedener kognitiver Parameter ergeben (Rouet/Levonen 1996).

---

[1] Diese Arbeit wurde durch ein Stipendium der Deutschen Forschungsgemeinschaft an Jörg Zumbach im Rahmen des Virtuellen Graduiertenkollegs VGK unterstützt. Wir danken Sabine Koch für ihre fachliche Unterstützung.

Bevor im Anschluß die Möglichkeiten der Gestaltung nicht-linearer Informationen für digitale Lernumgebungen beschrieben und diskutiert werden, erfolgt zunächst eine notwendige Begriffsklärung. Bislang wurden und werden die Begriffe „Hypertext" und „Hypermedia" getrennt. Diese Differenzierung wird in dem vorliegenden Kapitel nicht weiter aufrecht erhalten. Gerdes (1997, 6) unterscheidet noch Hypermedia von Hypertext: „Enthalten die Knoten darüber hinaus farbige Bilder, Töne, Videos, Simulationen oder Animationen, so spricht man von Hypermedia". Hypermedia wird hier als Überbegriff von Hypertext, der durch ausschließlich textuelle Informationen und einfache Schwarz/Weiß Abbildungen geprägt ist, verwendet. Diese Unterscheidung ist jedoch im praktischen Gebrauch nicht mehr aufrechtzuerhalten, da in professionellen Applikationen kaum noch auf multimediale Komponenten verzichtet werden kann.

Zu diesem Ergebnis kommt auch eine Expertenbefragung zur Gestaltung prototypischer Hypertexte von Flender (2001), in der unter dem Oberbegriff „Hypertext" auch hypermediale Merkmale subsumiert werden.

Für die folgenden Ausführungen wird diese synonyme Verwendung beibehalten, denn es soll vor allem die Art der Sequenzierung von Informationen und deren Einfluß auf Lernprozesse erörtert werden.

Entscheidet man sich dazu, Hypermedia als Lernplattform zu verwenden, erfolgt dies zumeist in Anlehnung an die konstruktivistische Auffassung des Lehrens und Lernens, in der Lernende aktiv und selbstgesteuert ihren eigenen Lernfortschritt steuern. Innerhalb dieser konstruktivistischen Auffassung stellt die Cognitive Flexibility Theory die theoretische Basis zur Nutzung von Hypertext als instruktionalem Medium dar (Reinmann-Rothmeier/Mandl 1999; Spiro/Feltovich/Jacobson/Coulson 1991; Spiro/Jehng 1990).

2 Hypermediales Lernen und Konstruktivismus: Die Cognitive Flexibility Theory

Im Gegensatz zur „traditionellen" Auffassung des Lehrens und Lernens rückt die „konstruktivistische" Unterrichtsphilosophie den Lerner als selbstverantwortlich handelnde Person in den Vordergrund (Reinmann-Rothmeier/Mandl 1999; Savery/Duffy 1995). Ausgehend vom jeweiligen Kontext, der Situation und dem Vorwissen erschließt und konstruiert sich ein Lernender sein jeweiliges Wissen selbst. Insbesondere beim hypermedialen Lernen wird diese Wissenskonstruktion durch den jeweiligen Autor eines Hypertextsystems unterstützt. Durch die Gestaltung von Informationsanordnung, Querverweisen oder unterschiedlicher linearer „Themenreisen" kann ein Lernender auf die „Expertise" von Autoren zurückgreifen. Die Autoren solcher Lernsysteme sind in diesem Sinne als „Dienstleister" zu verstehen. Ihr Dienstleistungsangebot orientiert sich im wesentlichen an den übergeordneten Zielen des „Lernens unter multiplen Perspektiven" und des „Lernens in multiplen Kontexten" (Cunningham/Duffy/Knuth 1993; Reinmann-Rothmeier/Mandl 1999). Durch die Orientierung an diesen Leitlinien anhand einer entsprechenden Verknüpfung von Knoten in Hypertextsystemen wird für die Lernenden die Möglichkeit geschaffen, über das Stadium des „rudimentären" Wissens hinauszugehen und kognitive Flexibilität zu erlangen.

Lernenden wird somit ermöglicht,

(a) eine der Komplexität der Realität tatsächlich angemessene Wissensrepräsentation aufzubauen und

(b) das erworbene Wissen auf neue Kontexte und Situationen anwenden zu können, bzw. einen Sachverhalt unter verschiedenen Perspektiven betrachten zu können (Spiro/Jehng 1990).

Derart erworbenes Wissen zeichnet sich vor allem durch Flexibilität und durch Transferierbarkeit aus (Spiro et al. 1991).

Dem Erwerb „trägen Wissens" bzw. „einseitiger Betrachtungsweisen" wird durch eine Informationsnavigation vorgebeugt, die in Anlehnung an Wittgenstein als „landscape-criss-crossing" bezeichnet wird (Spiro/Jehng 1990). Dieses nichtlineare „Umherspringen" in verschiedensten Informationen, Themenbereichen und Wissensgebieten wird mittels hypermedialer Lernressourcen ermöglicht. Eine solche Realisierung kann durch „analoge" Medien kaum oder gar nicht erfolgen. Gerade in Hypertexten kann die Darstellung von Sachverhalten unter multiplen Perspektiven durch verschiedene Verweise von einem Sachverhalt auf unterschiedliche Betrachtungsweisen und -umstände unmittelbar erfolgen. Dementsprechend kann ein hypermediales Lernangebot auch die Betrachtung, Übung oder Anwendung einer zu erlernenden Fertigkeit in multiplen Kontexten – wiederum unmittelbar – ermöglichen. Eine solche Umsetzung von Aspekten der Cognitive Flexibility Theory durch nicht-lineare digitale Lernumgebungen erscheint als nahezu optimal.

Doch insbesondere beim Lernen mit Hypermedien werden Nutzer mit neuen Anforderungen und Problemen konfrontiert, die sich nicht nur aus einer mangelnden „literacy" im Umgang mit Computern oder Computerprogrammen ergeben (Hedley/Hedley/Baratta 1993). Diese Probleme lassen sich grob in zwei Bereiche unterteilen, die wesentlichen Einfluß auf kognitive und motivationale Prozesse bei Lernenden nehmen. Zum einen sind dies Probleme, die sich aus der Nicht-Linearität des Mediums selbst ergeben und sich auf die direkte Mensch-Programm-

Interaktion beziehen. Dieser Problembereich läßt sich in der Regel durch gezielte Gestaltung kompensieren.

Zum anderen sind dies Probleme, die sich aufgrund von Lernermerkmalen und der Wahl der Lernumgebung ergeben können (Schulmeister 1997). Dieser Problembereich kann durch die gezielte Analyse von Lernern und Gegenstandsbereichen und durch hybride Gestaltung von hypermedialen Lernumgebungen umgangen werden.

3 Probleme bei der Interaktion mit hypermedialen Lernumgebungen

Die verschiedenen Probleme, die aus der Interaktion von Lernenden mit hypermedialen Lernumgebungen resultieren, stehen in diesem Abschnitt im Vordergrund. Sowohl die Analyse dieser Problemstellungen, als auch die Beschreibung adäquater Strategien zu deren Bewältigung werden dabei behandelt. In erster Linie stehen dabei kognitive Informationsverarbeitungsstrategien und deren Unterstützung im Vordergrund.

3.1 Analyse von Problemen bei der Interaktion mit hypermedialen Dokumenten

Die Nutzung von Hypermedien zur Informationsvermittlung hat im Laufe der recht „jungen" Forschung einen deutlichen Wandel erlebt, der sich mitunter aus theoretischen und praktischen Mißkonzeptionen ergeben hat, die mit der nichtlinearen Informationspräsentation in Verbindung stehen. Ein deutlicher Vorteil von hypertextbasiertem Lernen, der zu Beginn der Forschung mit Hypertexten als Lehrmedium postuliert wurde, ist als „Prinzip der kognitiven Plausibilität" bekannt geworden (z. B. Dillon 1996). Hier wurde angenommen, daß die assoziativ verknüpfte Knotenstruktur von Hypertexten der Speicherung von Wissen im menschlichen Gedächtnis in Form von semantischen Netzwerken entspricht (Jonassen 1989). Als vorteilhafte Implikation würde sich somit ergeben, daß das nicht-lineare Wissen aus Hypertexten direkt in das Gedächtnis von Lernenden übertragen werden kann. Dieses Prinzip der kognitiven Plausibilität erscheint jedoch bei näherer Betrachtung als eher unplausibel, da die Knoten und Kanten in Hypertexten letztlich aufgrund von Quantität und Qualität nicht mit Propositionen in semantischen Netzwerken vergleichbar sind. Außerdem repräsentiert die Netzwerkstruktur, wenn überhaupt, eher die Gedächtnisstruktur der Autoren von Hypertexten und kann nicht direkt auf jeden beliebigen Lerner übertragen werden (Dillon 1996). Zudem müssen bei hypermedialen Lernressourcen die nicht-linearen Informationen zunächst in eine lineare Abfolge übersetzt werden, um dann wiederum in nicht-linearer Form in bereits vorhandenes Wissen integriert werden zu können. Daraus resultiert eine kognitive Mehrbelastung im Vergleich zur Textrezeption bei traditionellen Texten. Diese Mehrbelastung ist Teil eines Gesamtphänomens, welches als „Cognitive Overhead" bezeichnet wird und das häufig in Verbindung mit digitaler nicht-linearer Mediennutzung auftritt (Conklin 1987; Gerdes 1997). Neben der kognitiv aufwendigen Informationsverarbeitung durch (De-)Linearisierung okkupieren Aspekte der Informationssuche zusätzlich kognitive Ressourcen. Aufgrund der begrenzten Kapazität des menschlichen Arbeitsgedächtnisses stehen diese Ressourcen zur eigentlichen Informationsverarbeitung nicht mehr zur Verfügung.

Aus den Navigationsmöglichkeiten, die in hypermedialen Informationsangeboten zur Verfügung stehen, resultiert ein weiterer Problembereich: Das „Lost-in-Hyperspace"-Phänomen (Gerdes 1997; Kuhlen 1991). Diese Bezeichnung bildet – wie der „Cognitive Overhead" – einen Überbegriff über verschiedene Probleme, die im Zusammenhang mit der Navigation in Hypermedien auftreten können. Darunter fallen beispielsweise die Unkenntnis über den jeweiligen Standort eines Lernenden in einem Hypertextsystem, die Frage nach der optimalen Navigation und der optimalen Informationssuche. Außerdem kommen weitere Probleme hinzu, wie die Ungewißheit, ob eine Information überhaupt enthalten ist, ob man alle relevanten Informationen gesehen hat, oder wie groß und umfangreich ein Hypertextsystem ist.

Die beiden geschilderten Problembereiche lassen sich nicht trennscharf darstellen, da sowohl „Cognitive Overhead" als auch „Lost in Hyperspace" hinsichtlich verschiedener Aspekte konfundiert sind. Den Entwicklern hypermedialer Lernumgebungen können auch aufgrund der Komplexität etwaiger kumulierter Probleme aus diesem Bereichen lediglich exemplarisch Vorschläge gemacht werden, wie diese Probleme kompensiert werden können.

3.2 Strategien zu Behebung von Problemen mit Hypermedia

Ausgangspunkt für instruktionale Hypertexte sollte immer eine Vorschau und Übersicht über das Thema oder die Themen sein, die das System beinhaltet. Dies kann durch Zusammenfassungen und Advance Organizer erfolgen, die Lernenden helfen, den betreffenden Wissensbereich einzuordnen und an vorhandenes Vorwissen anknüpfen (Ausubel 1960; Ballstaedt 1997). Eine Formulierung eindeutiger Lernziele, die transparent und unmißverständlich zeigt, was mit einem Informationsangebot gelernt werden kann, ist nach Alessi und Trollip (1991) unerläßlich.

Im Bereich der Navigationshilfen sind verschiedene Gestaltungskomponenten zu empfehlen, einerseits um die Gefahr einer Desorientierung zu verringern, andererseits um die Linearisierung von Informationen zu unterstützen (Gerdes 1997). So ist es sinnvoll, linear strukturierte Inhaltsverzeichnisse anzubieten, die eine direkte Ansteuerung zentraler Knoten erlauben. Dadurch können Lernende die zentralen und wesentlichen Informationen in ihrer Gesamtheit erfassen und sind in der Lage, ein „informationelles Grundgerüst" aufzubauen.

Im Bereich der nicht-linearen Navigation sollte eine graphische Übersicht angeboten werden. Diese sogenannten „Browser" (nicht zu verwechseln mit den Browsern zur Nutzung des Internets) zeigen alle Knoten des gesamten Hypermediasystems oder eines inhaltlich abgeschlossenen Themenbereiches und die dabei zur Verfügung stehenden Navigationsmöglichkeiten an (Kuhlen 1991). Kombiniert mit der Anzeige der jeweiligen Standortseite innerhalb eines Browsers verhindert dieses Merkmal einen etwaigen Orientierungsverlust.

Außerdem bietet sich neben einer nicht-linearen Navigation für kohärente Teilbereiche auch der Einsatz einer linearen Navigationssequenz an. Diese Option wird in der Regel bei Lernern mit wenig oder geringem Vorwissen verwendet, um eine Versorgung mit grundlegenden und zentralen Informationen zu gewährleisten. Dabei kann die Orientierung durch zusätzliche Seitenanzeiger unterstützt werden (z. B. Seite *X* von *Y-Seitentitel* zum Thema *Themenbereich*).

Bereits besuchte Seiten sollten über eine „Zurück-Funktion" sowie eine „History"-Funktion angesteuert werden können (Gerdes 1997). Ein Glossar zur Erläuterung spezieller Fachbegriffe sowie eine Suchfunktion gehören mittlerweile zum Standard eines Hypermedia-Systems (Zumbach/Mehrabi/Schwarzer/Rentz/Reimann/Herfarth/Kallinowski 2000).

Besondere Aufmerksamkeit sollte der Transparenz der Navigationsstruktur zukommen. Der Lernende muß darüber informiert werden, wie ein System aufgebaut ist, (z. B. elaborativ, hierarchisch, assoziativ vernetzt, linear oder Kombinationen) und durch typisierte Hyperlinks unterstützt werden, aus denen die Art der Verknüpfung ersichtlich wird (Storrer 2000).

Durch die Ausstattung von Hypertexten mit diesen zusätzlichen Merkmalen kann man die direkte Interaktion seitens des Lernenden mit nicht-linearen Wissenssystemen deutlich verbessern, somit den Cognitive Overhead reduzieren und die Gefahr des „Lost in Hyperspace"-Phänomens verringern.

Ein weiterer bedeutender Aspekt der Diskussion um Hypermedien als Lernmaterial liegt auf einer grundsätzlicheren Ebene. Dabei steht die Frage im Vordergrund, wann, bei welchen Lernern und in welcher Form überhaupt Hypermedien eingesetzt werden sollten.

4 Probleme beim Einsatz hypermedialer Lernumgebungen

Während sich die bisher geschilderten kritischen Bereiche primär auf die direkte Interaktion von Lernenden mit Hypertexten beziehen, gibt es einen zweiten Problemkreis, der weit allgemeiner ist als die direkte Mensch-Medien-Interaktion. Dieser Bereich umfaßt die Frage, für welche Lernenden mit welchen Lernermerkmalen überhaupt Hypermedien als Lernressource sinnvoll sind und wie man das Medium als solches an individuelle Bedürfnisse und Voraussetzungen anpassen kann.

4.1 Voraussetzungen für den Einsatz hypermedialer Lernangebote

Eine Voraussetzung, die bei der Verwendung hypermedialer Lernumgebungen ohne curriculare Einbettung unabdingbar ist, ist die generelle Befähigung zum selbstgesteuerten Lernen (Boekaerts 1997). Ohne diese Fähigkeit resultiert eine Überforderung von Lernenden, die sich in Orientierungslosigkeit und mangelnder Motivation zeigen kann. Abhilfe kann hierbei entweder durch gezielte Förderung des selbstgesteuerten Lernens erfolgen oder durch instruktionale Unterstützung z.B. durch Lehrpersonal geschaffen werden (Stark/Graf/Renkl/Gruber/Mandl 1995). Dieses Problem der Überforderung kann selbst dann noch auftreten, wenn selbstgesteuertes Lernen vorausgesetzt werden kann, aber kaum oder kein Vorwissen aus einem zu vermittelnden Inhaltsbereich vorhanden ist.

Bisherige lernpsychologische Befunde zeigen, daß in erster Linie die Personen von hypermedialen Lernangeboten profitieren, die bereits über Vorwissen oder Expertise im jeweiligen Inhaltsbereich verfügen (Jacobson/Maouri/Mishra/Kolar 1996; Schnotz/Zink 1997). Sowohl mangelnde Bereichsexpertise, als auch mangelnde Fähigkeiten (bzw. Motivation) im Bereich des selbstgesteuerten Lernens – insbesondere deren Kombination – sind als Kontraindikation für den Einsatz nicht-linearer Informationsvermittlung zu berücksichtigen. Autoren hypermedialer Lernsysteme sollten daher durch eine sorgfältige Zielgruppen-, Bedarfs- und Zielanalyse den tatsächlichen Ist-Stand bei einem intendierten Klientel erheben und erst unter geeigneten Voraussetzungen auf diese Art der Informationsvermittlung zurückgreifen (Dick/Carey 1990).

Dem Problem der Überforderung von Lernern kann auch dadurch Abhilfe geschaffen werden, daß entweder ganze Informationssysteme oder abgeschlossene Teilbereiche in linearer Form präsentiert werden. Durch gezieltes Erstellen und Anbieten von Themenreisen („guided tours") können auch ungeübte Lerner mit wenig Vorwissen einen einfachen Einstieg in einen Inhaltsbereich finden. Häufig ist der Einstieg in ein hypermediales Informationssystem für ungeübte Lernende auch deshalb schwierig, weil eine eindeutige Vorstellung fehlt, was mit den in einem System enthaltenen Informationen angefangen werden kann, bzw. welches Ziel überhaupt zu erreichen ist. Ein Lernprozeß kann in diesem Fall als unvollständiger Problemlöseprozeß aufgefaßt werden. Während dieser im „klassischen" Fall durch einen Ausgangszustand, einen gewünschten Zielzustand und dem sich dazwischen aufspannenden Problemlöseraum gekennzeichnet ist, fehlt bei Lernern mit wenig Vorwissen häufig eine klare Zielrepräsentation. Als Folge daraus ergibt sich ein ineffizientes Navigationsverhalten, geringe Motivation und somit eine ineffiziente Informationsaufnahme. Aus dieser Perspektive lassen sich auch Befunde interpretieren, die zeigen, daß Lernende bei einer Informationssuche im Internet ohne Zielvorgabe nahezu völlige Desorientierung zeigen (van Berkel 2000). Es resultiert ein willkürliches Navigieren ohne gezielten Wissenserwerb. Durch die bereits geschilderte Formulierung eindeutiger Lernziele kann man diesem Problem zumindest ansatzweise entgegenwirken.

Das Erreichen von (Lern-)Zielen kann mitunter dadurch forciert werden, daß durch die Lernumgebung selbst implizit oder explizit Arbeits- und Suchaufgaben gegeben werden. Die Wirksamkeit solcher Vorgaben wurde in den im folgenden Abschnitt beschriebenen Studien empirisch nachgewiesen.

4.2 Lernwirksame Gestaltung hypertextbasierter Lernumgebungen

Die Wirkung einer impliziten Zielinduktion wurde durch die Autoren experimentell untersucht, indem eine Hypertextbasis als Informationsressource in eine Simulation nach dem Goal-Based-Scenario-Ansatz integriert wurde (Zumbach/Reimann 1999). In dem Untersuchungsprogramm wurde Lernenden die Rolle eines Zeitungsredakteurs zugeteilt, der eingehende Newsticker-Meldungen auf deren Wahrheitsgrad prüfen und zusätzliche Informationen recherchieren sollte, um letztlich einen Zeitungsartikel zu verfassen. Zur Überprüfung der Meldungen und Informationsrecherche wurde eine umfangreiche Hypertextbasis mit vielfältigen Informationen zu dem entsprechenden Themenbereich angeboten. Durch die explizite Zielvorgabe, einen Artikel zu verfassen, wurde implizit bei Lernenden das Ziel induziert, sich in das Thema einzuarbeiten und mehr darüber zu lernen. Es konnte gezeigt werden, daß sich der Wissenserwerb dadurch effizienter und motivierender gestaltete als bei einer Kontrollgruppe, welche lediglich mit dem Hypertext konfrontiert wurde (Zumbach, 1999).

Als ebenfalls sehr erfolgreich erwies sich auch die Vorgabe einer expliziten Zielstellung: In einem weiteren Experiment wurde Versuchspersonen eine provokante Zielaussage zu einem Themenbereich vorgegeben (Zumbach/Reimann 2001). Die Aufgabe der Lernenden bestand bei dieser Untersuchung darin, weitere Informationen zu sammeln, um die Aussage argumentativ zu analysieren. Auch hier zeigte sich ein deutlich erhöhter Wissenserwerb im Vergleich zu einer Kontrollgruppe, die keine Zielvorgabe hatte.

Die Befunde aus beiden Untersuchungen zum Wissenserwerb mit Hypertexten – sowohl mit impliziter, als auch expliziter Zielvorgabe – zeigen, daß durchaus auch Lerner mit wenig fachspezifischem Vorwissen von nicht-linearer Informationspräsentation profitieren können. In unseren Untersuchungen haben diese Vorgaben bei Novizen zu einer Effizienzsteigerung geführt. Verfügt eine Person über ein ausreichendes Maß an Expertise, kann auf derartige Maßnahmen verzichtet werden.

Doch auch fortgeschrittene Lerner können beim Wissenserwerb mit Hypermedien unterstützt werden. So können z. B. Werkzeuge zur externen Repräsentation von Informationen verwendet werden, um das Gedächtnis zu unterstützen oder eine elaborative Aufarbeitung hypermedial präsentierter Informationen zu fördern (Jonassen 1996). In der bereits erwähnten Studie von Zumbach und Reimann (2000) wurde ebenfalls untersucht, inwieweit durch solche „Cognitive Tools" das Lernen mit Hypertexten gefördert werden kann. Hier wurde durch die Bereitstellung „digitaler Werkzeuge" der Wissenserwerb beim Lernen mit einem Hypertext positiv unterstützt.[2]

Diese Befunde zeigen, daß durch zusätzliche Annotations- und Strukturierungshilfen Vorteile bei der Verarbeitung nicht-linearer Informationsangebote erzielt werden können. Die Möglichkeit der aktiven Strukturierung von Informationen seitens Lernender muß dabei nicht auf zusätzliche Werkzeuge beschränkt werden, sondern kann beispielsweise auch auf ganze Hypertextsysteme ausgedehnt werden. Eine Umsetzung kann dadurch erfolgen, daß Lernende eigene Knoten oder Verknüpfungen erstellen können. Auf diese Weise kann aktiv mit dem Informationsangebot gearbeitet und interagiert werden und darüber hinaus je nach Bedarf eine individuelle Neu-Strukturierung seitens des Lernenden erfolgen.

5 Zusammenfassung und Ausblick

Mit den Konzepten Hypertext und Hypermedia sind häufig sehr hohe Erwartungen verbunden, welche sowohl auf seiten der Produzenten, als auch auf seiten der Rezipienten bestehen. Insbesondere bei der Vermittlung von Inhaltsbereichen, die

---

2   In dieser Untersuchung wurde jeweils ein Texteditor oder ein Concept-Mapping Tool zur argumentativen Erörterung hypertextueller Informationen zur Verfügung gestellt. Beide Werkzeuge hatten positive Auswirkungen auf den Lernerfolg, dieser war jeweils größer als bei einer Kontrollgruppe. Zwischen den beiden Werkzeug-Varianten (textbasiert und graphisch) konnten jedoch keine Unterschiede festgestellt werden.

als „ill-structured" bezeichnet werden, wird beispielsweise das nicht-lineare Medium favorisiert. In Anlehnung an konstruktivistische Paradigmen wird beim Wissensaustausch und -erwerb mit Hypertext vor allem das Lernen aus „multiplen Perspektiven" favorisiert. Dies spricht für den Einsatz von hypertextuellen Lernumgebungen, zum Beispiel in Anlehnung an die Cognitive Flexibility Theory (Spiro/Jehng 1990). Allerdings können beim Lernen mit nicht-linearen Informationsressourcen verschiedenste Probleme auftreten, die hauptsächlich den Bereichen des „Cognitive Overhead" und des „Lost in Hyperspace" zugeordnet werden können.

Mit diesem Beitrag haben wir versucht, grundlegende Designempfehlungen zu geben, um diese Probleme zu vermeiden bzw. zu kompensieren. Insbesondere dann, wenn Novizen mit Hypermedien in einen neuen Wissensbereich eingeführt werden sollen, sind spezielle Maßnahmen der Lernerunterstützung notwendig, um einen effektiven Wissenserwerb zu gewährleisten. Durch die Kombination nichtlinearer und linearer Informationspräsentation, die Unterstützung durch Anleitung oder verschiedene Software-Werkzeuge können hypermediale Informationsangebote für die Wissensvermittlung optimiert werden. Darüber hinaus können durch die Gestaltung „hybrider" Lernumgebungen, die beispielsweise simulative, hypermediale und tutorielle Komponenten in sich vereinen, Lernangebote für verschiedene Zielgruppen und Lernercharakteristika entwickelt werden, die einen optimierten Wissenserwerb und -transfer ermöglichen.

Literatur

Alessi, S./ Trollip, S. (^{2}1991): Computer-based instruction: methods and developments. Englewood Cliffs/ NJ: Prentice Hall

Ausubel, D. P. (1960): The use of advanced organizers in the learning and retention of meaningful verbal material. In: Journal of Educational Psychology 51, 267-272

Ballstaedt, Steffen-Peter (1997): Wissensvermittlung. Weinheim: PVU

Boekaerts, Monique (1997): Self-regulated learning: A new concept embraced by researchers, policy makers, educators, teachers, and students. In: Learning and Instruction 2 (7), 161-186

Conklin, Jeff (1987): Hypertext: An Introduction and Survey. In: IEEE Computer 9 (20), 17-41

Cunningham, D. J./ Duffy, Thomas, M./ Knuth, R. (1993): The textbook of the future. In: McKnight, C./ Dillon, Andrew/ Richardson, J. (eds.): Hypertext: a psychological perspective. New York: Ellis Horwood, 19-51

Dick, W./ Carey, L. (^{3}1990): The systematic design of instruction. Glenview/ Ill: Scott, Foreman & Company

Dillon, Andrew (1996): Myths, Misconceptions, and an Alternative Perspective on Information Usage and the Electronic Medium. In: Rouet, Jean-François/ Levonen, Jarmo J./ Dillon, Andrew/ Spiro, Rand J. (eds.): Hypertext and Cognition. Mahwah/ NJ: Lawrence Erlbaum, 25-42

Flender, Jürgen (2001): Hypertext-Design: Einschätzungen von Experten/innen zu wünschenswerten Merkmalen prototypischer Hypertexte. In: Frindte, Wolfgang/ Köhler, Thomas/ Marquet, Pascal/ Nissen, Elke (eds.): Internet-Based Teaching and Learning (IN-TELE) 99. Frankfurt am Main u.a.: Lang, 334-340

Gerdes, Heike (1997): Lernen mit Text und Hypertext. Berlin: Pabst

Hedley, C. N./ Hedley, W. E./ Baretta, A. N. (1994): Visual thinking and literacy. In: Ellsworth, Nancy J./ Hedley, Carolyn N. (eds.): Literacy: A redefinition. Hillsdale/ NJ: Lawrence Erlbaum Associates, 109-126

Jacobson, M. J./ Maouri, C./ Mishra, P./ Kolar, C. (1996): Learning with hypertext learning environments: Theory, design, and research. In: Journal of Educational Multimedia and Hypermedia 3/4 (5), 239-281

Jonassen, D. H. (1989): Mapping the structure of content in instructional systems technology. In: Educational Technology 4 (29), 36-43

Jonassen, D. H. (1996): Computers in the Classroom: Mindtools for Critical Thinking. Columbus/ OH: Prentice Hall

Kuhlen, R. (1991): Hypertext. Ein nicht-lineares Medium zwischen Buch und Wissenschaft. Heidelberg: Springer

Perfetti, Charles A. (1996): Text and Hypertext. In: Rouet, Jean-François/ Levonen, Jarmo J./ Dillon, Andrew/ Spiro, Rand J. (eds.): Hypertext and Cognition. Mahwah/ NJ: Lawrence Erlbaum, 157-163

Reinmann-Rothmeier, Gabi/ Mandl, Heinz (1999): Unterrichten und Lernumgebungen gestalten. München: Universität München, Lehrstuhl für Empirische Pädagogik und Pädagogische Psychologie [Forschungsbericht Nr. 60]

Rouet, Jean-François/ Levonen, Jarmo J. (1996): Studying and Learning With Hypertext: Empirical Studies and Their Implications. In: Rouet, Jean-François/ Levonen, Jarmo J./ Dillon, Andrew/ Spiro, Rand J. (eds): Hypertext and Cognition. Mahwah, NJ: Lawrence Erlbaum, 9-24

Savery, John/ Duffy, Thomas (1995): Problem Based Learning: An Instructional Model and Its Constructivist Framework. In: Educational Technology 5 (35), 31-37

Schnotz, Wolfgang/ Zink, Thomas (1997). Informationssuche und Kohärenzbildung beim Wissenserwerb mit Hypertext. In: Zeitschrift für Pädagogische Psychologie 2 (11), 95-108

Schulmeister, Rolf (^{2}1997): Grundlagen hypermedialer Lernsysteme. Theorie-Didaktik-Design. München: Oldenbourg

Spiro, Rand J./ Jehng, Jihn-Chang (1990): Cognitive flexibility and hypertext: Theory and technology for the nonlinear and multidimensional traversal of complex subject matter. In: Nix, D./ Spiro Rand J. (eds.): Cognition, education, and multimedia: Exploring ideas in high technology. Hilldale/ NJ: Lawrence Erlbaum, 163-205

Spiro, Rand J./ Feltovich, Paul J./ Jacobson, Michael J./ Coulson, Richard L. (1991): Cognitive Flexibility, Constructivism, and Hypertext: Random Access Instruction for Advanced Knowledge Acquisition in Ill-Structured Domains. In: Educational Technology, May (31), 24-33

Stark, R./ Graf, M./ Renkl, A./ Gruber, H./ Mandl, H. (1995): Förderung von Handlungskompetenz durch geleitetes Problemlösen und multiple Lernkontexte. In: Zeitschrift für Entwicklungspsychologie und Pädagogische Psychologie 27, 289-312

Storrer, Angelika (2000): ‚Wie wird man ein guter Linker?' Prinzipien und Strategien im Umgang mit Hyperlinks. [Vortrag, 4. PROWITEC-Kolloquium, Wien 2000]

van Berkel, Arrie (2000). Information processing and non-purposive navigation in trendy overdesigned web sites. [Vortrag, 4. PROWITEC-Kolloquium, Wien 2000]

Zumbach, Jörg (1999): Wissensvermittlung durch computerbasierte Lernumgebungen. Gestaltung und Evaluation von Lernumgebungen für lokale Anwendungen und das World Wide Web. St. Augustin: Gardez

Zumbach, Jörg/ Reimann, Peter (1999): Assessment of a Goal-Based Scenario Approach. In: Marquet, Pascal/ Mathey, Stéphanie/ Jaillet, Alain/ Nissen, Elke (eds.): Internet-Based Teaching and Learning (IN-TELE) 98. Frankfurt am Main u.a.: Lang, 449-454

Zumbach, Jörg/ Reimann, Peter (2001): Hypertext-Based Argumentation: Role of Tools, Motivation, and Cognition. In: Frindte, Wolfgang/ Köhler, Thomas/ Marquet, Pascal/ Nissen, Elke (eds.): Internet-Based Teaching and Learning (IN-TELE) 99. Frankfurt am Main u.a.: Lang, 320-327

Zumbach, Jörg/ Mehrabi, Arianeb/ Schwarzer, Christian/ Rentz, Claudia/ Reimann, Peter/ Herfarth, C./ Kallinowski, F. (2000): Wie beurteilen Studierende CBT-Module? Evaluation von Trainingsprogrammen in der Chirurgie. In: Koop, A./ Novak, D. C. (Hrsg.): Computerunterstützte Ausbildung in der Medizin. Aachen: Shaker, 113-125

Konventionalisierung der Gestaltung multimedialer Software durch Automatisierung

Ein Produktionssystem für interaktive Lernsoftware

Bernd Gaede
Erlangen

> Im Projekt *ProfiL* (*Produktionssystem für interaktive Lernsoftware*) wird an der softwaretechnischen Unterstützung von Autoren multimedialer Lernsoftware beim Produktionsprozeß gearbeitet. Entwurfs- und Gestaltungswissen werden konventionalisiert und als Regeln repräsentiert. Das System *ProfiL* nutzt diese, um aus minimalen Spezifikationen von Lerneinheiten vollständige Kurse zu generieren, die hinsichtlich Nutzungsart und Oberfläche an spezifische Benutzerbedürfnisse angepaßt sind. So werden in den generierten, alternativen Varianten verschiedene Lernstile und den Fähigkeiten der Benutzer entsprechende Benutzungsschnittstellen (Bedienelemente, Navigationsparadigmen) realisiert. Die Lehrtextproduktion oder Didaktisierung vorhandener Materialien wird durch situativ angebotene *templates* und *guidelines* unterstützt.

1 Einleitung

Die Produktionsprozesse für Texte fast aller Gattungen verändern sich im Zuge der Verbreitung neuer, elektronischer Medien und mit dem Wachstum des *World Wide Web*. Die Produktion von interaktiven, multimedialen Lernmaterialien und von darin enthaltenen Lehrtexten ist ein Bereich, der im Projekt *ProfiL* – Akronym für „*Pr*oduktionssystem *f*ür *i*nteraktive *L*ernsoftware" – untersucht wird. Ziel des Projektes ist die Unterstützung der Lernsoftwareentwicklung durch die Automatisierung möglichst vieler Arbeitsschritte in diesem Prozeß. Gleichzeitig soll die Qualität der Lernmaterialien erhöht werden, indem *best practices* bei deren Gestaltung analysiert und konventionalisiert werden.

Die Aus- und Weiterbildung muß Wissen mit immer kürzerer Halbwertszeit vermitteln, was naturgemäß kaum zu institutionalisieren ist. Unter dem Schlagwort *life long learning* wird versucht, Lerner bei der eigenverantwortlich bedarfsgerechten Aneignung neuen Wissens zu unterstützen. Der Einsatz von Lernsoftware und *Web-Based Instruction* (WBI) gewinnt wegen der erhöhten Flexibilität und aus Kostengründen für diesen Zweck an Bedeutung.

Der gestiegene Bedarf an qualitativ hochwertiger Lernsoftware kann nur durch eine verbesserte Effizienz bei der Entwicklung gedeckt werden. Gerade fachliche und pädagogische Prinzipien kommen im Produktionsprozeß unter Zeit- und Kostendruck jedoch leicht zu kurz. Um dennoch den vielfältigen Anforderungen an erfolgreich einsetzbare Lernsoftware gerecht zu werden, müssen Werkzeuge und Methoden entwickelt und genutzt werden, die diesen Prozeß unterstützen und soweit wie möglich automatisieren. Nur dann können Ziele wie vertraute ergonomische Benutzungsschnittstellen (*look & feel*), konsistente didaktische und zielgruppengerechte Gestaltung oder *corporate design* verwirklicht werden.

Aktuelle Ansätze zur Multimediasystementwicklung (vgl. Chang 2000) versuchen, deren Komplexität durch interdisziplinäre Zusammenarbeit im Rahmen von Phasenmodellen gerecht zu werden, die meist mehrere Iterationen durchlaufen. Für die Lernsoftwareentwicklung soll ein Projektteam nach Kerres (1993) Kompetenzen als Projektmanager, Fachexperte, Kognitionswissenschaftler, Graphik-, Video- und Audiospezialisten, Kursdesignexperte und Programmierer bündeln. Problematisch ist dabei insbesondere, daß teure Spezialisten der jeweiligen Disziplinen benötigt werden, die statt miteinander eher neben- oder nacheinander an einem Entwicklungsprojekt arbeiten. Dadurch kommt es zu Reibungsverlusten, Inkonsistenzen und Fehlern inhaltlicher, struktureller und formaler Art.

Autorenwerkzeuge für multimediale Lernsoftware unterstützen gegenwärtig bestenfalls die Produktion, Integration und Strukturierung der Medien ohne didaktische Anleitung (vgl. Firdyiwek 1999) oder nur anhand relativ starrer Modelle. Diese Werkzeuge erlauben Fachexperten ohne Programmierkenntnisse zwar die Produktion von multimedialer Software, lenken dabei aber entweder von der didaktischen Konzeption ab oder engen diese ein. Weiter gehen Süß, Freitag und Brössler (1999), die einen „Metamodellierungsansatz für Teachware" vorstellen. Hier wird allerdings keine Lernsoftware generiert, sondern es wurde ein Management-System implementiert, das Lernmaterialien in Hypertexte überführt.

Im folgenden soll zunächst geklärt werden, welche Aspekte der Gestaltung multimedialer Software überhaupt konventionalisierbar sind. Voraussetzungen und Grenzen der Konventionalisierung werden umrissen, und eine grundlegende Vorgehensweise wird abgeleitet. Der anschließende Abschnitt 3 befaßt sich mit Ansätzen aus der Industrie und der Forschung, die bereits zu Standards oder *de facto*-Standards für die Konventionalisierung geworden sind. Unter Bezugnahme auf die erörterten Grundlagen wird zwischen Dokumenten und Software differenziert. Abschnitt 4 beschreibt dann das Szenario der Lernsoftwareproduktion mit *ProfiL*. Auf einen Überblick folgen die Beschreibung des konventionalisierten Domänenmodells und der Entwicklungsmethodik. Im letzten Abschnitt werden die Ergebnisse des Projektes zwischenbilanziert, woran sich ein Ausblick auf weitere Forschungs- und Entwicklungsarbeiten anschließt.

2 Grundlagen der Konventionalisierung

Voraussetzung der Konventionalisierung ist die Entflechtung konventionalisierbarer von nicht konventionalisierbaren Aspekten der Entwicklungsprozesse. In der Regel gelingt diese Entflechtung nicht vollständig; sie kann aber durch die Analyse der Interdependenzen und die anschließende Entwicklung geeigneter standardisierter Schnittstellen vorangetrieben werden. In der Forschung zum Dokumentenmanagement (also auch der -produktion) mit dem Computer existiert die Trennung zwischen Inhalt, Struktur und Layout, die sich weitgehend bewährt hat. Um der Softwareentwicklung gerecht zu werden, muß neben diesen drei Aspekten auch die Funktionalität berücksichtigt werden. Diese vier Bereiche und mögliche Abhängigkeiten sollen nun näher betrachtet werden.

2.1 Inhalte

Inhalte sind im Bereich multimedialer Lernsoftware neben Texten auch Bilder, Audiodateien, Animationen und Filme. Die Produktion dieser einzelnen Bestandteile ist Gegenstand der Text- oder Medienproduktionslehre und verwandter Gebiete. Eine Automatisierung der entsprechenden Produktionsprozesse erscheint unmöglich oder liegt in weiter Ferne. Ein sinnvoller Ansatz zur Konventionalisierung der Produktion liegt jedoch in der Analyse von Mustern. Solche Muster können sowohl innerhalb von Texten als auch multimedialer Materialien auftreten.

Wenn Textmuster erkannt werden können, werden Inhalte entsprechend typisiert. Die Definition solcher Typen kann über Grammatiken erfolgen, indem beispielsweise vorgegeben wird, daß eine Einführung zu einem Kurs über einen Titel, einen *Advance Organizer* nach Ausubel (1960) mit mehreren Lernzielen, eine Zusammenfassung und Angaben zur Bearbeitungsdauer verfügt. Eine Möglichkeit, Grammatiken für elektronische Dokumente als *Document Type Definition* zu realisieren, beschreibt Abschnitt 3.1, „Offene Standards für Dokumente". Alternativ kann man solche Typen auch mit Schablonen, den sog. *templates*, vorgeben. In welcher Weise einzelne Teile verfaßt werden sollen, kann darüber hinaus mit Hilfe von Redaktionsrichtlinien, allgemeiner auch *guidelines*, angeleitet werden, die dann zum Beispiel die gewünschte Länge einer Zusammenfassung vorgeben.

2.2 Strukturen

Die Struktur der Inhalte läßt sich ebenfalls zur Konventionalisierung nutzen, indem wiederkehrende Muster, die bei der Analyse der Materialien erkannt wurden, für deren explizite Gliederung genutzt werden.

Eine Grammatik kann nun Strukturinformationen wie Abfolge- oder Schachtelungsmöglichkeiten der Elemente beschreiben, die zuvor als konstituierende Elemente einer Kurseinführung als Typen definiert wurden. Für unser Beispiel könnte das heißen, daß eine Einführung mit genau einem Titel beginnen muß, dem sich entweder ein *Advance Organizer* mit einem oder mehreren Lernzielen oder eine Zusammenfassung anschließt, worauf dann die vorgesehene Bearbeitungsdauer folgen kann. Die oft anzutreffende Unterscheidung von Makro- und Mikrostrukturen kann unter pragmatischen Gesichtspunkten hilfreich sein, bleibt aber willkürlich.

2.3 Layout

Das Layout erschließt sich der Konventionalisierung besonders gut, wenngleich auch hier einige noch ungelöste Probleme nicht verschwiegen werden dürfen. Sobald Inhalte typisiert sind, kann Inhaltstypen auch ein spezifisches Layout zugeordnet werden. Solche Layoutvorlagen werden häufig ebenfalls als *templates* bezeichnet. Aus der eigenen Erfahrung mögen dem Leser Beispiele wie Formatvorlagen für den Titel eines Dokumentes bekannt sein.

Explizite oder implizite Strukturinformationen können von Regeln benutzt werden, die dann das Layout für Inhalte eines Typs abhängig von seiner jeweiligen Verwendung festlegen. So werden Überschriften von *TeX* (vgl. Kopka 2000) in einem Kapitel anders formatiert als im Inhaltsverzeichnis. Softwaretechnisch wird das Layout von Bedienelementen konventionalisiert, indem Komponentenbibliotheken mit vordefiniertem Layout, sogenannte *widget-libraries*, verwendet werden.

2.4 Funktionalität

Die Konventionalisierung oder gar Standardisierung von Funktionalität steckt noch in den Kinderschuhen. Zwar kann man in der Softwareentwicklung bezüglich der Benutzungsschnittstelle bereits von Konventionalisierung im Sinne von *de facto*-Standards sprechen; die weiterreichende Konventionalisierung der Anwendungslogik aber bleibt, wie schon Ortner (1995) feststellte, ein offenes Forschungsproblem. Im Einsatz befinden sich allerdings Programmiersprachen, die mit Hilfe virtueller Maschinen auf verschiedenen Plattformen die gleiche Funktionalität zur Verfügung stellen. Objektorientierte Programmiersprachen verfolgen ähnliche Ziele mit Klassenbibliotheken, die bestimmte Funktionalitäten über Programmierschnittstellen zur Wiederverwendung anbieten.

3 Standards zur Konventionalisierungsunterstützung

Nachdem die Grundlagen für die Konventionalisierung erläutert wurden, soll nun deren Anwendung in der Praxis im Mittelpunkt stehen. Zu diesem Zweck unterscheiden wir zwischen Konventionalisierungsansätzen in bezug auf elektronische Dokumente und solchen in bezug auf Software. Offene Standards vereinheitlichen und explizieren Konventionen und helfen dadurch, den Nutzen der Konventionalisierung zu erweitern. Sowohl im Dokumenten- als auch im Softwarebereich gewinnen Metadaten wie RDF (*Resource Description Framework*, vgl. Miller/ Swick/Brickley 2001) an Bedeutung, die in zahlreichen Gremien für spezifische Anwendungen standardisiert werden.

3.1 Offene Standards für Dokumente

Elektronische Dokumente sind mittlerweile allgegenwärtig. Um den Austausch solcher Dokumente unabhängig von der benutzten Software (Anzeigesysteme, Textverarbeitungen, Betriebssysteme) zu gewährleisten, wurden textbasierte, plattformübergreifende Formate entwickelt. Die wichtigsten Formate dieser Art werden nun skizziert und beurteilt.

Die ersten Standards für den elektronischen Textaustausch beschreiben einfach die Kodierung von Zeichen in binärer Form; sie legen also fest, welche Binärzahl welchem Zeichen zugeordnet ist. ASCII ist ein solcher Standard (seit 1963, detailliert beschrieben in Mackenzie 1980) für die binäre Kodierung von Zeichen mit sieben Bit, der heute noch bedeutsam ist. Die aktuelle Weiterentwicklung Unicode (siehe Unicode 2001) kann mit 16 Bit über 60.000 Zeichen und damit auch nicht-westliche Alphabete darstellen.

Auf solchen zeichenbasierten Standards bauen Austauschformate für ganze Dokumente auf. Layoutorientierte Textformate enthalten in der Regel Sonderzeichen, die von der darstellenden Anwendung als Formatierungsanweisung interpretiert werden. Um anderen Anwendungen solche Texte zugänglich zu machen, sind Formate entwickelt worden, die statt der Sonderzeichen reservierte ASCII- oder Unicode-Zeichenketten für die Auszeichnung benutzen, beispielsweise Microsofts *Rich Text Format* RTF, das Text mit Layoutanweisungen als ASCII-Datei repräsentiert.

Schon lange vor der Entwicklung von RTF wurden die sogenannten Auszeichnungssprachen (*markup languages*) als Lösung für den Austausch von Dokumenten erkannt. Arbeiten aus den 60er Jahren bei IBM führten zur Entwicklung der

Generalized Markup Language (GML). SGML, die *Standard Generalized Markup Language*, wurde dann 1986 (zur Geschichte von GML und SGML siehe Goldfarb 1996) zum ISO Standard. Dabei handelt es sich um eine Metasprache, mit der Auszeichnungssprachen für beliebige Domänen definiert werden können, indem eine Grammatik in Form einer DTD (*Document Type Definition*) erstellt wird. Mit SGML definierte Auszeichnungssprachen sollen vom Layout abstrahieren und Dokumente statt dessen inhaltlich strukturieren. Mittlerweile werden diese Sprachen vermehrt für den Datenaustausch zwischen beliebigen Anwendungen statt nur für den Austausch von Dokumenten verwendet. Dennoch ist SGML nur in bestimmten Bereichen (technische Dokumentation, Luftfahrt, Militär) erfolgreich, die den mit der Einführung verbundenen, großen Aufwand durch besondere Einsparungspotentiale rechtfertigen.

Die wichtigste Ausnahme von dieser Einschränkung ist HTML, die *HyperText Markup Language*, die 1990 für das Internet definiert wurde. Ursprünglich sollte HTML der inhaltlichen Strukturierung von Dokumenten dienen, deren Darstellung der Anzeigesoftware (Browser) überlassen bleibt. Im Laufe der mehrjährigen Weiterentwicklung ist HTML (zur Geschichte von HTML siehe Cailliau u. Ashman 1999) allerdings entgegen der SGML-Intention zur Layoutsprache degeneriert, die Elemente zur inhaltlichen Strukturierung mit Layoutanweisungen mischt.

Aufgrund dieser Erfahrungen wurde die *eXtensible Markup Language* XML (XML 2000) als Nachfolger von SGML zur Definition spezifischer Auszeichnungssprachen (XML-Sprachen) entwickelt. XML ist eine einfacher zu benutzende Untermenge des aktuellen SGML-Standards, die sich durch eine einfachere Syntax und weniger Optionen bei der Definition neuer Auszeichnungssprachen auszeichnet. Um XML von Anfang an von Layoutaspekten zu trennen, sind mit CSS (*Cascading Style Sheets*) und XSL (*eXtensible Stylesheet Language*) Layoutbeschreibungssprachen definiert worden, mit denen die Transformation von XML-Dokumenten in Layoutformate unterstützt wird.

XSL besteht aus zwei Teilen: XSLT, der XSL-Transformationssprache, und XSL-FO, einer Sprache, mit der Layoutinformationen mit Hilfe von *Formatting Objects* beschrieben werden. Mit XSLT lassen sich Regeln spezifizieren, anhand derer ein Werkzeug, die sogenannte *XSL-engine*, XML-Dokumente in XSL-FO-Dokumente oder beliebige andere Formate transformiert. Wesentlich ist hierbei, daß XML-Dokumente erst bei dieser Transformation mit Layoutanweisungen versehen werden, wobei als Zielformat meistens HTML gewählt wird.

Beachtung verdienen jüngere Bemühungen, zumindest das Auffinden von beliebigen Dokumenten zu erleichtern. Mit dieser Zielsetzung sind (meist XML-basierte) Metadatensätze entwickelt und auch standardisiert worden. Für bestimmte Anwendungsgebiete oder Fachrichtungen werden dabei Attribute und mögliche Attributwerte festgelegt, die Dokumente unabhängig von deren tatsächlichem Erscheinungsbild beschreiben. Im Kontext von Lernsoftware sind hier Dublin CORE (Weibel/Iannella/Cathro 1997), IMS (vgl. IMS 2001) und ARIADNE (vgl. ARIADNE 2001) hervorzuheben.

3.2 Standards für die Softwarekonventionalisierung

Die Konventionalisierung von Software gestaltet sich besonders schwierig, wenngleich sich auch hier in den letzten Jahren wesentliche Fortschritte ergeben haben. In Analogie zu den Metadaten für Dokumente müssen hier die von konkreten Implementierungen unabhängigen Modellierungssprachen wie die *Unified Modeling Language* UML (vgl. Burkhardt 1997) genannt werden. Die Standardisierung von Software erfolgt aber zunächst über die Programmiersprachen. Sprachumfang und -bedeutung sind seit langem Gegenstand der Standardisierung, die aber durch proprietäre Erweiterungen des standardisierten Kerns und Abhängigkeiten vom Betriebssystem an Bedeutung verliert.

Der Aspekt der Portabilität ist durch die Programmiersprache Java (Thorn 1997) einer Lösung näher gekommen. Diese Sprache greift das alte Konzept virtueller Maschinen auf, die ein plattformunabhängiges Kompilat eines Programms auf ihrer Plattform interpretieren. Eine einheitliche Spezifikation dieser virtuellen Maschinen garantiert dabei für die einheitliche Ausführung. Neu an Java ist nur dessen Akzeptanz und die daraus resultierende Effizienz und rasche Weiterentwicklung.

Ein Ansatz, mit dem HTML-Dokumente um Funktionalität erweitert werden können, sind Skriptsprachen, die von Browsern interpretiert werden. Bekanntester und sogar standardisierter Vertreter dieser Sprachen ist Javascript (vgl. z.B. Flanagan 1997); diese Sprache ist allerdings de facto plattformabhängig und stellt einen programmiertechnischen Rückfall dar, weshalb sie für größere Anwendungen nicht empfohlen werden kann. Objektorientierte Programmierung ist dagegen oft die Grundlage für die Wiederverwendung von Software.

Einen gewissen Grad an Konventionalisierung erzielen *Application Programming Interfaces*, sogenannte APIs. Bei ihnen handelt es sich um Programmierschnittstellen, über die auf wiederverwendbare Funktionalität einer Programmiersprache (z.B. das *Document Object Model*, DOM, oder das *Java Media Framework*, JMF) in vorgegebener Weise zugegriffen werden kann.

Komponentenarchitekturen wie JavaBeans oder DCOM gehen einen Schritt weiter und bieten für sämtliche Komponenten einheitliche Schnittstellen an, mit denen ihr Zustand modifiziert und sie verbunden werden können. Solche Komponenten ermöglichen insbesondere das „visuelle Programmieren" mit integrierten Entwicklungswerkzeugen.

Frameworks sind ganze Bibliotheken wiederverwendbarer Klassen. Weit verbreitet sind beispielsweise *Graphical User Interface*-Bibliotheken mit Komponenten für die Benutzungsschnittstelle, die mit ihrem vordefinierten Erscheinungsbild (z.B. eine Schaltfläche mit einer Diskette, die das Speichern einer Datei ermöglicht) zur Konventionalisierung beitragen. Anwendungsframeworks versuchen nach Schmid (1997) nicht mehr allgemein gebräuchliche Klassen zu organisieren, sondern bieten Implementierungen für anwendungsspezifische Datenstrukturen und Funktionalitäten an. Beispiele sind *San Francisco* von IBM oder die *Java 2 Enterprise Edition*, beides generische Modelle zur Abbildung betrieblicher Anwendungen und Prozesse. Spezifische Anwendungen können dann implementiert werden, indem die konventionalisierte Implementierung für eigene Zwecke angepaßt wird.

Am Ende dieses Abschnitts bleibt festzustellen, daß die große Lücke zwischen den Primitiven der Programmiersprachen und konventionalisierter Funktionalität für beliebige Anwendungslogik bislang nur punktuell für Benutzungsschnittstellen gefüllt wird.

4 Umsetzung in *ProfiL*

Im Projekt *ProfiL* werden aufbauend auf offenen Standards Methoden und Werkzeuge entwickelt, die den Prozeß der Lernsoftwareentwicklung unterstützen. Interessierte Fachexperten sollen dadurch selber schnell Kursmaterialien hoher Qualität entwickeln können. Das Entwicklungsmodell berücksichtigt nicht die Erstellung von Medienmaterial wie Graphiken, Audio- oder Videodateien und Animationen. Das Ziel der *ProfiL*-Methodik ist die Didaktisierung vorhandenen Materials und seine Integration in Lernsoftware. Wir geben in Abbildung 1 zunächst einen Überblick des Produktionsprozesses und der Werkzeugunterstützung mit *ProfiL*, ehe der Ansatz mit Blick auf die verwendeten Standards und entsprechende Dokumente detaillierter dargestellt wird:

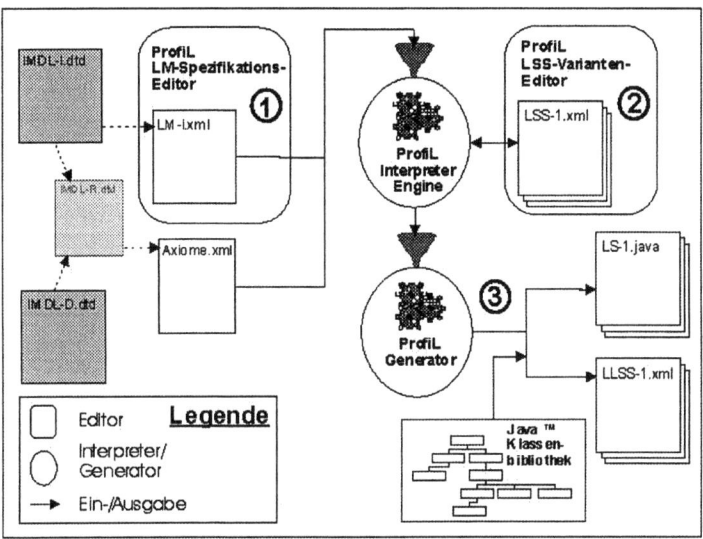

Abb. 1: Werkzeuge und Dokumentenworkflow in *ProfiL*

Der Entwicklungsprozeß mit *ProfiL* läßt sich in drei Phasen unterteilen, die in unterschiedlichem Maße durch Werkzeuge unterstützt oder automatisiert werden. Wesentliche Elemente in diesem Prozeß sind *guidelines* und *templates* für die Didaktisierung von Texten und Medien, die *Instructional Material Description Language* (IMDL), eine XML-basierte Spezifikationssprache für Lernmaterialien mit mehreren Konkretisierungsebenen, Transformationsregeln (Axiome) für IMDL-Spezifikationen, verschiedene Editoren, eine Klassenbibliothek für Lernsoftware und ein Programmgenerator. Ihren Einsatz in den drei Phasen wollen wir nun der Reihe nach erläutern.

4.1 Phase 1: Die initiale Spezifikation

Die *ProfiL*-Methodik basiert auf dem Prinzip der Wiederverwendung von Lernmaterialien, so daß die Medienproduktion als eigene Disziplin hier nicht explizit berücksichtigt wird. Der Autor von Lernsoftware sammelt, analysiert, didaktisiert und strukturiert in der ersten Phase Inhalte für den geplanten Kurs.

Mit IMDL steht ihm dabei ein Werkzeug zur Verfügung, das die formale Spezifikation von Lernmaterialien und anderen Einflußfaktoren auf die Gestalt der späteren Lernsoftware ermöglicht. Die Sprache trennt zwischen Einflußgrößen und Gestaltungsparametern für Lernsoftware, wofür jeweils eigene Beschreibungselemente in den Teilmengen IMDL-I (für Einflußgrößen: *Influences*) und IMDL-D (für Gestaltungsparameter: *Design*). Beide IMDL-Teilmengen trennen dabei zwischen den Aspekten Inhalt, Struktur, Metadaten, Tests und Benutzerinformation. Für die Basisspezifikation, die das Ergebnis dieser Phase ist, wird nur eine Untermenge von IMDL-I, gewissermaßen der IMDL-Kern, verwendet. Damit wird mit dem Spezifikationseditor für Lernmaterialien (LM) ein Netz aufgebaut, das Abhängigkeiten der thematischen Einheiten definiert und typisierte Materialien referenziert. Basisspezifikationen beschreiben also Inhalte (Konzepte, Beziehungen) und andere Aspekte zunächst in sehr abstrakter Form. Bei der vorhergehenden Didaktisierung von Texten und Medien wird der Autor durch *guidelines* angeleitet; spezifische didaktische Strukturierungsempfehlungen werden durch *templates* gegeben.

4.2 Phase 2: Iterierte Spezifikationstransformationen

In der zweiten Phase wird die abstrakte Basisspezifikation überwacht vollautomatisch in alternative vollständige IMDL-D-Spezifikationen transformiert. Dieser regelgeleitete Transformationsprozeß ergänzt schrittweise Details, wobei immer konkretere Sprachelemente verwendet werden. Wichtig ist, daß Autoren nach jedem Transformationsschritt mit dem Editor für Lernsoftwarespezifikationen (LSS) Varianten verwerfen oder manuell verbessern können.

4.2.1 Die Ebenen der Spezifikationssprache IMDL-D

IMDL-D ist wie IMDL-I eine nach Aspekten (s.o.) und zusätzlich in Ebenen organisierte Beschreibungssprache. Der erste Transformationsschritt leitet anhand der verfügbaren Informationen sinnvolle Ordnungsstrategien für die Lernmaterialien ab und gibt entsprechend erweiterte Spezifikationsvarianten aus. Für jede generierte Variante, die der Autor akzeptiert, können dann im zweiten Schritt Präsentationsstrategien ergänzt werden, wodurch diese Varianten alternative Unterrichtsstrategien für die geplanten Kursinhalte beschreiben. Der dritte Transformationsschritt selektiert wiederum für jede akzeptierte Variante passende Unterrichtsmodelle und ergänzt diese Information. Zu diesem Zeitpunkt sind also didaktisch sinnvolle Kurse in verschiedenen Varianten bis auf das konkrete Erscheinungsbild vollständig beschrieben. Daher folgt noch der vierte Schritt, in dem Komponenten für die Darstellung der Inhalte ausgewählt werden, die für die Zielgruppe geeignet sind, ehe schließlich im fünften Schritt alternative Layouts für die Benutzungsoberfläche ergänzt werden. Die Übergänge zwischen diesen Ebenen erfolgen durch die Anwendung von Transformationsregeln, die nun beschrieben werden.

4.2.2 Die Transformationsregeln für IMDL-Spezifikationen

Transformationsregeln für IMDL-Spezifikationen sind mit XSL realisiert und legen axiomatisch fest, welche Gestaltungsvarianten bei Vorliegen verschiedener Einflußgrößen sinnvoll sind. Für jeden Übergang zur nächstkonkreteren Ebene gibt es in Anlehnung an Bodart u. Vanderdonckt (1993) Regelmengen, die unter bestimmten Voraussetzungen zur Anwendung kommen. Eine solche Regelmenge für den vierten Transformationsschritt beschreibt beispielsweise, daß unerfahrenen Benutzern zur Navigation durch mehrseitige Lehrtexte Schaltflächen präsentiert werden. In der Regelmenge für erfahrene Benutzer könnten alternativ Rollbalken vorgeschlagen werden. Sind keine Informationen über die *computer literacy* der Zielgruppe vorhanden, generiert das System beide Alternativen.

Durch die Anwendung solcher Regeln entstehen im Idealfall didaktisch sinnvolle, korrekte und konsistente Kursentwürfe in IMDL-D. Die editierbaren Regeln erlauben aber auch für schlechte Kurse die Prüfung der ursächlichen Annahmen. Zeigt die Evaluation eines generierten Kurses klare Mängel, können die entsprechenden Regeln angepaßt werden.

Zwei weitere Effekte dieser Vorgehensweise sind die mögliche automatisierte Erstellung nützlicher Zusatzfunktionalität (Glossare oder Register) und die automatische Bereitstellung von Metainformationen (wie Zielgruppen, Schwierigkeit, Zertifizierung etc.) für die Lernmaterialien. Dadurch wird insbesondere das Management von Lernmaterialien (Suchmöglichkeiten über Lernsoftwaresammlungen, Verwaltung von Lernern oder Lernsoftwarenutzung, Erfolgscontrolling, Abrechnung) unterstützt. Aktuelle Probleme bei der Dokumentenverwaltung zeigen, daß aufwendige, der Produktion nachgeschaltete Mechanismen (z.B. durch das manuelle Verschlagworten von Dokumenten, hier durch generierte Kursbeschreibungen) nicht akzeptiert werden!

4.3 Phase 3: Programmgenerierung

Jede vollständige Spezifikation wird in der dritten Phase dem *ProfiL*-Generator übergeben. Dieser produziert Java-Quellcode (LS-1.java), der auf einer speziellen Klassenbibliothek für Lernsoftware aufbauend ein Programm mit den spezifizierten Eigenschaften darstellt. Dieses Programm kann dann kompiliert und anschließend von jedem Lerner auf beliebigen Plattformen, die Java unterstützen, ausgeführt werden. Die Generierung kann die Qualität der Software erhöhen, da auf modularer, getesteter Software aufgebaut wird.

Hier bleibt noch anzumerken, daß dynamische Einflußfaktoren für das Programm als IMDL-Dateien zur Verfügung gestellt werden. Deren Bezeichnung „LLSS-i" steht für *Lazy Learning Software Specification*. Sie beschreiben Einflußgrößen oder Gestaltungsparameter, die zur Spezifikationszeit noch nicht feststanden, oder dynamische Parameter, die sich bei der Nutzung ändern. Diese Teile werden nicht ausgewertet, sondern eine entsprechende Belegung erfolgt zur Laufzeit.[1] Ein (triviales) Beispiel für diesen Fall ist das Lernermodell, das natürlich bei der Benutzung generierter Lernsoftware den erweiterten Wissensstand des Benutzers widerspiegeln muß!

Der Automatisierungsgrad in den drei Phasen nimmt kontinuierlich zu, Kurse werden in verschiedenen Varianten weitgehend automatisch generiert. Dem Autor werden aber nach jedem Transformationsschritt Auswahl- und Editiermöglichkeiten angeboten, mit denen er Spezifikationsvarianten ablehnen oder individuelle Änderungen vornehmen kann.

5 Zusammenfassung und Ausblick

Die *Instructional Material Description Language* (IMDL), eine Beschreibungssprache für Lernmaterialien, wurde auf der Basis von XML entwickelt. Lernmaterialbeschreibungen können damit auf mehreren Ebenen zunehmend detailliert von rudimentären Strukturinformationen bis hin zu detaillierten Layoutspezifikationen vorgenommen werden. Die Transformation zu immer konkreteren Beschreibungen erfolgt stufenweise regelbasiert, wodurch das System dem Autor alternative, didaktisch und ergonomisch sinnvolle Detaillierungsvorschläge anbietet, die dieser weiter bearbeiten kann. Aus den automatisch oder halb automatisch vervollständigten Spezifikationen wird abschließend vollautomatisch Lernsoftware generiert, die den jeweiligen Spezifikationen entspricht. Der Produktionsprozeß von Lernsoftware wird mit der vorgestellten Methodik und dem Werkzeug *ProfiL* erheblich beschleunigt; die Beachtung ergonomischer und didaktischer Aspekte erfolgt soweit möglich automatisiert. Individuelle Vorlieben können bei der Entwicklung der Spezifikationen eingebracht werden, da letztere in IMDL in les- und editierbarer Form zur Verfügung stehen.

Problematisch bleibt der Konflikt zwischen dem Wunsch nach Individualisierung und dem nach konventionalisierter Gestaltung. Die Konventionalisierung erfolgt wie geschildert durch inhaltsbezogene *guidelines* für die Textproduktion, durch Grammatiken oder Muster (*templates*) für die Typisierung und die strukturelle Integrität, durch Regelmengen für die didaktische Gestaltung und durch komponentenbasierte Programmgenerierung für die Basisfunktionalität und die Benutzungsschnittstelle. Eine Individualisierung ist durch das textuelle Editieren der Spezifikationen zwischen den Transformationsschritten möglich. Dennoch erhoffen wir uns von der Explizierung angenommener Abhängigkeiten zwischen Ein-

---

1 Ist das nicht möglich oder sinnvoll, werden alternativ verschiedene Varianten generiert.

flußgrößen und Gestaltungsparametern einen erheblichen Mehrwert. Vormals implizite Annahmen werden dadurch vergleichbar und somit auch einer objektivierten Evaluation zugänglich.

Die curriculare Einbettung produzierter Lernsoftware ist entscheidend für den Erfolg von Bildungsmaßnahmen, findet aber bei der vorgestellten Methodik nur durch Metadaten für das „Lernmanagement" Berücksichtigung. Die Produktion multimedialer Elemente bleibt ebenso außen vor.

Geplante Erweiterungen des Prototyps sind insbesondere graphische Editoren, die den Kursentwurf besser unterstützen. Um alternativen Konventionen hinsichtlich des didaktischen Aufbaus entsprechen zu können, müssen Didaktikexperten zusätzliche Regelmengen erstellen. Sofern auch individuelle Medienpräferenzen oder ähnliches bei der Kursproduktion Berücksichtigung finden sollen, müssen zunächst das Medienmaterial und die Basisspezifikationen ergänzt werden.

Die Generierung unterschiedlicher Benutzungsoberflächen kann diversifiziert werden, indem die Komponentenbibliotheken weiterentwickelt werden, auf denen der Generator aufbaut. Gleiches gilt für elaborierte Testauswertungsverfahren, mit deren Hilfe Benutzer akkurater modelliert werden und die Adaptivitätsqualität des Systems verbessert werden könnte.

Letztlich bedürfen die generierten Lernprogrammalternativen der Evaluation, um die didaktischen und ergonomischen Konventionen zu überprüfen. Mittelfristig soll dann auch die Generatorbenutzung evaluiert werden, um die Unterstützung der Lernsoftwareautoren bei den Produktionsprozessen weiter zu verbessern.

Literatur

ARIADNE (2001): ARIADNE Project – Alliance of Remote Instructional Authoring and Distribution Networks for Europe. http://ariadne.unil.ch/ bzw. http://www.ariadne-eu.org (29.08.2001)

Ausubel, D. (1960): The use of advance organizers in the learning and retention of meaningful verbal material. In: Journal of Educational Psychology 51, 267-272

Bodart, François / Vanderdonckt, Jean (1993): Encapsulating Knowledge for Intelligent Automatic Interaction Objects Selection. In: Ashlund, S./ Mullet, K./ Henderson, A./ Hollnagel, E./ White, T. (eds.): Conference on Human Factors in Computing Systems INTERCHI '93. Conference Proceedings. New York: ACM Press, 424-429

Bos, Bert (2001): Web Style Sheets. W3C. http://www.w3.org/Style (30.08.2001)

Bosak, John (1997): XML, Java, and the future of the Web. Sun Microsystems. http://sunsite.unc.edu/pub/sun-info/standards/xml/why/xmlapps.htm (29.08.2001)

Bradley, Neil (1997): The Concise SGML Companion. Harlow u.a.: Addison-Wesley

Burkhardt, Rainer (1997): UML: Unified Modeling Language. Bonn u.a.: Addison-Wesley

Cailliau, R./ Ashman, H. (1999): Hypertext in the Web – a History. In: ACM Computing Surveys 4 (31). http://www.acm.org/pubs/articles/journals/surveys/1999-31-4es/a35-cailliau/a35-cailliau.pdf

Chang, Shi-Kuo (2000): Multimedia Software Engineering. Boston: Kluwer Academic [The Kluwer international series in software engineering; 7]

Cover, Robin (2001): IMS Metadata Specification. http://www.oasis-open.org/cover/ims.html (30.08.2001)

Firdyiwek, Y. (1999): Web-Based Courseware Tools: Where is the Pedagogy? In: Educational Technology (1), 29-34

Flanagan, D. (^{2}1997): JavaScript: The Definitive Guide. Sebastopol/ CA: O'Reilly & Associates

Goldfarb, Charles F. (1996): The Roots of SGML: A Personal Recollection. http://www.sgmlsource.com/history/roots.htm (29.08.2001)

Ortner, E. (1995): Defizite in der Applikationssoftware-Forschung und -Entwicklung. In: Informatik-Spektrum 5 (18), 281-285

IMS (2001): IMS Global Learning Consortium, Inc. http://www.imsproject.org/ (30.08.2001)

Kerres, M. (1993): Software-Engineering für multimediale Teachware. In: Seidel, Christian (Hrsg.): Computer based training. Erfahrungen mit interaktivem Computerlernen. Göttingen u.a.: Verlag für angewandte Psychologie, 87-102

Kopka, Helmut (^{3}2000): LaTeX: Eine Einführung. München u.a.: Addison-Wesley

Mackenzie, Charles E. (1980): Coded character sets, history and development. Reading/ Mass.: Addison-Wesley

Miller, Eric/ Swick, Ralph/ Brickley, Dan (2001): Resource Description Framework. W3C. http://www.w3.org/RDF/ (30.08.2001)

Schmid, Hans Albrecht (1997): Objektorientierte Entwurfsmuster und Frameworks in der Informatikausbildung der Universität Konstanz. In: Informatik Spektrum 6 (20), 364-371

Stöber, Alfred (1997): Computergestützte Lernsysteme. Grundlagentheoretische Diskussion und Anwendung. Wiesbaden: Dt. Univ.-Verlag [Gabler Edition Wissenschaft]

Süß, Christian/ Freitag, Burkhard/ Brössler, Peter (1999): Metamodeling for Web-Based Teachware Management. In: Chen, P.P./ Embley, D.W./ Kouloumdjian, J./ Liddle, S.W./ Roddick, J.F. (eds.): Advances in Conceptual Modeling. ER'99 Workshops on Evolution and Change in Data Management, Reverse Engineering in Information Systems, and the World Wide Web and Conceptual Modeling, Paris, France, November 15-18, 1999. Proceedings. Berlin u.a.: Springer [Lecture Notes in Computer Science; 1727], 360-373

Thorn, Tommy (1997): Programming languages for mobile code. In: ACM Computing Surveys 3 (29), 213-239

Unicode (2001): Unicode Home Page. Unicode, Inc. http://www.unicode.org (30.08.2001)

Wantz, L. Jay / Miller, Michael (1998): Educational Metadata in Use. In: Ashman, Helen/ Thistlewaite, Paul (eds.): Proceedings of the Seventh International World Wide Web Conference, Brisbane, Australia. Amsterdam: Elsevier, 701-703

Weibel, Stuart/ Iannella, Renato/ Cathro, Warwick (1997): The 4th Dublin Core Metadata Workshop Report. In: D-Lib Magazine. http://mirrored.ukoln.ac.uk/lis-journals/dlib/dlib/dlib/june97/metadata/06weibel.html (30.08.2001)

XML (2000): XML (Extensible Markup Language) 1.0 (Second Edition). W3C Recommendation. http://www.w3.org/TR/2000/REC-xml-20001006 (30.08.2001)

Unterstützung kooperativen Schreibens in virtuellen Lernumgebungen

Helmut Felix Friedrich, Aemilian Hron,
Sigmar-Olaf Tergan und Thomas Jechle

Tübingen und Furtwangen

Im Rahmen eines Feldexperiments wurden eine starke und eine schwache Variante der prozeduralen Unterstützung kooperativer Textproduktion in asynchronen telematischen Lernumgebungen (an jeweils vier Lerngruppen) erprobt. Die schwache Unterstützung umfaßte allgemeine Empfehlungen zur Organisation der Gruppenarbeit, z.B. Koordinator/in bestimmen, Terminplan erstellen. Die starke Unterstützung umfaßte zusätzlich schreibstrategische Empfehlungen (Ideensammlung durchführen, *peer review* der Textentwürfe u.a.) sowie eine darauf abgestimmte Ordnerstruktur auf der Oberfläche der Kommunikationsumgebung BSCW. Insgesamt zeigten sich keine Unterschiede zwischen beiden Formen der Unterstützung hinsichtlich der Umsetzung der Empfehlungen durch die Gruppen, der Selbständigkeit der Gruppen bei der Ausführung der Schreibaufgabe, der Einschätzung der Übersichtlichkeit der Kommunikationsumgebung sowie hinsichtlich der Einschätzung des kognitiven Anregungsgehalts der Schreibaufgabe. Als eine zentrale Variable erwies sich das Binnenklima in den Arbeitsgruppen: Die Einschätzung des bereits vor der Schreibaufgabe herrschenden Klimas korreliert positiv sowohl mit der Anzahl der Personen, die sich aktiv an der Schreibaufgabe beteiligen, als auch positiv mit der Einschätzung des kognitiven Anregungsgehalts der Schreibaufgabe.

1 Problemhintergrund

Einerseits hat das Internet ein großes Potential zur Kooperation/Interaktion zwischen den am Lernen Beteiligten, andererseits zeigen viele Untersuchungen, daß es nicht ausreicht, netzbasierte Kommunikationsumgebungen zur Verfügung zu stellen und darauf zu vertrauen, daß sich Kooperation/Interaktion von alleine einstellt. Eine kritische Größe scheinen dabei die Lernaufgaben zu sein, die in netzbasierten Lernarrangements gestellt werden (Roblyer/Edwards/Havriluk 1997; Friedrich/Hesse/Ferber/Heins 1999): Sie sollten zum einen curricular relevant sein, d.h. die Lernenden zur mentalen Auseinandersetzung mit zentralen Aspekten des Lerngegenstands anregen (eine Anforderung, der systematisch geplante Lernaufgaben generell genügen sollten, vgl. Seel 1981). Sie sollten zum anderen so komplex sein, daß Kooperation mit Mitlernenden sinnvoll erscheint und die Bearbeitung der Aufgabenstellung nicht schon besser und effizienter in Einzelarbeit geschieht (eine Anforderung, die sich speziell aus dem Einsatz kooperativer

Lernarrangements ergibt, vgl. z.B. Renkl/Gruber/Mandl 1996). Und sie sollten schließlich mit der jeweils zur Verfügung stehenden Kommunikationstechnologie zu bewältigen sein.

Die Produktion von Texten scheint diesen Anforderungen gerecht zu werden. Die Transformation eines lockeren Gedankengefüges in einen wohl organisierten Text erfordert tiefe Verarbeitungsprozesse, die ihrerseits das akkomodativ-assimilative Wechselspiel zwischen Lernenden und Lerngegenstand anregen und damit zur Veränderung bzw. Stabilisierung von Wissensstrukturen beitragen (z.b. Molitor-Lübbert 1989; Eigler/Jechle/Merziger/Winter 1990). Schreibaufgaben lassen sich – durch Veränderung ihres Umfangs und ihrer Komplexität – so gestalten, daß die Notwendigkeit kooperativen/kollaborativen Vorgehens einsichtig wird und es zu wirklicher Kooperation und nicht nur zu abwechselndem Handeln kommt, wie es Renkl et al. (1996) für Aufgabenstellungen für kooperatives Lernen fordern. Auch scheinen sich – zumindest im Prinzip und auf den ersten Blick – die verschiedenen Varianten der textbasierten computergestützten Kommunikation für die Bewältigung von kooperativen Textproduktionsaufgaben zu eignen. Auf den zweiten Blick zeigt sich hier jedoch, daß für kooperative netzbasierte Schreibaufgaben häufig allgemeine Kommunikationsumgebungen zum Einsatz kommen, die spezifische, für die kooperative Textproduktion wichtige Funktionen, z.B. Versionsverwaltung von Dokumenten, oder gar wichtige kognitive Teilprozesse wie Exploration in der Planungsphase, Organisation von Texten, Kohärenzstiftung und andere schreibspezifische *cognitive modes* (Smith 1994) nicht unterstützen.

Bereits unter Face-to-face-Bedingungen ist bei der kooperativen Produktion von Texten mit schwierigen und nicht immer konsensträchtigen Interaktionen zu rechnen, wie die Untersuchungen von Lehnen (1998) zeigen. Diese Probleme können sich durch fehlende non- und paraverbale Informationen bei computergestützter Kommunikation (vgl. Hesse/Garsoffky/Hron 1995) noch verstärken. Auch wenn Textproduktionsaufgaben insgesamt geeignet sein dürften, um Interaktion und Kooperation in virtuellen Lerngruppen zu stimulieren, ist bisher noch wenig erforscht, wie – unter den Bedingungen von Virtualität – die Bearbeitung solcher Aufgaben unterstützt werden kann.

2 Fragestellung

In dieser Untersuchung[1] wurde eine starke mit einer schwachen Variante der prozeduralen Unterstützung kooperativer Textproduktion verglichen. Starke prozedurale Unterstützung verweist hier auf die Vorgabe eines detaillierten Skripts zur Bewältigung einer kooperativen Schreibaufgabe in Anlehnung an ein Modell des Co-Publishing von Saunders (1989), der eine Taxonomie verschiedener kooperativer Schreibaufgaben aufgestellt hat. Er unterscheidet beispielsweise Co-Writing- von Co-Publishing-Aufgaben. Co-Writing zeichnet sich dadurch aus, daß alle Phasen der Textproduktion (Planung, eigentliches Schreiben, Review des Geschriebenen, Korrektur/Überarbeitung des Textes) kooperativ bewältigt werden. Co-Publishing zeichnet sich dadurch aus, daß gemeinsam geplant, ge-reviewt und korrigiert/editiert wird, jedoch die Teiltexte individuell produziert werden.

Als schwache prozedurale Unterstützung wird hier die Vorgabe einiger allgemeiner Vorschläge (Koordinator/in bestimmen, Terminplan festlegen usw.) zur Organisation virtueller Gruppenarbeit bezeichnet (zur detaillierten Beschreibung der beiden Bedingungen vgl. 3.2).

In der vorliegenden Untersuchung wurde unter Feldbedingungen untersucht, welche Akzeptanz die schwache und die starke Variante der prozeduralen Unterstützung bei netzbasiert kooperierenden Lerngruppen gefunden haben und wie sie sich auf verschiedene Aspekte der kooperativen Textproduktion (Selbständigkeit der Gruppe, Beurteilung der Kommunikationsumgebung, Beurteilung des kognitiven Anregungsgehalts der kooperativen Schreibaufgabe) ausgewirkt haben.

3 Die Untersuchung

3.1 Der curriculare Rahmen

Das Feldexperiment wurde im Rahmen des zweisemestrigen Weiterbildungsfernstudiums zum Thema „Neue Bildungsmedien: Multimedia und Telematik" der tele-akademie der Fachhochschule Furtwangen durchgeführt (zur inhaltlichen und medialen Konzeption sowie zu Implementation und Evaluation dieses Bildungsangebots vgl. Jechle 2000). Ein zentrales Element dieses Bildungsangebots ist die netzbasierte Gruppenarbeit. Jede Lerngruppe besteht dabei aus ca. 6 bis 9 Perso-

---

[1] Diese Untersuchung wurde teilweise durch Fördermittel des Bundesministeriums für Bildung und Forschung der Bundesrepublik Deutschland im Rahmen des Projekts NETZBALL („Auf dem Wege in die Informationsgesellschaft: Netzbasierte Angebote für das lebenslange selbstbestimmte Lernen", Förderzeichen W.1010.00) unterstützt.

nen, die sich zu Beginn des Studiums zusammenfinden und im Verlauf des Studiums netzbasiert und kooperativ mehrere Pflichtaufgaben zu bearbeiten haben. Eine dieser Pflichtaufgaben bestand darin, zu dem Multimediaprodukt HyperDisc einen Evaluationsbericht im Umfang von ca. 5 Seiten zu erstellen (zu HyperDisc vgl. Lechner/Tergan/Wedekind/Harms 1998; ferner: www.wissenskommunikation.de/hyperdisc/index.html). Hierfür nutzten die Lerngruppen die Kommunikationsumgebung BSCW (Basic Support for Collaborative Work).

3.2 Starke und schwache prozedurale Unterstützung

Den Lerngruppen der Bedingung „starke Unterstützung" wurden die Vorschläge zur Organisation der Gruppenarbeit in Form eines HTML-Dokuments auf der BSCW-Oberfläche unterbreitet. Diese Empfehlungen sind im wesentlichen in Tabelle 1 dargestellt.

Arbeitsphase	Empfehlungen für die Gruppenarbeit
Planung	Koordinator/in bestimmen Terminplan erstellen Ideen sammeln Gliederung erstellen Schreibaufträge verteilen
Schreiben	Ordner für Unterkapitel einrichten (Koordinator/in) Textentwürfe schreiben (individuell) Textentwürfe gegenseitig kommentieren (*peer review*) Textentwürfe überarbeiten (individuell)
Endfassung	Entwürfe in Endfassung integrieren (Koordinator/in) Endfassung in der Gruppe diskutieren Endfassung überarbeiten (Koordinator/in) Endfassung an tele-akademie einsenden (Koordinator/in)

Tab. 1: Vorschläge zur Bewältigung der Co-Publishing-Aufgabe (Bedingung „starke Unterstützung")

Neben schreibspezifischen Empfehlungen (nach Saunders 1989) sah dieses Skript auch allgemeine Empfehlungen zum Gruppenmanagement vor (z.B. Koordinator/in bestimmen, Zeitplan erstellen) sowie Empfehlungen zur Nutzung der spezifischen Möglichkeiten von BSCW (z.b. Unterordner anlegen, Dokumente unter Versionsverwaltung stellen, Diskussionsbeiträge als Notizen versenden).

Der Koordinatorin bzw. dem Koordinator wurde die Aufgabe zugewiesen, bei den jeweiligen Arbeitsschritten die Initiative zu ergreifen und darauf zu achten, daß der Arbeitsplan eingehalten wird. Dafür sollte er von der individuellen Textproduktion befreit werden.

Auf der BSCW-Oberfläche waren, um sie übersichtlich zu gestalten, Ordner für Planung, Textproduktion und Endfassung vorgegeben, wobei der Planungsordner weitere Unterordner (Koordinator/in, Terminplan), Ideensammlung, Gliederung) enthielt.

Die „schwache" prozedurale Unterstützung bestand aus einer Startmail an die Lerngruppen mit folgenden Hinweisen zur Strukturierung der Gruppenarbeit:

„(1) [...] zu Beginn eine Person aus der Arbeitsgruppe zu bestimmen, die die Koordination der Gruppenarbeit übernimmt und dafür von den eigentlichen Schreibarbeiten freigestellt wird,

(2) einen ungefähren Terminplan für die folgenden Teilschritte festzulegen,

(3) die eigentlichen Schreibarbeiten so zu verteilen, daß jedes Gruppenmitglied (mit Ausnahme des Koordinators/ der Koordinatorin) etwa gleich viel zum Gesamtbericht beiträgt,

(4) die Möglichkeiten zu nutzen, die BSCW-Arbeitsplattform durch Ordner und Unterordner übersichtlich zu halten und

(5) die Möglichkeiten zu nutzen, die BSCW hinsichtlich des gemeinsamen Arbeitens an Dokumenten (Stichwort: Dokument unter Versionsverwaltung) bietet."

Detaillierte schreibstrategische Vorschläge, z.B. Ideen sammeln, Gliederung erstellen, *peer review* durchführen, Texte überarbeiten sowie detaillierte Vorschläge zur Arbeitsverteilung zwischen Gruppe und Koordinator/in (wer macht was?) wurden den Kontrollgruppen nicht unterbreitet.[2]

---

[2] Ursprünglich war im Interesse deutlicher experimenteller Effekte geplant, die „starke Unterstützung" mit einer reinen Selbstorganisationsbedingung zu vergleichen, bei der die Gruppen der Kontrollbedingung keinerlei Hinweise zur Organisation der Gruppenarbeit erhalten. Dieser Plan wurde jedoch verworfen, da eine reine Selbstorganisationsbedingung mit dem Anspruch des Veranstalters auf die Realisierung „betreuten Tele- Lernens" (Kerres, 1998) nicht zu vereinbaren war.

3.3 Abhängige Variablen

Im einzelnen wurde geprüft, ob und wie sich die starke und die schwache prozedurale Unterstützung auf folgende Aspekte der kooperativen Textproduktion auswirken:

Umsetzung/Akzeptanz der Vorschläge zur Organisation der Schreibaufgabe

Hier wurde anhand der Fragebogendaten untersucht, ob die Lerngruppen die mit der starken und der schwachen prozeduralen Unterstützung verbundenen Empfehlungen übernommen und realisiert haben.

Selbständigkeit der Gruppen bei der Bewältigung der Schreibaufgabe

Es wurde erwartet, daß sich die starke Unterstützung positiv auf die Selbständigkeit der Lerngruppen auswirkt und diese seltener auf externe Hilfen (hier: Tutorinnen der tele-akademie) zurückgreifen müssen. Anhand der verbalen Interaktionsprotokolle wurde ausgezählt, (a) wie häufig die Lerngruppen Anfragen an die Tutorinnen der tele-akademie richteten und (b) wie häufig die Tutorinnen von sich aus in das Gruppengeschehen eingriffen.

Beurteilung der Übersichtlichkeit von BSCW

Hier wurde erwartet, daß aufgrund der Vorgabe einer Ordnerstruktur die BSCW-Oberfläche als übersichtlicher beurteilt wird. Die Bewertung erfolgte auf den beiden folgenden 5-Punkte-Schätzskalen: „Die Zuordnung der einzelnen Beiträge der anderen Gruppenmitglieder zu den einzelnen Diskussionspunkten fiel mir leicht (+2) ... (0) ... (-2) schwer." „Den Überblick über die Teilnehmerbeiträge auf der BSCW-Oberfläche zu behalten fiel mir leicht/schwer."

Beurteilung des kognitiven Anregungsgehalts der Schreibaufgabe

Mit der starken Variante der prozeduralen Unterstützung war die Erwartung verbunden, daß sie die Lernenden intensiv zur Auseinandersetzung mit der Aufgabenstellung anregt und sich dies auch im Urteil der Lernenden niederschlägt. Der kognitive Anregungsgehalt der Schreibaufgabe war im Fragebogen anhand der folgenden fünfstufigen Schätzskalen zu beurteilen: „Die Gruppenarbeit brachte mir viel (+2) (+1) (0) (-1) (-2) wenig Neues." „Der Nutzen, den ich durch die Beiträge der anderen Teilnehmer hatte, war gering/groß." „Das intellektuelle Niveau der Gruppenarbeit war für mich befriedigend/unbefriedigend."

3.4 Durchführung der Untersuchung, Datenerhebung, Versuchspersonen

Die beiden Varianten der prozeduralen Unterstützung wurden in zwei aufeinanderfolgenden Matrikeln unter Feldbedingungen erprobt. Im Wintersemester 1998/99 erhielten acht Lerngruppen die schwache und drei die starke Variante, im Sommersemester 1999 vier die schwache und vier die starke Variante der Unterstützung. Der zeitliche Ablauf der kooperativen Schreibaufgabe sah folgendermaßen aus.

Phase 1: Training in der Handhabung von BSCW (2 Wochen)
Phase 2: Individuelles Explorieren von HyperDisc (2 Wochen
Phase 3: Kooperatives Erstellen des Evaluationsberichts (4 Wochen)
Phase 4: schriftliche Befragung.

Im Anschluß an die Textproduktionsaufgabe (Phase 3) wurden per Fragebogen neben soziodemographischen Variablen Daten zur Umsetzung der allgemeinen und der schreibspezifischen Empfehlungen sowie zur Evaluation von BSCW erhoben. Gruppenklima und Arbeitsweise in der Lerngruppe *vor* der Schreibaufgabe waren im Fragebogen auf vier bipolaren 5-Punkte-Schätzskalen hinsichtlich folgender Merkmale zu beurteilen: gut/schlecht organisiert, interessant/uninteressant, befriedigend/unbefriedigend, lebhafte/schwache Beteiligung.

Von den insgesamt 19 Gruppen beider Matrikel konnten elf für die Auswertung nicht berücksichtigt werden, weil bei diesen Gruppen entweder substanzielle Anteile der Kommunikation nicht über BSCW erfolgten, sondern über andere Kommunikationskanäle (selbsteingerichtete Newsgroups, E-Mail, Telefon, ftf-Treffen der Gruppenmitglieder) oder weil sie im Verlauf bzw. nach Abschluß der Textproduktionsaufgabe Diskussionsbeiträge in BSCW löschten.

		n	n, aktiv[1]	n, FB[2]
starke Unterstützung	EG 1	8	3	3
	EG 2	7	6	4
	EG 3	6	6	4
	EG 4	7	4	3
schwache Unterstützung	KG 1	9	6	3
	KG 2	6	4	3
	KG 3	8	4	3
	KG 4	6	3	1

[1] Mindestens ein Beitrag während der Textproduktionsaufgabe.
[2] Alle zurückgesandten Fragebogen stammen von aktiven Gruppenmitgliedern.

Tab. 2: Gruppengröße (n), Anzahl der aktiven Gruppenmitglieder (n, aktiv) und Anzahl der ausgefüllten Fragebogen (n, FB) für acht Lerngruppen.

Für die Auswertung verblieben somit acht Lerngruppen (vier mit „schwacher", vier mit „starker Unterstützung"). Einen Überblick über die Gruppengröße, die Anzahl der Mitglieder, die aktiv an der Schreibaufgabe mitgewirkt haben (d.h. mindestens einen Beitrag geschrieben haben) und über die Anzahl der zurückgesandten Fragebogen für die acht in die Auswertung einbezogenen Gruppen gibt Tabelle 2.

4 Ergebnisse

Der Vergleich einiger wesentlicher Lernvoraussetzungen – Einschätzung des Gruppenklimas vor Beginn der kooperativen Schreibaufgabe, Erfahrung mit und Präferenz für kooperatives Arbeiten, Erfahrung mit netzbasierter Kommunikation – ergab, daß sich die Versuchspersonen unter beiden Bedingungen (starke/ schwache Unterstützung) nicht wesentlich voneinander unterscheiden.

Ob und in welchem Ausmaß die Vorschläge zur Strukturierung der Schreibaufgabe von den Gruppen akzeptiert und übernommen wurden zeigt Tabelle 3.

		starke Unterstützung (4 Gruppen)	schwache Unterstützung (4 Gruppen)
allgemeine Vorschläge	Koordinator/in bestimmen	in 4 Gruppen realisiert	in 4 Gruppen realisiert
	Terminplan aufstellen	in 4 Gruppen realisiert	in 3 Gruppen realisiert
	zusätzliche Ordner einrichten	in 2 Gruppen realisiert	in 2 Gruppen realisiert
schreibspezifische Vorschläge	Ideen sammeln	in 4 Gruppen realisiert	in 2 Gruppen realisiert
	peer review der Entwürfe	in 2 Gruppen realisiert	in 3 Gruppen realisiert
	Diskussion der Endfassung	in keiner Gruppe realisiert	in einer Gruppe realisiert

Tab. 3: Übernahme der Vorschläge zur Strukturierung der kooperativen Schreibaufgabe

Die Ergebnisse zeigen, daß die Vorschläge „Koordinator/in bestimmen" und „Terminplan erstellen" von nahezu allen Gruppen realisiert wurden. Die Empfehlung, weitere Ordner einzurichten, um die BSCW-Oberfläche übersichtlich zu halten, wurde dagegen unter beiden Bedingungen nur von zwei Lerngruppen aufgegriffen. Wobei anzumerken ist, daß unter der Bedingung „starke Unterstützung" bereits insgesamt sieben Ordner vorgegeben waren (vgl. Punkt 3.2) und deshalb der Bedarf für eine weitere Strukturierung durch Ordner hier sicher nicht so ausgeprägt war.

Die Übernahme der schreibstrategischen Empfehlungen ergibt ein uneinheitliches Bild: Der Vorschlag, zu Beginn eine Ideensammlung durchzuführen, wurde von allen vier Gruppen der Bedingung „starke Unterstützung" und von zwei Gruppen der Bedingung „schwache Unterstützung" aufgegriffen. Die anderen Vorschläge (*peer review*, Diskussion der Endfassung) wurden von den Gruppen, denen sie explizit nahegelegt worden waren, nur teilweise, von den Gruppen, denen sie nicht vorgeschlagen wurden, wurden sie zum Teil auf eigene Initiative realisiert. Eine Diskussion der Endfassung fand nur bei einer von acht Gruppen statt, was möglicherweise mit dem Zeitdruck gegen Ende der Textproduktionsaufgabe zu erklären ist.

In den Verbalprotokollen wurde auch ausgezählt, wie häufig die Gruppen Anfragen an die Tutorinnen der tele-akademie richteten und wie häufig diese von sich aus in das Gruppengeschehen eingriffen haben, um gezielte Ratschläge zu geben. Beides kam insgesamt selten und unter beiden Bedingungen gleich häufig vor (mittlere Anzahl von Anfragen an Tutorinnen: 4,0 unter beiden Bedingungen; mittlere Anzahl von nicht angeforderten Ratschlägen der Tutorinnen: 4,0 unter beiden Bedingungen). Die Erwartung, daß die Lerngruppen mit starker prozeduraler Unterstützung in geringerem Maß auf externe Hilfen angewiesen sind und damit selbständiger arbeiten, wurde somit nicht bestätigt.

Die Installation einer Ordnerstruktur unter der Bedingung „starke Unterstützung" sollte dazu beitragen, die BSCW-Oberfläche übersichtlicher zu gestalten und den Lernenden die Orientierung zu erleichtern. Die Ergebnisse zeigen, daß die Übersichtlichkeit der BSCW-Oberfläche unter beiden Bedingungen im Mittel gleich beurteilt wird, die Urteile unter der Bedingung „starke Unterstützung" jedoch deutlich weniger streuen (starke Unterstützung: Mittelwert $M = +1.00$, Streuung $s = 1.81$, $n = 11$; schwache Unterstützung: $M = +1.00$, $s = 2.50$, $n = 12$; zum Wortlaut der Schätzskalen vgl. 3.3).

Mit der starken Variante der prozeduralen Unterstützung war die Erwartung verbunden, daß die schreibspezifischen Empfehlungen (Ideen finden, *peer review* usw.) dazu führen, daß der kognitive Anregungsgehalt der kooperativen Schreibaufgabe besser beurteilt wird als in den Gruppen mit schwacher Unterstützung.

Die Ergebnisse zeigen, daß die Gruppen der Bedingung „schwache Unterstützung" den Anregungsgehalt der kooperativen Schreibaufgabe im Mittel etwas günstiger beurteilen als die Gruppen der Bedingung „starke Unterstützung" (schwache Unterstützung: M = +2.01, s = 2.77; starke Unterstützung: M = +1.0, s = 3.4; zum Wortlaut der Schätzskalen vgl. 3.3).

Ergänzende Analysen legen nahe, daß das Binnenklima in den Lerngruppen von größerer Bedeutung für das Geschehen in den Gruppen war als die starke und die schwache Unterstützung. In Gruppen, in denen Klima und Arbeitsweise bereits vor der kooperativen Schreibaufgabe von den Mitgliedern als gut beurteilt wurden, beteiligten sich – unabhängig von der starken/schwachen Unterstützung – mehr Mitglieder aktiv an der kooperativen Textproduktion. Auch wurde deren kognitiver Anregungsgehalt positiver eingeschätzt als in Gruppen, in denen Klima und Arbeitsweise vor der kooperativen Schreibaufgabe weniger günstig beurteilt wurden (zum Wortlaut der Skalen vgl. 3.3). So korreliert das Urteil über das bereits vor der kooperativen Schreibaufgabe in der jeweiligen Gruppe herrschende Klima deutlich positiv mit der Anzahl der aktiv an der Schreibaufgabe mitarbeitenden Gruppenmitglieder ($r = .60$, $p = .11$, $n = 8$ Gruppen) und signifikant positiv mit der Einschätzung des kognitiven Anregungsgehalts der Schreibaufgabe ($r = .87$, $p = .006$, $n = 8$ Gruppen). Letztere Variable korreliert ebenfalls deutlich positiv mit der Anzahl der aktiven Gruppenmitglieder ($r = .66$, $p = .07$, $n = 8$ Gruppen).

5 Diskussion

In dieser Studie wurde untersucht, wie sich eine schwache Form der prozeduralen Unterstützung (allgemeine Empfehlungen zur Organisation der Gruppenarbeit) und eine starke Form der prozeduralen Unterstützung (allgemeine und aufgabenspezifische Empfehlungen und aufgabenspezifische Ordnerstruktur auf der Oberfläche der Kommunikationsumgebung) auf verschiedene Aspekte der kooperativen Textproduktion auswirken. Die Daten zeigen, daß die Lerngruppen unter beiden Bedingungen weitgehend selbständig arbeiteten und gleich selten auf externe Hilfen durch die Tutorinnen angewiesen waren. Auch der kognitive Anregungsgehalt der kooperativen Schreibaufgabe wurde unter beiden Bedingungen gleich beurteilt. Die Vorgabe einer aufgabenspezifischen Ordnerstruktur verbesserte – nach dem Urteil der Versuchspersonen – die Übersichtlichkeit der Kommunikationsumgebung nicht.

Der ausgebliebene Effekt der starken Unterstützung könnte folgende Ursachen haben: Unzureichende Umsetzung der Empfehlungen unter der Bedingung „starke Unterstützung" bzw. spontane Realisierung nicht explizit empfohlener Strategien unter der Bedingung „schwache Unterstützung". Beispielsweise ergab die schriftliche Befragung, daß die schreibstrategischen Empfehlungen (*peer review* der Textentwürfe, Diskussion der Endfassung in der Gruppe) von den Gruppen, denen sie explizit nahegelegt wurden, nur teilweise umgesetzt wurden, und von den Gruppen, denen sie nicht vorgeschlagen wurden, teilweise spontan realisiert wurden. Ferner könnte ein doppelter Selektionseffekt mögliche Treatmentunterschiede verwischt haben: Viele Lerngruppen konnten nicht in die Auswertung einbezogen werden (Selektionsstufe 1), da sie zum Teil andere Wege des Austausches als die vorgesehene Kommunikationsumgebung (BSCW) nutzten. Hinzu kommt, daß in den verbleibenden Gruppen nicht alle der ursprünglichen Gruppenmitglieder aktiv an der Textproduktionsaufgabe mitarbeiteten (Selektionsstufe 2). Dadurch dürfte sich die Komplexität der gruppeninternen Interaktion insgesamt verringert haben, was wiederum die Notwendigkeit reduziert haben könnte, ein die kooperative Schreibaufgabe strukturierendes Skript zu befolgen. Diese doppelte Probandenselektion legt den Schluß nahe, daß die verbleibenden Daten vorwiegend von hoch motivierten Personen stammen. Für diese Bedingung läßt sich festhalten, daß die schwache Variante der prozeduralen Unterstützung ausreichte, um die netzbasiert kooperierenden Lerngruppen zur Selbstorganisation anzuregen.

Im Unterschied zu den externen Unterstützungsmaßnahmen scheint das Binnenklima in der jeweiligen Lerngruppe ein wichtige Rolle gespielt zu haben: In Gruppen, in denen das vor der Textproduktionsaufgabe herrschende Klima positiv beurteilt wurde, beteiligten sich auch mehr Personen aktiv an der Schreibaufgabe und es wurde der kognitive Anregungsgehalt der Schreibaufgabe positiver eingeschätzt als in Gruppen, in denen das Klima weniger günstig eingeschätzt wurde – dies unabhängig davon, ob die Gruppen die starke oder die schwache Unterstützungsvariante erhielten. Dieser Befund legt nahe, zukünftig verstärkt qualitative Unterschiede in den Interaktionen gut und weniger gut funktionierender virtueller Gruppen zu analysieren.

Literatur

Eigler, G./ Jechle, Th./ Merziger, G./ Winter, A. (1990): Wissen und Textproduzieren. Tübingen: Narr

Friedrich, H.F./ Hesse, F.W./ Ferber, S./ Heins, J. (1999): Partizipation im virtuellen Seminar in Abhängigkeit von der Moderationsmethode – eine empirische Untersuchung. In: Fechter, M./ Bremer, C. (Hrsg.): Die virtuelle Konferenz – neue Möglichkeiten für die politische Kommunikation (Grundlagen, Techniken, Praxisbeispiele). Essen: Klartext Verlag, 119-140

Hesse, F.W./ Garsoffky, B./ Hron, A. (1995): Interfacedesign für computerunterstütztes kooperatives Lernen. In: Issing, L.J./ Klimsa, P. (Hrsg.): Information und Lernen mit Multimedia. Weinheim: Psychologie-Verlags-Union, 253-267

Jechle, Th. (2000): Neue Bildungsmedien: Erfahrungen mit internetbasierter Weiterbildung. In: Krahn, H./ Wedekind, J. (Hrsg.): Virtueller Campus '99. Heute Experimente – morgen Alltag? Münster: Waxmann, 161-184

Kerres, M. (1998): Multimediale und telemediale Lernumgebungen. München, Wien: Oldenbourg

Lechner, M./ Tergan, S.-O./ Wedekind, J./ Harms, U. (1998): HyperDisc. Ein CD-ROM-basiertes Hypermedia-System zur Unterstützung flexiblen und offenen Lernens. Konzeption, Implementation, Arbeitsergebnisse. In: Hacker, W. (Hrsg.): Abstracts des 41. Kongresses der Deutschen Gesellschaft für Psychologie (Diskette 1&2). Technische Universität Dresden, 27.9.-1.10.1998. Dresden: Lößnitz-Druck

Lehnen, K. (1998): Textproduktion als Aushandlungsprozess. Interaktive Organisation gemeinsamer Schreibaufgaben. In: Jakobs, E.-M./ Knorr, D./ Pogner, K.-H. (Hrsg.): Textproduktion. HyperText, Text, KonText. Frankfurt am Main u.a.: Lang, 75-91

Molitor-Lübbert, S. (1989): Schreiben und Kognition. In: Antos, G./ Krings, H.P. (Hrsg.): Textproduktion: Ein interdisziplinärer Forschungsüberblick. Tübingen: Niemeyer, 78-296

Renkl, A./ Gruber, H./ Mandl, H. (1996): Kooperatives problemorientiertes Lernen in der Hochschule. In: Lompscher, J./ Mandl, H. (Hrsg.): Lehr- und Lernprobleme im Studium. Bern: Huber, 131-147

Roblyer, M.D./ Edwards, J./ Havriluk, M.A. (1997): Integrating educational technology into teaching. Upper Saddle River/ New Jersey: Merrill/ Prentice Hall

Saunders, W.M. (1989): Collaborative writing tasks and peer interaction. In: International Journal of Educational Research 13 (1), 101-112

Seel, N.M. (1981): Lernaufgaben und Lernprozesse. Stuttgart: Kohlhammer

Smith, J.B. (1994): Collective intelligence in computer-based collaboration. Hillsdale/ NJ: Erlbaum

Schreiben zwischen Studium und Beruf

Zur didaktischen Vermittlung domänenspezifischer Schreibanforderungen in der Hochschulausbildung

Katrin Lehnen und Kirsten Schindler
Aachen und Bielefeld

Schreibprozesse sind in den letzten Jahren verstärkt unter der Perspektive ihrer Domänen- und Kulturspezifik untersucht worden. Dabei sind insbesondere die Bedingungen des Schreibens am Arbeitsplatz eingehend beschrieben worden. Ausgehend davon, daß sich diese Bedingungen wesentlich von der wissenschaftlichen Textproduktion unterscheiden, geht der Beitrag der Frage nach, wie sich domänen- und berufsspezifische Schreibanforderungen bereits in der Schreibausbildung an den Hochschulen vermitteln lassen. Wir skizzieren ein Konzept zum „Domänen- und kulturspezifischen Schreiben", das wir im Rahmen von Seminaren und Workshops eingesetzt haben und das auf der Verzahnung von Praxisbeiträgen, Schreibaufgaben und theoretischen Reflexionen zum Schreiben basiert. Am Beispiel einer Schreibaufgabe aus dem Seminar, in der die Studierenden einen Behördenbrief überarbeiten mußten, wird gezeigt, wie Studierende Texte realisieren, bei denen sie sich auf Schreibbedingungen und Herstellungsnormen einstellen müssen, die sich in vielfältiger Weise von der Produktion von Referaten und Hausarbeiten unterscheiden. Ausgehend von diesem Beispiel wird diskutiert, wie sich im Studium realitätsnahe Aufgaben gestalten lassen und welche Domänen sich hierfür besonders eignen.

1 Einleitung

Klar schreiben ist für den Werbetext das Selbstverständliche. Ich nehme an, Sie können sich leicht dahin erziehen, oder doch mindestens bald lernen, unklare Sätze in Ordnung zu bringen. Jetzt wollen wir versuchen, darüber hinaus zu kommen, um den richtigen, aber einfachen Sätzen Leben einzuhauchen. Ich zeige Ihnen zunächst die einfacheren Mittel (Börner 1976 [1932], 29).

Klar schreiben ist vielleicht nicht nur für den Werbetext das Selbstverständliche. Die Annahme, man könne sich leicht dahin erziehen, oder doch mindestens bald lernen, unklare Sätze in Ordnung zu bringen, klingt vielversprechend. Der Schreibratgeber *Raffiniertes Textschreiben. Aufbau und Formung des Werbetextes* liefert, wie der Autor versichert, „keine Theorie", sondern „Beispiele und Übungen aus der Praxis", denen „zahlreiche praktische Erfahrungen" (ebd., 10) als „Textschreiber" in der Werbung zugrunde liegen. Was Börner mit seinem Ratgeber vermitteln möchte, ist – kurz gesagt – praktisches Wissen aus seiner Domäne. Vermutlich hat sich dieses Wissen bis heute sehr gewandelt: klar zu schreiben, dürfte in der Werbung längst nicht mehr die übergeordnete oder die einzige Maxime bilden.

Ratgeber sind eine gute Quelle, um etwas über die Vorstellungen, Normen und Konventionen innerhalb der in ihnen abgebildeten Handlungsbereiche herauszubekommen. Sie orientieren sich an der Darstellung eines Wissens, das als einschlägig für ein erfolgreiches Agieren in der Domäne definiert wird, und aus dem – oft in mehr als verkürzender Weise – entsprechende Handlungsempfehlungen und Handlungsmuster abgeleitet werden. Ratgeber liefern Insidertips, die, glaubt man beispielsweise dem Vorwort des Verlages, für den Börner schreibt, Berufskarrieren positiv beeinflußen können:

> Für wenig Geld verschaffen Sie sich ein Wissen, das erfahrene Fachleute in oft jahrzehntelanger Arbeit in unseren Fachbüchern niedergelegt haben. Machen Sie sich diese Erfahrungen zunutze [...]. Viele Tausende verdanken ihren beruflichen Aufstieg unseren Fachbüchern. Auch Sie werden mit ihrer Hilfe leichter arbeiten und schneller vorankommen (Börner 1976 [1932], Vorwort des Verlages).

Wahrscheinlich kann man sich nicht für wenig Geld ein Wissen verschaffen, das den beruflichen Aufstieg sichert. Und doch verbirgt sich hinter dem Zitat die richtige Einschätzung, daß das von BerufsexpertInnen vermittelte Wissen zu einem erleichterten Umgang mit fachlichen Anforderungen in der Domäne beitragen und entsprechende Handlungsstrategien aufzeigen kann. Für uns läßt sich mit dieser Einschätzung das Untersuchungsinteresse umreißen, das wir mit unserem Schreibprojekt verfolgen: Es besteht in der Frage, wie sich in der Hochschulausbildung domänenspezifische Bedingungen und Anforderungen des Schreibens von Texten vermitteln lassen, nämlich von Texten, wie sie z.B. in der Verwaltung, der Werbung, in der Presse oder in Unternehmen produziert werden. Inwiefern lassen sich im Studium Schreibtätigkeiten und Schreibgenres integrieren, deren Produkte nicht auf wissenschaftlichen Erkenntnisgewinn abzielen?

Vor dem Hintergrund, daß die meisten Studierenden nach ihrem Abschluß in neue Arbeitskontexte wechseln, sollten – neben dem wissenschaftlichen Schreiben – auch andere, berufsbezogene Textproduktionsprozesse in die Hochschulausbildung einbezogen werden (vgl. Kruse/Jakobs 1999, 28), denn „(d)er durchschnittliche Student kann bei den heutigen Studentenzahlen nicht mehr als angehender Wissenschaftler gesehen werden" (Renkl/Gruber/Mandl 1996, 131). Dementsprechend sollten „die Universitäten in ihrem Lehrangebot mehr Gewicht auf ein auf Wissenschaft gegründetes *berufsvorbereitendes* Studium legen" (ebd., 131/132, Hervorhebung d. Autoren).[1] Die mit dem wissenschaftlichen Arbeiten zu

---

1 In den letzten Jahren sind hierzu einige Initiativen entstanden (vgl. Ehlert/Welbers 1999).

erlernenden Methoden der systematischen Erschließung und Aufbereitung von Fachinhalten liefern eine geeignete Grundlage für die Vorbereitung auf Anforderungen, die in Studium *und* Beruf eine besondere Rolle spielen, etwa in bezug auf die Beschaffung und Recherche von Informationen und ihre adressatengerechte Darstellung.

Unser Beitrag geht der Frage nach, wie sich domänenspezifische Schreibanforderungen, wie sie im weiteren noch zu beschreiben sein werden, in der Hochschullehre vermitteln lassen. Wir skizzieren ein Konzept zum „Domänen- und kulturspezifischen Schreiben", das aus der Durchführung gleichnamiger Seminare und einem Workshop resultiert.[2] Dieses Konzept beruht auf der Verzahnung dreier verschiedener Komponenten: Gastvorträgen von BerufsexpertInnen aus verschiedenen Arbeitsbereichen, domänenspezifischen Schreibaufgaben und wissenschaftlichen Analysen von Schreibprozessen und Textprodukten. Anhand der Analyse eines Beispiels aus dem Seminar möchten wir diskutieren, welche Domänen bzw. domänenspezifischen Aufgaben für eine exemplarische Behandlung in Seminaren dieser Art geeignet sind und wie sich im Studium realitätsnahe Aufgaben gestalten lassen, die einen erkennbaren Zusammenhang zwischen erworbenem Wissen und seiner Anwendung bei der Lösung spezifischer Probleme herstellen.[3]

2 Domänen- und berufsspezifisches Schreiben im Studium

Bedingungen und Anforderungen der beruflichen Textproduktion sind in den letzten Jahren in einer Reihe von Studien am Arbeitsplatz untersucht worden (Sharples/van der Geest 1996; Gemert/Woudstra 1997; Pogner 1999a). Diese Bedingungen werden unter anderem in der deutlichen Gebrauchsorientierung der

---

2 Die Idee zu diesen Seminaren hatten Elisabeth Gülich und Ulrich Krafft. Im WS 1998/99 und im WS 1999/00 haben wir mit ihnen zusammen zwei Seminare und einen separaten Workshop zum „Populärwissenschaftlichen Schreiben" an der Universität Bielefeld durchgeführt. Den beiden gilt zugleich unser herzlicher Dank: die hier vorgetragenen Überlegungen gehen auf zahlreiche gemeinsame Seminarplanungen und Diskussionen zurück, von denen wir sehr profitiert haben. Wir danken außerdem Peter Handler und Karl-Heinz Pogner für die kritische Durchsicht des Manuskripts. Schließlich haben Werner Aufderlandwehr und Bernhard Schmidt durch ihre Kooperationsbereitschaft dafür gesorgt, daß wir an einen interessanten Fall und eine echte Aufgabe domänenspezifischen Schreibens im Studium geraten sind.

3 Zur Frage der Eignung von Aufgaben, allerdings hier bezogen auf die Lösung von Aufgaben im Team, siehe auch den anregenden Beitrag von Friedrich u.a. in diesem Band (Friedrich/Hron/Tergan/Jechle 2001).

am Arbeitsplatz produzierten Texte, in ihrer thematischen Fremdbestimmtheit, in der Beteiligung unterschiedlicher Personen am Textprodukt und in der Orientierung an Unternehmens- und Organisationsnormen beschrieben, die sich besonders deutlich in der Bezugnahme auf bereits bestehende Texte innerhalb der Institution manifestiert. Schreiben am Arbeitsplatz findet nicht isoliert statt, es ist in ein soziales Arbeitsumfeld eingebettet,[4] das zu einem großen Teil durch die Ziele des Unternehmens oder der Organisation beeinflußt ist. Das Schreiben in einer (beruflichen) Domäne verlangt das Wissen darüber, wie in der Domäne kommuniziert wird und welchen Normen, Mustern und Konventionen die Textproduktion unterliegt. Dabei arbeiten wir für unsere Zwecke mit einer relativ weiten Definition von Domänen. Wir verstehen unter Domänen gesellschaftliche Kontexte der Lösung von wiederkehrenden Aufgaben, die sich organisations- und institutionsspezifisch herausbilden (Antos/Pogner 2001) und die sich in festgelegten Kommunikationsabläufen, Textmustern und Formulierungsroutinen manifestieren können (vgl. Gülich/Krafft 1998; Sandig 1996). Die Lösung von domänenspezifischen Aufgaben unterliegt dabei zeit- und interaktionsbedingten Veränderungen, wie sie z.B. durch die Einführung und den Gebrauch von (neuen) Medien entstehen (vgl. Pogner 1999b; Eckkrammer 2001). Wie lassen sich Anforderungen des Schreibens am Arbeitsplatz in der Hochschullehre vermitteln?

Studierende mit anderen, nicht-wissenschaftlichen Schreibbedingungen zu konfrontieren, kann im Rahmen eines Seminars nur auf exemplarische Weise geschehen. Denn das Schreiben von Texten im Beruf zeichnet sich durch seine Einbindung in einen umfassenden Arbeitsalltag aus. Anders ausgedrückt: Domänenspezifisches Schreiben lernt man nur in der Domäne selbst (vgl. Pogner 1999a, XVI), es setzt einen komplexen (Lern-)Prozeß *in der Zeit* voraus. Dementsprechend sind die Ziele eines Seminars nicht darin zu definieren, das Schreiben in einer oder in mehreren Domänen zu trainieren und Schreibfertigkeiten auszubilden, die auf besondere Arbeitsbereiche vorbereiten. Vielmehr liefert der universitäre Rahmen die Möglichkeit, verschiedene Schreibkontexte einzubinden und unterschiedliche Produktionsnormen zu kontrastieren. Im Rahmen eines universitären Schreibprojekts wollten wird deshalb realisieren,

- daß Studierende einen Einblick in verschiedene Arbeitsfelder bekommen

---

4   Die Einbindung in ein soziales Beziehungsnetz gilt – wenn auch in anderen Erscheinungsformen – ebenso für die wissenschaftliche Textproduktion (vgl. Jakobs 1997). Gleichermaßen bildet die Bezugnahme auf bereits bestehende Texte ein konstitutives Merkmal wissenschaftlicher Textproduktion, freilich auch hier in gänzlich anderen Erscheinungsformen als in einem Unternehmen (vgl. Jakobs 1999).

- daß sie exemplarisch Schreibaufgaben bearbeiten, wie sie in anderen Arbeitsbereichen vorkommen können und
- daß sie zugleich ein methodisches Inventar zur Beschreibung und Analyse von Textproduktionsprozessen erwerben.

Diese Überlegungen haben wir in einem Seminar umgesetzt, das verschiedene Komponenten enthielt und folgende Verlaufsstruktur hatte:

1. BerufsexpertInnen aus verschiedenen Praxisbereichen berichten in dem Seminar aus ihrem Arbeitsumfeld. Sie beschreiben, wodurch ihr Arbeitsplatz und Aufgaben in ihm charakterisiert sind. Weil es sich um ein Seminar zum Schreiben handelt, werden diese Aufgaben an den zu produzierenden Texten skizziert, mit denen die ExpertInnen in ihrer Domäne betraut sind. In der Regel wird dies an einer ausgewählten Schreibaufgabe veranschaulicht.

2. Zu Ende der Sitzung vergeben wir oder die ReferentInnen eine vergleichbare Schreibaufgabe an die SeminarteilnehmerInnen. Diese Schreibaufgaben sind von den Beteiligten in einer festgelegten Zeit, zumeist innerhalb von einer Woche zu lösen. Die produzierten Texte werden in Arbeitsgruppen besprochen, oder, wenn sich die Gelegenheit ergibt, von den entsprechenden ExpertInnen gelesen und beurteilt.

3. Die Veranstaltung enthält außerdem eine Reihe von Theoriesitzungen, in denen verschiedene Aspekte der wissenschaftlichen Untersuchung von Schreibprozessen eingeführt werden. Dies dient der Einführung und Reflexion wissenschaftlicher Beschreibungskategorien, die eine theoriegeleitete Beobachtung des eigenen Schreibprozesses gewährleisten sollen (für einen Überblick über die einzelnen Komponenten siehe Abb. 1, für eine ausführliche Beschreibung des Konzepts siehe Lehnen/Schindler (im Druck).[5]

Die Kurzbeschreibung des Seminars macht deutlich, daß über die Kombination von Praxisvorträgen, Schreibaufgaben und wissenschaftlichen Reflexionen eine enge Verzahnung von praktischen und theoretischen Aspekten angestrebt wird. Das Ziel besteht auf der praktischen Seite darin, Studierende mit wechselnden Schreibbedingungen zu konfrontieren; sie sollen die aus den Praxisvorträgen hervorgehenden Handlungsbeschreibungen bei der Bearbeitung der Schreibaufgabe umzusetzen versuchen. Gleichzeitig sollen sie sich aus einer theoriegeleiteten Perspektive der dort skizzierten Normen bewußt werden und diese mit Nor-

---

[5] Bei den entsprechenden Veranstaltungen handelte es sich um vierstündige Hauptseminare für Studierende der Germanistik und der Romanistik, die zu gleichen Teilen auf Plenums- und Arbeitsgruppensitzungen verteilt waren.

men aus anderen Produktionskontexten vergleichen können; sie sollen ein erhöhtes Reflexionsvermögen für die Produktion und Analyse von Texten und Textproduktionsprozessen herausbilden. Das Seminar zielt auf die Vermittlung prozeduralen und reflexiven Wissens, deklarative Wissenskomponenten – etwa die exakte Kenntnis einzelner rechtlicher Bestimmungen bei der Erstellung eines Verwaltungstextes – treten demgegenüber in den Hintergrund; sie lassen sich im Rahmen exemplarischer, ständig wechselnder Schreibumgebungen und -ziele kaum vernünftig aufbauen.

Die folgende Übersicht liefert eine Zusammenstellung der in den Seminaren und dem Workshop behandelten Domänen, Aufgaben und Theoriesitzungen:

Verwaltung

Dr. Werner Aufderlandwehr/ Bernhard Schmidt (Akademisches Auslandsamt): *Briefe an ausländische Studierende im Akademischen Auslandsamt*

Aufgabe: Überarbeitung eines Briefes des Akademischen Auslandsamtes

Dr. Andrea Frank (Prorektorat für Lehre, Studienangelegenheiten und Weiterbildung): *Zum Verfassen von Anträgen*

Aufgabe: Antrag zur Bewilligung von Tutorenmitteln

Hans-Jürgen Simm (Personaldezernat): *Zum Verfassen von Entscheidungsvorlagen*

Aufgabe: Entscheidungsvorlage zur Frage eines Rauchverbots an der Universität

Aufgabe: Entscheidungsvorlage zur Frage der Integration obligatorischer Schreibkurse in der Studienordnung linguistischer und literaturwissenschaftlicher Fächer

Politik

Klaus Luther (Bundesministerium für Bildung und Forschung): *Zum Verfassen von Reden (Ghostwriting)*

Aufgabe: Begrüßungsrede anlässlich einer Preisverleihung

Unternehmen

Claudia Hempelmann (Referendarin mit Staatsexamensarbeit zu dem Thema): *Bewerbungsschreiben im deutsch-französischen Vergleich*

Aufgabe: Bewerbung um einen Praktikumsplatz

Dr. Ruth Fleischmann (Lehrende des Fachbereichs Anglistik): *Höflichkeitsformen im englischen Schriftverkehr*

Aufgabe: Formulierung einer Anfrage auf Englisch

Prof. Dr. Liisa Tiittula (Universität Tampere, Finnland): *Kulturspezifische Aspekte in der Geschäftskommunikation zwischen Deutschen und Finnen* [keine Aufgabe]

Presse (Workshop: Populärwissenschaftliches Schreiben)

Petra Pansegrau (Institut für Wissenschafts- und Technikforschung, Universität Bielefeld): *Neuere Konzepte des Public Understanding of Science*

Aufgabe: Ankündigung des Workshops „Populärwissenschaftliches Schreiben" als Aushang

Dr. Veronika Reiß (Pressestelle der Universität Bielefeld): *Forschungsmagazine: Acquise und Redaktion populärwissenschaftlicher Autorenbeiträge*

Aufgabe: Pressemitteilung zum Workshop für die Universitätszeitung

Dr. Jürg Niederhauser (Institut für Germanistik, Universität Bern): *„Das kommt vom populären Ton." Popularisieren von Wissenschaft als Transfer wissenschaftlicher Texte und Erfahrungen beim Schreiben über linguistische Themen in Zeitungen*

Aufgabe: Umformulierung einer wissenschaftlichen Kurzmeldung für die Presse

Dr. Veronika Hackenbroch (freie Wissenschaftsjournalistin, Köln): *Der Sprung ins kalte Wasser und der rasende Reporter. Wie schreibt man einen populärwissenschaftlichen Artikel?*

Aufgabe: Populärwissenschaftlicher Artikel zur Entdeckung eines Medikamentes (fiktiv)

Theoretische Aspekte

Methoden der Textproduktionsforschung

Revisionsprozesse

Textsorten

Vorgeformtheit und Formelhaftigkeit

Populärwissenschaftliches Schreiben

Domänen- und Kulturspezifik des Schreibens

Abb. 1: Domänen und domänenspezifische Schreibaufgaben im Seminar

Über die in der Übersicht verzeichneten Schreibaufgaben hinaus wurden im Seminar einige Aufgaben vergeben, die nicht in entsprechende Referate aus der Praxis eingebettet werden konnten. Darunter fiel z.B. das Verfassen eines Klappentextes, die Überarbeitung bzw. Lektorierung eines wissenschaftlichen Textes, das Schreiben eines Nachrufs und die Herstellung eines Gutachtens.

Doch auch wenn Aufgaben durch ExpertInnenvorträge in ihren domänenspezifischen Kontext eingebettet werden konnten, bleibt es ein grundsätzliches Problem, daß die gestellten Aufgaben in dem Seminar in der Regel keine echten Aufgaben sind, deren Lösung unmittelbare Folgen bzw. eine weiterführende Funktion im Alltag der Studierenden hat. Dieses Problem berührt nicht nur die Schreibaufgaben innerhalb des von uns beschriebenen Konzepts. Es betrifft ebenso die Auswahl von Aufgaben beim wissenschaftlichen Schreiben. Auch hier verfassen Studierende Texte (z.B. Hausarbeiten), mit denen zwar wissenschaftliche Schreibkonventionen eingeübt und erworben werden, mit denen aber in der

Regel keine Anschlußkommunikationen bezweckt werden, wie es für die professionelle Textproduktion in wissenschaftlichen Diskursgemeinschaften – sowie für das berufsbedingte Schreiben überhaupt – gilt (vgl. Jakobs 1997; Pogner 1999b; Lehnen/Dausendschön-Gay/Krafft 2000).

Insgesamt wird damit ein gewisses Spannungsverhältnis erzeugt: Einerseits sollen die in dem Seminar gestellten Aufgaben domänenspezifische Produktionsbedingungen abbilden und die Studierenden realitätsnahen Anforderungen aussetzen. Andererseits liefert ein Seminar, in dem verschiedene Schreibdomänen eingebunden und kontrastiert, aber auch theoretisch reflektiert werden, nur einen begrenzten Raum für die Realisierung authentischer Schreibbedingungen. Im Rahmen eines Konzepts der exemplarischen Behandlung verschiedener Schreibdomänen gewinnt deshalb die Frage, welche Domänen bzw. welche domänenspezifischen Schreibaufgaben sich für eine Behandlung im Seminar eignen, eine besondere Bedeutung. Wie müssen Schreibaufgaben beschaffen sein, d.h. was müssen sie leisten, um im Rahmen eines Seminars zu einer sinnvollen Lernaufgabe zu werden? Dieser Frage möchten wir im Rahmen der Präsentation und Diskussion eines Beispiels aus dem Seminar nachgehen.

3 Überarbeitung eines Behördenbriefs durch Studierende

Das Beispiel, das wir im Hinblick auf die eben beschriebene Problemstellung diskutieren möchten, umfaßt die Überarbeitung eines Formbriefs des Akademischen Auslandsamtes durch die TeilnehmerInnen des Seminars. Wir haben diese Aufgabe ausgesucht, weil sie im Seminar erfolgreich gelöst wurde und vielfältige Diskussionen über kommunikative Aufgaben und Normen in der Domäne ausgelöst hat. Diese Diskussionen wurden u.a. mit dem Leiter und einem Mitarbeiter des Akademischen Auslandsamtes geführt.

3.1 Entstehungshintergrund der Aufgabe

Bei dem betreffenden, von den TeilnehmerInnen zu überarbeitenden Brief handelt es sich um ein Exemplar aus rund 60-70 Formbriefen, die das Akademische Auslandsamt Bielefeld im täglichen Schriftverkehr verschickt, um die Zulassung und Einschreibung von ausländischen Studierenden zu regeln. Die MitarbeiterInnen des Amtes haben mehrfach den Hinweis bekommen, daß einige ihrer Briefe unverständlich sind und bei ausländischen StudienbewerberInnen Mißverständnisse provozieren. Ziel der Behörde ist es, die Briefkommunikation möglichst problemlos abzuwickeln. Weil im normalen Arbeitsalltag keine Zeit für eine umfangreiche Überarbeitung der Schreiben bleibt und weil, wie der Leiter des Amtes es ausdrückt, man durch den Blickwinkel der formal-rechtlichen Denkweise bereits eine gewisse stilistische Betriebsblindheit mitbringe, benötige man für eine Optimierung der Briefe die Hilfe von außen. Daraus ist für das Seminar eine interessante und „echte" Aufgabe entstanden. Der Leiter des Akademischen Auslandsamtes schlug uns vor, einige der Formbriefe von den SeminarteilnehmerInnen sprachlich überarbeiten zu lassen und stellte uns dafür eine Auswahl der betroffenen Briefe zur Verfügung. Die entstandenen Überarbeitungsvorschläge aus dem Seminar wurden in einer späteren Sitzung zusammen mit den Studierenden, dem Leiter des Akademischen Auslandsamts und einem weiteren Mitarbeiter diskutiert.

3.2 Bearbeitung der Aufgabe

Die folgende Abbildung verzeichnet den Brief, den wir für eine Bearbeitung im Seminar ausgewählt haben. Die Aufgabe der Überarbeitung wurde von uns als Gruppenaufgabe vergeben. Die Beteiligten mußten paarweise zusammen schreiben, ihre Produktionsinteraktionen wurden auf Video aufgezeichnet und später von uns verschriftlicht.[6] Anhand eines Ausschnitts aus einer Produktionsinteraktion zeigen wir im Anschluß an den Brief, auf welche Weise die Studierenden eine Lösung für die Aufgabe erarbeitet und woran sie sich dabei orientiert haben.

Ihr Schreiben vom
Sehr geehrte/r Studienbewerber/in,
Ihrer Anfrage ist zu entnehmen, daß Sie kein Deutsch – oder nicht genügend Deutsch gelernt haben. Die Universität akzeptiert nur solche Studienbewerber/innen, die zum Zeitpunkt der Antragsstellung bereits über abgeschlossene Grundkenntnisse in der deutschen Sprache verfügen. Solche Sprachkenntnisse können Sie durch das „Zertifikat Deutsch als Fremdsprache" (ZDaF) oder ein anderes äquivalentes Zeugnis nachweisen.
Es steht Ihnen frei, sich dann erneut zu bewerben, wenn entsprechende Deutschkenntnisse nachweisbar sind.
Sofern Unterlagen hier eingereicht wurden, gebe ich Sie [sic!] hiermit zurück.
Mit freundlichem Gruß
Im Auftrag
Anlagen

Abb. 2: Formbrief des Akademischen Auslandsamtes

---

6 Sie sind Teil des Korpus, das Kirsten Schindler im Rahmen ihrer Dissertation „Adressatenorientierung in der schriftlichen Textproduktion" am Bielefelder Graduiertenkolleg „Aufgabenorientierte Kommunikation" bearbeitet.

Dieser Brief bildete die Bearbeitungsgrundlage für die TeilnehmerInnen. Der Ausschnitt aus der Interaktion, um die es im folgenden geht, ist der Anfang des Gesprächs zwischen den Seminarteilnehmern Harald (Soziologiestudent im 7. Semester) und Fabio (DaF-Student im 6. Semester). Bevor die Beteiligten mit der Schreibaufgabe beginnen, sind sie von uns mündlich in die Aufgabe eingewiesen worden. Wir haben von dem Brief eine elektronische Version hergestellt, die die SeminarteilnehmerInnen am Computer überarbeiten mußten. Die Schreibgruppen befanden sich in separaten Büros, in denen Aufnahmekameras installiert waren.

Fabio: bißchen kompliziert ausgedrückt das ist echt krass

Harald: also krass dieser ton ist echt krass (zitiert aus dem Brief) sie können kein deutsch/ haben kein deutsch gelernt+ was denn inhaltlich überhaupt ausgesagt werden soll ich find das kompliziert von der gliederung her so wupp (zeigt auf den Bildschirm)

Fabio: ich meine voraussetzung ist ja dieses zertifikat deutsch als fremdsprache und entscheidend ist es so daß dieser studienbewerber studienbewerberin dieses zertifikat nicht hat also gehts ja darum schätz ich mal und das ist das problem

Harald: ihre anfrage also es wird erstmal geantwortet auf ihre anfrage bezüglich sprachlicher voraussetzungen/ studienaufnahme/ und darauf muß erstmal geantwortet werden/ würd ich vorschlagen das höflicher zu machen ne' schönen dank für ihre anfrage bezüglich der abfrage von blablabla

Fabio: ja,

Harald: und dann irgendwie diesen rückschluss daß sie kein deutsch oder nicht genügend deutsch gelernt haben das würde ich alles rauskicken

Fabio: absolut ich meine ich würd jetzt einfach inhaltlich weil sie kein zertifikat hat oder ähnliches zeugnis kann sie sich nicht halt eben nicht um den studienplatz bewerben das ist also die voraussetzung mehr ist das nicht also

Harald: also es wär ein erster schritt zu sagen (fängt an aufs Papier zu schreiben)[7]

Fabio: vielen dank für ihre anfrage (schreibt auch)

Abb. 3: Transkriptausschnitt

Der Ausschnitt aus dem Beginn der Interaktion zeigt, wie die Beteiligten gemeinsame Arbeitsmodalitäten für die Bearbeitung der Aufgabe herstellen. Dies wird über die schrittweise Rekonstruktion der hinter dem Brief vermuteten Handlungs-

---

7 Obwohl die Beteiligten den Brief auf dem Bildschirm vor sich haben, ziehen sie es vor, Überarbeitungsvorschläge zunächst handschriftlich auf dem Papier festzuhalten.

zusammenhänge geleistet, die damit als notwendige Voraussetzung für die Überarbeitung des Briefes definiert wird. Die Beteiligten grenzen zunächst einzelne Problemfelder ein, sie betreffen den Tonfall des Briefes (krass dieser ton), die Verständlichkeit der inhaltlichen Aussage (was denn inhaltlich überhaupt ausgesagt werden soll) und die Klarheit der Briefstruktur (kompliziert von der gliederung her).

Die Rekonstruktion der Handlungszusammenhänge erfolgt im Zuge dieser ersten Bestandsaufnahme auf zweifache Weise. Erstens wird der Brief auf seinen inhaltlichen Kern und auf das als wesentlich ausgemachte Handlungsmotiv komprimiert (ich meine voraussetzung ist ja dieses zertifikat deutsch als fremdsprache (...) daß dieser studienbewerber studienbewerberin dieses zertifikat nicht hat *also geht's ja darum*). Zweitens wird der kommunikative Vorgang selbst rekonstruiert. Der Brief wird als ein Antwortschreiben des Amtes interpretiert, das auf eine Anfrage reagiert (ihre anfrage also es wird erstmal geantwortet auf ihre anfrage).[8] Daraus wird die Notwendigkeit abgeleitet, die vorangegangene Kommunikation zu Beginn des Briefes wieder aufzunehmen (und darauf muß erstmal geantwortet werden ne'). Mit „schönen dank für ihre anfrage" wird ein Überarbeitungsvorschlag unterbreitet, der zugleich auf einen anderen Tonfall abzielt (würd ich vorschlagen das höflicher zu machen).

Ein zweiter Überarbeitungsvorschlag, der aus dieser Aushandlungssequenz erwächst, betrifft die Streichung des gesamten Einleitungspassus (daß sie kein deutsch oder nicht genügend deutsch gelernt haben das würd ich alles rauskicken). Der Einleitungsteil des Originalbriefs

> Ihrer Anfrage ist zu entnehmen, daß Sie kein Deutsch – oder nicht genügend Deutsch gelernt haben. Die Universität Bielefeld akzeptiert nur solche Studienbewerber/innen, die zum Zeitpunkt der Antragsstellung bereits über abgeschlossene Grundkenntnisse in der deutschen Sprache verfügen

wird in der Überarbeitung durch die folgende Einleitung ersetzt:

> Vielen Dank für Ihre Anfrage.
>
> Bevor Sie einen Antrag auf Zulassung an der Universität Bielefeld stellen können, ist ein Nachweis Ihrer deutschen Sprachkenntnisse erforderlich. Diesen Nachweis können Sie durch das „Zertifikat Deutsch als Fremdsprache" (ZDaF) oder ein anderes äquivalentes Zeugnis erbringen.

---

8 Damit realisieren die Beteiligten, daß sie es mit einem Verwaltungstext zu tun haben, der – folgt man linguistischen Beschreibungskategorien – „handlungsschließende Funktion" hat, d.h. daß es sich um einen Text handelt, „der in bestimmter Form die Ergebnisse des Verwaltungshandelns" mitteilt (Becker-Mrotzek/Scherner 2000, 634).

Die Beteiligten verlagern die Darstellungsperspektive von einer stärker situations- zu einer stärker handlungsorientierten Beschreibung. Die AdressatInnen des Schreibens, ausländische StudienbewerberInnen, werden konsequent in der Rolle handelnder Subjekte angesprochen. Dies manifestiert sich auch in der restlichen Überarbeitung des Briefes, die folgendes Ergebnis hat:

> Auskünfte zum ZDaF und äquivalenten Zeugnissen können Sie bei allen Goethe-Instituten, den kulturellen Vertretungen der Bundesrepublik Deutschland im Ausland, bekommen. Sollte sich in Ihrer Nähe kein Goethe-Institut befinden, besuchen Sie das Goethe-Institut im Internet unter der Adresse: http://www.goethe-institut.de oder schreiben Sie an folgende Adresse: XYZ.
> Wenn Sie das Zertifikat Deutsch als Fremdsprache erworben haben, würden wir uns über einen Zulassungsantrag von Ihnen sehr freuen.
> Mit freundlichen Grüßen
> Im Auftrag
> Anlage (falls vorhanden)

Aus der überarbeiteten Version geht hervor, daß die Beteiligten einen vollständig neuen Textteil eingefügt haben, der zusätzliche Informationen für die StudienbewerberInnen enthält (Goethe-Institut). Damit lösen sich die Beteiligten sehr stark von der Vorlage und nehmen Änderungen vor, die im engeren Sinne nicht mehr auf eine sprachliche Überarbeitung des Briefes bezogen sind. Sie begründen dies in der Interaktion damit, ausländische StudienbewerberInnen zu einer erneuten Bewerbung motivieren zu wollen.

3.3 Eignung der Aufgabe

3.3.1 Aufgaben- und textbezogene Kriterien

Der kurze Ausschnitt aus der Interaktion zeigt, daß sich die Beteiligten wechselseitig über Probleme des bestehenden Schreibens verständigen, und daß sie dies vor allem über die Rekonstruktion des übergeordneten Kommunikationszusammenhangs leisten. Das entstandene Textprodukt zeigt, daß die gemeinsame Überarbeitung von der Idee einer adressatengerechten Darstellung getragen wird, bei der die StudienbewerberInnen Handlungswege aufgezeigt und zusätzliche Informationen angeboten bekommen. Was für ein Schluß läßt sich daraus ziehen? Die Aufgabe, so läßt sich auch im Vergleich mit anderen Produktionsinteraktionen beobachten, zwingt die Beteiligten einerseits dazu, sich den Anlaß des Schreibens genau zu erschließen und sich der besonderen Umstände, etwa der rechtlichen Hintergründe, bewußt zu werden, in die Schreiben dieser Art eingebunden sind (z.b. die Frage der Voraussetzung für die Zulassung zum Studium). Andererseits zwingt sie die Aufgabe dazu, die Perspektive der AdressatInnen einzunehmen und Formulierungen zu finden, die aus ihrer Sicht ein eindeutiges Verständnis hervorbringen. In vielen der von uns aufgenommenen Produktionsinteraktionen hat sich gezeigt, daß der Versuch, einzelne Formulierungen zu überarbeiten, den Beteiligten häufig zu Bewußtsein bringt, daß sie den Sachverhalt selbst nicht im Detail verstehen und aus dem Schreiben heraus nicht eindeutig rekonstruieren können. Dies erfordert von ihnen einen permanenten Wechsel der Perspektive zwischen den Intentionen des Amtes und dem Klärungsbedarf für die AdressatInnen. Die kooperative Konstellation, in der die Aufgabe gelöst werden mußte, unterstützt diesen Wechsel in positiver Weise. Die Beteiligten werden zu den unmittelbaren AdressatInnen der Formulierungsvorschläge der PartnerInnen, sie müssen miteinander aushandeln, welches für sie die geeigneten Formen der schriftlichen Verständigung sind (vgl. Lehnen 1999).

Darüber hinaus enthält die Aufgabe eine Reihe von Optionen, die sie – gemessen an den weiter oben beschriebenen Zielen der Veranstaltung (siehe Kap. 2) – für eine Bearbeitung im Seminar besonders geeignet erscheinen läßt. Als Überarbeitungsaufgabe regt sie zur Reflexion sprachlicher Normen und Formulierungsvarianten an, denn vor der Überarbeitung steht eine Analyse der bestehenden Probleme des Originalbriefs. In allen Interaktionen ergeht an das Schreiben der Vorwurf der Umständlichkeit und der ‚Krassheit' des Tons. Die Überarbeitung der Studierenden richtet sich meist auf eine Vereinfachung des Ausdrucks und einen höflicheren Stil, wobei in auffälliger Weise in nahezu allen Interaktionen die gleichen Formulierungen bemängelt und in ähnlicher Weise überarbeitet werden. Die Eignung der Aufgabe fürs Seminar ergibt sich daraus, daß sie im Hinblick auf interne, textbezogene Kriterien gelöst werden kann. Das Schreiben repräsentiert einen einschlägigen Kommunikationstyp in diesem Handlungsbereich und kann bis zu einem gewissen Grad auf der Grundlage des allgemeinen Sprach- und Kommunikationsverständnis der Beteiligten überarbeitet werden. Die TeilnehmerInnen agieren hier in der Rolle der SprachexpertInnen.

3.3.2 Domänenspezifisches Wissen

Die Eignung der Aufgabe wurde bislang an aufgaben- und textbezogenen Kriterien festgemacht. Es bleibt zu fragen, inwiefern textübergreifende Kriterien, d.h. spezifisches Wissen aus der Arbeit des Akademischen Auslandsamtes, für eine erfolgreiche Bearbeitung notwendig ist, und worin besondere, domänenbezogene Anforderungen bestehen, die nicht aus dem Schreiben heraus rekonstruiert werden können.[9] Denn der Brief beruht als Verwaltungsschreiben auf einer Reihe von formalrechtlichen und amtsinternen Bestimmungen. Wie bereits oben beschrieben wurde, haben wir dazu Experten aus der Praxis eingeladen. In einem gemeinsamen Gespräch setzten uns der Leiter und ein Mitarbeiter des Amtes auseinander, in welcher Weise Zulassungs- und Einschreibungsverfahren im Akademischen Auslandsamt abgewickelt werden und worauf im Hinblick auf die entsprechenden Formbriefe geachtet werden muß.

Gegenüber dem sonstigen Seminarablauf haben wir das Verfahren bei der Bearbeitung dieser Aufgabe umgedreht und die ExpertInnen aus der Praxis erst in einem zweiten Schritt beteiligt. Auf diese Weise haben die TeilnehmerInnen Probleme auf der Grundlage ihres eigenen Textverständnisses herausgearbeitet. Sie mußten sich den kommunikativen Kontext selbst erschließen und konnten nicht nach vorgegebenen Modellen oder Mustern arbeiten (vgl. Schindler 2001). Wir möchten an drei Punkten festhalten, an welche Grenzen die Überarbeitungsvorschläge der TeilnehmerInnen beim Akademischen Auslandamt gestoßen sind. Diese Grenzen sind durch organisationseigene Regularitäten bzw. Rationalitäten definiert:

1. Anredeformen: In einigen Interaktionen wurde die Anredeform des Briefes mit „Sehr geehrte/r Studienbewerber/in" als zu kompliziert für das Sprachverständnis ausländischer Studierender bemängelt; es wurden Vorschläge unterbreitet, die den Verzicht auf die weibliche Form oder die separate Erwähnung beider Formen beinhalteten. In einigen Fällen wurde der Vorschlag gemacht, den Adressaten oder die Adressatin direkt mit seinem oder ihrem Namen anzusprechen und den Brief auf diese Weise persönlicher zu gestalten.

Diese Vorschläge wurden von den Mitarbeitern folgendermaßen problematisiert: Die Grundordnung der Universität schreibt geschlechtsspezifische Anredeformen zwingend vor, ein Verzicht auf die weibliche Anredeform ist deshalb nicht möglich. Darüber hinaus kann die derzeitige EDV Namen noch nicht automatisch ins Dokument integrieren, auch wenn die Bestrebungen des Akademischen Auslandsamtes in diese Richtung gehen. Schließlich besteht in einigen Fällen auch das Problem, daß auf Grund des Namens

---

9 Natürlich ist auch das sprachliche Wissen nicht losgelöst, sondern Teil des domänenspezifischen Wissens, wie Karl-Heinz Pogner zu Recht angemerkt hat. Wir kategorisieren zum Zwecke der Analyse als Teil des domänenspezifischen Wissens in diesem Fall interne Informationen und formal-rechtliche Bestimmungen des Amtes, die außersprachliche Faktoren bei der Lösung der Aufgabe bilden. Gleichwohl und auf interessante Weise manifestieren sich diese Faktoren in den sprachlichen Formulierungen der Briefe.

häufig gar nicht zu klären ist, ob es sich um einen weiblichen oder männlichen Empfänger handelt.

2. Verfügbarer Schreibplatz: In einigen Fällen führte die Überarbeitung der Briefe zu einer Expansion des bestehenden Textes. Dies war z.b. bei der Überarbeitung von Harald und Fabio zu beobachten (siehe 2.2), die selbständig einen neuen Textteil einfügen, der zusätzliche Informationen enthält und eine Art Serviceleistung für die StudienbewerberInnen darstellen soll.

Darauf reagierten die Mitarbeiter mit folgendem Hinweis: Die Schreiben dürfen die Länge einer Seite nicht überschreiten. Im Falle des hier betroffenen Briefes gehört neben der deutschen noch eine englische Version des Schreibens mit auf die Seite. Zusätzliche Informationen, so wie sie beispielsweise in der Überarbeitung von Harald und Fabio beigefügt wurden, werden außerdem durch eine allgemeine Broschüre abgedeckt.

3. Außendarstellung der Universität: Einen besonderen Schwerpunkt der Diskussion mit den Mitarbeitern des Amtes bildete die Frage nach der Außendarstellung der Universität durch Schreiben, wie sie die Studierenden bearbeitet haben. In allen Interaktionen wurde die Direktheit des Tons negativ herausgestellt. Sie verringere, so die Studierenden, die Wahrscheinlichkeit einer erneuten Bewerbung der KandidatInnen.[10]

In der Diskussion lieferten die Mitarbeiter dazu folgende Situationsbeschreibung: Die Briefe werden im Ausland sehr selektiv wahrgenommen. Die StudienbewerberInnen kommen häufig auch ohne die entsprechenden Voraussetzungen nach Deutschland. Folglich besteht das Ziel der Arbeit des Amtes in einer klaren Beschreibung der Zulassungsvoraussetzungen. Daraus, so die Mitarbeiter, resultiere zuweilen ein unschöner Stil.

Die herausgegriffenen Punkte zeigen, daß die Textproduktion domänenspezifischen Bedingungen unterliegt, die im Falle des Akademischen Auslandsamtes z.B. in rechtlichen Vorgaben, technischen Anforderungen und eigenen Handlungsnormen ausgemacht wurden. Sie lassen sich an einigen Stellen sicherlich auch als heimlicher Lehrplan der Institution begreifen (eine erneute Bewerbung durch abgelehnte StudienbewerberInnen ist nicht immer erwünscht!). Anhand der Beschreibung der Produktionsbedingungen durch die Experten ließen sich allgemeine Merkmale der Domäne, aber auch spezifische Handlungsregeln einer ausgewählten Institution, hier: Akademisches Auslandsamt/ Universitätsverwal-

---

10   Dies wurde insbesondere an der Formulierung „Es steht Ihnen frei, sich dann erneut zu bewerben, wenn entsprechende Deutschkenntnisse nachweisbar sind" festgemacht.

tung, in anschaulicher Weise skizzieren und als konstitutives Moment für die Erledigung der Aufgabe beschreiben.

Es ließ sich aber auch beobachten, daß die TeilnehmerInnen an verschiedenen Punkten skeptisch gegenüber den Erklärungen der Experten blieben. Dies betraf insbesondere den Verweis der Mitarbeiter, daß sich die rechtlichen Verfahren, die den Briefen zugrunde liegen, in juristischen Formulierungen widerspiegeln müßten, die wenig Variabilität zuließen, um rechtlich nicht angreifbar zu sein. Die „Behördensprache" oder das „Amtsdeutsch", in der sich diese rechtlichen Bestimmungen ausdrücken, führt nach Ansicht der TeilnehmerInnen aber gerade dazu, daß die Briefe für ausländische StudienbewerberInnen mehrdeutig und dadurch unverständlich sind (vgl. Seifert 1996). Daraus erwuchs insgesamt die Frage, inwiefern eine rein sprachlich-stilistische Überarbeitung, so wie sie vom Akademischen Auslandsamt angeregt worden war, geleistet werden kann, ohne die Inhalte und Intentionen des bestehenden Textes zu stark anzutasten.

3.4 Fazit

Die Diskussion mit den Mitarbeitern des Akademischen Auslandsamtes hat auf verschiedenen Ebenen gezeigt, welchen Anforderungen und Restriktionen das Schreiben in einer Domäne unterliegt. Sie hat dabei auch gezeigt, wo blinde Flecken im Produktionsumfeld der Studierenden und im Betriebsalltag der Mitarbeiter des Amtes liegen. Beide Seiten haben auf unterschiedliche Weise von der Lösung der Aufgabe profitiert. Die Studierenden konnten in ihrer Arbeit an den Texten auf eine Reihe von Problemen hinweisen und Verbesserungsvorschläge unterbreiten, die vom Akademischen Auslandsamt in verschiedener Weise aufgegriffen und z.T. übernommen wurden. Wir möchten im folgenden stichwortartig zusammenfassen, was die Aufgabe im Rahmen eines Seminars zum domänenspezifischen Schreiben auszeichnet und für eine Bearbeitung besonders geeignet macht:

1. Die Aufgabe ist eine echte Aufgabe, die in einem übergeordneten Handlungszusammenhang steht und deren Lösung Konsequenzen für die Beteiligten hat. Sie ist zugleich überschaubar und in begrenzter Zeit lösbar.

2. Die Aufgabe spricht die Studierenden nicht nur als Lernende an, sondern verbindet ihre (Sprach-)Expertise mit dem domänenspezifischen und fachsprachlichen Wissen der BerufsexpertInnen.

3. Die Aufgabe knüpft an Erfahrungen der Studierenden an, die diese im institutionellen Umfeld der Universität z.B. in Gremienarbeit – oder auch nur als AdressatInnen vergleichbarer Formschreiben – machen.[11]
4. Die Aufgabe löst verstärkt Reflexionen über domänenspezifische Anforderungen aus, die u.a. aus der Notwendigkeit zur Überarbeitung erwächst und durch die kooperative Konstellation, in der die Aufgabe bearbeitet wurde, weiter unterstützt wird.
5. Die Aufgabe provoziert Reflexionen über kulturspezifische Normen (Höflichkeit, Verständlichkeit), weil in ihr eine interkulturelle Kommunikationssituation abgebildet wird.

Die skizzierten Aufgabenbedingungen stellen in gewisser Hinsicht einen Idealfall dar und sind im normalen Seminaralltag nicht ohne weiteres herstellbar.

In unserem Projekt zum domänen- und kulturspezifischen Schreiben hat sich gezeigt, daß einige der von uns vergebenen Aufgaben durchaus ungeeignet sind, von den Beteiligten in sinnvoller Weise gelöst zu werden. Dies war dort der Fall, wo es sich um stark konventionalisierte Texte handelte (z.B. in der Verwaltung), und wo wir zugleich auf BerufsexpertInnen verzichten mußten, die entsprechendes praktisches Handlungswissen hätten vermitteln können. So haben wir beispielsweise zu Anfang des ersten Seminardurchlaufs die Aufgabe vergeben, die Beteiligten mögen für das Rektorat eine Entscheidungsvorlage zu der Frage erarbeiten, ob in den öffentlichen Räumen der Universität weiterhin geraucht werden dürfe. Dafür sollten sie verschiedene Interessens- bzw. Statusgruppen der Universität befragen. Die Texte, die wir daraufhin bekamen, schwankten zwischen sehr subjektiven Stimmungsbildern, die eher die eigene Meinung zum Rauchen abbildeten, als eine Auswertung von Einstellungen beteiligter Gruppen zu liefern, bis hin zu strukturierten Wiedergaben verschiedener Argumente für und gegen ein Rauchverbot an der Universität. Die Produkte machten aber insgesamt deutlich, daß eine Vorstellung von dem herzustellenden Zieltext fehlte. Es blieb unklar, was eine Entscheidungsvorlage ist und wofür sie im entsprechenden Umfeld gebraucht wird.

Im späteren Seminarverlauf ließen sich diese Fragen mit einem Dezernenten der Universitätsverwaltung klären. Der Berufsexperte lieferte eine schrittweise Be-

---

11 Das war bei der Lösung dieser Aufgabe besonders auffällig. So war etwa Fabio in dem eben skizzierten Beispiel durch sein DaF-Studium mit Fragen der Zulassungsvoraussetzungen bereits vertraut, während Harald aus seiner Arbeit in verschiedenen Universitätsgremien eine Reihe von formal-rechtlichen Bestimmungen kannte, die bei dem Schreiben des Akademischen Auslandsamtes wirksam werden (z.B. die Frage der geschlechtsspezifischen Anredeformen).

schreibung der Funktion und der Herstellung einer Entscheidungsvorlage in seinem Arbeitsumfeld, die er an einem mitgebrachten Beispiel und an einem Muster für einen entsprechenden Text entfaltete. Im Anschluß an die Sitzung erhielten die TeilnehmerInnen die Aufgabe, entlang dieses Musters noch einmal eine Entscheidungsvorlage zu konstruieren, in der sie eigenständig ein strittiges Problem aushandeln mußten. Auch wenn die Aufgabe durch die Einbettung in einen praktischen Vortrag ihren simulativen Charakter natürlich nicht verlor und nur einen minimalen Ausschnitt aus einem in der Realität viel komplexeren Problemzusammenhang abbilden konnte, so war die Bearbeitung beim zweiten Mal sichtbar erfolgreicher. Die Beteiligten konnten sich jetzt an vorgegebenen Kriterien orientieren bzw. umgekehrt: es *zwang* sie dazu, sich an solche Kriterien zu halten. Die Beschwerde einiger Studierender, die Bearbeitung der Aufgabe sei auf Grund des vorgegebenen Musters und auf Grund des wenig attraktiven Themas der Entscheidungsvorlage langweilig, läßt sich im Rahmen des Gesamtkonzepts durchaus positiv bewerten. Die Beteiligten werden Bedingungen ausgesetzt, die auch ihren späteren Arbeitsalltag ausmachen können: sie müssen von außen vorgegebene Themen behandeln, sie müssen zuweilen standardisierte Texte verfassen, bei denen Kreativitätsansprüche zurücktreten.

Anknüpfend an die eingangs dieses Beitrags aufgeworfene Frage nach geeigneten Domänen und realitätsnahen Aufgaben für ein Schreibseminar denken wir, daß sich bestimmte Domänen in besonderer Weise für eine exemplarische Behandlung im Seminar eignen. Dies trifft unserer Ansicht nach vor allem auf Schreibtätigkeiten in der Verwaltung zu, weil sich domänenspezifische Rahmenbedingungen – etwa durch Richtlinien und reglementierte, schriftlich festgehaltene Kommunikationsabläufe – transparent machen lassen. Gleichzeitig bewirkt die Notwendigkeit, sich an festgefügten Textmustern zu orientieren, einen interessanten Effekt im Hinblick auf die Veränderung von Schreibbedingungen: die Einengung des textuellen Handlungsspielraums vermittelt einen Eindruck von sich verändernden Anforderungen im Übergang zu nicht-wissenschaftlichen Schreibkontexten. Jedoch leidet die Textproduktion der Studierenden daran, daß sich die Herstellung von Verwaltungstexten kaum sinnvoll in den sonstigen Seminaralltag einfügen läßt; den Produkten läßt sich – von dem Beispiel der Überarbeitung des Behördenbriefs einmal abgesehen – nur selten eine Funktion zuschreiben, die über den Übungscharakter hinausgeht. Daher sollte das Schreiben in der Verwaltung durch Schreibaufgaben ergänzt werden, die einen engeren Kontakt zum Studienalltag aufweisen, wie dies beispielsweise für populärwissenschaftliches, stärker journalistisches Schreiben gilt. Hier knüpfen die Beteiligten an wissenschaftliche Schreibaktivitäten an, die medienbedingt jetzt anderen Schreibzielen unterworfen werden. Zudem sind in der Regel einige der TeilnehmerInnen im Rahmen von Nebenjobs bereits journalistisch tätig bzw. sehen in journalistischen Berufen ihr künftiges

Beschäftigungsfeld. Das Schreiben populärwissenschaftlicher Beiträge leistet darüber hinaus eine besonders geeignete Grundlage zur Analyse und Reflexion adressatenspezifischer Schreibanforderungen. Mit dem Ziel des vergleichenden bzw. kontrastierenden Schreibens wäre es schließlich günstig, das Schreiben in Unternehmen stärker zu gewichten, nicht nur um einen anderen Fokus zu setzen, sondern auch um weitere Berufsfelder vorzustellen.

4 Zusammenfassung und Ausblick

In unserem Beitrag haben wir ein Konzept zur didaktischen Vermittlung domänen- und berufsspezifischer Schreibanforderungen an der Hochschule vorgestellt, das auf der exemplarischen Behandlung unterschiedlicher Domänen beruht. Das Konzept verzahnt Berichte von BerufsexpertInnen aus verschiedenen Arbeitsfeldern mit einschlägigen Schreibaufgaben und wissenschaftlichen Analysen von Schreibprozessen. Das Ziel dieser Seminare besteht nicht in der Ausbildung spezifischer Schreibfertigkeiten, wie sie in einzelnen Berufen benötigt werden, sondern in der Vermittlung und Herausbildung eines (domänenübergreifenden) Metawissens. Die Teilnahme an Seminaren dieser Art soll eine Vorstellung davon vermitteln, worauf es beim Schreiben bzw. Agieren in einer Domäne ankommt, und worin beispielsweise wiederkehrende Tätigkeiten in verschiedenen Arbeitskontexten bestehen, auf die die Hochschule in besonderer Weise vorbereiten kann.

Auf der Grundlage der Beschreibung unseres Konzepts haben wir gefragt, welche domänenspezifischen Schreibaufgaben für eine Behandlung im Seminar geeignet sind. Dafür haben wir ein Beispiel aus dem Seminar diskutiert, bei dem die Beteiligten die Aufgabe hatten, einen Formbrief des Akademischen Auslandsamtes zu überarbeiten. Anhand dieses Beispiels haben wir versucht, Kriterien zu bestimmen, die eine sinnvolle Eingliederung von Schreibprozessen aus anderen Domänen in den Seminaralltag ermöglichen. Diese Kriterien wurden in

- der übergeordneten Funktion der zu produzierenden Texte (Echtheit der Aufgabe)
- der Anbindung an Erfahrungen und studienbedingten Expertisen der Studierenden (linguistische Kompetenz) und
- der Überschaubarkeit der Aufgabe (zeitlich begrenzter Rahmen)

ausgemacht. Es bliebe zu fragen, was für eine sinnvolle Aufgabengestaltung zukünftig zu leisten wäre. Wie sehen Aufgaben aus, deren Lösung eine Funktion hat, die über den Kontext von Seminaren und Übungen hinausgeht.[12]

Ein Schritt in diese Richtung könnte darin bestehen, die Arbeit im Seminar durch (Schreib-)Praktika zu vertiefen. Bezogen auf das diskutierte Beispiel könnte ein solches Praktikum in einem größeren Projekt zur Überarbeitung von Form- und anderen Schreiben im Akademischen Auslandsamt bestehen. Ein solches Projekt wurde in der Diskussion von den Mitarbeitern des Amtes selbst angeregt. Die Optimierung solcher Schreiben fände dann nicht – wie im Seminar – isoliert statt, sondern wäre in den Arbeitsalltag des Amtes eingebunden, der direkte Rückfragen und gemeinsame Aushandlungen zuläßt. Im Rahmen solcher Praktika wäre es auch denkbar, von den Studierenden kleinere Studien zum „Schreiben am Arbeitsplatz" anfertigen und veröffentlichen zu lassen. Damit bliebe zugleich ein wissenschaftliches Interesse an der Produktion von Texten erhalten.

Ein wichtiger Schritt würde, um einem Hinweis von Michael Becker-Mrotzek zu folgen, sicherlich auch darin bestehen, überhaupt so etwas wie eine allgemeine Aufgaben- und Textsammlung zu erstellen und zu veröffentlichen, auf die VeranstalterInnen an verschiedenen Hochschulen und Standorten zurückgreifen könnten. Denn bisher findet die Suche nach geeigneten Aufgaben und Beispieltexten zumeist in Eigenregie und zumeist nach dem Zufallsprinzip statt. Texte, wie etwa der von uns vorgestellte Formbrief des Akademischen Auslandsamtes, liefern aber über den Rahmen unseres eigenen Seminars hinaus, eine geeignete Grundlage, um beispielsweise Probleme interkultureller Behördenkommunikation „authentisch" herauszuarbeiten (vgl. erneut Seifert 1996).

Schließlich scheint es aus einer eher theoriegeleiteten Perspektive lohnend zu sein, im Rahmen von Seminaren genauer zu rekonstruieren, was Ratgeberliteratur als domänenspezifisches (Textproduktions-)Wissen ausgibt, denn wie wir bereits vom Anfang wissen, verdanken

> (v)iele Tausende [...] ihren beruflichen Aufstieg [...] Fachbüchern. Auch Sie werden mit ihrer Hilfe leichter arbeiten und schneller vorankommen.

---

12 Vgl. dazu Pogner 1992, der ein Projekt beschreibt, bei dem die TeilnehmerInnen die Aufgabe hatten, für ausländische Studierende eine Broschüre zur Orientierung an der Universität zu verfassen.

Literatur

Adamzik, Kirsten/ Antos, Gerd/ Jakobs, Eva-Maria (Hrsg.) (1997): Domänen- und kulturspezifisches Schreiben. Frankfurt am Main u.a.: Lang

Antos, Gerd/ Pogner, Karl-Heinz (2001): Kultur- und domänengeprägtes Schreiben. In: Wierlacher, Alois (Hrsg.): Handbuch interkulturelle Germanistik. München: Fink [im Druck]

Becker-Mrotzek, Michael/ Scherner, Maximilian (2000): Textsorten der Verwaltung. In: Burkhardt, Armin/ Steger, Hugo/ Wiegand, Herbert Ernst (Hrsg.): Handbücher zur Sprach- und Kommunikationswissenschaft, Bd. 16.1. Berlin/ New York: de Gruyter, 628-641

Börner, Fritz (^{5}1976): Raffiniertes Textschreiben: Aufbau und Formung des Werbetextes. Heidelberg: Industrie Verlag Carlheinz Gehlsen [erste Auflage 1932 im Selbstverlag]

Eckkrammer, Eva-Martha (2001): Textsortenkonventionen im Medienwechsel. In diesem Band

Ehlert, Holger/ Welbers, Ulrich (Hrsg.) (1999): Praxisinitiativen an Hochschulen: berufsorientierte Angebote für Studierende an Universitäten. Neuwied: Luchterhand

Friedrich, Helmut Felix/ Hron, Aemilian/ Tergan, Sigmar-Olaf/ Jechle, Thomas (2001): Unterstützung kooperativen Schreibens in virtuellen Lernumgebungen. In diesem Band

Gemert, Lisette/ Woudstra, Egbert (1997): Veränderungen beim Schreiben am Arbeitsplatz. Eine Literaturstudie und eine Fallstudie. In: Adamzik, Kirsten/ Antos, Gerd/ Jakobs, Eva-Maria (Hrsg.): Domänen- und kulturspezifisches Schreiben. Frankfurt am Main u.a.: Lang, 103-126

Gülich, Elisabeth/ Krafft, Ulrich (1998): Zur Rolle des Vorgeformten in Textproduktionsprozessen. In: Wirrer, Jan (Hrsg.): Phraseologismen in Text und Kontext. Bielefeld: Aisthesis, 11-38

Jakobs, Eva-Maria (1997): Textproduktion als domänen- und kulturspezifisches Handeln. Diskutiert am Beispiel des wissenschaftlichen Schreibens. In: Adamzik, Kirsten/ Antos, Gerd/ Jakobs, Eva-Maria (Hrsg.): Domänen- und kulturspezifisches Schreiben. Frankfurt am Main u.a.: Lang, 9-30

Jakobs, Eva-Maria (1999): Textvernetzung in den Wissenschaften. Zitat und Verweis als Ergebnis rezeptiven, reproduktiven und produktiven Handelns. Tübingen: Narr [Reihe germanistische Linguistik; 210]

Kruse, Otto/ Jakobs, Eva-Maria (1999): Schreiben lernen an der Hochschule. In: Kruse, Otto/ Jakobs, Eva-Maria/ Ruhmann, Gabriela (Hrsg.): Schlüsselkompetenz Schreiben. Konzepte, Methoden, Projekte für Schreibberatung und Schreibdidaktik an der Hochschule. Neuwied: Luchterhand, 19-34

Lehnen, Katrin (1999): Kooperative Textproduktion. In: Kruse, Otto/ Jakobs, Eva-Maria/ Ruhmann, Gabriela (Hrsg.): Schlüsselkompetenz Schreiben. Konzepte, Methoden, Projekte für Schreibberatung und Schreibdidaktik an der Hochschule. Neuwied: Luchterhand, 147-169

Lehnen, Katrin/ Dausendschön-Gay, Ulrich/ Krafft, Ulrich (2000): Comment concevoir l'acquisition d'une compétence rédactionnelle pour des textes de spécialité? In: Aile (Acquisition et Interaction en Langue Étrangère) 12, 123-145

Lehnen, Katrin/ Schindler, Kirsten (im Druck): Schreibanforderungen abbilden – Schreibstrategien ausbilden. Ein Konzept zum domänenspezifischen Schreiben an der Hochschule. In: Böttcher, Ingrid/ Kruse, Otto/ Perrin, Daniel/ Wrobel, Arne (Hrsg.): Schreiben: von intuitiven zu professionellen Schreibstrategien.

Pogner, Karl-Heinz (1992): Raus aus der Alltagskiste – Erfahrungen mit funktionalen Texten in einer SchreibWerkstatt. In: Börner, Wolfgang/ Vogel, Klaus (Hrsg.): Schreiben in der Fremdsprache. Prozeß und Text, Lehren und Lernen. Bochum: AKS Verlag, 244-268

Pogner, Karl-Heinz (1999a): Schreiben im Beruf als Handeln im Fach. Tübingen: Narr

Pogner, Karl-Heinz (1999b): Textproduktion in Diskursgemeinschaften. In: Jakobs, Eva-Maria/ Knorr, Dagmar/ Pogner, Karl-Heinz (Hrsg.): Textproduktion. HypertText, Text, KonText. Frankfurt am Main u.a.: Lang, 145-158

Renkl, Alexander/ Gruber, Hans/ Mandl, Heinz (1996): Kooperatives problemorientiertes Lernen in der Hochschule. In: Lompscher, Joachim/ Mandl, Heinz (Hrsg.): Lehr- und Lernprobleme im Studium. Bedingungen und Veränderungsmöglichkeiten. Bern u.a.: Huber, 131-147

Sandig, Barbara (1997): Formulieren und Textmuster. Am Beispiel von Wissenschaftstexten. In: Jakobs, Eva-Maria/ Knorr, Dagmar (Hrsg.): Schreiben in den Wissenschaften. Frankfurt am Main u.a.: Lang, 25-44

Schindler, Kirsten (2001): Gemeinsames Schreiben in der Fremdsprache. Muster, Kreativität und das Glück des Autors. In: Glottodidaktika XXVIII [im Druck]

Seifert, Michael J. (1996): Probleme interkultureller Behördenkommunikation. In: Deutsch lernen 4, 329-352

Sharples, Mike/ van der Geest, Thea (eds.) (1996): The New Writing Environment. Writers at Work in a World of Technology. London: Springer

Teil 3
Domänen
der Praxis

„Wir tun uns hier mal um den Inhalt herummogeln"

Strategien computergestützter Textreproduktion beim Nachrichtenschreiben

Daniel Perrin
Bern

> Ein Radiojournalist stockt beim Redigieren von Nachrichten immer in der Textmitte, eine Edelfeder erfindet Zitate, ein Fernsehjournalist möchte die Agenturnachricht bloss in Mundart übersetzen und polt sie dabei politisch um ... – Routinen, Routine im journalistischen Schreiballtag. Der vorliegende Beitrag führt an acht Fallbeispielen vor, was Medienleute tun wollen und was sie tatsächlich tun, wenn sie aus Quellentexten Nachrichten schreiben. In den Daten eines Nationalen Forschungsprojekts zur Entstehung von Nachrichtentexten zeichnen sich Grundmuster individuellen und überindividuellen Schreibhandelns am digitalisierten und vernetzten Arbeitsplatz ab.

1 Einleitung: Alltag an 17 Arbeitsplätzen

Nachrichtenjournalismus vermittelt Akteuren Sprechplätze, journalistisches Schreiben verwertet die Zuliefertexte dieser Akteure, und computergestütztes journalistisches Schreiben nutzt dafür die Textreproduktions-Automatismen digitalisierter und vernetzter Publikationssysteme. Was tun Nachrichtenjournalisten in diesen Publikationssystemen genau, wenn sie abschreiben, umschreiben, kopieren und einfügen, wieso tun sie es, und wie beeinflussen Redaktionstechnik, Schreibstrategien und Quellenlage das neue Textprodukt?

In einem Nationalen Forschungsprojekt untersuchten wir in der Schweiz die Schreibprozesse an siebzehn Arbeitsplätzen in Nachrichtenagentur, Presse, Radio, Fernsehen und Online-Redaktion.[1] Erfasst sind die Arbeitssituation, die materiale Textentstehung am Bildschirm und die mentalen Strategien der Schreibenden. Aus den Daten schliessen wir auf individuelle und überindividuelle Zusammenhänge zwischen Technizität, Schreibhandeln, strategischen Repertoires und Textprodukt:

---

1   Das Projekt „Strategien der Nachrichtenproduktion" führt der Autor durch, zusammen mit Prof. Dr. Roger Blum, Universität Bern, Schweiz; Auftraggeber ist das Bundesamt für Kommunikation (BAKOM).

auf Grundmuster computergestützter Textreproduktion beim Nachrichtenschreiben.

Den Weg zur Einsicht in solche Grundmuster weist der vorliegende Beitrag: Er umreisst das Forschungsproblem (Teil 2) und die Methode zur ökologisch validen Datenerfassung am Arbeitsplatz, die Progressionsanalyse (Teil 3). Dann belegt, ordnet, erklärt und diskutiert er an acht Fallbeispielen die beobachteten Strategien der Textreproduktion; Strategien, mit denen die Schreibenden den Text*prozess* steuern, und Strategien, mit denen sie aufs Text*produkt* zielen (Teil 4). Das Fazit formuliert Regularitäten in Schreibprozessen und skizziert typisches Handeln von Journalistinnen und Journalisten, die gern, gut und viel schreiben. (Teil 5).

2 Problem: Forschungsfrage und methodisches Defizit

Hier interessiert, wie Journalisten beim Schreiben am digitalisierten Arbeitsplatz mit Quellentexten umgehen und was überhaupt sie beim Schreiben tun. Wie aber hält man Schreibprozesse im natürlichen Umfeld, am Arbeitsplatz fest, ohne die Schreibenden zu stören und zu beeinflussen? Und wie beschreibt man solche Prozesse wissenschaftlich, systematisch, intersubjektiv nachvollziehbar? Wie also wird man auf der Suche nach Regularitäten des Schreibens den Standards gerecht, die in der ethnomethodologischen Studie mündlicher Kommunikation schon lange gelten?[2]

Die traditionellen Instrumentarien der angesprochenen Disziplinen bieten auf den ersten Blick wenig Hilfe. Die empirisch ausgerichtete Linguistik fokussierte lange auf mündliche statt schriftliche Sprache, die Textwissenschaft auf Produkte statt Prozesse, die Schreibdidaktik auf Programme statt Daten, die Sprachpsychologie aufs Labor statt aufs Feld, die Kommunikatorforschung der Medienwissenschaft auf Befragung statt Beobachtung. Die wenigen nützlichen, in der Forschungslandschaft atomisierten Ansätze waren also zu verbinden und weiterzuentwickeln.[3]

---

2   Die Standards der ethnomethodologischen Studie mündlicher Kommunikation diskutiert Dell Hymes programmatisch (1979 in deutscher Übersetzung).

3   Die Begegnungen mit folgenden Kolleginnen und Kollegen und ihren Publikationen haben mich ermutigt, Regularitäten menschlicher Sprachverarbeitung im Arbeitsalltag zu erforschen: Allan Bell, Hans-Jürgen Bucher und Jürg Häusermann (Analyse journalistischen Schreibens); Py Kollberg und Kerstin Severinson Eklundh (Notation von Schreibprozessen); Eva-Maria Jakobs (Textreproduktion); Sylvie Molitor-Lübbert (Schreiben und Denken); Gabriela Ruhmann (Schreibberatung); Luuk van Waes (Typisierung von Schreibprozessen); Iwar Werlen (Ethnomethodologie). Ihnen danke ich hier herzlich.

Nun kommt allerdings die journalistische Domäne einer ethnomethodologisch ausgerichteten Schreibforschung pragmatisch entgegen: Medienleute schreiben meist am Computer, und hier ist prinzipiell abgreif- und protokollierbar, was genau geschieht. Ein Computer kann so programmiert werden, dass er beim Schreiben jede Cursorbewegung, jeden Tastendruck aufzeichnet. Dies alles geschieht hinter der Oberfläche des vertrauten Schreibprogramms, ohne die gewohnten Abläufe der schreibenden Person zu stören.[4]

Bleibt das Problem der Beschreibung des Schreibens: Ein Schreibprozess beginnt mit ersten vagen Ideen und endet dann, wenn die Verfasserin oder der Verfasser den fertigen Text endgültig weiterreicht; dazwischen liegen Kämpfe mit der Schreibaufgabe, dem Schreibgerät und dem Arbeitsplatz, mit den Quellentexten und überholten Textfassungen, mit den eigenen Ansprüchen und den vermuteten oder manifesten Erwartungen von Kollegen, Institution, Publikum und Quellen. Damit kann ein Verfasser schon im Titel kämpfen, wie der kurze Einblick in die Entstehung einer Zeitungsnachricht belegt. Titel und Vorspann des fertigen Textes lauten:[5]

Isolation der MD-11 untersucht

Die verunglückte MD-11 der Swissair war mit Matten isoliert, die wegen Feuergefährlichkeit hätten ersetzt werden müssen, schreibt die „Washington Post".

Der Titel könnte einfacher nicht sein. Anders die Geschichte dieser einen Zeile. In einem ersten Anlauf schreibt der Journalist MN bloss:

MD-11

Er löscht aber die fünf Zeichen sofort wieder (Schritt 1) und schreibt dann in einem Zug:

MD-11-Absturz: Isolation wird untersucht

---

4   Die Aufzeichnungs- oder Loggingprogramme sollten hinter der Oberfläche der Textsoftware funktionieren, mit welcher die Person am beforschten Arbeitsplatz schreibt. Sie müssen für jede Verbindung von Computer, Betriebssystem und Schreibsoftware neu geschrieben oder wenigstens angepasst werden. Natürlich dürfen sie das Computernetz einer Redaktion nicht durcheinander bringen, die täglich unter Hochdruck produziert. Die ersten Praxistests von Loggingprogrammen sind deshalb immer auch Nervenproben. In einzelnen Fällen dieser Erhebung wurde das Schreibgeschehen deshalb noch mit Video aufgezeichnet, der über ein Interface parallel zum Bildschirm geschaltet war. In solchen Fällen mussten die Revisionen für die Analyse und die Darstellung in S-Notation manuell codiert werden.

5   Der Fall stammt aus einem Coaching des Autors mit der Redaktion des Schweizer „Tages-Anzeigers", Sommer 1998. Er ist näher beschrieben in Perrin 2001b. Zur Funktion der Progressionsanalyse in Coachings vgl. Perrin 1999b und Perrin 1998.

Dann löscht MN nacheinander die Teile «-Absturz» (2), «wird» (3) und «MD-11» (4). Nach Schritt 4 bleibt:

    Isolation untersucht

Die «MD-11» (5) kommt jetzt nach «Isolation» zu stehen:

    Isolation der MD-11 untersucht

MN ersetzt «untersucht» mit «im Fokus» (6) und beginnt mit dem Vorspann. Als vorläufiger Titel steht:

    Isolation der MD-11 im Fokus

Vom Vorspann springt MN aber wieder zurück zum Titel, wo er die «Isolation» zu «Isoliermatten» (7 und 8) aufbläst.

    Isoliermatten der MD-11 im Fokus

Aus «im Fokus» wird «gefährlich?» (9):

    Isoliermatten der MD-11 gefährlich?

Die «Isoliermatten» schrumpfen dann zurück zur «Isolation» (10 und 11):

    Isolation der MD-11 gefährlich?

MN löscht «gefährlich?» setzt wieder «untersucht» hin (12):

    Isolation der MD-11 untersucht

Ein ähnliches Hin und Her folgt noch mit der Endung des ersten Worts; aus «Isolation» wird «Isolierung», dann doch wieder «Isolation», und damit steht der Titel. – Solch schrittweises Nachzeichnen ist wohl nachvollziehbar, aber umständlich, bereits für eine einzige Zeile. Zum Beschreiben ganzer Textgenesen muss das Verfahren einerseits schlanker, andererseits tiefer werden. Dafür eignet sich die Progressionsanalyse.

3 Methode: Die Progressionsanalyse

Dieser Teil skizziert, wie die Progressionsanalyse funktioniert – das Instrument, mit dem wir einen Schreibprozess auf drei Ebenen erfassen: als Geschehen an einem bestimmten Arbeitsplatz (3.1), als Folge von Textrevisionen am Bildschirm (3.2) und als Spur von strategisch gelenkten Entscheiden und spontanen Einfällen (3.3).

3.1 Das Bezugsrahmenporträt erfasst die Schreibsituation

Als Schreibsituation bezeichne ich Arbeitsplatz und Arbeitsumgebung. Dazu gehören das Schreibmittel, zum Beispiel ein Computer, weiter der Schreibtisch

und die materiale Arbeitsumgebung überhaupt, dann aber auch die Schreibsozialisation einer Person sowie die Kollegen und Vorgesetzten.[6]
MN etwa wird stark beeinflusst von der tatsächlichen oder vermuteten Pannenanfälligkeit seines Computersystems. Alle paar Wörter sichert er, was er geschrieben hat. Dies ändert jedesmal den Zeilenumbruch und setzt die Schreibmarke an den Textanfang zurück – eine störende Prozedur. Weniger bedrängt als vom Computer wird MN von seinen Kollegen: Er arbeitet allein in seinem Büro. Diese und viele weitere Faktoren der Schreibsituation prägen den Schreibprozess mit und sind in Analysen und Interpretationen des Schreibhandelns einzubeziehen.

3.2 S-Notation und Progressionsgrafik zeichnen den Schreibverlauf nach

Als Schreibverlauf bezeichne ich, was mit dem Text beim Schreiben am Bildschirm geschieht. Auf das einfachste Grundmuster zurückgeführt, sind zwei Handlungen unterscheidbar: Text einfügen (*Insertion*) und Text löschen (*Deletion*). Insertionen und Deletionen bilden zusammen die Revisionen. Jeder Revision geht ein *Break* voraus, eine Unterbrechung des fortlaufenden Vorwärtsschreibens.

Einheitlich darstellbar sind diese Schritte in S-Notation:[7] Überall dort, wo sich jemand im Schreibfluss unterbricht, um etwas zu löschen oder einzufügen, setzt die S-Notation das *Break*-Zeichen | in den Text. Gelöschte Stellen stehen in eckigen Klammern als [Deletionen], nachträgliche Einfügungen in geschweiften Klammern als {Insertionen}. *Indices*, kleine Zahlen, zeigen die Reihenfolge der Schritte an. Sie stehen unten am *Break*-Zeichen als $|_n$ und beidseits oben an den Klammern als $^n[\,]^n$ oder $^n\{\,\}^n$. In S-Notation lässt sich nun MNs Baustelle als Revisionsfolge kompakt festhalten:

$^1[\text{MD-11}|_1]^1, {}^4[\text{MD-11}^2[\text{-Absturz}]^2|_3$:

$]^4|_5\text{Isol}^7[\text{ation}]^7|_8{}^8\{{}^{10}[\text{iermatten}]^{10}|_{11}\}^8|_9{}^{11}\{\text{ation}\}^{11}|_{12}\;{}^3[\text{wird }]^3|_4{}^5\{\text{der MD-11 }\}^5|_6{}^6[\text{untersucht}|_2]^6,$
${}^9[\text{im Fokus}|_7]^9, {}^{12}[\text{gefährlich?}|_{10}]^{12}\text{untersucht}$

So sind alle Änderungen vermerkt, die ein Text während seiner Schreibgeschichte durchlaufen hat. Man kann eine ganze Revisionsfolge präzise beschreiben, ohne umständlich Schritt für Schritt alle Zwischenprodukte darzustellen. Allerdings braucht es Übung, um die S-Notation zu lesen, vor allem bei komplexeren

---

6   Häusermann (2001) situiert journalistische Textproduktion als Teil eines „dialogischen Prozesses".

7   Die S-Notation entwickelt haben Severinson Eklundh/Kollberg 1996; weiterentwickelt für die Darstellung von Textreproduktionsprozessen ist sie in Perrin 1999a.

Schreibprozessen, in denen der Verfasser seinen Text in mehreren Anläufen überarbeitet und umgestellt hat.

Schreibprozesse mit vielen Revisionen führt man sich leichter vor Augen, indem man die Bewegung durch den Text grafisch darstellt. Diese Bewegung nenne ich Progression. Die Progressionsgrafik des Beispiels ist unten dargestellt (Abb. 1):

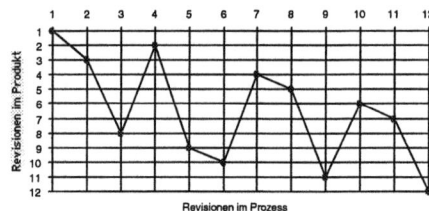

Abb. 1: Die Progressionsgrafik zeigt, wie sich der Journalist MN beim Schreiben seines Titels durch den Text bewegt hat.

Jeder Punkt der Progressionsgrafik stellt eine Revision dar. Die x-Achse zeigt die Reihenfolge der Revisionen im Schreibprozess, die y-Achse zeigt die Reihenfolge der Revisionen im fertigen Textprodukt. Mit den ersten zwei Revisionen seines Schreibprozesses etwa bewegt sich MN am Anfang seines Titels, mit der dritten im hinteren Teil, mit der vierten wieder vorn und mit den nächsten zwei wieder hinten. Dann überarbeitet er den Titel in zwei Wellen, jeweils von vorne her.[8]

3.3 Die retrospektive Verbalisierung erhellt die Schreibstrategien

Als Schreibstrategie bezeichne ich die bewusste und verbalisierbare Vorstellung davon, wie Entscheide beim Schreiben zu fällen sind, damit der Schreibprozess und das Textprodukt mit höherer Wahrscheinlichkeit die zielgemässe Gestalt annehmen. Um diese Vorstellung zu erfassen, öffnet die Progressionsanalyse in einer weiteren Stufe ein Fenster in den Kopf der schreibenden Person:

---

8   Die Grafik in Abb. 1 ist stark vereinfacht. Zum einen fehlen die Revisionen, mit denen MN Autoren- und Formatkürzel einfügt oder korrigiert. Zum andern fehlen die Abstecher vom Titel in den Vorspann. MN schliesst den Titel nicht ab, bevor er zum Vorspann übergeht, sondern springt zwischen Titel und Vorspann hin und her. Nach der Revision 7 beginnt er den Vorspann zu schreiben, kehrt dann in den Titel zurück, wechselt nach Revision 15 wieder zum Vorspann und schliesst erst jetzt den Titel ab.

Möglichst sofort nach dem Schreiben lässt sich der Verfasser das *Logfile* des Schreibprozesses abspielen; der Text entsteht vor seinen Augen nochmals in der gleichen Schrittfolge wie beim Schreiben, aber in frei wählbarem Tempo, meist zeitlich gerafft. Dazu liest der Verfasser laufend laut vor, was eben geschrieben, eingefügt oder gelöscht wird. Vor allem aber begründet er, warum er es getan hat. Ein Tonband oder der Schreibcomputer selbst zeichnen dieses Verbalprotokoll auf. – So kommentiert MN einige seiner Revisionen im Titel:

„Der ist zu lang, also gehe ich irgendwie «Absturz» herausnehmen. Noch einmal ein Wort herausnehmen, weil er immer noch zu lang ist. Auf dieser Seite hat es nicht viel Platz" (zu den Revisionen 2 und 3). – „Jetzt habe ich nur noch den Titel «Isolation untersucht». Aber irgendwas muss rein, damit man sofort weiss, um was es geht" (vor Revision 5). – „Irgendwie gefällt mir das nicht mit dem «Fokus»" (zu 10). – „Dann bin ich im Duden nachschauen gegangen. Es heisst doch «Isolation»" (zu 17).

MN arbeitet in diesen Auszügen also mit Strategien, die sich am Textformat ausrichten („zu lang"), an der vermuteten Publikumserwartung („damit man sofort weiss, um was es geht"), am eigenen Geschmack („gefällt mir nicht") und an der Sprachnorm („im Duden nachschauen").

Die Strategie, die Publikumserwartung mit deutlichen Informationen von Anfang an zu lenken, hat MN vielleicht selbst entwickelt, weil er gemerkt hat, dass sonst Missverständnisse entstehen oder man den Text überblättert; oder er hat sie übernommen von Vorgesetzten oder Vorbildern. Auf jeden Fall ist sie ihm jetzt so bewusst, dass er sie im Verbalprotokoll erwähnt, und die Vermutung liegt nahe, dass er sie beim Schreiben tatsächlich nutzt.[9]

---

9   Das Beispiel reicht, um die Hauptschwäche der retrospektiven Verbalisierung anzudeuten: Kann man sich denn rückblickend noch bei jeder Einzelheit erinnern, was man wieso gemacht hat? Schon das Handeln nimmt man nur in Ausschnitten wahr; beim Speichern im Gedächtnis gehen einzelne dieser Ausschnitte vergessen, und beim Erinnern wird das Gesamtbild aus den wenigen noch vorhandenen Ausschnitten neu aufgebaut und ergänzt. Beim Mitteilen schliesslich kommen wiederum nur Teile des neuen Gesamtbilds zur Sprache, oder man erfindet dazu, unwillentlich – oder willentlich. Dennoch öffnet sich ein Fenster in den Kopf. Die Frage ist bloss, was man durch dieses Fenster erkennen kann: sicher nicht die Menge aller und nur der Überlegungen, die der Schreibende tatsächlich angestellt hat. Vielmehr wird offen gelegt, was er sich prinzipiell überlegt haben könnte – ein wesentlicher Ausschnitt aus dem Repertoire der bewussten Schreibstrategien. Solche Strategien funktionieren als Leitplanken des Schreibens (zur Diskussion der Methodik vgl. z.B. Perrin 1997b, 199-214, oder Levy/Marek/Lea 1996, diskutiert in Perrin 1997a).

4 Befunde: Strategische Repertoires

Dieser Teil zeigt auf, wie und wozu die untersuchten Journalisten ihre elektronischen Quellen nutzen, wenn sie am Computer Nachrichtentexte schreiben. Er spricht die theoretischen Konzepte an und belegt sie an Fallbeispielen aus der Praxis.[10] Zuerst stellt er vier Strategien zur Diskussion, mit denen die Schreibenden den Text*prozess* steuern (4.1), dann vier Strategien, mit denen sie aufs Text*produkt* zielen (4.2).

4.1 Prozessgerichtete Strategien computergestützter Textreproduktion

Als prozessgerichtet bezeichne ich Strategien, mit denen Schreibende ihr Handeln steuern; „prozessgerichtete Strategien computergestützter Textreproduktion" bezeichnet also bewusste und verbalisierbare Vorstellungen davon, wie Entscheide beim Schreiben am vernetzten Computer zu fällen sind, damit der Schreibprozess mit höherer Wahrscheinlichkeit die zielgemässe Funktion erfüllt.

Ich unterscheide vier Gruppen: Strategien zur Richtung (4.1.1), zur Planung (4.1.2), zur Bewegung (4.1.3) und zur Kontrolle (4.1.4) des Schreibens oder hier: der computergestützten Textreproduktion. Die folgenden vier Abschnitte (4.1.1 bis 4.1.4) beschreiben jeweils zunächst eine Strategiengruppe, führen dann an einem Beispiel eine konkrete Strategie vor und fassen abschliessend die Hauptmerkmale des Beispiels zusammen.

4.1.1 Strategien zur Richtung

Mit diesen Strategien richten Schreibende einen neuen Schreibprozess auf übergeordnete Ziele aus, betten ihn ein in übergreifende Handlungszusammenhänge. Strategien zur Richtung werden greifbar in Leitfragen wie: Warum schreibe ich gerade jetzt? Zu diesem Thema? Für dieses Publikum? Was nützt der Einsatz mir und meiner Institution, was dem Publikum und den Quellen? Wie erreiche ich die wichtigsten Ziele mit geringstem Aufwand? Und wie nutze ich dazu, bei computergestützter Textreproduktion, die digitalen Quellen und Textbearbeitungsroutinen?

Mit einer Kurzfassung die Stossrichtung vorzeichnen: Der Fall AP

SU[11], *1967, arbeitet zur Zeit der Datenerhebung in der Bundeshausredaktion der Nachrichtenagentur *Associated Press* (*AP*). Sie war vorher Primarlehrerin, dann Lokalredakteurin einer Regionalzeitung, später Bundeshaus Redakteurin der

---

10 Ausführlich diskutiert werden die Fallbeispiele in Perrin/Blum (i.V). Zum Buch gibt es eine CD-ROM mit Quicktime-Movies, die alle analysierten Schreibprozesse Schritt für Schritt vorführen.

11 Das Kürzel wurde auf Wunsch der Journalistin geändert.

Nachrichtenagentur *Schweizerische Politische Korrespondenz (SPK)*. Nach deren Schliessung 1993 wechselte die Journalistin zur *AP*.

Im Fallbeispiel schreibt SU drei Meldungen zum Thema „humanitäre Minenräumung": Gleich zu Arbeitsbeginn eine Vormeldung, die das Thema umreisst und den Kunden anzeigt, dass die *AP* das aktuelle Regierungsgeschäft verfolgt; dann eine Tagesmeldung mit den ersten wichtigen Beschlüssen im Detail; schliesslich eine Abendmeldung mit letzten Informationen kurz vor Redaktionsschluss.

Den ersten Text, die Vormeldung, schreibt SU fast frei, nach flüchtigem Einblick in den Quellentext: „Also bei der Vormeldung geht es einfach mal darum, eh, das Wichtigste kurz zu melden, ohne dass ich jetzt die ganze Meldung schon gelesen habe, habe ich jetzt einmal eine kurze geschrieben mit den wichtigsten- dann habe ich ein bisschen gelesen im Communiqué." [Revisionen AP.kurz.1-8]. – Entsprechend geradlinig und summarisch fällt der Text aus:

> Bundesrat will Minenzentrum in Genf gründen
>
> Bern (AP) In Genf soll ein internationales Zentrum für humanitäre Minenräumung entstehen. Der Bundesrat hat das Eidgenössische Militärdepartement (EMD) am Mittwoch ermächtigt, ein solches Zentrum zu gründen. Das Zentrum, das laut Mitteilung eng mit den Vereinten Nationen (UN) zusammenarbeiten wird, soll durch die systematische Erfassung, Aufarbeitung und Verbreitung des vorhandenen Wissens im Bereich der humanitären Minenräumung die Zahl der Minenopfer senken helfen. Die Kosten werden im Endausbau auf 5,5 Millionen Franken pro Jahr geschätzt. Sie werden vom EMD getragen, wie das EMD und das Eidgenössische Departement für auswärtige Angelegenheiten (EDA) mitteilten.

Den zweiten Text, die Tagesmeldung, entwickelt SU aus dem ersten heraus. Sie kopiert die Vormeldung als Quellentext ein und baut einzelne Teile aus: „Da habe ich jetzt einfach die Kurzmeldung, die ich vorher geschrieben habe, auf den Bildschirm genommen, und der Kopf ist ja jetzt schon vorhanden, oder, da habe ich den einfach ergänzt mit «TM». Catchwörter. Für den Titel, also da muss ich ja dann noch einen anderen Titel machen, den habe ich jetzt noch nicht geändert, den Titel, weil ich den ja noch nicht weiss, oder. Ich habe einfach mal unter den Titel geschrieben: «Tagesmeldung»." [AP.tag.1-6]

Neue aktuelle Information wird sofort eingebaut: „Jetzt ist es ja so, dass in der Zwischenzeit noch eine andere Meldung gekommen ist, die zu tun hat mit Personenminen. Und da habe ich mich entschlossen, dass ich das hier gleich einbauen werde. Da habe ich jetzt gar keine Einzelmeldung gemacht. Dann hab ich mir noch überlegt, ja am besten tu ich einen Satz von dieser Meldung über das Übereinkommen zum Verbot der Antipersonenminen in den Lead. Und zwar etwa in den dritten Satz des Leads." [AP.tag.26-27]

Das Neue braucht Platz, der Umfang ist begrenzt, also kürzt SU laufend die weniger aktuellen Informationen weg: „Und jetzt sehe ich, dass der Lead zu lange ist. Jetzt hat er eins, zwei, drei, vier, fünf, sechs, mehr als sechs Zeilen, und unsere Vorgabe ist, dass ein Lead höchstens fünf Zeilen haben darf. Jetzt muss ich also diesen Lead, so wie ich ihn mehr oder weniger ideal finde- kürze ich jetzt einfach, muss gewisse Sachen opfern. Jetzt habe ich mal geopfert: «Flavio», ah, jetzt bin ich am Überlegen, was ich sonst noch rausnehmen könnte, ohne dass es gross an Substanz verliert, oder, aber- so Füllwörter und Details, die man eigentlich auch unten aufführen kann." [AP.tag.18-36]

Bern (AP) Der Bundesrat hat das EMD zur Gründung eines [28]{i}[28]|$_{29}$nternationalen Zentrums für[31][humanitäre][31]|$_{32}$ Minenräumung in Genf ermächtigt. Die Kosten werden[32][im Endausbau][32]|$_{33}$ auf 5,5 Millionen Franken pro Jahr geschätzt[21][.][21]|$_{22}$[22]{ und vom}[22]|$_{23}$ [23][Sie werden vom][23]|$_{24}$ EMD getragen[24]{.}[24]|$_{25}$[25][,][25]|$_{26}$|$_{18}$[26][][26]|$_{27}$[27]{ }[27]|$_{28}$Bundesrat[29][Flavio][29]|$_{30}$ Cotti wird Anfang Dezember in Ottawa das Uebereinkommen über das Verbot von Antipersonenminen unterzeichnen

Die Progressionsgrafiken (Abb. 2) zeigen mit jeder Textfassung einen fragmentierteren Schreibverlauf: Den ersten Text schreibt SU aus dem Kopf, fast linear, den zweiten baut sie in der Leserichtung aus, also von oben nach unten, den dritten schliesslich ergänzt sie, indem sie fast beliebig im einkopierten zweiten hin- und herspringt.

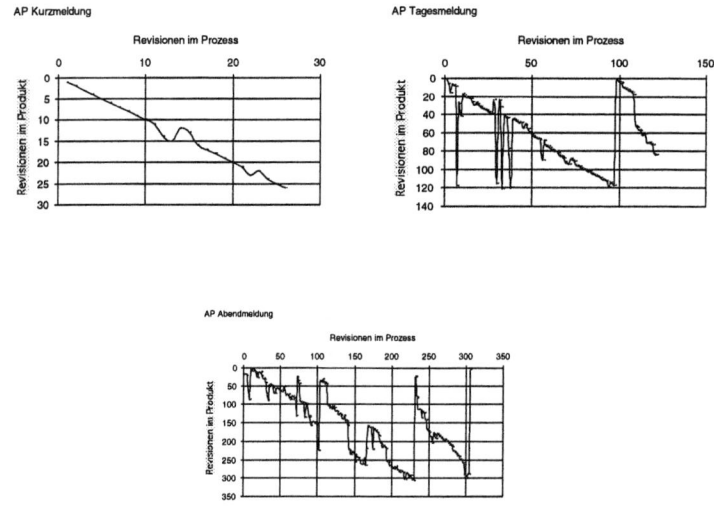

Abb. 2: Progressionen der Vormeldung, der Tages- und der Abendmeldung der AP: Mit jeder neuen Fassung wird der Schreibprozess fragmentierter.

Der dritte Text, die Abendmeldung, ist denn auch reich an thematischen Sprüngen und Exkursen. Er ist nicht gedacht fürs Medienpublikum, sondern als Informationsquelle für die Agenturkunden, die Medienredaktionen. Ihnen soll er punktuell aufzeigen, wo sich die Nachrichtenlage seit dem zweiten Text noch entwickelt hat.
– Ein Ausschnitt aus der Tages- und der Abendmeldung im Vergleich:

Derzeit sind in rund 70 Ländern über 100 Millionen Minen vergraben. Jährlich werden zwei Millionen weitere verlegt und lediglich 100.000 geräumt. Die Zahl der Opfer beträgt jährlich rund 10.000 Tote und 15.000 Verstümmelte; meist sind Zivilisten und zu einem grossen Teil Frauen und Kinder betroffen. [AP.tag]

Derzeit sind in rund 70 Ländern über 100 Millionen Minen vergraben. Jährlich werden zwei Millionen weitere verlegt und lediglich 100.000 geräumt. Die Sprengkörper töten jährlich rund 10.000 Menschen; rund 15.000 werden verstümmelt. Die Opfer sind meist Zivilisten und zu einem grossen Teil Frauen und Kinder. Die Schweiz hat nach Angaben Godets in den vergangenen drei Jahren drei Millionen Anti-Personenminen vernichtet, die letzten dieser Tage. [AP.abend]

Die hier belegte Strategie von SU besteht also darin, einen Text über drei Publikationsstufen rationell weiterzuentwickeln und dabei die elektronischen Mittel dosiert zu nutzen: Die erste Fassung schreibt die Journalistin aus dem Kopf, mit Distanz zur Quelle. Aus dieser Distanz erkennt sie die Hauptzüge des Themas gerade scharf genug, um die Stossrichtung für alle drei Fassungen festlegen und in wenig Zeit einen druckreifen, homogenen Text fertigen zu können. In der zweiten Fassung baut sie den ersten Text präzisierend aus, wobei sie stark auf sprachliche und thematische Kohärenz achtet und Passagen umformuliert. Den dritten Text überfrachtet sie bewusst mit punktuell eingefügter Zusatzinformation.

4.1.2 Strategien zur Planung

Mit diesen Strategien planen Schreibende den zeitlichen Ablauf des Schreibprozesses, als Folge von Schritten, Episoden, Etappen oder Phasen. Strategien zur Richtung werden greifbar in Leitfragen wie: Womit fange ich an? Schreibe ich den Text von oben nach unten oder nehme ich den Schluss vorweg? Stecke ich heikle Übergänge oder Kernaussagen vor dem Schreiben ab? Und wie plane ich, bei computergestützter Textreproduktion, die Quellentexte ein?

Den Textaufbau mit O-Ton abstecken: Der Fall „Echo der Zeit"

JS, *1955, arbeitet zur Zeit der Datenerhebung als Auslandredakteur und Produzent bei der Nachrichten-Hintergrundsendung *Echo der Zeit* des öffentlich-rechtlichen Senders Schweizer Radio DRS. Nach seinem Studienabschluss in Gegenwartsgeschichte sprang er vier Monate als Stellvertreter beim *Echo* ein, dann war er zehn Jahre als Redakteur und Korrespondent bei der *Tagesschau* und der *Rundschau* des Schweizer Fernsehens. 1995 wechselte er zurück zum *Echo*.

Im Fallbeispiel schreibt JS einen Beitrag zum Thema „Wahlkampf in Österreich". Dazu tippt er zuerst die Stichwörter zu sieben Original-Ton-Sequenzen („O-Tönen") ins Textfenster, zu Aussagen seiner Quellen, die er im Beitrag ab Band zuspielen wird. Diese O-Töne stecken den Textaufbau schon ab; seinen eigenen Text schiebt JS als Moderation, als Übergänge dazwischen:

„Das Problem ist immer- also das Problem- der Anfang, weisst du, immer so das Hineinkommen. Man hat ja im Kopf schon ungefähr die Idee, schon seit dem Zusammenstellen des Materials, oder wie man anfangen will. [ ] Ja gut, das hat natürlich etwas damit zu tun, dass man diese O-Töne ja so geschnitten hat, dass es einen Sinn- oder hoffentlich einen Sinn gibt. So kann man es dann aneinander reihen. [ ] Also, das Konzept entsteht eigentlich beim Schneiden der O-Töne. Respektive eigentlich schon beim Aufnehmen, also beim Fragen hast du ja schon das Konzept, weil du hast das Thema, das du ausführen möchtest. Dann fragst du auch etwas in diese Richtung." [Revision SR.echo.1]

> Bd A) o-ton 1: Musik nach 06" leiser und drunterhalten max 0'26"
>
> Wahlkampf der SP im Festsaal des Rathauses von Klein-Pöchlarn. Die Musik spielt einen flotten Marsch, auf der Bühne warten die Redner auf ihren Auftritt. Das Übliche eben, Wahlkampf in der Provinz. Die Wahlen selbst werden nach Umfragen wenig verändern, die beiden grossen Parteien, die SP und Volkspartei, werden etwas verlieren, die Freiheitlichen und die Grünen zulegen.
>
> Bd B) drunterziehen o-ton 1: Rede nach 17" ton auf nach 25" zurück
>
> Bd A) o-ton 2: Höger 08"
>
> Bd A) o-ton 3: Höger 13"
>
> Bd A) o-ton 4: Pröll 27"
>
> Bd A) o-ton 5: Haider 31"
>
> Bd A) o-ton 6: Pröll 23 "

Jeder Moderationstext, den JS nun schreibt, führt vom Schluss des vorangehenden O-Tons zum Anfang des nächsten – die Anschlüsse sind gegeben. Zwischen O-Ton 3 und 4 führt JS einen neuen Akteur ein: „Jetzt überlege ich, wie ich zu dem anderen komme. Zu diesem Pröll, oder, der ja ein Kollege von diesem Höger ist, einfach von der anderen Partei, der dann auch deutlicher wird. Respektive: Jetzt erinnere ich mich an das Gespräch, und ich habe auch auf Band, es wird dann einfach zu lange, wo er mir sagt, das sei eine legitime Diskussion und die müsse dann auch nach den Wahlen geführt werden." [SR.echo.66]

> ^{64}{Doch vor den Wahlen will Höger dazu nichts ^{65}[k]$^{65}|_{66}$^{66}{K}^{66}onkretes sagen$|_{65}$, aber die Diskussion sei schon legitim. Wie bei der SP hat man auch bei der Volkspartei genug davon, mit de^{67}[n$|_{67}$]^{67}r Voll-Oppositionspartei FPÖ zwangsweise in einer Regierung zusammenzusitzen. Daran lässt}$^{64}|_{68}$^{70}{ Erwin Pr^{71}[äll$|_{71}$]^{71}öll, ^{72}[ÖVP$|_{72}$]^{72}ÖVP-^{74}[Chef]$^{74}|_{75}$^{75}{Obmann}^{75} in Ni^{73}[der$|_{73}$]^{73}ederösterreich und$|_{74}$ Regierungschef keine Zw^{76}[iefl$|_{76}$]^{76}eifel:

Ausgangspunkt und Ziel sind klar, die Textlänge ist etwa gegeben durch die fixe Gesamtlänge des Beitrags und die bereits fertiggeschnittenen O-Töne – JS kennt den Rahmen und schreibt die Moderationstexte fast linear. Die meisten Revisionen korrigieren Vertipper oder variieren Wendungen, oft sofort nach dem Tippen der ersten Fassung. So überarbeitet er den Beitrag viermal in der Lese- und Hörrichtung, vom Anfang zum Schluss:

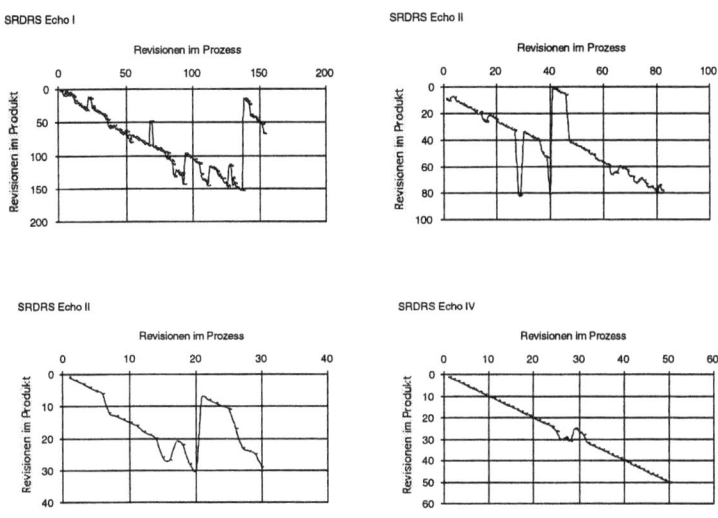

Abb. 3: Progressionen des Hintergrundbeitrags für SR DRS: fast lineares Schreiben und Überarbeiten in vier Durchläufen, entlang abgesteckter Etappen.

Die hier belegte Strategie von JS besteht also darin, einen Beitrag entlang von Quellentexten anzulegen. In zwei entscheidenden Arbeitsphasen nutzt er die elektronischen Mittel sorgfältig: Erstens schneidet und ordnet er die O-Töne, bevor er den Moderationstext schreibt. Damit weiss er, wieviel Zeit für Moderationen bleibt und welche Brücken er damit zu schlagen hat. Zweitens schreibt und überarbeitet er die Moderationstexte in der Hörrichtung und über weite Strecken des Beitrags hinweg, er spannt den Bogen in vier Ansätzen vom Anfang bis fast oder ganz zum Schluss. So behält er den ganzen Beitrag vor Augen, der ursprüngliche Plan wird durch die Textbewegung zyklisch umgesetzt.

4.1.3 Strategien zur Bewegung

Mit diesen Strategien versuchen Schreibende in den Schreibfluss zu finden und im Schreibfluss zu bleiben, also voranzukommen. Strategien zur Bewegung werden greifbar in Leitfragen wie: Was bringt mich nach dem Recherchieren zum Schreiben, und was hält mich am Weiterschreiben? Wie nehme ich nach Ablenkungen den roten Faden wieder auf? Wie finde ich rechtzeitig zu einem befriedigenden

Abschluss? Und wann fülle ich, bei computergestützter Textreproduktion, die nachträglich entdeckten Recherchelücken?

Quellentext laufend mit Eigeninformation ergänzen: Der Fall SR DRS

KW, *1948, arbeitet zur Zeit der Datenerhebung als Dienstleiter der Nachrichtenredaktion von Radio DRS – und zwar seit 1976. Als kaufmännischer Angestellter wollte er die Matura nachholen, schrieb für die Regionalzeitung *Berner Tagblatt* und las Korrespondentenberichte für Radio DRS. Den zweiten Bildungsweg brach er ab, als er mit 22 Jahren beim Radio DRS als erster fest angestellter Nachrichtenredakteur einsteigen konnte.

Im Fallbeispiel redigiert KW drei Agenturtexte für die Acht-Uhr-Nachrichten: einen Bericht der *Schweizerischen Depeschenagentur* (*SDA*) zum Irak und zwei Meldungen der *Deutschen Presse-Agentur* (*DPA*) zu Korea und Japan. Den langen Text zum Irak kürzt er um drei Viertel, den Korea-Text um die Hälfte. Alle Texte gliedert er mit Leerzeilen in Lese-Etappen. Er achtet auf sprachliche Präzision und ersetzt schriftsprachliche Wendungen durch sprechbarere.

KW ergänzt seine Meldungen immer wieder mit Informationen aus dem Gedächtnis: „«Erneut», gut, das haben sie ja schon mal gemacht, oder, vor einem Militärschlag. Das «erneut» ist jetzt von mir, einfach eine Interpretation, weil ich das weiss." [SR.irak.50]

Russland und China [48]{warten die USA erneut [49][und][49]$|_{50}$}[48]$|_{49}$[50][verschärften ihre Warnungen]$^{50}|_{51}$ vor einem Militärschlag.

Gelegentlich stammt eine solche Eigeninformation aus andern Medien, die KW genutzt hat: „Ja, da habe ich gedacht, dass man noch erwähnen müsste, dass der türkische Aussenminister sich so bemüht in Bagdad, den habe ich gestern im Fernsehen gesehen. Also, es kommt auch sehr viel Eigeninformation rein, damit man da arbeiten kann, oder." [SR.irak.52-55]

Der türkische Aussenminister [52][bemüht sich [55]{in Bagdad }[55]um Vermittlung.[53][ ]$^{53}|_{54}$}$^{52}|_{53}$ [54][Ismail Cem]$^{54}|_{55}$[10][äusserte sich in Bagdad optimistisch über die Möglichkeit, die Krise auf diplomatischem Wege beenden zu können. Saddam habe sich für das Anliegen empfänglich gezeigt, eine militärische Konfrontation zu vermeiden, sagte er nach einem Treffen mit Saddam. (...)]^{10}

Sein Expertenwissen schützt ihn nicht vor einer Fehlinterpretation, die er aber sofort erkennt und korrigiert: „Und jetzt eben das mit «in andere Betriebe versetzt», da habe ich gemerkt, dass das eine Fehlinterpretation ist. «Flexibler gehandhabt» dort unten heisst entweder entlassen oder anders eingesetzt werden, unter Umständen, dass man nicht mehr Vorarbeiter ist oder was immer in diesen Betrieben." [SR.korea.29]

Unternehmen, die sich in einer wirtschaftlichen Zwangslage befinden, [19]{[können in [20][z]$^{20}|_{21}$ [21]{Z}$^{21}|_{22}$ukunft $|_{20}$}[19]Mitarbeiter [27]{[28][leil$_{28}$]^{28}unter bestimmten Umständen }$^{27}|_{29}$^{22}[entlassen[26]{ oder [29]{anders eingesetzt werden. }$^{29}|_{30}$[30][in andere Betriebe versetzt werden]$^{30}|_{31}$}$^{26}|_{27}$^{31}[, wenn]$^{31}|_{32}$ [33][[32][bestimmte Bedingungen eingehalten werden.]$^{32}|_{33}$]$^{33}|_{34}$$^{22}|_{23}$^{23}[unter „fairen und vernünftigen" Gesichtspunkten entlassen.]^{23}

Nachrecherchieren will KW in der Eile aber nicht; kann er eine Informationslücke im Quellentext nicht selbst füllen, versucht er sie sprachlich zuzudecken: „«unter bestimmten Bedingungen», also das ist eine Verlegenheitslösung, weil ich nicht genau weiss, was das bedeutet. Wir tun uns hier mal um den Inhalt herummogeln, weil wir die Bedingungen nämlich nicht ganz genau kennen." [SR.korea.22]

Die Progressionsgrafiken von KWs Textüberarbeitungen zeigen, unabhängig von Textlänge, Kürzungsgrad und Revisionstiefe, alle ein ähnliches Muster, ein typisches Profil: Auf einen fliegenden ersten Durchlauf folgt ein gründlicher zweiter. Dieser zweite führt fast linear durch den Text; jedes mal in der Mitte aber springt die Schreibmarke um ein paar Wendungen oder Sätze hoch, und KW setzt dort neu an.

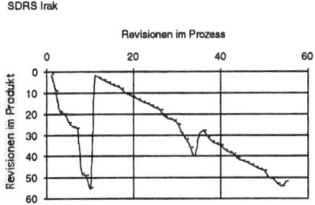
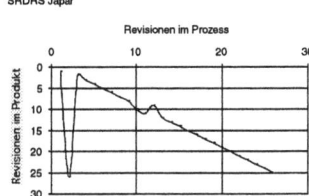

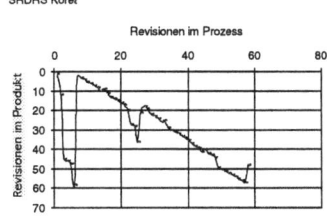

Abb. 4: Progressionen dreier Nachrichtenmeldungen beim Kürzen für SR DRS: Unabhängig vom Quellentext zieht der Redakteur die gleiche Spur.

Die hier belegte Strategie von KW besteht also darin, die Quellentexte in der Leserichtung aufzuarbeiten, indem er vor allem die eigenen, direkt verfügbaren Ressourcen nutzt. In einem ersten Durchlauf sichert sich KW den Überblick und entschlackt Quellentext grob, in einem zweiten formuliert er Übergänge, ergänzt Wesentliches aus seinem eigenen Vorwissen zum Thema und überarbeitet die Sprache der Nachrichtenagenturen fürs Lesen am Radio. Nachrecherchen würden die Produktion verzögern; Informationslücken lassen sich auch sprachlich überbrücken.

4.1.4 Strategien zur Kontrolle

Mit diesen Strategien überwachen Schreibende den Schreibprozess. Dazu vergleichen sie die tatsächlich vorhandenen Fortschritte im Schreibhandeln mit den beabsichtigten und korrigieren wenn nötig Richtung, Planung oder Bewegung des Schreibprozesses. Strategien zur Kontrolle werden greifbar in Leitfragen wie: Reichen Zeit und Platz noch? Soll ich einen unbefriedigenden Textteil überarbeiten oder ganz verwerfen? Brauche ich eine Pause, Abstand? Und wie kontrolliere ich, bei computergestützter Textreproduktion, intertextuelle Bezüge?

Hyperlinks setzen und Informationslücken entdecken: Der Fall „Beobachter"

UZ, *1953, arbeitet zur Zeit der Datenerhebung als Redakteur der Beratungs-Zeitschrift *Beobachter*, für die Print- wie für die Online-Ausgabe. Nach einem abgebrochenen Germanistik-Studium liess er sich an der Schauspielakademie Zürich ausbilden und trat während vier Jahren als Schauspieler auf. Dann begann er über Kultur zu schreiben, für Tageszeitungen und Illustrierte. 1986 wechselte er zum *Beobachter*, als Verantwortlicher der Rubrik „Kunst". Diese Rubrik wurde 1991 aufgehoben.

Im Fallbeispiel schreibt UZ einen Text um für die Website des *Beobachters*. Thema sind alkoholhaltige Süssgetränke für Jugendliche, Vorlage ist die Zeitschriften-Version, die er zusammen mit einer Kollegin verfasst hat. Den Printbeitrag nutzt er als Quelle, aber nicht elektronisch; seinen Online-Beitrag tippt er neu. Den bildschirmgerecht kurzen Text verbindet er über Hyperlinks mit andern Texten der *Beobachter*-Site oder anderer Sites.

Als der Text drei Fünftel des Umfangs erreicht hat, überprüft UZ, welche Punkte bereits angesprochen und welche noch beizufügen sind. Thematisch vollständig ist der Text dann, wenn alle Links eingebunden sind, die UZ vor dem Schreiben bestimmt hat „Ah ja, jetzt mache ich die Ordnung. Jetzt tu ich's aussortieren, was für- was für Artikel und Links ich schon faktisch verwertet habe und was mir noch fehlt, also was ich jetzt noch hineinbringen muss am Schluss, weil vom Umfang her erreichts jetzt langsam, em, einen Umfang, wo-." [BEO.63, 78] – UZ liest den bereits geschriebenen Text durch und setzt zwei Links.

<small>Ob sich eine jung erworbene Gewohnheit zur Krankheit ^{63}{(Link)}^{63}e^{58}{n}^{58}twickelt D^{76}[ol$_{76}$]^{76}ie Prävention ^{78}{(Link)}^{78}ist ^{77}[angesagtl$_{77}$]^{77}gefordert –l$_{78}$ und die Wach^{79}{h}^{79}eit der l$_{79}$ELtern und Mitmenschen.</small>

Aber noch lassen sich nicht alle Teilthemen an einzelnen Wörtern des bereits geschriebenen Textes festmachen; UZ muss seinen Text ergänzen. „Ja, da habe ich noch hineingeflickt, seit wann es, seit wann es diese Alcopops gibt. Diese Information finde ich schon

Strategien computergestützter Textreproduktion

noch wichtig. Die habe ich vergessen gehabt. So Sachen, wo sich jetzt beim Durchlesen- anlässlich von diesem Links-Einbauen- eh, diese Mängel sich- zeigen sich jetzt." [BEO.67-68]
Die Industrie hat die ^{38}[jugendlichen Trinker l_{38}]^{38}Jugend entdeckt.
^{66}[Die]$^{66}l_{67}$ «Alcopops» ^{67} {– seit rund zwei Jahren aufdem Markt – }^{67}(L) ^{43}[sollen]$^{43}l_{44}$^{44} {sprechen^{45}[l_{45}]$^{45}l_{46}$}^{44} mit ihrem ^{39}[scillel_{39}]^{39}frechen Outfit, ihren schrillen F^{40}[ARBENl_{40}]^{40}arben ^{41}[gezielt]$^{41}l_{42}$^{42} {^{46}[direkr]$^{46}l_{47}$}$^{42}l_{43}$^{47} {direkt die Kids an.

In der Progressionsgrafik ist der Kontrollgang zum Verlinken als erste Spitze erkennbar, danach schreibt UZ den Schluss. Die zweite Spitze der Grafik steht für eine sprachliche Endkontrolle, während der UZ einen letzten Link nicht setzt, aber verschiebt.

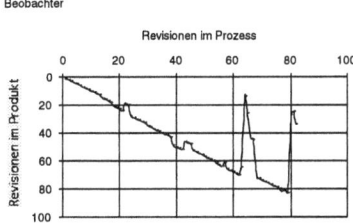

Abb. 5: Progression des Online-Beitrags für den Beobachter: Bevor der Journalist den Schluss schreibt, überprüft und ergänzt er die Hyperlinks.

Die hier belegte Strategie von UZ besteht also darin, einen selbst geschriebenen Text frei, aber gesichert umzuschreiben: UZ tippt die Online-Version mit Blick auf die bereits verfasste Print-Version neu und erspart sich so sprachliche Anpassungen nach elektronischen Textumbauten. Bevor er allen Platz verbraucht hat, überprüft er das bisher Geschriebene mit seiner Linkliste auf thematische Vollständigkeit. Was jetzt noch fehlt, schiebt er ein oder hängt es, zum grössten Teil, unten an. Die elektronische Textvernetzung wirkt als Kontrollinstanz zurück aufs lineare Schreiben – und damit aufs Textprodukt.

4.2 Produktgerichtete Strategien computergestützter Textreproduktion

Als produktgerichtet bezeichne ich Strategien, mit denen Schreibende auf ihr Textprodukt zielen; „produktgerichtete Strategien computergestützter Textreproduktion" bezeichnet also bewusste und verbalisierbare Vorstellungen davon, wie Entscheide beim Schreiben am vernetzten Computer zu fällen sind, damit das Textprodukt mit höherer Wahrscheinlichkeit die zielgemässe Gestalt annimmt.

Ich unterscheide vier Gruppen: Strategien zur Gestaltung der Funktion (4.2.1), der Bedeutung (4.2.2), der Struktur (4.2.3) und des Typs (4.2.4) eines Textes. Die folgenden vier Abschnitte (4.2.1 bis 4.2.4) beschreiben jeweils zunächst eine Strategiengruppe, führen dann an einem Beispiel eine konkrete Strategie vor und fassen abschliessend die Hauptmerkmale des Beispiels zusammen.

4.2.1 Strategien zur Gestaltung der Textfunktion

Mit diesen Strategien zielen Schreibende auf die Funktion eines Textes oder seiner Teile. Strategien zur Textfunktion werden greifbar in Leitfragen wie: Mit welchen sprachlichen Mitteln erreiche ich beim Publikum die Ziele besser? Wie wirkt ein bestimmtes Mittel wohl aufs Publikum? Und wie binde ich, bei computergestützter Textreproduktion, meine Quellentexte möglichst wirkungsvoll ein?

Quellentext dramaturgisch zuspitzen: Der Fall „Weltwoche"

RS, *1963, arbeitet zur Zeit der Datenerhebung als Redakteur im Ressort „Leben heute" der Schweizer Wochenzeitung *Weltwoche*. Er absolvierte eine Schriftsetzerlehre, dann die „Ringier Journalistenschule". Dann schrieb er als freier Journalist unter anderem für „Leben heute" der *Weltwoche* oder berichtete aus der DDR für die *Zeit*. In der *Weltwoche* liess er ein Inserat erscheinen, er suche eine Stelle als „Weltwoche-Redakteur" – und stieg dort 1994 ein. RS hat immer am Computer gearbeitet, „sonst wäre ich niemals Journalist geworden".

Im Fallbeispiel schreibt RS eine Reportage über einen Snowboard-Wettkampf. Dies geschieht in acht Etappen, zwischen denen oft Tage liegen, und an mehreren Arbeitsplätzen. RS zielt auf dramaturgische Raffinesse, auch im Detail.

Um den Witz einer Szene zuzuspitzen, inszeniert RS seine Figuren: „Die Idee ist jetzt gewesen, dass ich jemanden das sagen lasse. Das ist jetzt nicht mehr so gut, weil es ist erfunden, «er kämpft». Das ist etwas, das sie hätte sagen können oder aber auch nicht. Das ist noch nicht so befriedigend." [WW(IV).265]

$^{259}\{^{276}[^{273}$[Täuscht der Eindruck^{260}[, $|_{260}]^{260}$? Oder ist ^{261}[der $|_{261}]^{261}$Patrick heute verk^{262}[rfl$_{262}]^{262}$ra^{263}[pl$_{263}]^{263}$m^{264}[pl$_{264}]^{264,265}$[ftl$_{265}]^{265}$pft?]$^{273}|_{274}]^{276}|_{277}^{277}\{\ \}^{277}|_{278}$„Er kämpft", sagt^{278}[auch]$^{278}|_{279}$ Brigitte Deroche.$\}^{259}$

Andere Passagen in Anführungszeichen gehen zurück auf Aussagen der Quellen, sind aber stark umformuliert: „Aha, es ist jetzt komprimierter, «vom Leistungsdruck hat sie die Schnauze voll». Ist eine leichte Komprimierung. Das zeigt eigentlich auch, dass man den Leuten ihre Sachen verdichtet." [WW(IV).359]

„I$\}^{355}|_{356}^{326}\{^{327}\{^{356}$[ ]$^{356}|_{357}\}^{327,341}\{^{357}$[i]$^{357}|_{358}$ch habe so die Schnau^{342}[ul$_{342}]^{342}$ze $^{358}\{$so $\}^{358}|_{359}$ voll$^{359}\{^{360}$[", sagt sie. Der Druck sei so gross, jetzt]$^{360}|_{361}^{361}\{$ von diesem $\}^{361}|_{362}$Leistung^{362}[zu bringen]$^{362}|_{363}^{363}\{$sdruck", sagt sie$\}^{363}$

Als eine der Funktionen sprachlicher Regie nennt RS die mediale Authentizität: „Ich versuche, all die Zitate so zu formulieren, dass es auch nach gesprochener Rede tönt. Es ist oft so, dass die Zitate, die man liest, viel zu kompliziert sind, dass es gar nicht realistisch ist. Dass es ist, als ob die Leute gar nicht reden würden. Das ist immer schwierig, wenn man etwas erklären will. Lässt man es jetzt die Leute selber sagen oder sagt man es selber? Selber sagen ist blöd, und Leute reden lassen ist auch nicht realistisch. Ich finde es sehr schwierig, dass es am Schluss dann lesbar

Strategien computergestützter Textreproduktion 211

daherkommt. Ich mache ziemlich viel Aufwand, um es möglichst lesbar zu machen." [WW(VIII). 81-82]

„Und $|_{75}\}^{74,77}[W]^{77}|_{78}{}^{78}\{w\}^{78}|_{79}$enn du Pech hast und gewinnst in Nagano eine Medaille, bekommst du ein Mami, das dich ^{79}[an die]$^{79}|_{80}{}^{80}\{$zur$\}^{80}|_{81}$ Urinprobe und $^{81}\{$an $\}^{81}|_{82}$all^{82}[di]^{82} $|_{83}$e anderen Anlässe begleitet. Dann ist endgültig Schluss mit selber Denken."

So feilt RS an Szenen, einzelnen Textmodulen, die er immer wieder anders ordnet, bis sich eine genuine Szenenfolge ergibt. Entsprechend bewegt zeigen sich die Progressionsgrafiken am Anfang des Schreibprozesses. Im ersten Durchlauf textet RS zum Beispiel vorwiegend gegen die Leserichtung. In der vierten Etappe finden die Szenen ihren Platz, und in der achten Etappe überarbeitet RS den Text als ganzen in der Leserichtung:[12]

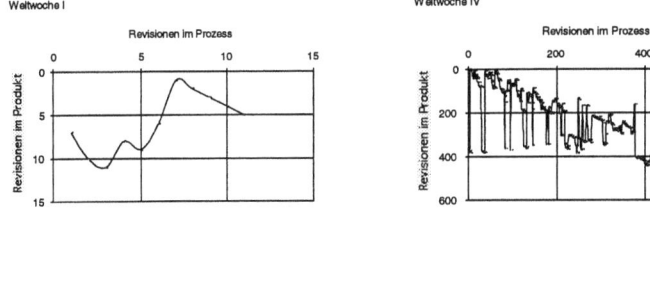

Abb. 6: Progressionen der Weltwoche-Reportage: Einfälle sammeln von unten nach oben, Szenen ordnen und schliesslich Überarbeiten im Lesefluss.

---

12   Die Progressionsdaten der andern Etappen gingen verloren – ausgerechnet die Daten dieses spannenden Falls.

Die hier belegte Strategie von RS besteht also darin, Handlungsausschnitte hoher dramaturgischer Wirkung zu inszenieren und die Szenen in mehreren Durchläufen über Pröbeln und Schieben zu einer wiederum dramaturgischen Szenenfolge zu verbinden. So entwickelt RS, inspiriert von der erlebten Wirklichkeit, sein Stück, seine Textwelt. Den Computer nutzt er als Unterlage fürs Puzzle. Zwischen den einzelnen Arbeitsetappen lässt er soviel Zeit verstreichen, dass er dem Text immer wieder neu begegnen kann. Auf die ursprünglichen Quellentexte greift er mit fortschreitender Verwandlung kaum mehr zurück.

4.2.2 Strategien zur Gestaltung der Textbedeutung

Mit diesen Strategien zielen Schreibende auf die Bedeutung eines Textes oder seiner Teile. Strategien zur Textbedeutung werden greifbar in Leitfragen wie: Vermittelt eine Aussage wohl das, was ich meine? Was muss ich gründlich ausführen, weil es meinem Publikum ganz neu ist, und wo kann ich Vorwissen voraussetzen? Und wie übersetze ich, bei computergestützter Textreproduktion, die Welt und die Sprache der Quellentexte?

Komplexe Quellenwelt in die Publikumswelt übersetzen: Der Fall BaZ

PW, *1955, arbeitet zur Zeit der Datenerhebung als Wirtschaftsredakteur bei der *Basler Zeitung* (*BaZ*). Während des Gymnasiums übersetzte und redigierte er Berichte für die *Jüdische Rundschau*, nach dem Wirtschaftsstudium war er Reporter und Redakteur der *Tagesschau* sowie Wirtschaftsredakteur und Washington-Korrespondent des *Tages Anzeigers*. Nach einem Jahr bei der Wirtschaftszeitung *Cash* wechselte er 1995 zur *BaZ*.

Im Fallbeispiel besucht PW eine Medienkonferenz des Gewerbeverbandes Basel-Stadt, findet auf der Fahrt zur Redaktion die Leitidee für seinen Text und legt sich im Kopf einen Aufbau zurecht. Am Arbeitsplatz tippt er den Text zügig in die Tasten, mit gelegentlichem Blick in die Notizen links neben dem Computer. PW gibt sich Mühe, für Fachleute interessant und für Laien verständlich zu schreiben.
„Und da. Ob die Bezeichnung richtig ist oder irgendwie ‚Regionenleiter' oder so- ‚Leiter der Region Nordschweiz' – aber für die Leser ist es verständlicher, wenn es einfach heisst «Leiter der UBS in Basel», oder. Technisch nicht ganz- also genau wie sie sie nennen innerhalb der Banken, aber faktisch ist es halt so." [BaZ.180] – Die Strategie ist klar, der Entscheid kostet gerade einen Buchstaben:

> Patrice Humbel, ^{180}[Rl$_{180}$]^{180}Leiter der UBS in Basel, begrüsste in einer ersten Reaktion die Umfrage de^{181}[rl$_{181}$]^{181}s Gewerbeverbandes

Den Textaufbau sieht PW so klar vor sich, dass er den ganzen Text samt Vorspann linear schreibt und den Vorspann und die zweite Texthälfte im Korrekturdurchgang kaum verändert. Nach der ersten Texthälfte ist er durch ein längeres

Telefonat unterbrochen worden; er überarbeitet sie nach dem Schreiben, in der Leserichtung.

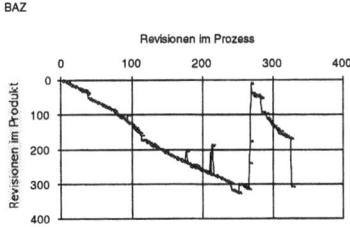

Abb. 7: Progression des BaZ-Berichts: Der Journalist hat den Aufbau im Kopf und die Recherche zur Hand; beim Schreiben sucht er das klare Wort.

Die hier belegte Strategie von PW besteht also darin, die Textwelt möglichst sachgerecht, präzise *und* leicht verständlich darzustellen. Beim Schreiben ist er frei für kleinräumige Spracharbeit, weil er sich Sinn, Thema und Aufbau des Textes bereits überlegt hat und überdies die Recherchedaten geordnet neben dem Computer einsehbar sind. Für diese kleinräumige Arbeit allerdings nutzt PW den Computer sozusagen als erweitertes Vorstellungsvermögen: Immer wieder reflektiert und ändert er Wendungen erst dann, wenn er sich am Bildschirm mit ihnen, wörtlich, auseinandersetzt.

4.2.3 Strategien zur Gestaltung der Textstruktur

Mit diesen Strategien zielen Schreibende auf die Struktur eines Textes oder seiner Teile. Strategien zur Textstruktur werden greifbar in Leitfragen wie: In welche Teile gliedere ich den Text? Wie ordne ich diese Teile an? Wie gestalte ich die Übergänge zwischen den Teilen? Und wie baue ich, bei computergestützter Textreproduktion, die Struktur der Quellentexte ein oder um?

Wechselnde Quellenrede linear verbinden: Der Fall „Blick"

AH, *1956, arbeitet zur Zeit der Datenerhebung als Prominenten-Reporter für die Schweizer Boulevardzeitung *Blick*. Seit seiner Gymnasialzeit ist er Zeitungsjournalist, 1988 stieg er beim *Blick* ein, zuerst als Sportreporter. Auf Reportage hat er im Köfferchen alles dabei, was er braucht, um Texte und Bilder von überallher in die Redaktion zu senden: Kamera, Scanner, Laptop, Interface, Handy.

Im Fallbeispiel besucht AH den „Prominenten-Talk" am Genfer Automobilsalon. Dann berichtet er, wie jeden Tag während der Messe, über „die letzten Neuigkeiten der getroffenen Grössen". Diesmal tut er es in einer Autobahnraststätte, am Laptop, in 10 Minuten. Den Text von 60 Zeilen und die selbst geschossenen Fotos übermittelt er per Modem und Mobiltelefon an die Redaktion.

Im Schreibprozess gelten die beiden etwas tiefer greifenden Revisionen dem Auftritt von Akteuren, der Sprachstruktur beim Einbinden von Quellen: „Habe ich zuerst den Namen- zuerst nicht mit dem Namen begonnen, und-. Es ist aber immer wichtig, dass man mit Namen, eigentlich um wen es geht, beginnt. Und deshalb habe ich gerade korrigiert." [BLI.26]

[26][Dort $|_{26}$][26]Silvia Affolter empfing dort Box-Champ Stefan Angehrn.

Dann beinahe ein Verstoss gegen eine zweite strukturelle Stilregel: „Ah, da wollte ich zuerst Silvias Frage in Anführungs- und Schlusszeichen setzen, habe aber gemerkt, dass es falsch ist, weil- weil, sonst, eh, kommen zwei Mal- zwei Mal- eh, zwei Zitate hintereinander. [...] Das ist nicht gut, weil man dann nicht weiss, wer was gesagt hat". [BLI.28]

Silvias Frage: [27][«$|_{27}$][27]Hat er Angst im Ring? [28][ ]$|_{29}$[29]{«}[29]Nein»$|_{28}$, sagte Angehr[30][tl$_{30}$][30]n. «Nur i[31][n $|_{31}$][31]m richtigen Leben.»

Seinen Text erzählt AH in die Tasten. Nie springt er weiter zurück als hinter die eben getippte Wendung, Irrtümer korrigiert er stets sofort, mit der Löschtaste.

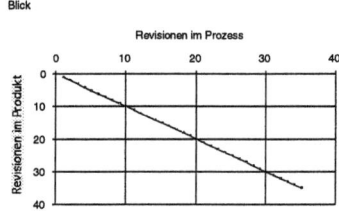

Abb. 8: Progression der Blick-Softnews: Der Text fliesst wie eine gesprochene Sportreportage in die Tasten, schnell und vorwärts.

Die hier belegte Strategie von AH besteht also darin, Kurzauftritte prominenter Akteure zu verketten. Dazu nennt er die Akteure möglichst am Satzanfang, um die häufigen Wechsel der Hauptdarsteller deutlich anzuzeigen. Aus demselben Grund vermeidet er es, die Zitate zweier Quellen unmoderiert aneinander zu schneiden. Grösserflächige strukturelle Strategien nennt AH nicht, er wählt Hauptdarsteller aus und reiht deren Auftritte in absolut linearer Niederschrift. Für Daten wie

Geburtstage oder die Rechtschreibung komplexer Namen schaut er während des Schreibens im Notizblock nach.

4.2.4 Strategien zur Gestaltung des Texttyps

Mit diesen Strategien zielen Schreibende auf den Typ eines Textes oder der Sprache. Strategien zum Text- und zum Sprachtyp werden greifbar in Leitfragen wie: Soll mein Text einem bestimmten Muster entsprechen, und tut er dies? Wo durchbreche ich das Muster bewusst? Welchen Sprachstil wähle ich, und wie ziehe ich ihn durch? Und wie übersetze ich, bei computergestützter Textreproduktion, Stil und Sprachtyp meiner Quellentexte mit möglichst wenig Aufwand überzeugend?

Quellensprache in Mundart übersetzen: Der Fall „TeleZüri"

SB, *1972, arbeitet zur Zeit der Datenerhebung als Nachrichtendesker, als Abschlussredakteur der Nachrichtensendung, beim Privatsender *TeleZüri*. Hier eingestiegen ist er als Telefonist, nach einer Lehre als Reprofotograf und einem Jahr Fachjournalismus. Beruflich hat er immer am Computer geschrieben.

Im Fallbeispiel soll SB innerhalb von zwei Stunden sechs Kurzmeldungen auswählen und für die Nachrichtensprecherin aufbereiten. Die Quellentexte stammen von den Agenturen *Reuters*, *SDA* und *AP* sowie von *Radio 24*, dem Privatradio des *TeleZüri*-Besitzers. Aufbereiten heisst: kürzen, auf Bilder aus dem Archiv des Senders abstimmen und in gesprochene Mundart übersetzen. Dieses Übersetzen macht Mühe. Eine erste Version:

De neui Präsident ^{3}[rl$_3$]^{3}het sini Landslüüt dezu uufgrueft, ^{4}[zäme für enl$_4$]^4 sich ^{5}[fürl$_5$]^5 im Kampf gege d Wirtschafts-Krise iizsetzel$_6$

„Und jetzt wird es schwierig. Das ist, eh- es ist ein hochdeutscher Satz, den ich übersetzen muss, und es geht irgendwie mit den Syntaxen einfach nicht so auf. «Zäme für», «sich zäme», ich denke, oder, da denke ich- und versuche wirklich zu konstruieren. Jetzt habe ich gemerkt, dass es da ein Reflexivhilfsverb braucht oder, eh, nein, «sich» einfach reflexiv sein und- und- aber, es stimmt immer noch nicht, oder? «Sich zäme im Kampf gege d Wirtschaftskrise iizsetze». Das wäre ein Satz, aber das ist ja jetzt eben immer noch nicht-" [TZ.korea.4] – SB flieht die Grammatik und wechselt das Verb. Dadurch gewinnt die Aussage, die er der Quelle unterstellt, nebenbei an politischer Sprengkraft: Der Präsident ruft seine Leute nicht mehr auf, sich «im Kampf einzusetzen», sondern sich «auf Entbehrungen vorzubereiten».

De neui Präsident ^{3}[rl$_3$]^{3}het sini Landslüüt dezu uufgr^7[u]^{7}l$_8$^{8}{ü}^{8}l$_9$eft, ^{4}[zäme für enl$_4$]^4 sich ^{6}[zäme]^{6}l$_7$^{5}[fürl$_5$]^5 im Kampf gege d Wirtschafts-Krise ^{9}[iizsetze]^{9}l$_{10}$^{10}{au uf Entbehrige vorz'bereite}^{10}.l$_6$

Die Verwandlung der Aussage geht weiter: „«Entbehrige» gefällt mir nicht, weil das nicht Zürideutsch ist." [TZ.korea.11] – In der letzten Version ruft der Staatschef seine Leute nicht mehr zu etwas auf, sondern bereitet sie auf etwas vor. Sie sollen sich nicht mehr «einsetzen» und sich auch nicht mehr «auf Entbehrungen vorbereiten», sondern sie müssen «Verzichte hinnehmen»:

De neui Präsident het sini Landslüüt ^{13}[dezu uufgrüeft]$^{13}|_{14}$^{14}{druf vorbereitet}$^{14}|_{15}$, ^{15}[sich]$^{15}|_{16}$^{16}{dass}$^{16}|_{17}$ ^{18}{si }$^{18}|_{19}$im Kampf gege d Wirtschafts-Krise $|_{10}$^{10}{au ^{17}[uf]$^{17}|_{18}$ ^{11}[Entbehrige]$^{11}|_{12}$^{12}{Verzicht}$^{12}|_{13}$ ^{19}[vorz'bereitel$_{11}$]$^{19}|_{20}$}^{10,20}{^{21}[mönd]^{21} hi-nehl$_{21}$^{22}{ }^{22} möndl$_{22}$}$^{20}.|_6$

„«Verzicht» ist besser, aber am liebsten eben auch nicht als Substantiv, sondern als Verb. «Verzichten», das ist Zürideutsch, das kennt man." [TZ.korea.12] – Diese stilistische Änderung führt SB nicht mehr aus. Aber auch ohne sie wirkt die kleine Baustelle bewegt:

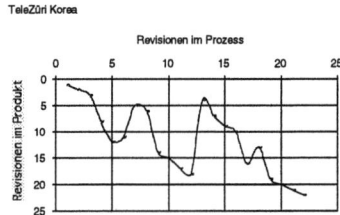

Abb. 9: Progression der TeleZüri-Meldung: Auf der Suche nach dem Dialekt verschiebt der Journalist die Dialektik der präsidialen Aussage doppelt, ab Revision 7 und 13.

Die hier belegte Strategie von SB besteht also darin, im Ausprobieren am Computer den Sprachtyp zu wechseln: ausgehend meist von geschriebener Standardsprache, hin zu gesprochener Mundart. Während SB sich am Bildschirm mit dem Text auseinandersetzt, verschiebt sich die Bedeutung der bearbeiteten Aussage ein erstes Mal. Die ursprüngliche Fassung verbleicht wohl auch in SBs Vorstellung vom ursprünglichen Text, denn im zweiten Überarbeitungsgang rutscht die Aussage weiter ab. Das Ergebnis ist schliesslich eine politisch andere Nachricht; SB aber begründet sein Handeln auch rückblickend allein mit stilistischen und sprachtypologischen Argumenten.

5 Fazit: Individuelle und überindividuelle Regularitäten

17 Fallstudien zu journalistischem Schreiben am Arbeitsplatz, acht davon hier angeschnitten – was zeigt der exemplarische Einblick? Zu gewinnen war Erkenntnis auf drei Stufen: erstens der Methode, zweitens der Befunde und drittens der Anwendung.

Erstens, Erkenntnis auf der Stufe der Methode:

Schreibprozesse sind wissenschaftlich erfassbar. Was am Computer geschieht, lässt sich in *Logfiles* präzise festhalten und zum Beispiel mit S-Notation und Progressionsgrafik beschreiben: standardisiert, systematisch, intersubjektiv nachvollziehbar. Was dagegen im Kopf der Schreibenden geschieht, muss retrospektiv erschlossen werden, mit methodischem Vorbehalt: Angeregt vom Computervideo des Schreibprozesses, verbalisieren die Verfasserinnen und Verfasser Strategien, die sie in einer solchen Situation anwenden *könnten*. Das sind nicht zwingend diejenigen, die sie angewandt *haben*. Der Unterschied aber ist obsolet, solange die Forschung sich für individuelle Repertoires an Schreibstrategien interessiert und nicht Kausalzusammenhänge einzelner Entscheide im Schreibprozess nachweisen will.

In der vorliegenden Studie ist es zum Beispiel egal, ob der *TeleZüri*-Moderator in der Korea-Meldung (s.o., Teil 4.2.4) bei Revision 4 tatsächlich nach einem „Reflexivhilfsverb" gesucht hat; bemerkenswert und eine Frage des Repertoires des Schreibenden dagegen scheint mir, dass er in allen Verbalprotokollen immer nur stilistische Argumente nennt, wenn er die Aussagen seiner Texte verändert.

Zweitens, Erkenntnis auf der Stufe der Befunde:

Schreibprozesse zeigen Regularitäten. Dies gilt kasuell für einzelne Prozesse, individuell für Personen und überindividuell für Schreibprozesse überhaupt, und es betrifft die Revisionsmuster, die Textprogression und die Repertoires angewandter Schreibstrategien.

- So spitzt etwa der *Weltwoche*-Redakteur an vielen Stellen seiner Snowboard-Reportage Aussagen und Auftritte von Quellen zu (4.2.1);
- der Nachrichtenjournalist von Radio DRS arbeitet sich in allen beobachteten Prozessen zweimal durch den Text, ergänzt die Quellentexte mit Eigeninformation und deckt in der Eile Informationslücken mit vager Sprache zu (4.1.3);
- die Progressionen aller Schreibenden zeigen trotz Eigenheiten fast durchgängig Phasen unterschiedlicher Fragmentierung sowie einen fast linearen letzten Gang durch den Text, deutlich zu sehen etwa im *Echo*-Beitrag (4.1.2).

Die Gemeinsamkeiten von siebzehn Einzelfällen lassen Regularitäten indes nur vermuten. Repräsentative Befunde aus der statistischen Auswertung eines umfangreichen Korpus von Progressionsdaten wird ein Folgeprojekt liefern.[13]

Drittens, Erkenntnis auf der Stufe der Anwendung:
Erfahrene schreiben prozessorientiert und rhythmisch und nutzen die Arbeitsplatztechnik differenziert. Die hier vorgestellte Studie untersucht unter anderen auch Schreibprozesse von Journalisten, die gern, gut und viel schreiben, zum Beispiel die Journalisten von Radio DRS *Echo* (4.1.2), DRS *Nachrichten* (4.1.3), *Weltwoche* (4.2.1) oder *BaZ* (4.2.2).

- Diese Journalisten bringen ein reicheres Repertoire an Strategien zum Steuern des Schreibprozesses zur Sprache und scheinen es auch zu nutzen; die Strategien unerfahrener Journalisten dagegen zielen oft allein aufs Textprodukt.

- Die Erfahrenen planen ihre Texte vor dem Schreiben (*BaZ*, *Echo*) und überarbeiten ihre Texte eher in mehreren, ganzen Durchgängen, zwischen denen einige bewusst Distanz gewinnen (*Weltwoche*).

- Die Computertechnik am Arbeitsplatz wird bewusst und differenziert eingesetzt, zum Puzzle-Spielen und Ausprobieren (*Weltwoche*), als Stoff- und Strukturlieferant (DRS-*Nachrichten*) oder als Schreibmaschine nach der Textplanung im Kopf (*BaZ*).

NB: Wie sagte der Radiojournalist KW doch? „Wir tun uns hier mal um den Inhalt herummogeln, weil wir die Bedingungen nämlich nicht ganz genau kennen." – Es gibt noch allerhand zu recherchieren, sprachlich Zudecken trägt nicht über den Tag hinaus.

Literatur

Bell, Allan (1991): The language of news media. Oxford: Blackwell

Häusermann, Jürg (2001): Der Text als Ort der öffentlichen Kommunikation. Zur sprachlichen Aus- und Fortbildung im Journalismus. In: Breuer, Ulrich/ Korhonen, Jarmo (Hrsg.): Mediensprache, Medienkritik. Frankfurt am Main u.a.: Lang [Finnische Beiträge zur Germanistik; 4], 45-54

Häusermann, Jürg (^{2}1999): Journalistisches Texten. Sprachliche Grundlagen für professionelles Informieren. Aarau u. a.: Sauerländer [Schriften zur Medienpraxis; 9]

---

13 Habilitationsprojekt des Autors: Während eines Jahres werden sämtliche Schreibprozesse von 120 Redakteuren einer grossen Tageszeitung elektronisch protokolliert und statistisch nach Grundmustern der Textprogression untersucht.

Hymes, Dell (1979): Zur Ethnographie des Sprechens. In: Coulmas, Florian (Hrsg.): Soziolinguistik. Zur Ethnographie der Kommunikation. Frankfurt am Main: Suhrkamp, 29-97

Jakobs, Eva-Maria (1998): Vom Umgang mit den Texten anderer. Textvernetzung am Beispiel von Fachtexten. Habilitationsschrift. Universität des Saarlandes

Levy, C. Michael/ Marek, J. Pamela/ Lea, Joseph (1996): Concurrent and retrospective protocols in writing research. In: Rijlaarsdam, Gert/ van den Bergh, Huub/ Couzijn, Michael (Hrsg.): Current research in writing. Theories, models and methodology. Amsterdam: Amsterdam University Press, 542-556

Perrin, Daniel (2001a): „Mit etwas Lustigem anfangen". Prozedurale Grundmuster der Nachrichten-Dramaturgie. In: Breuer, Ulrich/ Korhonen, Jarmo (Hrsg.): Mediensprache, Medienkritik. Frankfurt am Main u.a.: Lang [Finnische Beiträge zur Germanistik; 4], 55-68

Perrin, Daniel (^{3}2001b): Schreiben ohne Reibungsverlust. Schreibcoaching für Profis. Zürich: Werd [Tages-Anzeiger; 2]. http://www.schreibcoaching.com (30.08.2001)

Perrin, Daniel (1999a): Woher die Textbrüche kommen. Der Einfluss des Schreibprozesses auf die Sprache im Gebrauchstext. Zeitschrift für Deutsche Sprache 2, 134-155

Perrin, Daniel (1999b): Warum es plötzlich „läuft". Schreibprozessdiagnostik im journalistischen Schreiben. In: Kruse, Otto/ Jakobs, Eva Maria / Ruhmann, Gabriela (Hrsg.): Schlüsselkompetenz Schreiben. Konzepte, Methoden, Projekte für Schreibberatung und Schreibdidaktik an der Hochschule. Neuwied: Luchterhand, 73-93

Perrin, Daniel (1998): Beitragsreihe „Werkstatt Kreatives Schreiben". In: Sage und Schreibe. Die Fachzeitschrift für Medienberufe. 9 ('98), 25-31; 10 ('98), 35-41; 11 ('98), 25-31; 12 ('98), 27-33

Perrin, Daniel (1997a): Kompressionsfaktor hundert. Strategien journalistischer Textproduktion optimieren. In: Adamzik, Kerstin/ Antos, Gerd/ Jakobs, Eva-Maria (Hrsg.): Schreiben in Domänen. Frankfurt am Main u.a.: Lang [Textproduktion und Medium; 3], 167-203

Perrin, Daniel (1997b): Journalistische Schreibstrategien optimieren. Dissertationsschrift. Universität Bern [Online: http://www.cx.unibe.ch/imw/strate.pdf]

Perrin, Daniel/ Blum, Roger (inVorbereitung): Schreibstrategien im Nachrichtenjournalismus. Hypermedialtext: Buch plus CD-ROM, mit Filmen der untersuchten Schreibprozesse

Severinson Eklundh, Kerstin/ Kollberg, Py (1996): Computer tools for tracing the writing process. From keystroke records to S-notation. In: Rijlaarsdam, Gert/ van den Bergh, Huub/ Couzijn, Michael (eds.): Current research in writing. Theories, models and methodology. Amsterdam: Amsterdam University Press, 526-541

van Waes, Luuk/ Schellens, Peter Jan (inVorbereitung): Writing profiles. The effect of the writing mode on pausing and revision patterns of experienced writers. In: Perrin, Daniel (Hrsg.): The pragmatics of writing. Journal of Pragmatics. Special issue

Werlen, Erika/ Werlen, Iwar/ Wymann, Adrian (1992): Verständlichkeitsforschung. Bern: Schweizerischer Wissenschaftsrat [NFP SSP Forschungspolitische Früherkennung; 127]

Das Projekt *ForeignSGML*
Übersetzungsunterstützung bei technischer Dokumentation

Horst Silberhorn

Erlangen

Die Internationalisierung der Märkte führt im Bereich der technischen Dokumentation zu einem stark wachsenden Bedarf an multilingualen Dokumentversionen. Deshalb wird die Übersetzung technischer Dokumentation mehr und mehr durch elektronische Systeme unterstützt. Dadurch werden bei darstellungsorientierten Dokumentformaten Teilaufgaben des Übersetzungsprozesses sehr erleichtert. Wenig berücksichtigt bleibt dabei bisher der Gesamtprozeß, d.h. Übersetzungen vorzubereiten, zu erstellen, zu verwalten oder zu warten. Außerdem spiegelt sich die Entwicklung zu inhaltsstrukturierten Dokumentformaten wie XML oder SGML in existierenden Werkzeugen zur Übersetzung nicht wider. Im Projekt *ForeignSGML* werden die Möglichkeiten untersucht, den gesamten Übersetzungsprozeß bei inhaltsstrukturierten Dokumenten adäquat durch elektronische Werkzeuge zu unterstützen. Dazu werden die einzelnen Schritte des Übersetzungsprozesses modelliert. Ein Hauptaugenmerk liegt darauf, neue Methoden bereitzustellen, um die Qualität und Konsistenz von multilingualen Dokumentversionen zu sichern.

1 Einleitung

Die Erstellung und Verarbeitung technischer Dokumentation erfolgt heute größtenteils elektronisch, da Dokumente so sehr viel schneller erstellt und geändert werden können. Außerdem ist es möglich, digitale Dokumente beliebig oft zu vervielfältigen und zu archivieren. Bis vor wenigen Jahren wurden elektronisch erstellte Dokumente nur dazu benutzt, Papierdokumente zu produzieren. In der letzen Zeit wandelt sich das Bild: Das Aufkommen neuer Medien wie CD-ROMs und die weitverbreitete Nutzung des Internets bzw. World Wide Web erfordern es, Dokumente auf das jeweilige Medium angepaßt für verschiedene Zielformate bereitzustellen.

Dies bedingt einen Paradigmenwechsel bei der Erstellung der Dokumente und den zugehörigen Dokumentformaten: Während früher Dokumente untrennbar mit ihrem Layout verbunden waren, werden nun Inhalt, Struktur und Formatierung separat betrachtet und modelliert. Im Bereich der verwendeten Erstellungssoftware für technische Dokumentation führt das dazu, daß die layoutorientierten DTP-

Systeme (*Desktop-Publishing*) von Umgebungen abgelöst werden, die eine inhaltsorientierte Strukturierung der Dokumente zulassen. Am weitesten verbreitet sind hierbei Systeme, die die Dokumentbeschreibungssprachen SGML (*Standard Generalized Markup Language*, vgl. Goldfarb 1990) bzw. XML (*eXtensible Markup Language*, vgl. XML 2000) verwenden.

Neue Informations- und Kommunikationstechnologien treiben die Globalisierung und die Internationalisierung voran und steigern die Exportorientierung der Wirtschaft. Dadurch steigt weltweit der Bedarf an Übersetzungen technischer Dokumente stark an. Hinzu kommt, daß Dokumentation oft einen integralen Bestandteil hochtechnischer Produkte darstellt. So können beispielsweise Halbleiterbauelemente ohne entsprechende Dokumentation nicht verkauft werden. Zudem führen neue Gesetze, Normen und Standards zu höheren Qualitätsanforderungen an Dokumentation. Werden diese Anforderungen nicht erfüllt, drohen Unternehmen oft Konventionalstrafen oder Schadensersatzforderungen.

Die dargestellten Mengen-, Kosten- und Qualitätsprobleme im Bereich der Übersetzung technischer Dokumentation zwingen Unternehmen dazu, den Entstehungsprozeß multilingualer Dokumentation zu überdenken und machen die Verwendung neuer elektronischer Werkzeuge unerläßlich.

2 Existierende Werkzeuge zur Übersetzungsunterstützung

In den letzten Jahren wurde eine Vielzahl von elektronischen Werkzeugen entwickelt, um die Übersetzer bei ihrer Arbeit zu unterstützen. Diese Werkzeuge setzen auf existierenden layoutorientierten DTP-Systemen auf oder werden über Schnittstellen in diese Systeme integriert. Bei der Übersetzung wird in den Originaldokumenten das Dokumentformat abgetrennt oder direkt in die Übersetzung übernommen. Nachfolgend werden die verschiedenen Werkzeuge kurz vorgestellt.

2.1 Wörterbücher

Wörterbücher sind seit jeher ein wichtiges Hilfsmittel für Übersetzer. Die Spanne reicht hier von allgemeinen Wörterbüchern, die für einen professionellen Übersetzer weniger wichtig sind, bis zu Spezialwörterbüchern für einzelne Wissensgebiete.

Elektronische Wörterbücher stellen die Funktionalität von Wörterbüchern auf dem Rechner zur Verfügung. Zusätzlich bieten sie die Möglichkeit, Einträge durch Hyperlinks zu verbinden, das Wörterbuch auf verschiedene Weisen zu durchsuchen, oder Anmerkungen einzufügen. Hier kann man einen fließenden

Übergang zu den nachfolgend beschriebenen Terminologie-Management-Systemen feststellen.

2.2 Terminologie-Management-Systeme

Bei diesen Systemen handelt es sich um elektronische Wörterbücher, die vom Benutzer befüllt und gewartet werden können. Die Einträge werden dabei in vielen Systemen in Themengebiete eingeteilt und für spezielle Zugriffsmöglichkeiten anhand verschiedener Attribute katalogisiert. Diese Werkzeuge dienen dazu, Terminologie, d.h. spezielle branchen-, firmen-, oder produktspezifische Begriffe, mit ihren fremdsprachigen Entsprechungen für den Übersetzer bereitzustellen. Auf diese Weise können Übersetzungen terminologisch konsistent (d.h. gleiche Begriffe werden immer gleich übersetzt) erstellt werden.

Terminologie-Management-Systeme bestehen aus einer Terminologie-Datenbank, einer Such- und Navigationskomponente und einer Modifizierungskomponente, mit der Begriffe und ihre Übersetzungen eingetragen, gelöscht oder geändert werden können. Dabei erweist sich die Pflege und Wartung der Terminologiebank als schwierig und arbeitsaufwendig (vgl. Schütz 1994).

2.3 Translation-Memory-Systeme

Wichtige Werkzeuge stellen auch Translation-Memory-Systeme dar, die die Wiederholung von Textteilen ausnutzen: Dokumentteile des Originaldokuments (zumeist Sätze oder Satzteile) und von einem Übersetzer erstellte Übersetzungen werden in einer Datenbank gemeinsam abgelegt. Soll ein neuer Satz übersetzt werden, wird die Datenbank nach einem gleichen oder ähnlichen Satz durchsucht. Wenn das Translation-Memory-System einen geeigneten Satz findet, wird dessen Übersetzung präsentiert (vgl. Rudat/Brockmann 1996).

Der Nutzen eines Translation-Memory-Systems steigt mit der Größe des aufgebauten Satzkorpus sowie mit der Wiederholungsrate in Texten. Andererseits verlangsamen große Korpora die Geschwindigkeit der Systeme. Translation-Memory-Systeme bestehen aus einer Datenbank für das Translation-Memory-Korpus, einer Modifikationskomponente, sowie einer Komponente, die die Ähnlichkeit von Sätzen bewertet. Eng verbunden mit Translation-Memory-Systemen sind sogenannte Alignment-Tools: Mit deren Hilfe werden Dokumente mit existierenden Übersetzungen in einzelne Sätze segmentiert und als Entsprechungspaare in das Korpus des Translation-Memory-Systems eingefügt.

Als Austauschformat zwischen verschiedenen Translation-Memory-Systemen entwickelt sich gegenwärtig die XML-Dokumentstruktur TMX-OSCAR (*Translation Memory eXchange, Open Standards for Container/Content Allowing*

Reuse, vgl. LISA 1997). Sie soll es ermöglichen, Korpora zwischen verschiedenen Translation-Memory-Systemen auszutauschen.

2.4 Weitere Werkzeuge

Systeme zur automatischen Übersetzung von Dokumenten werden bisher nur sehr eingeschränkt eingesetzt, da die Ergebnisse von Übersetzern nachbearbeitet werden müssen. Diese Nachbearbeitung erweist sich oft als aufwendiger und schwieriger als eine direkte Übersetzung (vgl. Heyn 1996; Chama/Vogel 1996).

Die Ansätze zur Verwendung von „controlled languages" gehen einen anderen Weg: Die Originaltexte werden unter Verwendung eines verringerten Wortschatzes und vorgeformter grammatischer Strukturen und Satzmuster erstellt (vgl. Almqvist/Sågvall Hein 1996 und Sågvall Hein 1997). Die Dokumente können dann (teil-)automatisch mit Hilfe von Übersetzungstabellen und speziellen Werkzeugen erstellt werden. Diese Ansätze befinden sich jedoch in einer prototypischen Phase. Als problematisch erweist es sich oft, daß die Ausdrucksmöglichkeiten eingeschränkt sind; die Sprache wirkt stereotyp und die Texte werden weniger angenehm lesbar.

Gegenstand der Forschung sind auch linguistische Werkzeuge zur syntaktischen und morphologischen Analyse (vgl. Hanrieder 1996, Haller 1996) oder zur stochastisch-linguistischen Wortzuordnung in zweisprachigen Korpora (vgl. Dehn 1998). Diese Ansätze können weniger geübten Übersetzern helfen, Dokumente zu übersetzen, oder in Translation-Memory-Systeme oder Alignment-Tools eingebaut werden, um diese zu verbessern.

3 SGML/XML

Bei SGML (*Standard Generalized Markup Language*) handelt es sich um einen internationalen Standard (ISO 9979:1986), inhaltliche Dokumentstrukturen auszuzeichnen. Daher ist SGML hervorragend als Austauschformat zwischen verschiedenen Applikationen und Plattformen geeignet (vgl. Goldfarb 1990, Bradley 1997).

In SGML wird zwischen dem Dokumentinhalt, der Struktur und der Darstellung unterschieden. So ist es möglich, Dokumente nach inhaltlichen Gesichtspunkten zu strukturieren und diese Dokumentstrukturen automatisch zu validieren. Außerdem können diese Strukturen dazu benutzt werden, auf Dokumente strukturorientiert zuzugreifen und sie zu verarbeiten. Die Abtrennung der Formatierung ermöglicht es, aus SGML-Dokumenten verschiedene Ausgabeformate zu erzeugen.

Bei XML (*eXtensible Markup Language*) handelt es sich um eine vereinfachte, ebenfalls standardisierte Weiterentwicklung von SGML (vgl. Bosak 1997; XML 2000). XML ist daher einerseits leichter verständlich, andererseits auch sehr viel einfacher zu implementieren.

XML durchläuft gegenwärtig eine rasante Entwicklung: Zahlreiche Standards für die Dokumentstrukturen spezieller Anwendungsgebiete entstehen, eine Vielzahl von Werkzeugen zur Erstellung, Bearbeitung und Formatierung von XML-Dokumenten kommt auf den Markt.

4 Probleme bei der Übersetzungsunterstützung

Wie in der Einführung bereits angesprochen, sind die existierenden Software-Systeme darauf ausgelegt, die Übersetzung von Dokumenten zu unterstützen, die in DTP-Formaten vorliegen. Es gibt zwar einige Systeme, mit denen es prinzipiell möglich ist, SGML/XML-Dokumente zu übersetzen: Jedoch bleiben in diesen Systemen die Vorzüge strukturorientierter Dokumentauszeichnungen ungenutzt, da die Strukturen vor dem Übersetzungsschritt abgetrennt werden bzw. nicht dazu verwendet werden, den Übersetzer zu unterstützen. Wie in den folgenden Abschnitten gezeigt wird, kann aber gerade die strukturorientierte Dokumentauszeichnung dazu benutzt werden, die Vor- und Nachbereitung von Übersetzungen zu erleichtern.

In Gesprächen mit Übersetzern wurde klar, daß die Vor- und Nachbereitung von Übersetzungsaufträgen sowie die Verwaltung von Dokumenten und Übersetzungen wichtige Aufgaben darstellen. In diesen Bereichen, die sehr aufwendige und ermüdende Tätigkeiten erfordern und zudem teilweise außerhalb ihrer Kernkompetenz liegen, wünschen sich Übersetzer sehr viel stärkere Unterstützung durch Software-Systeme.

Diese Arbeitsschritte bleiben aber in bestehenden Systemen ausgeklammert. Zudem versicherten uns professionelle Übersetzer, daß eine optimale Unterstützung von der Erfahrung und dem Können der Übersetzer abhängt: Während unerfahrene Benutzer allgemeine Wörterbücher oder auch automatische Übersetzungssoftware benutzen, sind solche Werkzeuge für erfahrene Übersetzer unnötig oder sogar störend. Außerdem erschwert unnötige Funktionalität, sich in Werkzeuge einzuarbeiten oder verlangsamt das Gesamtsystem. Gerade Wartezeiten während der Arbeit werden von Übersetzern als extrem störend empfunden, da sie den Übersetzungsfluß hemmen.

5 Verarbeitungsmodell und Architektur in *ForeignSGML*

Ziel des Projekts *ForeignSGML* ist es, die Übersetzung von technischer Dokumentation, die in einem SGML/XML-Format vorliegt, optimal zu unterstützen. Diese Beschränkung auf technische Dokumentation erfolgte, da sie den Hauptteil der Aufträge von Übersetzungsabteilungen oder -büros ausmacht.

Zudem enthält Dokumentation wenige Elemente, die spezifisch für eine Sprache sind (vgl. Yetim 1996). Hierfür werden verschiedene Begründungen gegeben:

Große Mengen an Dokumentation, die erstellt und übersetzt werden müssen, erzwingen es aus ökonomischen Gründen, darauf zu verzichten. Außerdem sind solche Elemente nicht so notwendig, da Aspekte wie Verbindung der Abschnitte und Überleitungen oder allgemein Textkohäsion in technischer Dokumentation eine nachgeordnete Rolle spielen. Anderseits wird aber gerade dieser Verzicht von Linguisten als einer der Gründe dafür genannt, daß technische Dokumentation oft schwer lesbar ist.

Die Dokumentauszeichnung in SGML/XML erfaßt normalerweise Überschriften, Listeneinträge oder spezielle Dokumentinhalte wie beispielsweise terminologische Begriffe, Nummern, Maßangaben oder Bilder und erfolgt ansonsten zumeist auf Absatzebene. Daher unterscheiden sich verschiedene Sprachversionen in der Formatierung, selten jedoch in der Struktur. So werden die Dokumentstrukturen zur Unterstützung der Übersetzung sehr gut nutzbar. Um die Arbeit von Übersetzern optimal zu unterstützen, wurde zuerst der Gesamtprozeß der Übersetzung untersucht.

5.1 Übersetzungsprozeß

Bei der Analyse der Arbeitsweise professioneller Übersetzer stellte sich heraus, daß sich dieser Prozeß in drei verschiedene Phasen zerlegen läßt:

- Übersetzungsvorbereitung,
- eigentliche Übersetzung und
- Überarbeitung der Übersetzung

Analog zu den Arbeitsphasen von Übersetzern wurde für *ForeignSGML* ein dreigliedriges Schrittmodell für den Übersetzungsprozeß entwickelt. Dabei wurde versucht, die tatsächlichen Vorgänge und Tätigkeiten bei der Übersetzung abzubilden.

5.1.1 Übersetzungsvorbereitung

Im ersten Arbeitsschritt wird die Übersetzung vorbereitet: Benötigte terminologische Begriffe werden ermittelt, anhand von bereits durchgeführten Übersetzungsaufträgen werden wiederverwendbare Dokumentteile ermittelt und in der jeweiligen Sprachversion bereitgestellt. Außerdem werden spezielle Dokumentteile wie Maßangaben oder Bestellnummern identifiziert und vorverarbeitet. Zusätzlich werden schwierig zu übersetzende Dokumentteile vorübersetzt, um beim eigentlichen Übersetzungsdurchgang lästige Arbeitsunterbrechungen zu vermeiden.

Für diesen Arbeitsschritt werden in *ForeignSGML* drei Werkzeuge eingebunden:

- ein Editor, mit dem der Übersetzer das Originaldokument mit Anmerkungen versehen kann,
- ein Werkzeug, das existierende multilinguale Dokumente und
- ein Werkzeug, das spezielle Dokumentteile automatisch verarbeitet.

5.1.2 Eigentlicher Übersetzungsprozeß

In der zweiten Phase erzeugt der Übersetzer aus dem Originaldokument und den Vorarbeiten die anderssprachige Dokumentversion. Die Auslagerung von Arbeitsschritten in die Übersetzungsvorbereitung ermöglicht es dem Übersetzer, seinen Arbeitsfluß aufrecht zu erhalten und so schneller und besser zu übersetzen.

5.1.3 Überarbeitung der Übersetzung

Abschließend werden die verschiedensprachigen Dokumentversionen abgeglichen. Dabei wird überprüft, ob die Übersetzung vollständig, konsistent und qualitativ angemessen ist. Dazu werden Originaldokument und Übersetzung bezüglich Struktur und Inhalt abgeglichen, Fehler in der Übersetzung ermittelt und bei der Nachbearbeitung behoben.

Im Projekt *ForeignSGML* wird in diesem Arbeitsschritt ein Werkzeug bereitgestellt, um Unterschiede zwischen Original und Übersetzung zu erkennen, zu kategorisieren und visuell aufzubereiten. Dabei kann neben dem Strukturabgleich ein expliziter Abgleich von Textteilen z.B. bei terminologischen Begriffen, Maßangaben oder Bestellnummern erfolgen. Die ermittelten Auffälligkeiten und Fehler werden dann vom Übersetzer dazu verwendet, die Übersetzung zu verbessern.

5.2 Implementierung und Komponenten

Um den Übersetzern die Verwaltung der verschiedensprachigen Dokumentversionen zu erleichtern, wird der Übersetzungsprozeß in das Dokumentenmanagement-System XBase® (vgl. Eidon 1999) eingebettet. Dieses System stellt Mechanismen zur Verfügung, um verschiedene Dokumentversionen und -varianten zu verwalten, automatisiert die Sicherung des Dokumentenbestands und dient als Anbindungspunkt für die einzelnen Werkzeuge zur Unterstützung der Übersetzer in den einzelnen Arbeitsschritten. So kann die gesamte Übersetzungsprozeß in eine einheitliche Systemumgebung integriert werden und es stehen Schnittstellen bereit, um andere Werkzeuge in den Übersetzungsprozeß einzubinden. Aus diesem Grund wurde auch bei der Implementierung des Systems besonders darauf geachtet, internationale Standards einzuhalten. So wird neben SGML und XML der Unicode-Standard (vgl. Unicode 2001) verwendet.

Das Gesamtsystem wurde durchgängig objektorientiert umgesetzt. Die zur Repräsentation der Korrelationen zwischen den Dokumenten speziell entwickelte BLDOM-Datenstruktur (*BiLingual Document Object Model*, vgl. Silberhorn 1998b) setzt auf den internationalen Standard DOM (*Document Object Model*, vgl. DOM 1998) auf. Für den Dokumentabgleich verschiedener Dokumentversionen wurden auf der Basis bestehender Ansätze (vgl. Zhang/Shasha 1989; Gusfield 1997; Charras/Lecroq 1998) spezielle Algorithmen (vgl. Silberhorn/Simon/ Brunswicker/Klein 1999) entwickelt.

5.3 Vorstellung ausgewählter Werkzeuge

Im Projekt *ForeignSGML* wurden folgende vier Werkzeuge entwickelt:

- Editor zur Übersetzungsvorbereitung,
- automatische Vorverarbeitung spezieller Dokumentteile,
- Versionsabgleich und
- Verwendung existierender multilingualer Dokumente

Der Editor zur Übersetzungsvorbereitung ermöglicht es, Anmerkungen zum Originaldokument zu erstellen und in einem Hilfsdokument abzulegen.

Die automatische Vorverarbeitung spezieller Dokumentteile ermittelt anhand konfigurierbarer Muster spezielle Dokumentteile wie Bestellnummern oder Maßangaben und stellt über Regeln und Tabellen die Elemente für die zu übersetzende Version bereit. Beispielsweise ist es mit dieser Komponente möglich, Längenangaben automatisch vom metrischen in das amerikanische System zu wandeln.

Im nächsten Abschnitt sollen die beiden etwas komplexeren Werkzeuge zum Versionsabgleich und zur Verwendung existierender multilingualer Dokumente etwas eingehender erläutert werden. Für eine detaillierte Darstellung der technischen Realisierung sei auf Silberhorn 1998a und Silberhorn et al. 1999 verwiesen.

5.3.1 Werkzeug zum Versionsabgleich

Das Werkzeug zum Versionsabgleich wird bei der Überarbeitung der Übersetzung verwendet und dient dem Vergleich von Original und Übersetzung. Dieses Werkzeug besteht aus einer algorithmischen Vergleichs- und einer Visualisierungskomponente.

Die Vergleichskomponente bereitet hierbei die verschiedensprachigen Dokumentversionen zu hierarchischen Dokumentobjekt-Strukturen, den BLDOM-Strukturen, auf. Mithilfe von Inhalts- und Strukturinformation vergleicht und korreliert das Werkzeug die unterschiedlichen Dokumentversionen. Strukturelle Unterschiede werden erkannt und in verschiedene Kategorien klassifiziert.

Die Visualisierungskomponente benutzt die von der Vergleichskomponente erstellten BLDOM-Strukturen und präsentiert dem Übersetzer graphisch die hierarchischen Dokumentstrukturen und die Korrelation der verschiedenen Dokumentteile. Die Visualisierung der typisierten Korrelationen ermöglicht es dem Übersetzer, Fehler, strukturelle Inkonsistenten oder fehlende Dokumentteile in der übersetzten Dokumentversion schnell zu erkennen. Außerdem kann die Visualisierungskomponente direkt als Editor benutzt werden, um Mängel in der Übersetzung zu beheben.

Abbildung 1 zeigt die Visualisierungskomponente: Die Markierungen 1 und 3 verweisen auf die hierarchischen Strukturen der beiden verschiedensprachigen Dokumentversionen, Markierung 2 zeigt die Korrelation der verschiedenen Dokumentteile. Die jeweiligen Problemtypen werden durch verschiedene Farben symbolisiert: Die sich kreuzenden Korrelationen sind beispielsweise blau (in diesem Bild dunkelgrau) eingefärbt und zeigen an, daß ein Problem bei der Reihenfolge der Dokumentteile erkannt wurde. Die hierarchischen Strukturen lassen sich bis zur Textebene auf- und zuklappen und ermöglichen es so dem Übersetzer, sich einen Überblick zu verschaffen und Fehler in der Übersetzung schnell zu lokalisieren und zu beheben.

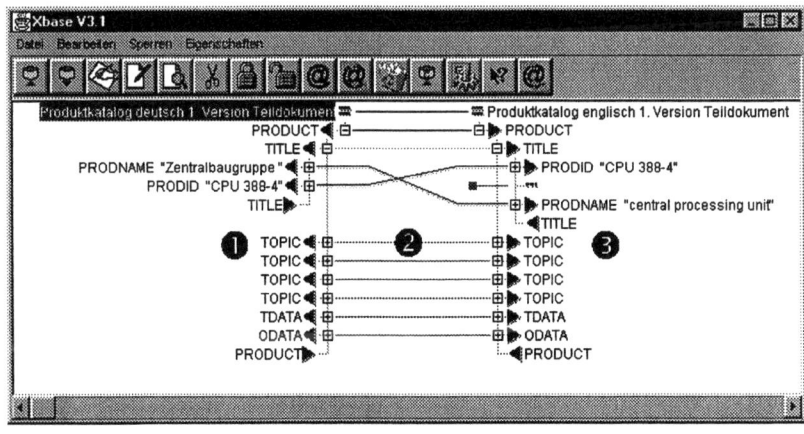

Abb. 1: Werkzeug zum Strukturabgleich

Als einer der häufigsten Fehler bei Übersetzungen haben sich in der Praxis fehlende Dokumentteile erwiesen: Der Übersetzer hat während der Übersetzung vergessen, gewisse Dokumentteile zu übersetzen. Diese Dokumentteile fehlen dann in der übersetzten Dokumentversion. Während dieses Problem bisher schwierig in den Griff zu bekommen war, stellt der graphische Strukturabgleich eine große Hilfe dar.

Der Strukturabgleich ist deshalb ein neuartiges Werkzeug, um die Qualität von Übersetzungen zu überprüfen und die Nachbearbeitung zu unterstützen.

5.3.2 Werkzeug zur Verwendung existierender multilingualer Dokumente

Das Werkzeug zur Verwendung existierender multilingualer Dokumente wird im Arbeitsschritt Übersetzungsvorbereitung verwendet. Dieses Werkzeug benutzt die Wiederholungsrate in technischen Dokumenten und existierenden ähnlichen mehrsprachigen Dokumentversionen und -varianten. Hierzu werden vorliegende (bereits übersetzte) Dokumente, die für den aktuellen Übersetzungsauftrag verwendbar sind, aus der XML/SGML-Dokumentdatenbank an das Werkzeug übergeben. Diese verschiedenen Sprachversionen werden dann analog der Funktionsweise der algorithmischen Vergleichskomponente des Werkzeugs zum Strukturabgleich korreliert. Mittels dieser Korrelation und einer weiteren Korrelation zwischen gleichsprachigen Dokumentversionen wird es möglich, Dokumentteile, die bereits einmal übersetzt wurden oder zu denen es ähnliche übersetzte Dokumentteile gibt, für den neuen Übersetzungsauftrag verfügbar zu machen. Abbildung 2 macht die Funktionsweise des Werkzeugs an einem Beispiel klar: Dokument 1 liegt bereits in einer deutschen und in einer englischen Version vor. Das Dokument 2 liegt nur in Deutsch vor und soll ins Englische übersetzt werden. Über die Korrelationen Englisch 1 – Deutsch 1, Deutsch 1 – Deutsch 2 werden Dokumentteile aus dem Dokument Englisch 1 in das Dokument Englisch 2 übernommen.

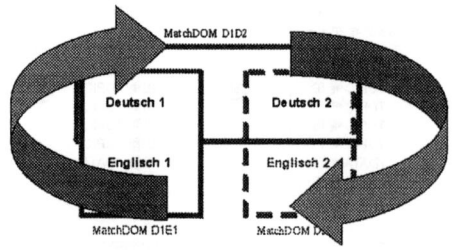

Abb. 2: Verwendung existierender multilingualer Dokumente

Das Werkzeug zur Verwendung existierender multilingualer Dokumente übernimmt die Aufgabe von Translation-Memory-Systemen, unterscheidet sich aber von diesen grundsätzlich in seiner Funktionsweise: Während Translation-Memory-Systeme vollkommen abgetrennt vom Dokumentbestand eigene zweisprachige Korpora aufbauen, werden hier existierende Übersetzungen direkt benutzt. Auf diese Weise kann der Aufwand eingespart werden, das Translation-Memory-Korpus zu verwalten und zu pflegen. Änderungen oder Verbesserungen in übersetzten Dokumenten werden sofort verwendbar und das Korpus wird durch die Versionen- und Variantenverwaltung der Dokumentdatenbank automatisch mitverwaltet. Dies ist als großer Vorteil anzusehen: Wie uns von Übersetzern versichert wurde, ist es aufwendig und teuer, das Translation-Memory zu warten, andererseits macht es nur Sinn, ein qualitativ hochwertiges Translation-Memory zu verwenden.

6 Zusammenfassung und Ausblick

Durch die Verwendung der inhaltsorientierten Strukturierung von SGML/XML-Dokumenten und durch die Einbettung der Übersetzungstätigkeit in eine SGML/XML-Umgebung ergeben sich neue Möglichkeiten, die einzelnen Sprachversionen zu verknüpfen und auf Dokumentteile inhaltsorientiert zuzugreifen. Hiervon profitieren die Erstellung und Wartung multilingualer Dokumentation. So lassen sich Teilaufgaben des Übersetzungsprozesses sehr viel einfacher durchführen, der Zeit- und Ressourcenaufwand kann gesenkt und die Qualität verbessert werden.

Die bisherige Architektur von *ForeignSGML* ist darauf ausgelegt, die Arbeit professioneller Übersetzer zu erleichtern. Es wurde daher darauf verzichtet, externe Werkzeuge wie Wörterbücher, automatische Übersetzungssoftware oder andere linguistische Tools einzubinden. Da das System aber auf internationalen Standards basierende Schnittstellen bereitstellt, kann die Einbindung externer Werkzeuge einfach erfolgen.

Das Konzept von *ForeignSGML* wurde sprachunabhängig entwickelt und kann daher auch leicht für andere Sprachen verfügbar gemacht werden. Die Sprachabhängigkeiten und die Beschränkung auf westeuropäische Sprachen betreffen lediglich die verwendeten Zeichensätze und die Java Programmierumgebung, in der das System entwickelt wurde.

Bisher wurde ein Forschungsprototyp implementiert und getestet. Dabei hat sich der Ansatz von *ForeignSGML* als sehr tragfähig erwiesen und eine gute Akzeptanz bei Benutzern erreicht. Allerdings wird an dem entstandenen System noch weitere Arbeit nötig sein, um die Benutzeroberfläche zu optimieren und den Zugriff auf die Funktionalität ergonomischer und einfacher zu gestalten.

Seine Mächtigkeit wird das vorgestellte Konzept erst bei einer weiten Durchdringung der Dokumentenwelt mit XML zeigen können: SGML wird wegen seiner Komplexität hauptsächlich für die Dokumentation hochtechnischer und dokumentationsintensiver Produkte verwendet, in der andere Werkzeuge zur Dokumentenerstellung und -verwaltung nicht mehr greifen.

Das Aufkommen von XML, insbesondere als Austauschformat für das Internet, wird den Ansatz von *ForeignSGML*, die Übersetzung durch die Dokumentstrukturierung zu unterstützen, sehr viel interessanter machen.

Literatur

Almqvist, Ingrid/ Sågvall Hein, Anna (1996): Defining ScaniaSwedish, a Controlled Language for Truck Maintenance. In: Proceedings of the First International Workshop on Controlled Language Applications, KU Leuven, Belgium. Leuven, 159-164 *)

Bosak, John (1997): XML, Java, and the future of the Web. Sun Microsystems. http://sunsite.unc.edu/pub/sun-info/standards/xml/why/xmlapps.htm (28.08.2001)

Bradley, Neil (1997): The Concise SGML Companion. Harlow u.a.: Addison-Wesley

Chama, Ziad (1996): Maschinelle Übersetzung – ein Praxisbericht./ Vogel, Johannes (1996): Beurteilung des Artikels über den PowerTranslator von Ziad Chama. In: MDÜ (Mitteilungsblatt für Dolmetscher und Übersetzer) 4/5 (42), 3-6

Charras, Christian/ Lecroq, Thierry (1998): Sequence Comparison. LIR (Laboratoire d'Informatique de Rouen) et ABISS (Atelier Biologie Informatique Statistique Socio-linguistique), Faculté des Sciences et des Techniques, Université de Rouen. http://www-igm.univ-mlv.fr/~lecroq/seqcomp/ (28.08.2001)

Dehn, Jörg (1998): Hybrid stochastisch-linguistische Wortzuordnung in einem zweisprachigen Korpus. Magisterarbeit Friedrich-Alexander-Universität Erlangen-Nürnberg

DOM (1998): Level 1 Document Object Model Specification. Version 1.0. http://www.w3.org/TR/WD-DOM/ (28.08.2001)

Eidon [GmbH] (1999): Xbase 3.0 – Produktdokumentation zum Dokument- und Inhaltsmanagementsystem für XML, SGML und CGM. http://www.eidon.de (03.07.2000) [28.08.2001 dort nicht mehr abrufbar]

Goldfarb, Charles F. (1990): The SGML Handbook. Oxford: Clarendon Press

Gusfield, Dan (1997): Algorithms on strings, trees, and sequences: computer science and computational biology. Cambridge: Cambridge University Press

Haller, Johann (1996): Multilint – A Technical Documentation System with Multilingual Intelligence. http://www.iai.uni-sb.de/docs/papers/aslib.ps (04.09.2001)

Hanrieder, Gerhard (1996): MORPH – Ein modulares und robustes Morphologieprogramm für das Deutsche in Common Lisp. In: Hausser, Roland (Hrsg.): Linguistische Verifikation. Dokumentation zur Ersten Morpholympics 1994. Tübingen: Niemeyer, 53-66

Heyn, Matthias (1996): Integrating Machine Translation into Translation Memory Systems. In: EAMT (European Association for Machine Translation) Machine Translation Workshop TKE

'96. Proceedings [compiled by Dimitri Theologitis], 113-126. http://www.eamt.org/archive/vienna.pdf (12.10.2001)

LISA [Localisation Industry Standards Association] (1997): TMX Format Specifications. http://www.lisa.org/tmx/tmx.htm (28.08.2001)

Rudat, Christiane/ Brockmann, Daniel (1996): Translation Memory Systeme: Dokumentenmanagement für Übersetzungen. Stuttgart: Trados GmbH [Technical Report]

Sågvall Hein, Anna (1997): Language Control and Machine Translation. In: Proceedings of the 7th International Conference on Theoretical and Methodological Issues in Machine Translation (TMI-97). Santa Fé, USA, 159-164. *) http://citeseer.nj.nec.com/52693.html (12.10.2001)

Schütz, Jörg (1994): Terminological Knowledge in Multilingual Language Processing. Luxembourg: Office for Official Publication of the European Communities [European Commission (ed.): Studies in Machine Translation and Natural Language Processing; 5]

Silberhorn, Horst (1998a): ForeignSGML – A New Approach to Support the Consistency and Quality of Complex Multilingual Technical Documentation. In: Proceedings of Belux 98, October 1998 *)

Silberhorn, Horst (1998b): BLDOM (BiLingual Document Object Model): a Document Object Model for the Representation of Bilingual Document Versions. In: Proceedings of SGML/XML Finland '98. SGMLUG Finland *)

Silberhorn, Horst/ Simon, Lothar/ Brunswicker, Florian/ Klein, Erwin (1999): Abschlußbericht zum Projekt ForeignSGML. Erlangen [Interner Abschlußbericht]

Unicode Standard (2001): Version 3.1.1. Unicode, Inc. http://www.unicode.org/ (28.08.2001)

XML (2000): Extensible Markup Language 1.0 (Second Edition). W3C Recommendation, 6 October 2000. http://www.w3.org/TR/REC-xml (28.08.2001)

Yetim, Fahri (1996): Multilinguale Aspekte von Text und Hypertext. In: Krause, Jürgen (Hrsg.): Herausforderungen an die Informationswirtschaft. Informationsverdichtung, Informationsbewertung und Datenvisualisierung. Proceedings des 5. Internationalen Symposiums für Informationswissenschaft. Konstanz: Univ.-Verlag Konstanz, 109-119

Zhang, Kaizhong/ Shasha, Dennis (1989): Simple Fast Algorithms for the Editing Distance between Trees and Related Problems. In: SIAM Journal on Computing 6 (18): 1245-1262

*) *vollständige Angaben konnten nicht ermittelt werden*

Organisationsinterne ‚E-Mail an alle'-Kommunikation: Informationsübertragung oder Kommunikationsraum?

Karl-Heinz Pogner und Anne-Marie Søderberg
Kopenhagen

In diesem Beitrag wird anhand einer exploratorischen Fallstudie untersucht, inwieweit die halb-öffentliche ‚E-Mail an alle'-Kommunikation eines dänischen Universitätsinstituts als internes Informationssystem dient und inwieweit sie zum Auf- und Ausbau von Gemeinschaft und organisatorischer Identität genutzt wird. Mit einem sozial-konstruktivistischen Ansatz werden anhand einer Kategorisierung der Teilnehmer und Themen sowie von Stil und Texttypen zunächst typische Mails beschrieben, bevor nach Spuren von sozialer Beziehungsarbeit und der Thematisierung der Institutsgemeinschaft gesucht wird. Einige ‚untypische' Mails werden als Ausdruck dafür gewertet, daß die überwiegend technokratisch-rationale Sicht interner elektronischer Information der Ergänzung bedarf, um den Kommunikations- und Gemeinschaftsbedürfnissen von Organisationsmitgliedern gerecht zu werden.

1 Einleitung[1]

Titel wie „Soziales im Netz" (Thimm 2000) und „Communities in Cyberspace" (Smith/Kollock 1999), „Virtuelle Wirtschaft" (Brill/de Vries 1998) und „Cyber-Society" (Jones 1995) zeigen ein zunehmendes Interesse an der interdisziplinären Erforschung des wechselseitigen Zusammenhangs zwischen neuer Kommunikationstechnologie, der Herausbildung neuer Kommunikationsformen und -muster und ihrem sozialen Kontext. Damit rückt die Frage, wie und wozu die elektronische Kommunikation genutzt wird, in den Mittelpunkt des Interesses. Jedoch haben sich bisher nur relativ wenige Untersuchungen (z.B. Janich 1994, Ziv 1996, Mulholland 1999 und Kleinberger Günther/Thimm 2000) mit dem konkreten Gebrauch elektronischer Kommunikation in Organisationen beschäftigt (vgl. den Überblick von Garton/Wellman 1995). Dies ist recht erstaunlich, da sich E-Mail-

---

[1] Wir danken allen, die frühere Fassungen dieses Artikels kommentiert haben und auf diese Weise unsere eigenen ‚Konstruktionen' zu ‚sozialen Konstruktionen' haben werden lassen. Unser besonderer Dank gilt Rogier Crijns, Lester Faigley, Peter Handler und Eva-Maria Jakobs für ihre engagierte und konstruktive Kritik.

Kommunikation im Intranet eines Unternehmens, einer Institution oder einer anderen Organisation zu einer der wichtigsten Formen interner Kommunikation entwickelt hat – ohne jedoch die ‚traditionellen' Kommunikationsformen vollständig zu verdrängen oder zu ersetzen (vgl. Trevino/Lengel/Bodensteiner/Gerloff/Kanoff Muir 1990, 187f., Garton/Wellman 1995, 437; Kleinberger Günther/ Thimm 2000, 262f.).[2]

In unserem Beitrag stellen wir erste Ergebnisse einer exploratischen Fallstudie zur internen E-Mail-Kommunikation einer dänischen Organisation aus der Domäne ‚Forschung und Lehre' vor. Wir untersuchen E-Mail-Texte, nicht deren Produktion oder Rezeption. Unsere vorwiegend qualitativ ausgerichtete Pilotstudie untersucht die Fragestellung, wie das kommunikative Potential jener E-Mail-Kommunikation genutzt wird, mit der sich *alle* Mitglieder eines Universitätsinstituts an *alle* anderen Institutsmitglieder wenden können. Dabei steht die Frage im Vordergrund, ob diese ‚alle an alle'-Kommunikation vor allem der schnellen Informationsübertragung und effizienten Organisation von Arbeitsprozessen dient oder ob sie darüber hinaus als ein Raum für den Aufbau und die Pflege sozialer Beziehungen und damit für die soziale Konstruktion von Gemeinschaft und organisatorischer Identität genutzt wird. Wir untersuchen in diesem Beitrag in erster Linie die Nutzung der ‚Mail an alle'-Kommunikation – nicht Management-Strategien. Unser Ziel ist es nicht, Werkzeuge zur Etablierung von Organisationsidentität oder -image zu entwickeln, sondern die alltägliche Kommunikationspraxis der Nutzer von elektronischer Kommunikationstechnologie sowie deren potentielle Bedeutung für die Organisationsidentität zu untersuchen.

Diese Fragestellungen bilden nach der Skizzierung des theoretischen Rahmens (Teil 2), des Kontextes und des Textkorpus der Pilotstudie (Teil 3) den Ausgangspunkt für die Untersuchung der Nutzung der ‚Mail an alle' (Teil 4). Zunächst wird diese Kommunikationsform in bezug auf Teilnehmer, Themen, Stile und Texttypen genauer beschrieben (Abschnitt 4.1), danach werden ihre sozialen Dimensionen analysiert (Abschnitt 4.2). Die Beschreibung und Analyse der ‚Mail an alle' zielt darauf ab, charakteristische Trends der Nutzung dieser Kommunikationsform herauszuarbeiten und baut deshalb vor allem auf der Analyse ‚typischer' Mails auf. Der sozial-konstruktivistische Ansatz, von dem unsere Untersuchung ausgeht, unterstreicht die Bedeutung der Interaktanten sowohl für die Einhaltung von Normen als auch für deren Infragestellung. Daher berücksichtigen wir in unserer Analyse auch E-Mails, die sich durch ihr markantes Anderssein von den typischen

---

2   E-Mail-Kommunikation rangiert in der Häufigkeit des Gebrauchs und dem Grad des „Medien-Reichtums" (Trevino et al. 1990, 188) nach dem persönlichen und dem telefonischen Gespräch und vor dem Brief.

Mails unterscheiden (Abschnitt 4.3). Abschließend werden Tendenzen, die bei der Nutzung dieser internen elektronischen Kommunikationstechnologie feststellbar sind, im Hinblick auf unterschiedliche Kommunikationsbegriffe und weitere empirische Untersuchungen diskutiert (Teil 5).

2 Theoretischer Rahmen

2.1 Die sozial-konstruktivistische Sicht von Organisationskommunikation

Unser Verständnis von Gemeinschaft und Organisationsidentität und unsere Analyse der ‚Mail an alle'-Kommunikation bauen auf folgenden Grundannahmen sozial-konstruktivistischer Theorien auf (vgl. Burr 1995 und Gergen 1999):

Die Art und Weise, in der Menschen die Welt verstehen und die Repräsentationen, die sie von der Welt bilden, sind historisch und kulturell geprägt sowie situationsabhängig. Auf diese Weise können sich unterschiedliche Verständniskategorien und Weltsichten entwickeln, und die Konventionen für das Verstehen können sich im Laufe der Zeit verändern. Das Wissen über die Welt und das Verstehen der Welt werden in sozialer Interaktion geschaffen und gepflegt. Dies geschieht durch laufendes Aushandeln dessen, was als wahr oder falsch angesehen werden soll. Soziale Konstruktionsprozesse (z.B. Beschreibungen und Erklärungen) vollziehen sich stets im Kontext konkreter sozialer Beziehungen. Sinn und Bedeutung werden mittels Aushandeln und gegenseitiger Übereinkunft der Mitglieder einer Kommunikationsgemeinschaft (Kultur, Organisation etc.) geschaffen. In diesen Konstruktionsprozessen haben bzw. erhalten bestimmte Mitglieder mehr diskursive (und damit mehr soziale) Macht als andere.

Kulturelle und soziale Identitäten sowie Weltsichten kommen u.a. in Erzählungen zum Ausdruck, die als Produkte sozialer Konstruktionsprozesse angesehen werden. In den Erzählungen werden dem eigenen und dem Verhalten anderer Sinn und Bedeutung zugeschrieben. Erst durch diese Sinngebungsprozesse wird aus einem bestimmten Verhalten ein Ereignis. Auf der epistomologischen Ebene kritisieren sozial-konstruktivistische Theorien die Annahme, daß die Sprache wie ein Spiegel die Realität abbilde. Sie gehen im Gegenteil davon aus, daß der Sinn und die Bedeutung von Dingen, Handlungen und Ereignissen der materiellen und sozialen Welt nur durch sprachliches Handeln entstehen können. In sprachlicher Interaktion (vgl. Pogner 1999: 273-280) handeln Menschen mit Sprache, indem sie ihre soziale Realität – und damit ihre Identitäten und sozialen Relationen – schaffen und so bestimmte soziale, kulturelle oder organisatorische Muster am Leben erhalten. Sprache ist also weit mehr als ein Kanal zum Transport von Informationseinheiten (Shannon/Weaver 1949; vgl. die Kritik der ‚Container-

Metapher' bei Krippendorf 1994 und Putnam/Phillips/Chapman 1996). Sprachliche Interaktionen sind nämlich auch Handlungen, die die Kontexte der sozialen Welt und der sozialen Beziehungen konstituieren.

Soziale und kulturelle Muster sind umgekehrt Ergebnisse von Aushandlungsprozessen, die laufend bestimmte Wahrnehmungsweisen der Realität produzieren, reproduzieren oder verändern, um Dingen, Handlungen und Ereignissen Sinn zu verleihen. Soziale Identitäten und kulturelle Gemeinschaften sind weder ‚natürliche' noch kontextunabhängige außersprachliche Einheiten sondern situationsbestimmte Größen und das Ergebnis von direkten oder indirekten Aushandlungsprozessen. Im nächsten Abschnitt werden wir erläutern, welche Bedeutung diese sozial-konstruktivistischen Annahmen für unser Verständnis von Gemeinschaft und Identität in Organisationen hat.

2.2 Virtuelle Gemeinschaften und Organisationsidentitäten

Gemäß den sozialkonstruktivistischen Theorien konstruieren Organisationsmitglieder als Akteure ‚ihre' Organisation (Institution, Unternehmen, Interessenorganisation, Verwaltungseinheit etc.) und deren Identität in der täglichen Interaktion. Gleichzeitig bildet die Organisation auch den Rahmen für ihr Handeln. Organisationen lassen sich deshalb sowohl als Produkt von als auch als Rahmen für Interaktionsprozesse modellieren: Sie konstituieren Interaktionsprozesse, werden aber auch selbst von diesen konstituiert. Deshalb betrachten wir in unserer Analyse sprachliche Interaktion als eine Art ‚Konstrukteur' der Organisation.

Die jeweilige Kommunikationstechnologie, die die Organisationsmitglieder für ihre soziale Interaktion nutzen, ermöglicht ihnen einerseits das Handeln, schränkt aber andererseits gleichzeitig auch ihre Handlungsmöglichkeiten ein:

> In structuration theory, and consistent with the more general constructionist perspective, more emphasis is placed on humans (as agents) being both enabled and constrained by technical structures, yet these very same structures are the result of previous actions [...] (Shulman 1996, 365).

Soziale Realität wird nicht von der Kommunikationstechnologie selbst erzeugt, sondern in den elektronischen bzw. sozialen Netzwerken:

> [...] reality is not constituted *by* the networks C[omputer]M[ediated] C[ommunication] users use; it is constituted *in* the networks. It would be far easier to understand the physical, or hardwired, connections than to understand the symbolic connections that emerge from interaction. [...]. Much of our energy has been directed toward understanding the speed and volume with which computers can be used as communication tools. Conspicuously absent is an understanding of how computers are used as tools for connection and community (Jones 1995, 12).

So ermöglichen E-Mail-Kommunikation und andere Formen der Intranet-Kommunikation es Organisationsmitgliedern unter anderem, soziale Beziehungen innerhalb eines dynamischen organisatorischen Kontextes aufzubauen oder zu verändern. In der internen Kommunikation können einerseits Identifizierungsprozesse mit der Gemeinschaft der Arbeitskollegen zum Ausdruck kommen. Schlüsselwörter für diese Gemeinschaftsfunktionen interner Kommunikation (vgl. Bayum 1995 und Wellman/Gulia 1999) sind Identitäts- und Beziehungsarbeit, (schwache oder starke) soziale Beziehungen und Bindungen, (gegenseitige) Unterstützung, Zusammengehörigkeitsgefühl und Herausbildung bestimmter Verhaltensregeln (hier: interne ‚Netiquette'). Andererseits können in der internen Kommunikation auch Identifizierungsprozesse der Organisationsmitglieder mit ihrer Organisation zum Ausdruck kommen. Hier können die Vorstellungen der Mitglieder darüber kommuniziert werden, welche Art von Gemeinschaft ihre Organisation eigentlich darstellt und worin das Besondere gerade dieser Organisation besteht, d.h. deren Identität, die sie von anderen Organisationen unterscheidet. Wie bereits erwähnt stellt die organisatorische Identität keine feste oder statische Größe dar, sondern ist vielmehr das Ergebnis zahlreicher sozialer und symbolischer Prozesse der Konstruktion und des Aushandelns von Sinn und Bedeutung:[3]

> Of course identity is not durable in any absolute sense. It changes while maintaining a dynamic consistency. The more relevant issue is (again) one of balancing change and stability while maintaining some connection with past conceptions of who we are (Gioia 1998, 24).

Züge einer Identität eines Universitätsinstituts oder einer anderen Organisation kommen nicht nur in bewußt gestalteten Symbolen wie Gebäude, Logo und Name oder in Strategie- und Visionspapieren usw. relativ offen zum Ausdruck, sondern auch in weniger manifesten Vorstellungen, die in der täglichen Kommunikation ihren Niederschlag finden. In der internen Kommunikation hat vor allem die Leitung der Organisation die Möglichkeit, ihre Vorstellungen einzubringen, um die Entwicklung organisatorischer Identität bewußt in eine bestimmte Richtung zu bringen, um so die Organisation und ihre Mitglieder mit einem Orientierungsrahmen für ihr Verständnis und Handeln zu versorgen (vgl. Dutton/Dukerich 1991). Da wir die organisatorische Identität als ein "socially and symbolically constructed notion intended to lend meaning to experience" (Gioia 1998, 27) ansehen, wollen wir in unserer Analyse sowohl den Beitrag der Leitung als auch den der anderen Organisationsmitglieder zu diesen Konstruktionsprozessen be-

---

3 Auf die Vorstellungen der Organisationsmitglieder hat natürlich auch die externe Kommunikation des Unternehmens sowie das Image der Organisation in der Öffentlichkeit einen großen indirekten Einfluß (vgl. Hatch/Schultz 2000); wir beschränken uns hier jedoch auf die rein organisationsinternen Aspekte von Identitätsbildung.

rücksichtigen. Zu diesem Zwecke werden wir jenen Teil der organisationsinternen E-Mail-Kommunikation, der sich in einer Art halb-öffentlichem[4] Kommunikationsraum abspielt, daraufhin untersuchen, inwieweit hier textbasierte elektronische Kommunikation Funktionen erhalten kann, „die nicht mehr schwerpunktmäßig distanzbezogene, sondern auch nähebezogene Aspekte wie Spontaneität, Identitätsarbeit, Emotionalität beinhalten [...]" (Thimm 2000, 12).

3   Kontext und Materialgrundlage

In den folgenden Abschnitten untersuchen wir die internen Mails, die via Netscape-Mail in einem Zeitraum von drei Monaten (Dezember 1999 bis Februar 2000) an alle Mitglieder eines dänischen Universitätsinstituts geschickt wurden. Alle Institutsmitglieder haben die Möglichkeit, solche Mails direkt an alle anderen Mitglieder zu verschicken; alle Institutsmitglieder bekommen automatisch diese Mails zugestellt. Man muß sich also – im Gegensatz zu akademischen oder anderen Verteilerlisten, Newsgroups, Bulletinboards oder Diskussionslisten (vgl. Crijns 1999, Handler 2000 und Thimm/Ehmer 2000) – nicht „anmelden". Viele wissenschaftliche Mitarbeiter des Instituts haben via Modem auch von zu Hause aus Zugang zur E-Mail und nehmen auf diese Weise an verschiedenen virtuellen Kommunikationsgemeinschaften und Netzwerken teil.

Die Aufgaben des Instituts liegen im Bereich der Forschung und der Lehre; im untersuchten Zeitraum beschäftigt das Institut insgesamt 44 wissenschaftliche Mitarbeiter (Professoren, Assistenzprofessoren und Doktoranden) und 13 Verwaltungsangestellte. Diese 57 Mitarbeiter bilden die Gruppe der potentiellen Sender und der tatsächlichen Adressaten der institutsinternen ‚Mail an alle'.

Das zentrale Textkorpus besteht aus 94 Mails, die im angegebenen Zeitraum an alle Institutsmitglieder verschickt wurden (all.department), zum Vergleich wird ein Korpus von 136 Mails herangezogen, die im gleichen Zeitraum an alle Mitarbeiter der gesamten Universität geschickt wurden (all.university). Da das untersuchte Institut Englisch als seine interne Arbeitssprache eingeführt hat, sind die

---

4   Wir benutzen den Begriff ‚halb-öffentlich', um zu unterstreichen, daß alle Organisationsmitglieder unaufgefordert und ungefragt diese Mails bekommen. Die ‚alle an alle'-Kommunikation vollzieht sich also nicht im privaten Raum zwischen einzelnen Mitgliedern, sondern in einem Raum, zu dem alle Organisationsmitglieder Zutritt haben, der aber für Außenstehende nicht zugänglich ist.

meisten all.department-Mails auf Englisch verfaßt, einige sind jedoch auf Dänisch geschrieben, einige wenige sind zweisprachig abgefaßt.[5]

4 Analyse der ‚Mail an alle'-Kommunikation

4.1 Teilnehmer, Themen und Funktionen

Um die institutsinterne ‚Mail an alle' genauer charakterisieren zu können, untersuchen wir, wer als Absender an der ‚Mail an alle'-Kommunikation teilnimmt (1), welche Themen vorherrschen (2), in welchem Stil die Mails abgefaßt sind (3), welche Texttypen dominieren (4) und in welchem Ausmaß Intertextualität und Interdiskursivität auftreten (5).

(1) Teilnehmer

34 Mails stammen von zehn der insgesamt 44 wissenschaftlichen Mitarbeiter, allein 15 von diesen Mails sind vom Institutsleiter verfaßt. 60 Mails stammen vom Verwaltungspersonal – hier melden sich bis auf eine Ausnahme alle Sekretäre und Sekretärinnen zu Wort. Die allermeisten Absender melden sich in einer bestimmten Funktion zu Wort: als Institutsleiter, Vorsitzender eines Ausschusses, Organisator eines Vortrages, einer Unterrichtsreihe oder einer Prüfung etc.

(2) Themen

Die Inhalte der Mails haben oft mit Verwaltungsvorgängen oder deren Störung zu tun. Hier geht es oft um Abrechnungen, Rechnungen, Einkäufe/Bestellungen von Büchern, Büromaterial und Kopierkarten. Die Mails enthalten Informationen über verwaltungstechnische Regeln, Richtlinien, Vorschriften und Verfahrensweisen oder sind Aufforderungen, wichtige Informationen der Leitung oder Verwaltung zu liefern (z.B. den Input für den Jahresbericht oder Arbeitsstundenabrechnungen). Diese Mails betreffen die Arbeit der Organisationsmitglieder als Teil und/ oder Zulieferer der *Verwaltungseinheiten* ‚Institut' und ‚Universität'.

Einen relativ breiten Raum nehmen Themen ein, die mit dem Bereich der Lehre in Verbindung stehen, wie z.B. Vorlesungsverzeichnisse, Examensplanung und Stundenpläne. Diese Mails hängen mit den Aufgaben der Organisationsmitglieder als Lieferanten für und Organisatoren von Unterricht zusammen, d.h. sie wenden sich an die Mitglieder der *Lehrinstitutionen* ‚Institut' und ‚Universität'.

Relativ regelmäßig enthalten die E-Mails Hinweise zu akademischen Veranstaltungen wie Verteidigungen von Dissertationen, Gastvorlesungen oder -seminare

---

5   Englischsprachige und zweisprachige Mails zitieren wir im Original; auf Dänisch geschriebene Mails übersetzen wir ins Deutsche.

(teilweise als Anzeige, teilweise als Einladung gestaltet). Diese Mails wenden sich primär an die wissenschaftlichen Mitarbeiter als Mitglieder der *Forschungsgemeinschaften* ‚Institut' und ‚Universität'.

Außerdem wird wöchentlich ein Newsletter elektronisch verschickt. Er enthält den Veranstaltungskalender des Instituts und kurze Nachrichten und Notizen, die interne Veranstaltungen oder Publikationen von Institutsmitgliedern ankündigen, aber auch Zusammenfassungen von eingegangenen Informationen zu Themen wie externen Veranstaltungen, Drittmitteln und Beschlüssen in Ministerien. Darüber hinaus finden sich auch Personalinformationen, wie z.b. die Begrüßung neuer und die Verabschiedung anderer Mitarbeiter. Der Newsletter informiert alle Organisationsmitglieder über Themen, die für ihre täglich anfallenden Aufgaben in den Bereichen Verwaltung, Forschung und Lehre wichtig sein können. Diese und andere Formen der Top-down-Kommunikation bündeln und filtern vor allem interne und externe Informationen, um das Funktionieren des *Arbeitsplatzes* ‚Institut' zu sichern. Ähnlich wie der elektronische Newsletter laden auch einige andere Mails alle Institutsmitglieder ein, an bestimmten sozialen Institutsveranstaltungen wie Betriebs- und Weihnachtsfesten sowie offiziellen Begrüßungen und Verabschiedungen teilzunehmen, oder sprechen Glückwünsche aus. Hier kommunizieren meist Verwaltungsangestellte im Auftrag der Leitung, um die sozialen Dimensionen des *Arbeitsplatzes* ‚Institut' bzw. ‚Universität' zu organisieren.

Auffällig viele Mails beschäftigen sich übrigens mit „technischen" Aspekten der Kommunikation des Instituts und/oder der Universität, um das *Funktionieren des Kommunikationssystems* selbst (Telefon, Voice Mail, Server, Internet, E-Mail etc.) sicherzustellen. Diese Metakommunikation dient der Wartung und Pflege besonders der elektronischen Kommunikation, die mehr und mehr zum Rückgrat der Koordinierung des Arbeitsalltags des Instituts wird.

(3) Stil

In den untersuchten Mails herrscht ein sachlicher und teilweise auch ein recht formeller Stil vor. Die meisten Mails informieren kurz über ein einzelnes Thema – oft in einer Art Memo (vgl. Mulholland 1999):

> To Department's Academic Staff
>
> Please fill in the enclosed form stating all of your research publications in 1999. If you have any problems reading the file, please feel free to contact me.
>
> Regards Karen
>
> Maria Petersen hat in der letzten Woche eine Tochter mit einem Gewicht von 3650 g und dem Namen Elisa geboren. Maria bekommt einen Blumenstrauß vom Institut zugestellt.
>
> Grüße Karen.

Einige wenige Mails sind emotional geprägt, sie enthalten z.b. Stoßseufzer und Zurechtweisungen:

> Wer hat die Kopierkarten weggenommen??!!
> Da wir für alle Angestellten am Institut nur 4 provisorische Kopierkarten für die neuen Kopiermaschinen bekommen haben, ist es sehr unkollegial, die geliehenen Karten nach Gebrauch nicht zurückzugeben!! Die zwei, die gestern die Karten geliehen haben, werden deshalb gebeten, sie umgehend zurückzugeben!!! Anne
>
> RE: Disaster at department
> Just to say that Peter is completely right. The kitchen has been a disgusting sight recently. I came in between Christmas and New Year's and some party had just left everything to rot over the holidays.
> Regards, Carsten.

(4) Texttypen

Da die ‚Mail an alle'-Kommunikation des Instituts offensichtlich vor allem als Mischung aus Schwarzem Brett und als Medium zur Versendung von Memos fungiert, ist es nicht erstaunlich, daß der informationsbetonte Texttyp vorherrscht: die dominierenden Textsorten sind Mitteilungen, Bekanntmachungen, ‚Anzeigen', Warnungen, Hinweise, Erinnerungen (z.B. an Deadlines), Protokolle von Sitzungen etc. Es findet sich aber auch der handlungsauffordernde Texttyp mit Textsorten wie Suchanzeigen, Bitten und Anfragen oder Aufforderungen und einzelne ‚Anordnungen', die der Organisation und z.T. der Kontrolle von Arbeitsprozessen dienen. In seltenen Fällen kommen auch Zurechtweisungen von namentlich nicht Genannten vor. Den meinungsbetonten oder den persuasiven Texttyp findet man so gut wie gar nicht: eine einzige Mail enthält einen Kommentar (des Institutsleiters). Strategie- oder Visionspapiere zur Rolle und Identität des Instituts werden in der ‚Mail an alle' weder formuliert noch diskutiert.

(5) Intertextualität und Interdiskursivität

Im Gegensatz zu der Mail-Kommunikation zwischen zwei Personen finden sich in der organisationsinternen ‚Mail an alle'-Kommunikation so gut wie keine Anzeichen von dialogischen Qualitäten. Nur in zwei Fällen wird eine ‚Mail an alle' auch mit einer weiteren ‚Mail an alle' beantwortet, in einem Fall schließt sich der Schreiber expressiv der Meinung eines anderen Schreibers an.[6] ‚Quoting', d.h. direktes Überführen von Teilen aus anderen ‚Mails an alle' und deren Kommentierung, findet nur sehr selten statt. Es fehlt fast gänzlich das direkte Weitersenden (‚Forwarding') von Mails von außerhalb des ‚Mail an alle'-Kommunikations-

---

6 Manchmal wird eine ‚Mail an alle' mit einer individuellen Mail an den Absender oder face-to-face beantwortet oder kommentiert. Diese Antworten und Kommentare finden aber auf persönlicher Ebene außerhalb des halb-öffentlichen ‚Mail an alle'-Kommunikationsraumes statt und sind deshalb nicht in unserem Korpus enthalten.

raumes an alle Institutsmitglieder; in einigen wenigen Mails finden sich aber Links zu institutsexternen Websites. Insgesamt ist die ‚Mail an alle' an dem untersuchten Institut dadurch gekennzeichnet, daß nur wenig direkte Intertextualität oder Interdiskursivität (vgl. Handler 2000), so gut wie keine kompletten Frage-und-Antwort-Sequenzen (vgl. Crijns 1999) und kein Feedback und somit so gut wie keine Dialogizität (vgl. Severinson Eklundh 1994) feststellbar sind: Die Kommunikation vollzieht sich vor allem punktuell.

Die Analyse des Textkorpus ‚all.department' läßt insgesamt also folgende Tendenzen erkennen: Die ‚Mail an alle'-Kommunikation ist primär durch ihre Funktion der schnellen Informationsvermittlung von Funktionsträgern an alle anderen Institutsmitglieder gekennzeichnet. Vermittelt werden vor allem jene Informationen, die den ‚Laden am Laufen halten', damit er seine Aufgaben in den Bereichen ‚Verwaltung', ‚Lehre' und ‚Forschung' wahrnehmen kann.

4.2 Soziale Beziehungen und Identifizierungsprozesse

Im folgenden sollen Anreden und Grußformeln (1) sowie die Thematisierung des Instituts als Gemeinschaft (2) daraufhin untersucht werden, inwieweit die institutsinterne ‚Mail an alle' zur Gestaltung und Pflege sozialer Beziehungen beiträgt, inwieweit Identifizierungsprozesse mit dem Institut artikuliert werden, und ob/wie diese Kommunikationsform zur sozialen Konstruktion von Gemeinschaft und Identität beiträgt.

(1) Anreden und Grußformeln

Der Institutsleiter und die meisten wissenschaftlichen Mitarbeiter benutzen meist die formelhafte Sammelanrede "Dear colleagues" und beenden ihre Mails mit "Yours" und ihrem Vornamen. Die Anredeformen des Verwaltungspersonals weisen meist eine größere Distanz auf (z.B. "to the academic staff at the department") und schließen meist mit "regards". Einige Verwaltungsangestellte wechseln zwischen informeller Anrede bzw. Grußformel (z.B. "Dear all" oder "Hi everyone" und "Have a nice weekend" oder "Best wishes") und dem Weglassen von Anrede und/oder Grußformel. Nahezu alle Institutsmitglieder unterzeichnen ihre Mails mit ihrem Vornamen.[7] Viele Mails enthalten darüber hinaus eine elektronische Visitenkarte als Absender, die jeder Mail automatisch hinzugefügt werden kann und oft auch Funktionsbezeichnungen enthält. Oft erscheint diese formelle Visitenkarte auch in einer Mail, die ansonsten weniger formell gehalten ist und mit einem informellen Gruß schließt.

---

7   Als Alternative findet sich in anderen elektronischen und nicht-elektronischen Texten der gleichzeitige Gebrauch von Vor- und Nachnamen.

Insgesamt fällt auf, daß nur wenig Übereinstimmung zwischen dem Inhalt einer Mail und der verwendeten Anrede bzw. Grußformel besteht. So kündigt z.b. ein Schreiben des Institutsleiters bevorstehende Kürzungen für das nächste Jahr an, um dann ohne Übergang die Mail mit einem "Merry Christmas, Søren" zu beenden. Eine Verwaltungsangestellte weist die Institutsmitarbeiter barsch zurecht, die Kopierkarte sofort nach Gebrauch abzuliefern: "AND REMEMBER TO RETURN THE CARD IMMEDIATELY AFTER USE, AS THESE ARE THE ONLY CARDS WE HAVE FOR THE WHOLE OF THE DEPARTMENT !!!!!!!", um ihre Mail folgendermaßen zu beenden: "I would like to take this opportunity to wish all of you a merry x-mas and a happy new year. See you all in the new millenium...".[8]

(2) Thematisierung der Institutsgemeinschaft

Die Institutsmitglieder nehmen primär als Funktionsträger an der ‚Mail an alle'-Kommunikation teil: als Institutsleiter, Leiter des Studien- und Prüfungsausschusses, Leiter bzw. Koordinator des Ph.D.-Programms oder als Sekretär/in solcher Funktionsträger. Das Institut als Gemeinschaft wird in der ‚Mail an alle' nur selten direkt zum Thema gemacht. Einige (wenige) Mails weisen aber indirekt darauf hin, daß das Institut von unterschiedlichen Interaktanten als eine räumliche Gemeinschaft, ein Arbeitsplatz, eine Kommunikations-, eine Forschungs- oder eine Lehrgemeinschaft angesehen wird.

So wird in einigen Mails das Institut als eine Gemeinschaft thematisiert, die sich durch die Nutzung gemeinsamer Räumlichkeiten (Sitzungszimmer, Teeküche, Toiletten etc.) und Einrichtungen (Kopierapparate, Computer etc.) auszeichnet. Hier wird das Institut vor allem als ein Ort angesehen, der den Rahmen für die tägliche Arbeit bildet. Da die Verwaltungsangestellten und z.t. die Doktoranden tagein, tagaus in den Räumen des Instituts arbeiten, ist es nicht verwunderlich, daß diese beiden Personalgruppen das Institut in erster Linie als eine räumliche Größe thematisieren. Die (anderen) wissenschaftlichen Mitarbeiter unterrichten in verschiedenen Unterrichtsgebäuden, reisen zu Konferenzen, Sitzungen und Treffen, lehren und forschen im Ausland, leisten Feldarbeit oder arbeiten zu Hause. Für sie

---

8   Diese auffällige Inkonsequenz kann damit erklärt werden, daß E-Mail ein ‚schnelles' Medium ist, in dem Schreiber nur selten ihre Texte abschließend in bezug auf einen kohärenten Stil redigieren, sondern oft Höflichkeitsformeln hinterherschieben, um das bereits Geschriebene höflicher zu gestalten (vgl. Mulholland 1999: 75-78). So gesehen kann in diesem Beispiel die ‚nachgeschobene Freundlichkeit' als eine Art Abschwächung des barschen Tons der gerade ausgeteilten Rüge angesehen werden. Dieses Nachschieben von Höflichkeits- und Freundlichkeitsmarkierungen hängt mit der ‚Zwitterform' der E-Mails zusammen, die als schriftlich basiertes Medium das Kommunizierte zwar fixiert, aber auch als schnelles und damit flüchtiges elektronisches Medium erlebt wird: Schreiber ‚trauen' sich mehr; sichern sich dann aber schnell ab.

ist das Institut eher eine „vorgestellte Gemeinschaft" (Anderson 1983), eine Art virtuelles soziales Netzwerk, das manchmal durch die ‚Mail an alle' (evtl. via Modem) unterstützt wird.

In zahlreichen Mails zeigt sich eine andere Perspektive der Institutsgemeinschaft, nämlich die einer Kommunikationsgemeinschaft, die u.a. auf das Funktionieren des Intra- und Internets angewiesen ist. Deshalb werden z.B. Virus-Warnungen und Mitteilungen über Beeinträchtigungen wegen Arbeiten am Server oder am Telefonnetz verschickt. Auch der wöchentliche elektronische Newsletter ist ein wichtiges Instrument, um die lokale Kommunikationsgemeinschaft ‚Institut' zusammenzuhalten.

Darüber hinaus finden sich Hinweise auf zwei weitere Aspekte einer Gemeinschaft ‚Institut', auf die bereits weiter oben bei der Charakterisierung der Themen und Textsorten hingewiesen wurde, nämlich die einer Forschungsgemeinschaft und die einer Gemeinschaft, deren Aufgabe es ist, Bildungsangebote in Form von Unterricht, Projektbetreuung und Examen anzubieten. In beiden Fällen geht es in den Mails aber weniger um inhaltliche Diskussionen als um das Organisieren und Kontrollieren des laufenden Betriebes.

Unsere Analysen des Textkorpus zeigen, daß keine klaren Anzeichen für eine bewußte Strategie zum systematischen Aufbau einer Organisationsgemeinschaft im Sinne einer Corporate Identity sichtbar werden. Das kollektive Gremium ‚Institutsleitung' sendet überhaupt keine ‚Mail an alle'. Der Institutsleiter ist zwar einer der fleißigsten Absender, aber auch in seinen Mails wird nur selten ein direkter Bezug zu „unserem Institut", „unseren Forschungsprojekten" etc. hergestellt. Wird überhaupt auf das Institut Bezug genommen, so thematisieren die einzelnen Institutsmitglieder die Institutsgemeinschaft sehr unterschiedlich: als räumliche Einheit, Kommunikationsgemeinschaft oder Lehr- und Forschungsgemeinschaft. Niemand entwickelt oder diskutiert in der ‚Mail an alle' übergreifende Vorstellungen vom Besonderen gerade dieses Instituts (d.h. von dessen Identität).

Dieses vorläufige Ergebnis, daß an dem untersuchten Institut im Rahmen der ‚Mail an alle' kaum produktive Beziehungs- und Identitätsarbeit sichtbar wird, bedarf einiger wichtiger Einschränkungen. Zum einen haben wir keine Daten zur ‚Anschlußkommunikation' in anderen Medien wie persönliche E-Mails, informelle und formelle Face-to-face-Kommunikation zwischen Kollegen im täglichen Gespräch, auf Empfängen, Verabschiedungen, Sitzungen, informellen Treffen etc. Zum anderen haben wir nur Texte (Produkte) untersucht. Die Untersuchung der Produktion und Rezeption der Mails könnte eventuell zeigen, daß die all.department-Mails durchaus als Plattform für Identifizierungen gedacht oder wahrgenommen werden – auch wenn unsere Analysen sie nicht als eine solche erkennen lassen.

4.3 Ausnahme-Mails: Das Institut als Schicksalsgemeinschaft

In unserer bisherigen Analyse haben wir die typischen Mails dadurch charakterisiert, daß sie in erster Linie dazu beitragen, den Lehr- und Forschungsalltag zu organisieren und vor allem zu verwalten. Im Korpus finden sich aber auch einige Mails, die andeuten, daß zumindest einige Institutsmitglieder einen stärkeren Bedarf an Identifizierung haben, und die eine Art emotionale Bindung zum Institut zum Ausdruck bringen. Es gibt aber nur drei Mails („Kastrophe am Institut" (1), „Fehlende Unterstützung" (2) und „Virus-Warnung" (3)), die sich auf den eben benutzten Analyseebenen (Themen, Thematisierung des Instituts als Gemeinschaft, Texttyp, Teilnehmer und Stil) von den ‚typischen' Mails unterscheiden und den sonst vorherrschenden Trend der Top-down-Kommunikation durchbrechen.

Oberflächlich gesehen scheinen sie zwar die gleichen Themen wie die typischen Mails zu behandeln (Zustand gemeinsamer Räumlichkeiten, Examen und Computer-Viren). Unserer Meinung nach geht es in ihnen aber primär um Belastungen und Ungereimtheiten im Arbeitsalltag. Die Mails bringen nicht nur die Befindlichkeit der Absender und ihre Einstellung zu bestimmten Aufgaben und Routinen des Instituts zum Ausdruck, sondern sie appellieren gleichzeitig auch an die Gemeinschaft aller, die dem gleichen Schicksal wie die Schreiber ausgesetzt sind. Diese Mails gehören zum expressiven oder persuasiven Texttyp: Sie fungieren als Stoßseufzer und thematisieren gemeinsame Verpflichtungen, sie benutzen die ‚Mail an alle' als eine Art Beschwerde- oder Kummerkasten. Auch in bezug auf Absender und Stil unterscheiden sich diese Ausnahme-Mails. So melden sich in den folgenden drei Mails nämlich andere Institutsmitglieder als die Funktionsträger zu Wort. In ihnen werden die dominierenden Textsorten parodiert, und Emotionen werden mit Dramatisierung und Übertreibung zum Ausdruck gebracht.

(1) Katastrophe am Institut

Zu Beginn des Jahres empfängt ein Verwaltungsangestellter, der sich selbst als "a very frustrated user of the kitchen" bezeichnet, die Institutsmitglieder mit einer wahren Katastrophenmeldung:

> Disaster at department
>
> This is just to get the weight off my chest, so to speak. Our kitchen has been in an appalling state for a while. Please, please, please remember to tidy up after lunch etc. [...] It would be nice to keep the kitchen clean and hygienic.

Hier wird zwar wie in den oben besprochenen typischen Mails das Institut als eine räumliche Einheit angesehen, es wird aber auch eindringlich an die Solidarität der Institutsmitglieder und deren gemeinsame Verantwortung appelliert.

(2) Fehlende Unterstützung

Ein Professor beschreibt in einer Mail in unterhaltsamem Stil mit z.T. (selbst) ironischen Tönen seine Erlebnisse bei der Vorbereitung eines mündlichen Examens:

> Now examinations are crucial ritual in the education system, and this is clearly recognized by the way in which everyone talks about the green table cloth and jar of water[9] .....which the students concerned saw me running around with and eventually laying on the table. Is this really right and proper? Imagine yourself a catholic [...] about to attend communion. How would you really feel about the notion of trans-substistation if you saw the priest rushing around in front of you with the altar cloth and a bottle of wine which he then uncorked in front of you?

Doch die ironische Distanzierung der Erzählung dient nicht nur dazu, sich über traditionelle Examensrituale lustig zu machen, sondern auch dem Ziel, eine Beschwerde über die fehlende Unterstützung durch die Institutsverwaltung bei der Durchführung des Examens im halb-öffentlichen Kommunikationsraum anzubringen:

> Yesterday, as we now all know, all the administrators were away -sick, attending seminars etc. It just so happened that yours truly was examining the XXX course yesterday. It also happened that the assigned room had not been prepared in any way (apart from a pot of coffee on the table).

(3) Virus-Warnung

Eine Mail eines Assistenzprofessors parodiert die immer häufiger ausgegebenen Warnungen vor einem neuen Computervirus. Schon nach einigen Zeilen wird klar, daß es nicht um Computerviren, sondern um freiwillige oder eher unfreiwillige Arbeitsbelastung bzw. Arbeitsüberlastung geht. In zahlreichen Wortspielen wird die Arbeitsbelastung angeprangert:

> Ein neuer Virus geht um, er heißt ARBEIT. Wenn Du irgendeine Form von ARBEIT bekommst, sei es per E-Mail, Internet oder falls sie Dir einfach von einem Kollegen übertragen wird, so nimm sie nicht entgegen. Diejenigen, die ARBEIT entgegengenommen haben, sind schnell in eine Situation geraten, in der ihre Freizeit verschwunden ist und ihre Denkarbeit nicht mehr normal funktioniert. [...] Diese Warnung ist heute morgen von Microsoft ausgegeben worden - sende die Warnung so schnell wie möglich weiter an alle Deine Freunde in Deinem E-Mail-Adressen-Verzeichnis. Wenn Dein E-Mail-Adressen-Verzeichnis keine Freunde enthält, besteht die Gefahr, daß ARBEIT Dich bereits angegriffen und Dein Leben zerstört hat.

---

9   Bei mündlichen Prüfungen an dänischen Universitäten ist es Tradition, daß eine grüne Tischdecke den Examenstisch bedeckt und daß Wasser für den Prüfling und Kaffee für die Prüfer auf dem Tisch stehen.

Der Absender hat den Text offenbar von jemand anderem per Mail erhalten und in seine ‚Mail an alle' kopiert. Er gibt nicht nur diesen witzigen Kommentar an die anderen Institutsmitglieder weiter, sondern stellt auch indirekt seine eigene Befindlichkeit in den halb-öffentlichen Kommunikationsraum der „*Schicksalsgemeinschaft*" des Instituts. In beiden Fällen (Erzählen eines Witzes und indirekte Preisgabe eigener Gefühle) wird mit Hilfe eines emotionalen Stils an ein Zusammengehörigkeitsgefühl appelliert.

Die drei zitierten Beispiele weisen unserer Meinung nach auf ein latentes Bedürfnis nach Erfahrungsaustausch und Gemeinschaft hin, für die offenbar in der typischen ‚Mail an alle'-Kommunikation kein Platz ist, die sich aber in ironischer oder parodistischer Form dennoch ihren Weg in den halb-öffentlichen Kommunikationsraum bahnt.[10]

Wie reagiert man innerhalb der ‚Mail an alle'-Kommunikation auf solche latenten Kommunikations- und Gemeinschaftsbedürfnisse und die Nutzung der ‚Mail an alle'-Kommunikation als Kummerkasten oder Diskussionsforum? Im Rahmen der all.university-Kommunikation unseres Textkorpus entscheidet letztlich das technische Personal (in Form der „IT-Systemverwaltung"), welche Themen für die E-Mail-Kommunikation an alle Mitarbeiter der ganzen Universität akzeptabel sind – und welche nicht. Nach einem längeren dialogischen Meinungsaustausch über 10 Mails zu einer neuen Nichtraucherpolitik via ‚all.university'-Mails schreiben die IT-Systemverwalter der Universität mit dem Hinweis auf die begrenzte Bandbreite des Systems ein:

> Die Liste all.university ist für allgemeine Mitteilungen von der Verwaltung, Einladungen zu Seminaren und Promotionsvorlesungen gedacht, aber nicht für Diskussionen und Anzeigen ['all.university'-Mail vom 05.02.2000].
>
> Darauf haben wir bereits früher aufmerksam gemacht, sowohl allgemein als auch persönlich. Ich möchte Sie[11] bitten, das jetzt [endlich] zu respektieren. Geschieht dies nicht, sehe ich mich genötigt, diese Einrichtung zu schließen, um sicherzustellen, daß das Mail-System so arbeitet, daß Sie es für Ihre Arbeit gebrauchen können ['all.university'-Mail vom 23.02.2000].

---

10   Universitätsinstitute sind – auch in Dänemark – natürlich auch durch Individualismus, Hierarchie und Konkurrenz zwischen den Mitarbeitern geprägt. Der Distanz erzeugende humorvolle und ironische Stil fungiert hier auch als eine Art Selbstschutz, um trotz des Sich-Beklagens das Gesicht zu wahren.

11   Im Dänischen ist die unmarkierte Anredeform die 2. Person Sing.: "du" oder die 2.Person Plur.: "I". Diese Anreden haben aber (ähnlich wie das englische "you") nicht die gleichen Konnotationen (z.B. Freundschaft, Vertrautheit etc.) wie die deutschen wortwörtlichen Übersetzungen „Du" und „Ihr". Wegen dieser pragmatischen Unterschiede und aufgrund des formellen Ko-textes der restlichen Mail verwenden wir stattdessen das formelle „Sie" in unserer deutschen Übersetzung.

Innerhalb der all.department-Kommunikation herrscht jedoch anscheinend eine größere Toleranz gegenüber einer Nutzung der ‚Mail an alle' als Kummerkasten u.ä.; jedenfalls beschwert sich niemand über Mißbrauch oder Verstöße gegen ungeschriebene Gesetze einer lokalen Netiquette.

5 Informationsüberführung oder Kommunikationsraum?

Aufgrund unseres sozial-konstruktivistischen Ansatzes konnten wir in diesem Artikel die soziologischen Konzepte ‚Organisation', ‚Gemeinschaft' und ‚Identität' mit der alltäglichen Organisationskommunikation in Verbindung bringen: Kommunikationsprozesse formen Organisationsstrukturen, gleichzeitig werden die Kommunikationsprozesse von den Strukturen geformt. Kommunikationsprozesse stehen ebenso mit den Prozessen der Gemeinschaftsbildung, der Identitätskonstruktion und des Aushandelns von organisatorischem Sinn in Verbindung. E-Mail-Forscher aus der linguistischen Tradition (z.B. Janich 1994, Crijns 1999, Handler 2000 und Kleinberger Günther/Thimm 2000) tendieren dazu, sich auf (sozio)-linguistische Themen auf der Mikro-Ebene zu konzentrieren. Demgegenüber untersuchen Soziologen und Sozialpsychologen im Bereich der elektronischen Kommunikation (Garton/Wellman 1995, Shulman 1996, Brill/de Vries 1998, Frindte/Köhler 1999 und Smith/Kollock 1999) oft Identität, Gemeinschaft und Organisation, ohne diese mit den konkreten Inhalten oder den konkreten Aktivitäten elektronischer Kommunikation in Verbindung zu bringen. Da wir Identität, Gemeinschaft und Organisation als auszuhandelnde und deshalb situationsbestimmte Konstruktionen betrachtet haben, war es uns in diesem Artikel möglich, die beiden genannten Perspektiven miteinander zu kombinieren und unsere Beobachtungen von (sozio)-linguistischen Charakteristika auf der Mikro-Ebene mit Überlegungen auf der Makro-Ebene zu verbinden.

Die ‚Mail an alle'-Kommunikation an dem untersuchten Universitätsinstitut folgt im großen und ganzen in ihrer Praxis der Sicht der IT-Systemverwalter der Universität, die die universitäre ‚Mail an alle'-Kommunikation „allgemeinen Mitteilungen der Verwaltung und Einladungen zu Veranstaltungen" vorbehalten wollen. Im Vordergrund der Institutskommunikation steht die Verwaltung der angestellten Forscher und Lehrer sowie der Studenten bzw. die Vermeidung und Beseitigung von ‚Betriebsstörungen'. Die ‚Mail an alle' sorgt mit ihrer dominierenden Top-down-Struktur primär dafür, ‚daß der Laden läuft'; sie trägt weniger dazu bei, das Besondere der Organisation (ihre Identität) zu konstruieren.

An dem untersuchten Institut wird die ‚Mail an alle' vor allem als effizientes System der Informationsvermittlung genutzt. Sie wird zur Vermittlung von Informationen und Nachrichten benutzt, die für die Organisation der Arbeitsaufgaben in Verwaltung, Lehre und Forschung wichtig sind. Damit steht die ‚Mail an alle'-Kommunikation des Instituts der Kommunikationsform ‚Newsgroup' nahe. In anderen Kontexten dienen Newsgroups aber nicht nur reinem Informationaustausch, sondern fungieren zeitweise auch als „Stammtisch, Kummerkasten und Arena" (Thimm/Ehmer 2000, 238). Mails, die solche Funktionen eines Kommunikationsforums zum Ausdruck bringen, sind in dem untersuchten Korpus die große Ausnahme. Aber gerade diese Ausnahmen können auf latente Kommunikationsbedürfnisse hinweisen: den Bedarf an engeren sozialen Beziehungen, an Unterstützung, Zusammengehörigkeit und Identifizierungsmöglichkeiten; alles Kennzeichen der Teilhabe an einer Gemeinschaft.[12]

In unserer Fallstudie tritt bei den Funktionsträgern die klassische Vorstellung von Kommunikation als die technische Überführung von Informationen von einem Sender an seinen (!) Adressaten deutlich zu Tage. Entsprechend dieser technokratisch-rationalen Sicht und in Übereinstimmung mit traditionellen Management-Theorien, die sich auf Effektivität und Effizienz konzentrieren, erscheint die ‚Mail an alle' als ein effizienter und schneller *information*stechnologischer Kanal für organisationsinterne Masseninformation.

Demgegenüber hat unsere Analyse der Ausnahme-Mails gezeigt, daß interne ‚Mail an alle' – ähnlich wie das Internet – nicht nur als "a vessel, through which communication could flow, [...] a vehicle, that is merely an electronic messaging system [...], a machinery" angesehen werden kann, sondern auch als "a place, [...], an 'elsewhere' filled with others [...] an inhabited community" (Walker 2000, 115). Eben dieses Einschließen der „anderen" unterscheidet Kommunikation von Information und ermöglicht den Dialog, der eine Voraussetzung für den Aufbau von Gemeinschaft und das Aushandeln von organisatorischer Identität ist. Eine solche Nutzung der *Kommunikation*stechnologie würde auch stärker in Übereinstimmung mit neueren Management-Theorien stehen, die die Organisationskultur und eine distinkte Organisationsidentität sowie engagierte und loyale Mitarbeiter als wesentliche Ressourcen ansehen.

Neue Kommunikationstechnologien machen elektronische Netzwerke wie Intranet und Internet möglich. Diese Netzwerke bilden einen Teil des technischen und sozialen Kontextes, der aktuelle Kommunikationsprozesse zugleich ermöglicht

---

12 Um diesem Bedarf in der internen Kommunikation entgegenzukommen, müßte an dem untersuchten Institut das Bewußtsein gestärkt werden, daß jede Form der Kommunikation – also auch die ‚Mail an alle' – neben reinen Inhaltsaspekten auch Beziehungsaspekte enthält und die ‚Mail an alle' nicht nur ein Top-down-Medium von Funktionsträgern sein muß. Darüber hinaus könnten andere Elemente des Intranets (z.B. Diskussionslisten und -foren) die Dialogizität und das Aushandeln von organisatorischer Identität fördern.

und prägt bzw. einschränkt. Innerhalb dieses Rahmens ist es aber letztendlich die *Nutzung* der Akteure, die darüber entscheidet, ob elektronische Kommunikationstechnologien nur als ein System zur *Informationsübertragung* oder auch als ein *Kommunikationsraum* genutzt werden.

In der Zukunft sollten deshalb weitere Fallstudien in Organisationen in unterschiedlichen Domänen, mit unterschiedlichen Arbeitsaufgaben und unterschiedlichen Organisationskulturen, von unterschiedlicher Größe und mit unterschiedlichem Grad an Erfahrung mit elektronischer Kommunikation untersuchen, wie und wozu Organisationsmitglieder die ‚Mail an alle'-Kommunikation zusammen mit anderen Formen sozialer Interaktion nutzen.

Literatur

Anderson, Benedict (1983): Imagined communities: Reflections on the origin and spread of nationalism. London: Verso

Bayum, Nancy K. (1995): The emergence of community in computer-mediated communication. In: Jones, Steven G. (ed.): CyberSociety: Computer-mediated communication and community. Thousand Oaks/ CA: Sage, 138-163

Brill, Andreas/ de Vries, Michael (Hrsg.) (1998): Virtuelle Wirtschaft. Virtuelle Unternehmen, Virtuelle Produkte, Virtuelles Geld und Virtuelle Kommunikation. Opladen: Westdeutscher Verlag

Burr, Vivian (1995): An introduction to social constructionism. London: Routledge

Crijns, Rogier (1999): Die Rolle von 'Does-any-know'-Fragen im (inner-)betrieblichen E-Mail-Verkehr. In: Wieden, Winfried/ Weiss, Andreas/ Schachermayr, Andreas (Hrsg.): Internationale Wirtschaftsbeziehungen: Mehrdeutige Kommunikation von Fachwissen. Göppingen: Kümmerle [Göppinger Arbeiten zur Germanistik; 665], 75-88

Dutton, Jane/ Dukerich, Janet (1991): Keeping an eye on the mirror: Image and identity in organizational adaption. In: Academy of Management Journal 34, 517-554

Frindte, Wolfgang/ Köhler, Thomas (1999): Kommunikation im Internet. Frankfurt am Main: Lang

Garton, Laura/ Wellman, Barry (1995): Social impacts of electronic mail in organizations: A review of the research literature. In: Burleson, Brant R. (ed.): Communication Yearbook 18. Thousand Oaks/ CA: Sage, 434-453

Gergen, Kenneth J. (1999): An invitation to social constructionism. London: Sage

Gioia, Dennis A. (1998): From individual to organizational identity. In: Whetten, David A./ Godfrey, Paul C. (eds.): Identity in organizations: Building theory through conversations. London: Sage, 17-31

Handler, Peter (2000): Interdiskursive Aspekte zu wissenschaftlichen E-Mail-Diskussionen. In: Thimm, Caja (Hrsg.): Soziales im Netz. Sprache, Beziehungen und Kommunikationskulturen im Internet. Opladen: Westdeutscher Verlag, 305-319

Hatch, Mary Jo/ Schultz, Majken (2000): Scaling the Tower of Babel: Relational differences between identity, image and culture in organizations. In: Schultz, Majken/ Hatch, Mary Jo/ Larsen,

Mogens Holten (eds.): The expressive organization: Connecting identity, reputation and the corporate brand. Oxford: University Press, 11-33

Janich, Nina (1994): Electronic Mail, eine betriebsinterne Kommunikationsform. In: Muttersprache 3 (104), 248-259

Jones, Steven G. (ed.) (1995): CyberSociety: Computer-mediated communication and community. Thousand Oaks/ CA: Sage

Kleinberger Günther, Ulla/ Thimm, Caja (2000): Soziale Beziehungen und innerbetriebliche Kommunikation: Formen und Funktionen elektronischer Schriftlichkeit in Unternehmen. In: Thimm, Caja (Hrsg.): Soziales im Netz. Sprache, Beziehungen und Kommunikationskulturen im Internet. Opladen: Westdeutscher Verlag, 262-277

Krippendorf, Klaus (1994): Der verschwundene Bote. Metaphern und Modelle der Kommunikation. In: Merten, Klaus/ Schmidt, Siegfried J./ Weischenberg, Siegfried (Hrsg.): Die Wirklichkeit der Medien. Opladen: Westdeutscher Verlag, 79-113

Mulholland, Joan (1999): E-mail: Uses, issues and problems in an institutional setting. In: Bargiela-Chiappini, Francesca/ Nickerson; Catherine (eds.): Writing business: Genres, media and discourses. London: Longman, 57-84

Pogner, Karl-Heinz (1999): Schreiben im Beruf als Handeln im Fach. Tübingen: Narr [Forum für Fachsprachen-Forschung; 46]

Putnam, Linda/ Phillips, Nelson/ Chapman, Pamela (1996): Metaphors of communication and organization. In: Clegg, Stewart R./ Hardy, Cynthia/ Nord, Walter R. (eds.): Handbook of organization studies. London: Sage, 357-408

Severinson Eklundh, Kerstin (1994): Electronic mail as a medium for dialog. In: van Waes, Luuk/ Woudstra, Egbert/ van den Hoven, Paul (eds.): Functional communication quality. Amsterdam, Atlanta/ GA: Rudopi [Utrecht Studies in Language and Communication; 4], 162-173

Shannon, Claude E./ Weaver, Warren (1949): The mathematical theory of communication. Urbana/ IL: University of Illinois Press

Shulman, Arthur D. (1996): Putting group information technology in its place: Communication and good work group performance. In: Clegg, Stewart R./ Hardy, Cynthia/ Nord, Walter R. (eds.) (1996): Handbook of organization studies. London: Sage, 357-374

Smith, Marc A./ Kollock, Peter (eds.) (1999): Communities in Cyberspace. London: Routledge

Thimm, Caja (Hrsg.) (2000): Soziales im Netz. Sprache, Beziehungen und Kommunikationskulturen im Internet. Opladen: Westdeutscher Verlag

Thimm, Caja/ Ehmer, Heidi (2000) „Wie im richtigen Leben ...": Soziale Identität und sprachliche Kommunikation in einer Newsgroup. In: Thimm, Caja (Hrsg.): Soziales im Netz. Sprache, Beziehungen und Kommunikationskulturen im Internet. Opladen: Westdeutscher Verlag, 220-239

Trevino, Linda Klebe/ Lengel, Robert H./ Bodensteiner, Wayne/ Gerloff, Edwin A./ Kanoff Muir, Nan (1990): The richness imperative and cognitive style: The role of individual differences in media choice behavior. In: Management Communication Quarterly 2 (4), 176-197

Walker, Katherine (2000): "It's difficult to hide it": The presentation of self on Internet home pages. In: Qualitative Sociology 1 (23), 99-120

Wellman, Barry/ Gulia, Milena (1999): Virtual communities as communities: Net surfers don't ride alone. In: Smith, Marc A./ Kollock, Peter (eds.): Communities in Cyberspace. London: Routledge, 167-193

Ziv, Oren (1996): Writing to work: How using e-mail can reflect technological and organizational change. In: Herring, Susan C. (ed.): Computer-mediated communication: Linguistic, social and cross-cultural perspectives. Amsterdam, Philadelphia/ PA: Benjamins [Pragmatics and Beyond N.S.; 39], 243-263

Wirtschaftliche und kommunikative Aspekte eines internen Kommunikationsforums in einem Unternehmen der Medienindustrie

Marc Rittberger und Frank Zimmermann

Konstanz und Stuttgart

> Zur Abschätzung der Nützlichkeit eines neuen Kommunikationssystems in einem Unternehmen ist es zunächst sinnvoll, die kommunikativen Abläufe im Unternehmen zu betrachten. Die kommunikativen Abläufe innerhalb der Organisation stehen in engem Zusammenhang mit der Aufbauorganisation und Ablauforganisation eines Unternehmens. Eine Kommunikationsanalyse lässt erste Einblicke über Kommunikationsprobleme innerhalb der Belegschaft des Unternehmens zu. Klarheit für eine Wirtschaftlichkeitsanalyse schafft jedoch nur die Ermittlung des Nutzens der Implementierung. Als sinnvoll erweist sich hierfür eine Mischform möglicher Verfahren zu verwenden, die hauptsächlich auf einer Nutzwertanalyse mittels Interviews und einem Kennzahlensystem basiert. Mit Hilfe der genannten Verfahren wurden Nutzenaspekte quantifiziert sowie die Kosten eines bestehenden Kommunikationssystems in einem mittelständischen Unternehmen der Medienindustrie dargestellt. Die ermittelten Werte wurden mit den zu erwartenden Werten nach der Einführung eines internen Kommunikationsforums im Unternehmen verglichen, welche ebenfalls über Interviews ermittelt wurden. Dadurch wurde die Abschätzung einer Gesamtnutzenveränderung möglich. Das Verfahren kann nicht nur für Investitionsentscheidungen verwendet werden, sondern auch zur Ermittlung der Wirtschaftlichkeit eines implementierten Systems.

1 Einleitung

In den letzten Jahren wird die Balanced-Scorecard-Methode zunehmend als ein erfolgversprechendes Hilfsmittel zur Unternehmenssteuerung eingesetzt. Unter Balanced Scorecard versteht man dabei ein formalisiertes System von Messgrößen, mit dem das Management der Finanzen, der kundenorientierten Gestaltung, der Prozesse der Leistungserstellung sowie der Lernfähigkeit und Innovationskraft eines Unternehmens, insbesondere der Mitarbeiter, gesteuert wird (vgl. Kaplan/Norton 1997).

Natürlich stehen die Unternehmensziele der Balanced Scorecard nicht für sich, und ein hohes Maß an Abhängigkeiten und Überschneidungen zwischen den Zielen ist vorhanden. Zur Erfüllung der Ziele ist die Interaktion und Kommunikation zwischen einzelnen Abteilungen wichtig, so dass nicht mehr einzelne Abteilungen nur für sich an der Erfüllung der Unternehmensziele arbeiten, sondern der

Verbund der Abteilungen wesentlich zur Erreichung der Zielsetzung beiträgt. Maßgeblich für die Zielerfüllung ist die Kommunikation innerhalb des Unternehmens, seien es die persönliche Kommunikation zwischen Individuen oder die formalisierte, institutionalisierte Kommunikation zwischen Arbeitsbereichen, Abteilungen u.ä. Die Durchdringung der Unternehmenswelt mit moderner Informations- und Kommunikationstechnologie erlaubt neue, computervermittelte Kommunikationsverfahren innerhalb eines Unternehmens, die dem Ziel dienen, die Effektivität und Effizienz im Unternehmen zu steigern. Dabei kann es (vgl. Döring 1999, 379ff.) zu Veränderungen der Machtverhältnisse, Veränderungen auf der sachlich-funktionalen Ebene und Veränderungen auf der sozio-emotionalen Ebene kommen. Es besteht die Gefahr, dass der Technologie unkundige und unerfahrene Nutzer sich bedroht und ausgeschlossen fühlen, erfahrene Nutzer in einer Gruppe stärker geachtet werden, um Rat gebeten werden und mehr Verantwortung dadurch erhalten. Es besteht aber auch die Chance, dass Personen, die in Face-to-face-Kommunikationssituationen eher zurückhaltend sind, sich im Rahmen der computervermittelten Kommunikation eher hervortun und an Einfluss gewinnen. Auf der sachlich-faktischen Ebene bewirkt die computervermittelte Kommunikation, dass zur Lösung von Problemen mehr Zeit gebraucht wird, dass sich Gruppenmitglieder gleichmäßiger beteiligen und dass die Gruppenleistungen denen von Face-to-face-Gruppen nicht unterlegen sind, solange die Aufgaben strukturiert und von begrenzter Komplexität sind. In Bezug auf positive oder negative Veränderungen bei der sozio-emotionalen Ebene in kleinen, formellen Gruppen gibt es wenig konkrete Aussagen (vgl. Döring 1999). Dort sind Veränderungen sehr von der Akzeptanz innerhalb der Gruppe gegenüber der elektronischen Kommunikation abhängig und inwieweit die elektronische Kommunikation mit der Face-to-face-Kommunikation korrespondiert. Eine besonders emotionale und lebendige Netzkommunikation ist insbesondere dann zu erwarten, wenn die elektronische Kommunikation die Kontaktmöglichkeiten verbessert, wenn die Kommunikation gesellige Funktionen hat und – damit einhergehend – die Diskussionsteilnehmer sich mit der Netzkultur identifizieren und bereit sind, die expressiven Ausdrucksmittel der elektronischen Kommunikation zu nutzen.

Auch Untersuchungen bei der Nutzung anderer elektronischer Medien, in diesem Fall der Videoübertragung bei Prüfungssituationen, zeigen eher das erstaunliche Bild der mehrheitlich positiven Auswirkungen für Prüfungskandidaten, da zum einen durch die physische Abwesenheit des Prüfers weniger Stress vorhanden zu sein scheint und zum anderen insbesondere die auf der sozio-emotionalen Ebene verlaufenden taktilen und olfaktorischen Interaktionsmerkmale wegfallen (vgl. Kuhlen 2000).

Auch für ein erfolgreiches Wissensmanagement ist Kommunikation ein wesentlicher Aspekt in Unternehmen (vgl. North 1998), da ein Wissensarbeiter sich unter anderem durch seine Informationskompetenz und die Fähigkeit mit der notwendigen Informations- und Kommunikationstechnik umgehen zu können (vgl. Köhler/ Frindte/Neumann/Schreiber 1999) hervorhebt. Kommunikation ist somit auch als Fundament des Wissensmanagements zu sehen:

Ohne Kommunikation zwischen individuellen Wissensträgern kann keine Verständigung über eigene und fremde Ideen und Erfahrungen stattfinden. Organisationen, in denen hohe Kommunikationsbarrieren zwischen einzelnen Abteilungen bestehen, können daher nur schwer zu gemeinsam entwickelten Lösungen gelangen und bilden nur zu oft ineffiziente Wissensinseln (vgl. Probst/Raub/ Romhardt 1999).

Kommunikation ist somit Weg und Ziel des Wissensmanagements. Kommunikative Vorgänge erhalten eine funktionale Rolle bei der Bereitstellung und Generierung von Wissen und die Entwicklung und Verbesserung einer effektiven Unternehmenskommunikation ist selbst erklärtes Ziel von Bemühungen im Wissensmanagement (vgl. Heger 1999).

Kommunikationsforen dienen im Umfeld des Wissensmanagements nicht so sehr der Erledigung anstehender Aufgaben, sondern vor allem der Erarbeitung gemeinsamer kognitiver Strukturen. Ergebnis eines Diskurses in einem elektronischen Kommunikationsforum kann zwar auch eine konkrete Handlungsanweisung sein oder die Erledigung von konkreten Aufgaben, typisch für Foren ist aber eher das Zusammentragen bestehender und das gemeinsame Erarbeiten neuer Wissensbestände. Implizites Wissen wird durch Foren nicht automatisch zum expliziten und damit für andere unmittelbar zugreifbarem Wissen, implizites Wissen kann aber während des Diskurses offen gelegt werden und somit den beteiligten Partnern der Kommunikation dargelegt werden. Damit sind dann auch Wissensbestände einzelnen Personen zuzuordnen und mittels Expertenidentifizierungsverfahren kann im Unternehmen auf diese impliziten Wissensbestände zugegriffen werden (vgl. Kuhlen/Werner 2000).

2 Kommunikationsforum

Kommunikation als Erfolgsfaktor bei der Organisation von Wissen, sei es in der Wissenschaft oder im Unternehmen, kann mit Hilfe von Kommunikationsforen, also in einem elektronischen, virtuellen Diskussionsraum, mit Newsgroups, mit E-Mail oder mit Online-Konferenzsystemen organisiert und unterstützt werden. Die Nützlichkeit und Tauglichkeit solcher Systeme für den Einsatz zur Verbesserung der Kommunikation kann eine wichtige Rolle bei der Kommunikation im Unternehmen spielen.

Der Begriff der Kommunikationsforen ist geprägt durch die Globalisierung und Informatisierung unserer Umwelt. So muss die Gemeinschaft, die sich auf oder in einem elektronischen Forum trifft, nicht mehr regional gebunden sein, sondern kann im Prinzip von jedem Punkt des Internets an der Kommunikation und dem Informationsaustausch im Forum partizipieren. Ein Forum kann also als ein (öffentlicher) Treffpunkt charakterisiert werden, der dem allgemeinen Austausch dient, unabhängig davon, ob die Objekte nun physischer Art sind oder nicht (vgl. Kuhlen 1998). Wir schränken den Forenbegriff nicht auf den Austausch rein informativer oder kommunikativer Aspekte ein, sondern lassen auch den Austausch von physischen Waren zu, zumindest die Geschäftsanbahnung, -abwicklung und After-Sales-Phase, ohne dass das eigentliche physische Produkt natürlich online verschickt werden kann. Neben der Kommunikation, dem Austausch von Information dienen Kommunikationsforen also auch der Anbahnung und Durchführung von Transaktionen. In diesem Beitrag liegt der Fokus allerdings nicht auf den Transaktionsfunktionen elektronischer Foren, sondern auf Kommunikationsforen, deren Hauptfunktion die Kommunikation und der Austausch von Information im Sinne einer Plattform für den Erfahrungs- und Meinungsaustausch sind (vgl. Kuhlen 1998, 38). Kuhlen/Werner (2000) nennen wichtige Merkmale und Mehrwerte von Kommunikationsforen:

- In Kommunikationsforen zählt lediglich, was gesagt wird, nicht die Vorabeinstellung der Reputation. Elektronische Kommunikation baut Hierarchien ab.

- Elektronische Kommunikationsforen sind auf Interaktion angelegt. Jede Aussage wird in Frage gestellt und ist Gegenstand möglicher Kommentare, Erweiterungen, Korrekturen und Modifikationen.

- Kommunikationsforen sind nach Hypertextprinzipien organisiert, erlauben die flexible Navigation (das Surfen) in heterogenen Informationsmaterialien und können sich auf diese Weise zu umfassenden Wissensplattformen bzw. Wissensnetzen entwickeln.

- Aussagen und Kommentare können sich durch die verfügbaren Wissensplattformen informationell absichern. Die Subjektivität von Meinungen kann durch diese Absicherungsmöglichkeit, vor allem aber durch die unmittelbare Korrektur der Reaktionen in einen weiteren Kontext gestellt werden.

- In Kommunikationsforen kann es trotz überwiegend asynchroner Kommunikation auch zu nahezu direktem (z.B. Frage-Antwort-Mailing) bis synchronem Austausch von Reaktionen kommen (z.B. Chat). Man kann die Verzögerung bei asynchronen Foren auch positiv als eine Phase der Informationssammlung oder des Nachdenkens werten.

- Kommunikationsforen sind in der Nutzung im Vergleich zu den klassischen Distributionsmedien ein relativ billiges Kommunikationsmedium, vorausgesetzt, die technische Ausstattung ist, wie weit verbreitet, bereits vorhanden.
- Kommunikationsforen erlauben leicht die Ableitung benutzerspezifischer Sichten auf gewünschte Diskussionsstränge und können auch leicht bezüglich der Zugriffs-, Lese- und Schreibrechte gesteuert werden.
- Kommunikationsforen können im Bereich des Wissensmanagements zur Auffindung von Wissensträgern dienen.

Adaptiert auf die Situation in Unternehmen können diese Kriterien für interne Kommunikationsforen im Intranet eines Unternehmens und externe Kommunikationsforen zum Austausch mit Kunden, Unternehmen etc. genutzt werden (vgl. Zimmermann 1999):

Interne Kommunikationsforen im Intranet eines Unternehmens:

- Bei größeren Unternehmen können Diskussionen zwischen Mitarbeitern entstehen, die aufgrund unterschiedlicher Standorte anderenfalls nie zustande kommen können. Geographische Aspekte spielen keine Rolle mehr und regionale Besonderheiten können überwunden werden.
- Mitarbeiter aus unterschiedlichen Abteilungen, mit verschiedenen Aufgaben und verschiedenen fachlichen, professionellen und persönlichen Hintergründen können miteinander diskutieren.
- Die Mitarbeiter können zur Diskussion bestimmter Themen angeregt werden.
- Die Mitarbeiter sind bezüglich des Unternehmens besser informiert, da wichtige Themen in Foren diskutiert werden können. Dies dient als Ergänzung zum alltäglichen innerbetrieblichen Kommunikationsprozess.
- Innerbetriebliche Kommunikationsforen können zusätzlich eine Art Zusammenhalt und Wir-Gefühl wecken.

Mehrwerte durch externe Kommunikationsforen:

- Kommunikationsforen von Unternehmen ermöglichen den Austausch von Information bezüglich Personen, die ein gemeinsames Interesse an betrieblichen Dingen haben, die jedoch im realen Leben kaum eine Chance haben zusammen zu kommen.

- Kommunikationsforen von Unternehmen ermöglichen das Zusammentreffen von betrieblich interessierten Personen, die unterschiedliche Hintergründe und Lebensstile haben können.
- Es kann über Probleme bezüglich Produkten des Unternehmens diskutiert und Wissen ausgetauscht werden.
- Das Forum kann als Feedbackmöglichkeit für Kritik genutzt werden.
- Kunden und Betriebsfremde können sich allgemein über betriebliche Themen informieren („Was läuft im Unternehmen?").

In Rittberger (2000) wurde die Qualität öffentlich zugänglicher, externer Kommunikationsforen aus verschiedenen Anwendungsbereichen untersucht. Dazu wurden aus einem Pool von insgesamt über 100 Kommunikationsforen 29 ausgewählt. Die Foren ließen sich nach ihren Anbietern kategorisieren, den Kommunikationsforen von Medienunternehmen (z.B. DIE ZEIT), aus Politik und Gesellschaft (z.B. Forum der Friedrich-Naumann-Stiftung), aus dem Bildungssektor (z.B. Orthographie-Forum), aus Wissenschaft und Forschung (z.B. Forum des Rechenzentrums der Universität Karlsruhe), aus der Wirtschaft (z.B. Forum deutscher Internisten) und dem Privatsektor (z.B. Archäologie-Forum). Dabei zeigte sich eine deutliche qualitative Überlegenheit der Kommunikationsforen von überregionalen Wochenzeitungen und Wochenzeitschriften.

In diesem Beitrag wollen wir jedoch auf die kommunikativen Auswirkungen der Einführung eines internen Kommunikationsforums in einem mittelständischen Unternehmen sowie auf die Wirtschaftlichkeit der Einführung fokussieren.

Bei einem Medienunternehmen der Bodenseeregion wurde ein elektronisches Kommunikationsforum installiert und eingeführt. Durch wissenschaftliche Begleitforschung wurden die Veränderungen im Unternehmen beobachtet. Das Unternehmen, dessen Produkte starken regionalen Bezug haben, beschäftigt ca. 30 Mitarbeiter im klassischen Verlagsgeschäft.

Das Projekt wurde im Rahmen der Studie „Internationalisierung der Medienindustrie" durchgeführt, die durch das Ministerium für Wissenschaft, Forschung und Kunst Baden-Württemberg im Rahmen der „Zukunftsoffensive Junge Generation" gefördert wurde. Ziel der Studie war es, die Folgen und Potenziale der Internationalisierung der Medienindustrie zu untersuchen. Im Zusammenhang mit der Stärkung der Wettbewerbsfähigkeit wurden

- die Chancen und die Risiken einer Internationalisierung der Medienindustrie,
- die Gestaltung einer weltweit verteilten unternehmensübergreifenden Medienproduktion durch kleine und mittlere Unternehmen und

- effiziente Lösungen für die Kommunikationsanforderungen und den Datentransfer in der Medienindustrie

untersucht (vgl. www.hdm-stuttgart.de/intermedia/; Wittenzellner 2000). Dem letzten Teilbereich ist auch die vorliegende Arbeit zuzuordnen.

3 Unternehmenskommunikation

Kommunikation und Organisation im Unternehmen sind eng verknüpft. Um einen möglichst großen Nutzen ohne unerwünschte Nebenwirkungen zu erzielen, ist es wichtig, die zunehmende gegenseitige Beeinflussung zwischen der Organisation, sowohl der Aufbauorganisation als auch der Ablauforganisation, und den damit verbundenen Informations- bzw. Kommunikationssystemen zu beachten.

Firmen setzen sich aus einer bestimmten Anzahl von Personen zusammen, die in Gruppen aufgeteilt sind und die bestimmte Ziele erreichen wollen. Versucht man Merkmale für die Gruppen zu fixieren, kommt man auf folgende Charakteristika: Arbeitsteilung, Aufteilung der Macht, der Verantwortung, der Autorität, des Prestiges, der Wertschätzung und des Status. Sozio-emotionale Beziehungen und die Aufgabenteilung resultieren aus der (hierarchischen) Struktur der Kommunikation und der Autorität. Unterschiedliche Beziehungsstrukturen in Unternehmen bedingen, dass einige Personen mehr Rechte haben als andere. Dadurch genießen sie ein höheres Prestige. Einige sind Führungskräfte, andere sind operative Kräfte. Zusätzlich können Vertrauensverhältnisse bestehen, die nicht in die hierarchische Organisation des Unternehmens einzuordnen sind. Die genannten Strukturen stehen in einer engen Wechselbeziehung zu den Auswirkungen der Kommunikation. Sie bestimmen, wer mit wem und auf welche Art in ein Kommunikationsverhältnis tritt. Bei der Organisation eines Kommunikationssystems und bei jeglichen Veränderungen des Systems, in unserem Fall durch die Einführung eines Kommunikationsforums, sollten darum grundsätzlich alle betroffenen Personen mit einbezogen werden, da kein Vorgesetzter alle Kommunikationsprozesse kennen kann und die Mitarbeiter somit unerlässliche Hilfen zur optimalen Gestaltung eines solchen Systems darstellen (vgl. Frank/Kronen 1991, 14).

Zum tieferen Verständnis der Kommunikationsabläufe im betrachteten Unternehmen wurden die Aufbauorganisation und die Ablauforganisation untersucht. Die Aufbauorganisation beschreibt den Unternehmensaufbau unter Berücksichtigung der Unternehmensziele. Für das Verständnis der Aufbauorganisation sind Kenntnisse über die Organisationseinheiten, über die Gestaltung der Beziehungen zwischen den Organisationseinheiten und über die Organisationsform des Unternehmens notwendig. Zusätzlich wird eine Dokumentation der Organisation, bspw. mittels eines Organigramms benötigt. Wir wollen im Folgenden auf die Aufbauorganisation nicht weiter eingehen und uns mit der Ablauforganisation beschäftigen, deren Untersuchung allerdings ohne genaue Kenntnisse der Aufbauorganisation wenig sinnvoll ist, da die hierarchischen Strukturen größtenteils auch den Kommunikationsbeziehungen entsprechen, zumindest unmittelbar davon abhängig sind. Die Aufbauorganisation wird im Detail in Zimmermann (1999) beschrieben.

Für die Analyse der Ablauforganisation wurden nur die Teile in Betracht gezogen, welche für die Implementierung des Kommunikationsforums von Bedeutung sind. Somit wurde keine Gesamtanalyse vorgenommen und aus der von Steinbuch (2000, 280ff.) vorgeschlagenen Menge der Teilanalysen wurden die Kommunikations- und die Wirtschaftlichkeitsanalyse durchgeführt, da sie für die Einrichtung eines Kommunikationsforums von unmittelbarem Interesse und Bedeutung sind. Die Kommunikations- und die Wirtschaftlichkeitsanalyse werden in den beiden folgenden Abschnitten ausführlich beschrieben.

4 Kommunikationsanalyse

Die Analyse des Kommunikationsverhaltens innerhalb des Unternehmens baut auf der Organisationsanalyse auf. Dementsprechend wurde die Ist-Aufnahme der Kommunikationsbeziehungen innerhalb des Unternehmens entlang der Hierarchiestufen mittels halbstandardisierter Interviews durchgeführt, deren Ergebnisse dann für die Ist-Analyse genutzt wurden. Organisatorische Dokumente und Arbeitsmittel, welche auch für die Kommunikationsanalyse hätten genutzt werden können, lagen entweder nicht vor oder konnten aus betrieblichen Gründen nicht genutzt werden. Es wurden für die drei relevanten Hierarchiestufen leicht differierende Fragebogen entwickelt. Bspw. wurden dem verantwortlichen Geschäftsleiter für die im Unternehmen eingesetzte Informationstechnologie ergänzende Fragen zu diesem Themenkomplex gestellt.

Es nahmen 21 der 30 Mitarbeiter (70%) des Unternehmens teil, darunter 75% der Kräfte aus den ersten beiden Hierarchieebenen. Die niedrigere Beteiligung der operativen Kräfte ist durch einen relativ hohen Anteil Handlungsreisender sowie anderer nicht ortsansässiger Mitarbeiter zu erklären, die nicht befragt wurden. Die weiteren Ausführungen beziehen sich auf die befragte Population. Sie teilt sich fast gleich in männliche (52%) und weibliche Mitarbeiter (48%) auf. 43% der Beschäftigten sind zwischen 31 und 45 Jahre alt, 24% zwischen 21 und 30, 14% zwischen 46 und 60 und immerhin 19% über 60, so dass aufgrund des großen Anteils von Mitarbeitern im Alter über 50 Jahre eher mit Problemen bei der Einführung modernerer Informations- und Kommunikationsstrukturen gerechnet werden kann. Die Mitarbeiter sind entweder schon über 10 Jahre (24 %) oder eher kürzere Zeit beim Unternehmen (66%), was auf ein Problem bei der Fluktuationsrate schließen lässt. Gut verteilt sind die Hierarchien mit 14% Geschäftsleitung, 24 % Abteilungsleitung und 62% operativer Ebene, was sich auch in der Schulbildung widerspiegelt; 29% haben Abitur, davon 10% einen Hochschulabschluss, 57% der Mitarbeiter haben einen mittleren Bildungsabschluss und 14% einen Hauptschulabschluss. Die Kenntnisse im Umgang mit modernen Kommunikations- und Informationssystemen wurden als eher gering eingeschätzt, was während der Interviews häufig direkt oder indirekt bestätigt wurde.

Der Einführung eines Kommunikationsforums innerhalb des Unternehmens standen keine wesentlichen technischen Probleme entgegen, da das Unternehmen zur Zeit der Untersuchung mit einer guten Informationstechnologieinfrastruktur (jedoch ohne Webanschluss) ausgestattet war, deren Potenzial aber wenig genutzt wurde. Bei der hier dargestellten Untersuchung kann also im Wesentlichen die Ist-Situation beschrieben werden und es können die Potenziale der Verbesserung, die durch den Einsatz eines Kommunikationsforums erwartet werden, erläutert werden.

Die Befragung zur Analyse der Kommunikationsstruktur selbst wurde in sechs Blöcke geteilt:

1. Fragen zur Kommunikation auf der gleichen Hierarchieebene
2. Fragen zur Kommunikation mit der benachbarten Hierarchieebene
3. Fragen zur Kommunikation mit den übrigen Hierarchieebenen
4. Allgemeine Fragen zur Kommunikation im Unternehmen
5. Fragen zu Kommunikationsforen im Speziellen
6. Fragen zur eingesetzten Informationstechnik.

Im Wesentlichen herrschen auf allen Hierarchieebenen die verbale und die schriftliche (vorwiegend Notizen) Kommunikation vor, mit einer deutlich zunehmenden Tendenz für die verbale Kommunikation auf der zweiten und insbesondere der dritten Hierarchieebene. Während auf der ersten Hierarchiestufe noch jeweils hälftig verbal und schriftlich kommuniziert wird, tauschen sich die Mitarbeiter der dritten Stufe vorwiegend mündlich aus (87%). Auch zwischen den Hierarchien herrscht das Verbale vor, wobei mit den Außendienstmitarbeitern vorwiegend telefonisch kommuniziert wird.

Sowohl der intensive Einsatz von Notizen in den oberen Hierarchien als auch die klassische, gedruckte Übermittlung und Weiterverarbeitung von Dokumenten kann von elektronischen Mailsystemen, Kommunikationsforen und einem Dokumentenmanagementsystem gut übernommen werden. Grund für die hohe verbale Kommunikation mag auch die räumliche Nähe der Mitarbeiter untereinander sein, die alle in einem Gebäude untergebracht sind. Die mündliche Informationsübermittlung wird von vielen Mitarbeitern durchaus auch als „willkommene Abwechslung" gesehen, bei der auch Sekundärinformation ausgetauscht werden kann. Der Wunsch nach Einführung von elektronischen Kommunikationssystemen, insbesondere E-Mail, wurde relativ häufig artikuliert, insbesondere von der Leitungsebene. Einschränkend auf diesen Wunsch wirken die nicht vorhandene Personalkapazität im Bereich Informationstechnik und der hohe Schulungsaufwand. Von Seiten der sonstigen Mitarbeiter gibt es teilweise Widerstand, insbesondere von älteren Mitarbeitern, die diese Funktionalität als unnötig ansehen. Hinsichtlich der allgemeinen Kommunikation wurden von einigen Mitarbeitern regelmäßige Meetings sowie kürzere Informationswege gewünscht. Ein großes Problem sehen die Angestellten in der schlechten Erreichbarkeit der Geschäftsleitung sowie in den mangelnden Informationsflüssen von Seiten der Geschäftsleitung. Auch zwischen bestimmten Abteilungen sollte der Informationsfluss verbessert werden. Es besteht ein allgemeiner Wunsch aller Mitarbeiter des Unternehmens, die Kommunikations- und Informationsstruktur zu verbessern. Als Erfolgsfaktoren für die Einführung neuer Kommunikationssysteme wurden über alle Hierarchieebenen hinweg eine gute Schulung, Offenheit aller Mitarbeiter gegenüber den neuen Systemen, einfache und überschaubare Bedienbarkeit sowie die Aktualität der enthaltenen Informationen und deren schnelle Erreichbarkeit genannt. Die Skepsis bezüglich der Einführung eines Kommunikationsforums wurde durch eine Einführungsveranstaltung gemindert und soll durch weitere Informationsveranstaltungen weiter reduziert werden. Dies scheint insbesondere wegen der hohen Zahl von Personen (20%) notwendig zu sein, die die Arbeit mit Computern prinzipiell ablehnt oder nur im Notfall akzeptiert.

Weiterhin wird ein Rückgang des persönlichen Kontakts zwischen den Mitarbeitern und insbesondere zur Geschäftsleitung bei Einführung eines Kommunikationsforums befürchtet. Aufgrund der geringen Größe des Unternehmens und einem möglichen Desinteresse von Teilen der Belegschaft erwarten Einzelne in der Belegschaft, dass das Forum nicht effizient genutzt wird. Allgemein wird die Bereitschaft und das Akzeptanzverhalten der Mitarbeiter als Risikofaktor bewertet. Von Seiten der Geschäftsleitung besteht zusätzlich die Sorge, dass die Mitarbeiter eine Kontrollfunktion befürchten könnten. Die entstehende Unruhe im Unternehmen könnte auf die gesamten Geschäftsprozesse negative Auswirkungen haben.

Insbesondere ein besserer und schnellerer Informationsfluss wird von Seiten der Belegschaft als positive Erwartung an ein Kommunikationsforum genannt, und eine allgemeine Vereinfachung der Kommunikation und ein besseres Kommunikationsgefühl werden erwartet. Als weitere Einsatzgebiete für Kommunikationsforen wurden externe Erweiterung auf Kunden und Lieferanten erwähnt, Vorteile im

Marketing durch Automatisierung von Aktualisierungsprozessen und die allgemeine Wettbewerbsfähigkeit sowie die Wahrung der Konkurrenzfähigkeit genannt.

5 Wirtschaftlichkeitsanalyse

Im Zusammenhang mit der Einführung eines Kommunikationsforums in einem mittelständischen Medienunternehmen stellt sich die Frage nach der Wirtschaftlichkeit und somit Rentabilität eines Kommunikationsforums. Wirtschaftlichkeitsanalysen berücksichtigen im Wesentlichen die Kosten im Verhältnis zu Leistung, Ertrag, Nutzen etc. Das Problem bei der Bewertung von Kommunikationssystemen, die nicht nur im technischen Sinn betrachtet werden, ist es, den mittelbaren Nutzen zu quantifizieren und in Relation zu den Kosten zu setzen. Somit ist die Auswahl eines geeigneten Verfahrens zur Messung der Wirtschaftlichkeit von entscheidender Bedeutung, da es wesentlich die Qualität der Aussagen über insbesondere die sogenannten weichen Faktoren des Nutzens bestimmt.

In unserem Fall mussten für die erfolgreiche Analyse folgende Schritte durchlaufen werden:

- Identifikation eines geeignetes Verfahrens, welches für den vorliegenden Untersuchungsgegenstand angepasst werden muss.
- Klärung der Frage, wie Kosten und Nutzen vor und nach der Einführung eines elektronischen Kommunikationsforums quantifiziert werden und wie dies rechnerisch festgehalten werden kann.
- Identifikation geeigneter Kriterien für Kosten und Nutzen vor und nach der Einführung des elektronischen Kommunikationsforums.
- Die Durchführung der Analyse mittels Befragung der Mitarbeiter und Berechnung der Kosten.
- Die Auswertung und Bewertung der Ergebnisse

5.1 Auswahl des Verfahrens

Verfahren der Wirtschaftlichkeitsanalyse für Informationssysteme können unterschieden werden in eher klassische Verfahren, die Investitionen in die Informationstechnik wie alle anderen betriebswirtschaftlichen Investitionen behandeln, und Verfahren, die den Nutzen von Informations- und Kommunikationssystemen nicht nur unter Kostengesichtspunkten sehen. Die klassischen Verfahren, die in unserem Fall bspw. für die Kostenermittlung relevant sein können, werden nach Nagel (1988) in ein- bis dreidimensionale Verfahren (vgl. Wöhe 1993; Wolpert/ Wolpert 1986) und mehrdimensionale Verfahren, wie etwa die Nutzwertanalyse (vgl. Hanusch 1994; Fickenscher/Hanke/Kollman 1991; Kepner/Tregoe 1992) unterschieden. Bei neueren Verfahren sind häufig Teile für unsere Zwecke potenziell verwendbar, wie die kritischen Erfolgsfaktoren, das Modell von Porter/Millar 1985) oder ähnliche Modelle (vgl. McFarlan/McKenney 1983; Parsons 1983). McLaughlin/Howe/Cash (1983), zitiert nach (Ives/Learmonth 1984), beschreiben ein Mehrwertmodell, welches für unsere Anwendung besonderer Berücksichtigung wert ist, da die Mehrwerte in direkter Beziehung zu den Kosten gebracht werden. Aus Sicht der Bürokommunikation sind Modelle von Picot/Reichwald/ Behrbohm (1985) und Sassone/Schwartz (1986) relevant. Vergleichswerte, wie etwa Kennzahlensysteme, können gute Hilfen für die Bewertung von Informationssystemen sein (vgl. Rittberger 1999), insbesondere zur Ermittlung von Nutzwerten für die Nutzkriterien (vgl. Walter 1995).

Pietsch (1999) kommt bei einer Untersuchung von insgesamt 20 Wirtschaftlichkeitsverfahren zur Bewertung von Informations- und Kommunikationssystemen in Unternehmen zu dem Schluss, dass zwar die Kosten mit den vorhandenen Instrumentarien gut ermittelbar sind, „der Nutzen dagegen mit den bislang existierenden Verfahren nur mittelbar und überwiegend qualitativ zu beschreiben ist" (vgl. Pietsch 1999, 145).

Aus den analysierten Verfahren ergab sich daher nicht unmittelbar ein für den zu bearbeitenden Anwendungsfall im Unternehmen nützliches Analyseinstrument, da

1. der zu erwartende Nutzen durch die Einführung eines Kommunikationsforums zu bewerten war;
2. nicht nur informationstechnikabhängige Kommunikationssysteme und ihre Bewertungskriterien betrachtet werden sollen, sondern auch solche Kriterien berücksichtigt werden sollen, die nur bedingt oder gar nicht auf eine Informationstechnologie aufbauen;
3. monetäre Kosten und Werte von Nutzenkriterien nur sehr schwer auf ein gleichskaliertes System abbildbar sind;
4. alle angesprochenen Verfahren immer auch an die individuelle Problematik angepasst werden müssen.

Somit musste ein den gegebenen Problemen angepasstes Verfahren entwickelt werden. Das Verfahren soll sich für die Wirtschaftlichkeitsanalyse hinsichtlich Erweiterungen, Veränderungen oder Erneuerungen von internen Kommunikationssystemen in mittelständischen Unternehmen eignen. Die Basis stellt eine Nutzwertanalyse dar. Es soll die Möglichkeit geboten werden, für das ursprüngliche Kommunikationssystem sowie das entstehende System einen Nutzwert und die Kosten zu ermitteln und die ermittelten Werte vergleichbar zu machen. Nutzwertverfahren sind für die Erhebung qualitativer Merkmale geeignet und insbesondere wegen ihrer Multidimensionalität von Vorteil. Zu beachten ist allerdings, dass die Wahl der Kriterien und die genutzten Gewichtungen das Ergebnis stark beeinflussen können (vgl. Pietsch 1999, 54f.). Durch den Vergleich der ermittelten Nutzwerte und Kosten zwischen ursprünglichem und neuem System kann eine Nutzensteigerung oder -senkung festgestellt werden. In unserem Fall war vorgesehen, den zu erwartenden Nutzen für das zukünftige Kommunikationssystem – mit Kommunikationsforum – im betrachteten Unternehmen mit dem Nutzen des bestehenden Systems zu vergleichen. Das Wirtschaftlichkeitsanalyseverfahren kann in diesem Fall als strategisches Hilfsmittel zur Unterstützung der Investitionsentscheidung verwendet werden.

5.2 Quantifizierung des Verfahrens

Normalerweise würden für das ursprüngliche und das neue System je ein einzelner Gesamtnutzwert ermittelt und verglichen werden. Jedoch kann man über dieses Verfahren die monetären Werte nicht mit den Werten der Nutzenkriterien verrechnen. Die Veränderung der Nutzenkennzahlen und der Kosten getrennt zwischen Systemen zu messen und danach zu verrechnen, ist somit die einzige Möglichkeit, eine Gesamtveränderung mit Hilfe einer Kennzahl zu ermitteln.

Einen zu erwartenden Nutzwert, wie in der vorliegenden Untersuchung notwendig, festzustellen, ist nur mit Fragebogen oder Interviews zu realisieren. Dies kann mit Hilfe von Expertenbefragungen oder über die Befragung der Belegschaft des entsprechenden Unternehmens durchgeführt werden. In unserem Fall wurde zur Bestimmung der Nutzenveränderung des Kommunikationssystems letztere Möglichkeit gewählt. Dies ließ sich wegen der relativ geringen Größe des Unternehmens auch gut realisieren.

5.3 Identifikation geeigneter Kriterien

Zur Umsetzung der Wirtschaftlichkeitsanalyse mussten im Vorfeld die für Kommunikationssysteme, speziell Kommunikationsforen, relevanten Nutzenkriterien und Kostenarten ermittelt werden. Diese Aufgabe erwies sich als nicht einfach, da in der Literatur kaum Aufzeichnungen über Erfahrungen mit Wirtschaftlichkeitsanalysen von Kommunikationssystemen, speziell Kommunikationsforen gefunden wurden. Bezüglich der Wirtschaftlichkeitsanalyse von Informationstechnologiesystemen waren jedoch Ausarbeitungen erhältlich. Einige Kriterien wurden übernommen und bei Bedarf angepasst. Zur Ermittlung der Nutzenkriterien wurden auch Arbeiten, die mit Qualitätsmessungen von Informationstechnologiesystemen zu tun haben, herangezogen, da Qualitätskriterien sich mit Nutzenkriterien häufig überschneiden. Die relevanten Kriterien wurden aus genannten Arbeiten entnommen und durch die Beschreibungen als auch die Operationalisierung für Kommunikationssysteme angepasst. Zusätzlich wurde allgemeine betriebswirtschaftliche

Literatur aus dem Bilanzierungs- sowie Kosten- und Leistungsrechnungsbereich zur Kriterienermittlung verwendet. Ergänzend kamen Kriterien auf Basis der durchgeführten Interviews, der Gespräche mit der Geschäftsleitung des Beispielunternehmens als auch eigener Überlegungen hinzu. Zu den Nutzenkriterien ist weiterhin zu sagen, dass inhaltliche Überschneidungen nicht zu verhindern sind. Dieses Problem tritt bei sämtlichen Nutzenmessungen auf und ist unvermeidbar. Einen Ausgleich der Überschneidungen kann man durch das Variieren der Gewichtungen der einzelnen Kriterien erreichen.

Beispielhaft seien hier die zwei Kriterien Informationsverfügbarkeit und Benutzerzufriedenheit aus der Untersuchung vorgestellt, die den informationellen und systembezogenen Nutzenkriterien zugeordnet sind (siehe auch Abbildung 1). Für eine detaillierte Beschreibung aller Kriterien sei auf Zimmermann (1999, 85ff.) verwiesen.

- Informationsverfügbarkeit beschreibt die Informationen, die zwar im Unternehmen vorhanden sind, jedoch nur zum Teil für die Personen, die sie benötigen, zugänglich sind. Es sollte eine Informationsstruktur vorliegen, die diesen Umstand ausschließt. Den jeweiligen Mitarbeitern müssen die benötigten Informationen zur Verfügung stehen (vgl. Walter 1995, 99f.).

- Benutzerzufriedenheit misst die Zufriedenheit der Mitarbeiter mit dem gesamten Kommunikationssystem im Unternehmen. Dabei wird das Kommunikationsforum als Teil des Kommunikationssystems angesehen. Mitunter wird dadurch die generelle Akzeptanz des Systems bei den Betriebsangehörigen ermittelt (vgl. Heinrich 1996, 518ff.).

Hinsichtlich der Ermittlung der Kosten war der Verlauf ähnlich wie bei den Nutzenkriterien. Es wurden Kostenstrukturen von Informationssystemen auf relevante Kostenarten untersucht und diese für unseren Anwendungsfall übernommen. Weitere Kostenarten wurden über die betriebliche Bilanzierung und die Kosten- und Leistungsrechnung sowie durch Gespräche mit der Geschäftsleitung des Beispielunternehmens oder durch eigene Überlegungen ergänzt.

Wirtschaftliche und kommunikative Aspekte eines Kommunikationsforums

Wirtschaftlichkeitsanalyseverfahren für Kommunikationssysteme
Mittelständiges Unternehmen der baden-württembergischen Medienindustrie

Nutzenkriterien / Kosten	Gewichte	Ursprüngliches System		Erwartungen für verändertes System		Veränderungswert
		Zielnutzen/ Zielkosten	Teilnutzwert	Zielnutzen/ Zielkosten	Teilnutzwert	
A. Nutzenkriterien						
A1. Informationell			19.00		25.50	
Informationsdarstellung	1.00	3.00	3.00	4.00	4.00	33.33
Informationsgehalt/-vollständigkeit	1.50	2.00	3.00	4.00	6.00	100.00
Informationsgeschwindigkeit	1.00	3.00	3.00	4.00	4.00	33.33
Informationsverfügbarkeit	1.50	3.00	4.50	5.00	7.50	66.67
Informationsverständlichkeit	1.50	5.00	7.50	5.00	7.50	0.00
Wahrheitsgehalt (Vertrauen in die Information)	1.50	3.00	4.50	3.00	4.50	0.00
A2. Systembezogen			39.00		45.00	
Angebot von Teilsystemen (z.B. Chat, Foren)	1.00	3.00	3.00	5.00	5.00	66.67
Benutzerfreundlichkeit	1.50	4.00	6.00	3.00	4.50	-25.00
Benutzerzufriedenheit	1.50	3.00	4.50	3.00	4.50	0.00
Datenschutz	1.00	5.00	5.00	5.00	5.00	0.00
Datensicherheit	1.00	5.00	5.00	5.00	5.00	0.00
Methoden der Informationsübermittlung	1.00	3.00	3.00	2.00	2.00	-33.33
Offenheit (Erweiterbarkeit)	1.25	5.00	6.25	5.00	6.25	0.00
Zugriffssicherheit	1.00	3.00	3.00	3.00	3.00	0.00
Zuordnungen	1.00	3.00	3.00	3.00	3.00	0.00
Zuverlässigkeit/Vertrauen	1.25	5.00	6.25	5.00	6.25	0.00
Gesamt (Nutzen)			58.00		70.50	30.56
B. Kosten						
B1. Personalkosten			3000.00		3752.00	
Administration	1.25	3000.00	3750.00	3000.00	3750.00	0.00
Installation	1.00	0.00	0.00	0.00	0.00	0.00
Kosten für kreative Bereitstellung	1.25	0.00	0.00	0.00	0.00	0.00
Schulung	1.00	0.00	1.00	25000.00	25000.00	-25.00
Sonstige Personalkosten	1.00	0.00	1.00	5000.00	5000.00	-5.00
B2. Sachkosten			62000.00		62000.00	
Hardware	1.00	25000.00	25000.00	25000.00	25000.00	0.00
Interner Schriftverkehr	1.00	8000.00	8000.00	5000.00	5000.00	37.50
Software	1.00	19000.00	19000.00	19000.00	19000.00	0.00
Telekommunikationsanlage (z.B. Telefon)	1.00	10000.00	10000.00	10000.00	10000.00	0.00
Sonstige Kommunikationsmedien (z.B. Funk)	1.00	0.00	0.00	0.00	0.00	0.00
Sonstige Sachkosten	1.00	0.00	0.00	0.00	0.00	0.00
B3. Externe Dienstleistungen			19000.00		22500.00	
Externer Schriftverkehr (z.B. Kurierdienst)	1.00	5000.00	5000.00	5000.00	5000.00	0.00
Service/Instandhaltung	1.50	0.00	0.00	0.00	0.00	0.00
Technische Bereitstellung	1.00	0.00	0.00	0.00	0.00	0.00
Telekommunikation (z.B. Telex)	1.25	14000.00	17500.00	14000.00	17500.00	0.00
Sonstige externe Dienstleistungen	1.00	0.00	0.00	0.00	0.00	0.00
Gesamt (Kosten)			84000.00	88252.00	111000.00	115250.00	7.50
Gesamtnutzenveränderung						**19.03**

Abb. 1: Wirtschaftlichkeitsanalyseverfahren für Kommunikationssysteme in einem mittelständischen Unternehmen der Medienindustrie

Das von uns verwendetete Verfahren vergleicht ein ursprüngliches System mit einem neuen System bezüglich Nutzen- und Kostenkriterien. Dabei unterscheidet sich das neue System gegenüber dem alten durch die Einführung eines Kommunikationsforums. Die Nutzenkriterien werden in informationelle und systembezogene Kriterien unterteilt und die Kosten in Personalkosten, Sachkosten und Kosten für externe Dienstleistungen. Für alle Werte werden die Veränderungen zwischen den beiden Systemen errechnet und prozentual dargestellt. Das Endergebnis ist ein arithmetisch gemittelter Nutzenwert, der eine Nutzenveränderung quantifiziert.

5.4 Durchführung der Analyse

Abbildung 1 zeigt das Ergebnis für das untersuchte Unternehmen. Man erkennt die Aufteilung der fünf genannten Kriterienblöcke für Nutzen und Kosten und ihre Unterkriterien. Die Werte der einzelnen Kriterien wurden über Interviews mit den Mitarbeitern des Unternehmens erhoben. Zu jedem Kriterium konnte von den Mitarbeitern eine ganzzahlige Bewertung zwischen eins und fünf vergeben werden. Der Nutzen dieser Skala lag im einheitlichen und dem schulischen Bereich angelehnten Bewertungsverfahren, welches damit für die Probanden relativ unproblematisch handhabbar war. Das Verfahren selbst ist durch die genannte Erhebungsmethode natürlich subjektiv auf das Unternehmen und die Ansichten der Mitarbeiter zugeschnitten. Eine zusätzliche Objektivierung der Erhebungsmethode mittels Dokumenten oder Arbeitsprozessen war aus betrieblichen Gründen nicht durchführbar.

5.5 Auswertung und Bewertung der Ergebnisse

Die Auswertung wurde mittels eines Tabellenkalkulationsprogramms vorgenommen. Unter Beachtung für solche Anwendungen typischer Berechnungsprobleme – wie Teilung durch null oder prozentuale Veränderung ausgehend von einer Basis null etc. – wurde folgende Vorgehensweise gewählt:

1. Die Nutzenkriterien in der ersten Spalte von Abbildung 1 werden in informationelle und systembezogene, die Kosten in Sachkosten, Personalkosten und externe Dienstleistungen gegliedert.

2. Für jedes Kriterium in Spalte 1 der Abbildung 1 kann eine Gewichtung (Spalte 2) eingegeben werden, möglichst in Absprache mit dem Unternehmen, welches untersucht wird. Die Anwendung von Gewichtungen bei den Kosten erscheint im ersten Moment eher befremdlich, erlaubt aber, eine zusätzliche Wertschätzung in Abhängigkeit der Bedeutung bestimmter Kostenarten oder Nutzenwerte zu geben.

3. Zielnutzen und Zielkosten (Spalte 3 und Spalte 5 in Abbildung 1) werden aus den Ergebnissen der Evaluierung und betriebswirtschaftlicher Betrachtungen des Unternehmens für die unterschiedlichen Betrachtungszeitpunkte eingetragen. Spalte 4 und Spalte 6 in Abbildung 1 geben die Werte des Zielnutzens und der Zielkosten multipliziert mit dem Gewichtungsfaktor an.

4. Für jedes Kriterium wird die prozentuale Veränderung berechnet. So ändert sich bspw. der Teilnutzwert des Kriteriums Verfügbarkeit von 4,5 des ursprünglichen Systems auf den Teilnutzwert 7,5 des neuen, veränderten oder erweiterten Systems, was einer Zunahme von 66,66 Prozent entspricht.

5. Die Summe der prozentualen Veränderungen der Kriterien pro Gliederungspunkt (informationell, systembezogen etc.) wird durch die Anzahl der veränderten Kriterien pro Gliederungspunkt geteilt. Im Gliederungspunkt informationeller Nutzen wird die Summe der prozentualen Veränderungen für die Informationsdarstellung, den Informationsgehalt/-vollständigkeit, die Informationsgeschwindigkeit und die Informationsverfügbarkeit durch die Anzahl der Kriterien (also vier) geteilt. Damit berechnet sich der Veränderungswert zu 58,33.

6. Es wird das arithmetische Mittel der Veränderungen der Gliederungspunkte gesondert für die Nutzenkriterien und für die Kosten (in der Berechnungstabelle bezeichnet als Gesamt (Nutzen) bzw. Gesamt (Kosten) des Veränderungswertes) berechnet. Der Gesamtnutzen des Veränderungswerts berechnet sich aus dem Mittel des Veränderungswerts des informationellen Nutzens (58,33) und des systembezogenen Nutzens (2,78) zu dem Veränderungswert des Gesamtnutzens (30,56).

7. Das arithmetische Mittel der Summe der gesamten Veränderungswerte der Nutzenkriterien (30,56) und der Kosten (7,50) ergibt abschließend die Gesamtnutzenveränderung, auf deren Basis man eine Steigerung, Minderung oder Konstanz der Wirtschaftlichkeit, beziehungsweise des Nutzens erkennen kann.

Für alle Veränderungswerte inklusive der Gesamtnutzenveränderung gilt eine maximale Steigerung von 100 und eine maximale Senkung von -100. Führt man die Berechnungen für die Gesamtnutzenveränderung auf Basis der erhobenen Daten durch, so erhält man für unsere Betrachtung einen Endwert von 19,03. Dabei ist zu beachten, dass auf Wunsch des Unternehmens in der vorliegenden Darstellung fiktive Werte für die Kosten benutzt werden, die aber im Verhältnis der realen Werte der Kostenrechnung des Unternehmens eingesetzt wurden. Somit bleiben die prozentualen Veränderungen erhalten. Die Nutzenwerte sind immer als ganzzahlige Werte eingegeben, wie sie von den meisten Mitarbeitern priorisiert wurden, um damit eine eindeutige Bewertung im Sinne der Schulnoten zu erhalten. Auch wurde anhand des konkreten Anwendungsfalls gerechnet, so dass potenziell entstehende Kosten zum Teil nicht relevant wurden, da die zugehörigen Aufgaben (Implementierung des Kommunikationsforums, Schulungen zur Nutzung der Software) von Mitarbeitern der Universität Konstanz im Rahmen des gemeinsamen Projekts durchgeführt wurden.

Der Wert von 19,03 ist im Zusammenhang mit der spezifischen Projektumgebung zu sehen. Er sagt eine positive Veränderung für den Gesamtnutzen bei Einführung elektronischer Kommunikationsforen im untersuchten Unternehmen aus. Diese Veränderung ist in der möglichen Spanne von -100 bis 100 unserer Berechungen als eher geringfügig, wenn auch spürbar anzusehen. Die Mitarbeiter des Unternehmens erwarten, dass insbesondere der informationelle Nutzen sich deutlich verbessert, da dieser wesentlich zum positiven Ergebnis beiträgt.

Koreimann (1987, 12f.) unterscheidet bei der Beurteilung von Kosteneinsparung und Nutzen in seinem Zweistufenmodell vier Varianten. Sind Kosteneinsparung und Nutzen positiv, so ist die Entscheidung eindeutig, ebenso bei negativen Beurteilungen für beide Bereiche. Als risikobehaftet werden Entscheidungen mit entweder positivem Nutzen und negativen Kosteneinsparungen oder negativem Nutzen und positiven Kosteneinsparungen angesehen. Die Gesamtwirtschaftlichkeit wird ähnlich wie in unserem Modell als eine additive Funktion der Kostenreduktion und des Nutzens gesehen (vgl. Koreimann 1987). Der Nutzen wird noch mit einer ‚Sensibilitätsvariable' multipliziert, der eine bestimmte Bandbreite für eine Entscheidung ermöglicht. Unsere Untersuchungen würden also auch nach diesem Modell zu einem positiven Investitionsentscheid führen, da sowohl Gesamtnutzen als auch Gesamtkosten positiv sind.

6 Fazit

Wir haben die Einführung eines Kommunikationsforums in einem mittelständischen Unternehmen durch eine Kommunikationsanalyse und eine Wirtschaftlichkeitsanalyse begleitet. Dabei wurde Wert darauf gelegt, ein Verfahren zu entwickeln, welches sich für die Abschätzung des Nutzwertes eines Kommunikationsforums im Verhältnis zu den Kosten eignet. Das Verfahren wurde auf Basis der Nutzwertanalyse von Kommunikationssystemen in mittelständischen Unternehmen entwickelt, wobei insbesondere Wert auf die Operationalisierung sogenannter weicher Kriterien Wert gelegt wurde.

Die Schwierigkeit, eine Vergleichbarkeit von Werten zu bewältigen, die verschiedene Einheiten haben, wurde in unserem Verfahren durch die klare Trennung der Nutzenkriterien von den Kosten sowie der Berechnung der Veränderungen und deren Darstellung in Prozent hinsichtlich des ursprünglichen und des neuen Systems erreicht. Dadurch wurde die Errechnung einer Gesamtnutzenveränderung ermöglicht. Das Grundelement der Idee war die Nutzwertanalyse. Das vorliegende Verfahren weicht von der Grundform dieser Analyseart in der Form ab, dass man nicht für jedes System einen Nutzwert errechnet, der vergleichbar ist, sondern eine Nutzwertveränderung von zwei Systemen ermittelt. Wesentlichen Einfluss auf das neue Verfahren hatte auch die Kennzahlenmethode, die zur Fixierung der Teilnutzwerte der Nutzenkriterien verwendet wurde.

Die Problematik der Fragestellung liegt in der Bewertung und Vergleichbarkeit zwischen sogenannten weichen nichttechnischen Faktoren und den Kosten. Gerne wüsste man, wieviel Nutzen eine bestimmte Maßnahme in einem Unternehmen erbracht hat oder ob sich die Zufriedenheit der Kunden im Zuge einer Qualitätssicherung verbessert hat oder einfacher noch, wieviel eine bestimmte Information für das Unternehmen wert war. Die monetären Kostenwerte mit solch weichen, nur sehr schlecht messbaren Größen in Vergleich zu bringen und damit einheitlich zu skalieren, scheint auch durch unser Verfahren nur ansatzweise gelöst zu sein. Betrachtet man außerhalb der prinzipiellen Erhebungsproblematik die Werte etwa bei den Kosten, bleibt die Gefahr einer großen Varianz der Werte auch bei geschickter Auswahl der Parameter erhalten und damit eine massive Beeinflussung der Ergebnisse. Gleiches gilt bei den Nutzenwerten. Da die Erforschung solch weicher Faktoren mit erheblichen Unsicherheiten behaftet ist, spielt schon die Identifikation der Kriterien und ihre Gewichtung eine große Rolle und ist selten eindeutig zu beantworten.

Literatur

Döring, N. (1999): Sozialpsychologie des Internet: Die Bedeutung des Internet für Kommunikationsprozesse, Identitäten, soziale Beziehungen und Gruppen. Göttingen: Hogrefe, Verlag für Psychologie

Fickenscher, H./ Hanke, P./ Kollman, K. H. (^{2}1991): Zielorientiertes Informationsmanagement. Ein Leitfaden zum Einsatz und Nutzen des Produktionsfaktors Information. Braunschweig: Vieweg

Frank, U./ Kronen, J. (1991): Kommunikationsanalyseverfahren. Theoretische Konzepte, Anwendungspraxis und Perspektiven zur Gestaltung von Informationssystemen. Wiesbaden: Vieweg

Hanusch, H. (^{2}1994): Nutzen-Kosten-Analyse. München: Vahlen

Heger, A. (1999): Probleme des Wissensmanagements in der Praxis – Theoretische Begründung und methodische Entwicklung eines Analyse- und Design-Tools. Diplomarbeit Informationswissenschaft, Universität Konstanz

Heinrich, L. J. (1996): Informationsmanagement. Planung, Überwachung und Steuerung der Informationsinfrastruktur. München, Wien: Oldenbourg

Ives, B./ Learmonth, G. P. (1984): The information system as a competitive weapon. Communications of the ACM 12 (27), 1193-1201

Kaplan, R. S./ Norton, D. P. (1997): Balanced scorecard: Strategien erfolgreich umsetzen. Stuttgart: Schäffer-Poeschel

Kepner, C. H./ Tregoe, B. B. (^{6}1992): Entscheidungen vorbereiten und richtig treffen. Rationales Management: Die neue Herausforderung. Landsberg/ Lech: Verlag Moderne Industrie

Koreimann, D. S. (1987): Die Bewertung qualitativer Kriterien bei der Wirtschaftlichkeitsberechnung rechnergestützter Systeme. In: Hoyer, R./ Kölzer, G. (Hrsg.): Wirtschaftlichkeitsrechungen im Bürobereich: Konzepte und Erfahrungen. Berlin: Schmidt

Köhler, T./ Frindte, W./ Neumann, C./ Schreiber, A. (1999): Empirische Suche II: Computervermittelte Kommunikation und Unternehmen – Wirklichkeit oder Virtualität? In: Frindte, W./ Köhler, T. (Hrsg.): Kommunikation im Internet. Frankfurt am Main u.a.: Lang, 115-135 [=Kap. 5]

Kuhlen, R. (1998): Die Mondlandung des Internet. Elektronische Kommunikationsforen im Bundestagswahlkampf '98. Konstanz: Universitätsverlag Konstanz

Kuhlen, R. (2000): Internationalisierung der Medienindustrie. Entwicklung, Erfolgsfaktoren und Handlungsempfehlungen. In: nfd Information – Wissenschaft und Praxis 4 (51), 217-222

Kuhlen, R./ Werner, S. (2000): Elektronische Kommunikationsforen als Instrument des Wissensmanagements in Medienunternehmen. In: Wittenzellner, H. (Hrsg.): Internationalisierung der Medienindustrie. Entwicklung, Erfolgsfaktoren und Handlungsempfehlungen. Stuttgart: LOG_X Verlag, 171-203

McFarlan, F. W./ McKenney, J. L. (1983): Corporate information systems management : the issues facing senior executives. Homewood/ IL: Irwin

McLaughlin, M./ Howe, R./ Cash, J. (1983): Changing competitive ground rules – the impact of computers and communication in the 1980s. Unpublished working paper.

Nagel, K. (1988): Nutzen der Informationsverarbeitung. Methoden zur Bewertung von strategischen Wettbewerbsvorteilen, Produktivitätsverbesserungen und Kosteneinsparungen. München: Oldenbourg

North, K. (1998): Wissensorientierte Unternehmensführung: Wertschöpfung durch Wissen. Wiesbaden: Gabler

Parsons, G. L. (1983): Information Technology: A new competitive weapon. In: Sloan Management Review 1 (25), 3-14

Picot, A./ Reichwald, R./ Behrbohm, P. (1985): Menschengerechte Arbeitsplätze sind wirtschaftlich! Vier-Ebenen-Modell der Wirtschaftlichkeitsbeurteilung. Eschborn: Schriftenreihe Wirtschaftlichkeitsrechnung des Rationalisierungs-Kuratoriums der Deutschen Wirtschaft (RKW) e.V.

Pietsch, T. (1999): Bewertung von Informations- und Kommunikationssystemen. Ein Vergleich betriebswirtschaftlicher Verfahren. Berlin: Schmidt

Porter, M. E./ Millar, V. E. (1985): How information gives you competitive advantage. Harvard Business Review July-August, 149-160

Probst, G. J. B./ Raub, S./ Romhardt, K. (^{3}1999): Wissen managen. Wie Unternehmen ihre wertvollste Ressource optimal nutzen. Frankfurt am Main: Frankfurter Allgemeine Zeitung für Deutschland

Rittberger, M. (1999): Certification of information services. In: Lee, Y. W./ Tayi, G. K. (eds.): IQ 1999. Proceedings of the Conference on Information Quality. Boston: M.I.T., 17-37

Rittberger, M. (2000): Quality evaluation of electronic communication fora with evalYOUate. In: Klein, B. D./ Rossin, D. F. (eds.): Proceedings of the 2000 Conference on Information Quality.; Boston: M.I.T., 137-147

Sassone, P. G./ Schwartz, P. A. (1986): Cost-Justifying OA. In: Datamation 4 (32), 83-84

Steinbuch, P. A. (^{11}2000): Organisation. Ludwigshafen: Kiehl

Walter, T. (1995): Kosten/Nutzen-Management für IuD-Stellen. In: Herget, J./ Schwuchow, W. (Hrsg.): Informationscontrolling. Proceedings der 8. Internationalen Fachkonferenz der Deutschen Gesellschaft für Dokumentation e.V. (DGD). Konstanz: Universitätsverlag Konstanz, 87-112

Wittenzellner, H. (2000): Internationalisierung der Medienindustrie. Entwicklung, Erfolgsfaktoren und Handlungsempfehlungen. Stuttgart: LOG_X Verlag

Wolpert, S. A./ Wolpert, J. F. (1986): Economics of information. New York: Van Nostrand Reinhold

Wöhe, G. (^{18}1993): Einführung in die allgemeine Betriebswirtschaftslehre. München: Vahlen,. Aufl.

Zimmermann, F. Z. (1999): Wirtschaftliche und organisatorische Aspekte der Implementierung eines Kommunikationsforums in Unternehmen der Medienindustrie. Diplomarbeit Informationswissenschaft, Universität Konstanz

Elemente textuellen Appellierens in der digitalen Produktwerbung

Textgestaltung und kulturspezifische Appellformen im *Webvertising*

Rogier Crijns
Nijmegen

Die Untersuchung stützt sich auf zwei Elemente, die die *Webvertising*-Forschung prägen: die Erforschung spezifischer Textgestaltungsmerkmale im Medium (z.B. der Hyperlinkstruktur) und die Möglichkeit, sich die Erkenntnisse der Werbeforschung im gedruckten Medium zunutze zu machen. Forschungskonzepte zur Beschreibung digitaler Werbetexte zeugen in ihrer Deskriptivität von einem beschränkten Bewußtsein um die Vielfalt der Aspekte, die in der digitalen Werbetextrezeption eine Rolle spielen. Die digitale Dokumentforschung (u.a. Nielsen 1997) und die theoretische Persuasionsforschung der Appellverarbeitung (u.a. Kruglanski/Thompson 1999) gehen noch getrennte Wege. Eine Verbindung mit *medientextueller* (Storrer 2000), *werbepsychologischer* (Mayer/Illmann 2000), *kulturspezifischer* (Hofstede 1991, Schwartz 1994) und *medienkulturspezifischer* Forschungsperspektive (Wrobel 2000a/b) öffnet jedoch der deskriptiven und präskriptiven Textrezeptionsforschung im *Webvertising* neue Türen.

1 Strukturen digitaler Produktwerbung

1.1 Einleitung

Im Gegensatz zur Erforschung der Werbung in gedruckten Medien nehmen Appelle und Appellstrukturen in der Forschung zu digitalen Werbetexten noch eine untergeordnete Stelle ein (vgl. Mayer/Illmann 2000, 555ff.). Unter Appellen bzw. Appellwirkungen werden hier die von den amerikanischen Werbeforschern Naccarato und Neuendorf (1998) untersuchten Inhaltsvariablen wie z.B. die logisch-argumentativen Appelle, die furchtinduzierenden Appelle, Autoritätsappelle bzw. deren Einflußnahme auf die erfolgreiche Wirkung der digitalen Werbeannoncen verstanden (Naccarato/Neuendorf 1998, 31f.). In ihrer Forschungsarbeit entsteht mit Hilfe solcher konkreten Inhaltsvariablen ein Rahmen zur Auswertung von gedrucktem Werbematerial (Werbeanzeigen) im *business-to-business*-Kontext. Von einer eingehenden texttypologischen Spezifizierung kann in der Forschungsarbeit nicht die Rede sein. Auch die Darstellung der Palette kulturbedingter Appellmöglichkeiten bleibt qualitativ und quantitativ beschränkt.

Ein angewandter, doppelter Blickwinkel der Inhaltsanalyse (*content analysis*) und der *Leser*-Perspektive bietet jedoch der kulturbedingten *Webvertising*-Forschung eine inhaltliche und methodologische Stütze, um die Webtext-Leser-Relation zu beschreiben. Auf diese Weise erhält man einen Einblick in die Handhabung digital vermittelter Textsorten der Produkt- und Imagepräsentation, was ihre Text- und Appellform betrifft. Im digitalen Medium ist dabei von der Voraussetzung auszugehen, daß in den makrotextologischen Beschreibungskonzepten digitaler Texte interaktionelle Strukturelemente – z.B. Textverbindungsmerkmale – beschrieben werden können. Dieser Fragenbereich mit seinem Interesse für *Texthierarchiefragen* kombinierter und getrennter Darstellung und *Textumfang* wird hier erörtert.

1.2 Ordnungsprinzipien

Die Einflußnahme von Websites auf das Attraktivitätsurteil der lesenden Besucher ist heterogener Natur. Es können in der Präsentation typische Eigenschaften des digitalen Mediums von den mediumunabhängigen Beurteilungskriterien ausgesondert werden. So wäre beispielsweise die Funktionalität von Bild- und Textzusammenhängen zwar digital stärker erweiterbar als im gedruckten Medium, aber im Grunde ist sie auch medienunabhängig. Wie im gedruckten Medium spielt oft die kongruente Bildhaftigkeit der Darstellungsmittel und der darstellungsunabhängige Aktualitätswert eines Angebots eine Rolle. *Webvertising* als strategischer Textproduktionsvorgang sollte jedoch auch Interaktivitätsprinzipien und deren Gestaltung sowie die Ordnungsprinzipien des Mediums hervorheben. Zu den Ordnungsprinzipien zählt man das *Chunking* (das Aufteilen in Blöcke) und das Prinzip des Informations*mapping* mittels einer *Site Map* – wie beispielsweise in www.tagheuer.com (10.01.1999). Generell übernehmen innerhalb des digitalen Gefüges Gliederung und Verbindung von instruktiven, nachrichtenhaltigen und werbenden Texten die Rolle wegweisender Orientierungshilfen. Dies wird meistens noch durch das Aufleuchten der Hyperlinks unterstützt.

1.3 Interaktivität

Technische Fragen sowie die Erkundung der Möglichkeiten im Umgang mit digitalen Präsentationsformen führten zunächst einmal dazu, daß den Benutzern im Medium selbst seit Mitte der 90er Jahre eine Reihe von Standpunkten aus pragmatischer Sicht unterbreitet wurden. Wenn Anbieter bzw. digitale Textproduzenten und Kunden bzw. Leser von digitalen Werbetexten sich vom WWW-Mediumeinsatz gleichermaßen Vorteile aufgrund des *schnellen* und *qualitativ hochwertigen* und zugleich *überblickhaft-reduzierten* und *interaktiven* Informationszugriffs versprechen, sollten Elemente und Basis dieses zur Norm tendierenden interaktionellen Handelns erforscht werden. Dazu wurde u.a. das Konzept der

Interaktivität bereits zerlegt und umdefiniert, wie die Arbeit von Ha und James (1998, 461ff.) zeigt. Interaktivität wird hier nach den fünf Dimensionen *spielerischer Gehalt, Wählbarkeit, Zusammenhang, Datensammlung* und *reziproke Kommunikation* unterteilt. Die dringliche Frage, inwiefern im Zusammenspiel von Text und Bild eine mediumspezifische Rhetorik zu entwickeln sei, wurde dabei jedoch größtenteils ausgeklammert. Visuelle wie textuelle Elemente im digitalen Werbemedium repräsentieren oft metaphorisch Konzepte und Abstraktionen. Die Lenkung solcher Elemente durch stark sichtbare und ausdrucksstarke, digitale Textstrukturen oder Textappelle bestimmen den Informationsweg hin zur digitalen ‚Produktaneignung'.

1.4 Erscheinungsformen von Webvertising

Im Vorfeld der Überlegungen zu den digitalen Textzielen entsteht bereits eine Differenzierung im Hinblick auf die Frage, mit welchem Werbevorgang man zu tun hat. Neben der reinen *Corporate Homepage* wie z.B. www.daimlerchrysler.de (16.03.1999) oder www.mannesmann-eurokom.com (04.04.1999) gibt es die sogenannte *Stakeholder communication*. Dieser Werbevorgang richtet sich auf die persuasive Darstellung von Unternehmensimage und Markenartikeln gleichzeitig. Eine solche kombinierte Form der Präsentation führt auf dem mikrotextuellen Niveau zu Aufmachern wie: „die pure Leidenschaft – Der TT Roadster" www.audi.de (16.03.1999). Sie bildet in der Kombination von Unternehmensimage und Markenwerbung einen Übergang zum *Branding*, also der Werbung, in der konkrete Marken im Mittelpunkt stehen: www.gillette.com/brands/brands.html (10.01.1999). In diesem Rahmen werden sogar Presseberichte beispielsweise neuer Babynahrungprodukte auf der Milupa-Homepage zum *Branding* eingesetzt: www.milupa.de/produkte.html (14.04.1999).

Die Firma IBM stattet ihre Webseiten anläßlich der CeBIT 99 – www.de.ibm.com (10.03.1999) – u.a. mit der Schlagzeile „Starten Sie in die Lernwelt von morgen" aus. Solche als Hyperlink gestaltete Verweise auf Produkte werden meistens mit dem Kennzeichen ‚neu' versehen – vgl. www.volkswagen.de/international/deutsch (16.03.1999) – und sind meistens nur für feste Besucher und Kunden von Websites bestimmt. Ein solches *Branding* erfährt noch intensivere Spezifizierung z.B. in *event*-Websites mit dem gleichen Ziel. Eine Möglichkeit der textuellen Unterstützung solcher Strategien besteht oft in der Kennzeichnung einer jeden Seite mit Namen, Logo, Icon als ‚Wahrzeichen' der Firma wie z.B. im Intel-Webvertising www.intel.com/deutsch (10.03.1999) oder auf der erwähnten Volkswagen-Site.

1.5 Strukturweisende und werbende Hyperlinks

Die Länge des Werbetextes wird von der digitalen Struktur, vom Produkt und von der Leserschaft bestimmt. Hochwertige Produkte mit einem interessierten Publikum bedürfen eines umfangreicheren Informationsaufgebots. Im Gegensatz zur Verweisfunktion von Seitenhyperlinks innerhalb der Site, Sitehyperlinks, externen Hyperlinks und Instruktionshyperlinks zeichnen sich Hyperlinks mit einer rein textuellen Hinweisfunktion auf darstellende Texte am Ende der Hyperlinkhierarchie gegenüber dem Medium durch eine gewisse Indifferenz aus. Auf dieser basalen Ebene kann sich also eine informative und werbende Produktinformation bei der eigenen Suchaktion des potentiellen Kunden etablieren. Dabei muß im Gegensatz zur erwarteten werbenden Hyperlinkfunktion von *Bannern* gleichzeitig die inhaltliche Lust des Lesers befriedigt werden.

Auf der textuellen Ebene gilt dabei der lesestrategische Einsatz des Strukturierungsmittels ‚Hyperlink'. Subjektive Quantitätsregeln – ein Hyperlink pro Absatz – und Positionierungsauffassungen – kein Hyperlink am Satzanfang – sollen dazu beitragen, daß das digital textuelle Optimierungsmerkmal ‚Hyperlink' sich nicht in sein Gegenteil verkehrt. Aus der Verbindung von Hinweisfunktion und Positionskennzeichnung besteht gerade in der Erwartungssteuerung durch Hyperlinkbezeichnungen der persuasive Mehrwert. Diese Steuerung wird durch Einsatz eines virtuellen, metaphorisch ausgestalteten Raums, z.B. www.dresdner-bank.de (23.09.1999) oder www.iffluswa.com (Coney/Steehouder 2000, 334), jedoch auch durch die Benutzung bestimmter Signalwörter als Hyperlink vollzogen.

1.6 Aufmacher, Leads als Aufmerksamkeitslenker

Auf dem textuellen Mikroniveau verbal-syntaktischer Ordnungsprinzipien tragen die mediumunabhängigen *boolean operators*, d.h. die Verwendung von Wörtern ‚oder', ‚und' und ‚nicht', gleichfalls zu einem stärkeren Eindruck der Übersichtlichkeit bei. Dieser Kategorie gehört auch das Prinzip der *Leads* an: die Verwendung kurzer prägnanter Aufmacher – manchmal als ‚Ankeiler' gestaltet – wie auf der Site www.intel.com/deutsch/ (10.03.1999): „Erleben Sie Power", „Erkennen Sie die Vorteile", „Holen Sie sich Ihren PC". Sie übernehmen wie in der gedruckten Werbung die Rolle von ‚Schlagzeilen' oder ‚Slogans' (z.B. das „Schön, daß Sie hier sind" www.volkswagen.de/international/deutsch/welcome/welcome.htm (16.03.1999) sind, vergleichbar mit denen auf der CeBIT-99-Seite von IBM. Im digitalen Medium erfüllen sie zusätzlich eine Signalfunktion im Hinblick auf ein zusätzliches neues Textgebilde. Diese doppelte Verbindung von traditioneller Funktion mit hinweisendem Charakter als Signal- und Symbolwort für den Text (als Frage, Metapher, Aussage gestaltet) und Aufmerksamkeitslenkung (*attention grabber*) macht dieses Prinzip zum mächtigen und werbenden Mittel innerhalb des digitalen Mediums. Allerdings gibt es auch einzig und alleine auf die Aktivierung ausgerichtete, stark formalisierte Textsorten wie z.B. *online-order*-Formulare, *feedback-e*-Formulare. Es sind die Prinzipien der *Leads*, die wegen der Signal- und Verweisfunktion die mediumspezifisch interaktiv werbenden Prinzipien abgeben; sie sind Teil einer potentiell dynamischen und werbenden Struktur. Diese typische Struktur des digitalen Mediums könnte in einem *Relationsmodell* beschrieben werden, in dem ein Perzeptionswandel vom passiven Textrezeptionsverhalten hin zu einer medial optimal vollziehbaren Selbstgestaltung dargestellt werden könnte (Bezjian-Avery/Calder/Iacobucci 1998, 24). Die digitalen Lenkungsmechanismen

- *Hyperlinks* mit unterschiedlicher Funktion auf dem Dokumentniveau, möglicherweise mit kulturdifferenter Verlinkung und Sequenzierung
- *Leads* (Aufmacher) als *attention grabber* (Aufmerksamkeitslenker) auf dem textuellen Niveau und
- *Boolean operators* (Gliederungsbezeichnungen) auf dem Satzniveau

tragen im digitalen Textgefüge zur optimalen Textrezeption bei.

Mit Hilfe der Beschreibung solcher Elemente können die textuellen Vorbedingungen einer formell erfolgreich gestalteten digitalen Produktwerbung mit einem mediumunspezifischeren *Persuasionsmodell* eine Verbindung eingehen.

Die Website-Gestaltungsmaxime lautet "Think globally, create web site locally" (Andres 1999, 111). Dies deutet auf Textverarbeitungsprozesse im Hinblick auf eine Zielgruppenspezifizierung. So nimmt z.B. die Kreissparkasse Hannover intrakulturell eine Spezifizierung nach Altersgruppen („KSK für Sie", „KSK für Euch") vor: www.ksk-hannover.de (23.09.1999). Die Sprache des Kunden zu sprechen ist auch Aufgabe kultureller Differenzierung. Signalwörtern wie ‚Komfort', ‚Sicherheit' und ‚Geselligkeit' kommt in unterschiedlichen Kulturen eine unterschiedliche Bedeutung zu (Wrobel 2000b, 2).

2 Digitale Textnormen

2.1 Formale Textnormierung

Dem Thema mediumgerechter digitaler Textpräsentation widmet sich Nielsen, indem er praktische Ratschläge für die Website-Text-Designer entwickelte (Nielsen 1997). Die Informationen, die Nielsen vorbringt, setzen sich auch mit der Frage nach dem Leseverhalten von Webtextbenutzern auseinander. Sie stehen im Zusammenhang mit der Herausbildung einer Lesetradition von digitalen Texten. Beurteilungskriterien zu Textoptimierungsvorgängen können erst nach und nach auf der Grundlage einer überprüften Normativität beim Lesen entstehen und können nur durch *readability*- und Textpräferenz-Tests abgesichert werden. Nielsen zitiert in seinem Artikel zum Leseverhalten eine Studie von Morkes (Nielsen 1997), aus der hervorgeht, daß nur 16 % der Leser den Text im Detail rezipieren. Dabei fallen vor allem die empfohlenen Maßnahmen zur Unterstützung des primär selektiven (‚scannenden') Lesens auf. Die strategischen Maßnahmen zur Förderung solchen Leseverhaltens lauten: Verwendung von *Schlüsselwörtern, bedeutungsträchtigen Untertiteln, Auflistung, Segmentierung eines Ideenkonglomerats* mit Hilfe der Darstellung einer Idee pro Absatz; und generell empfiehlt sich der Einsatz der *Hälfte des Textaufwands* aus den traditionellen Medien.

Nielsen untermauert seine präskriptiven Aussagen mit Hilfe von Rezipientenbefragungen. Texte, die auf eine solche Strategie des Überfliegens und der knappen Darstellung zurechtgeschnitten werden, erzielen in der Gebraucherpräferenz größeren Erfolg: Die eingeschränkte Zwischenversion schnitt um 58 %, die Version zum scannenden Leseverhalten schnitt um 48 % besser als die längere Version ab. Die exakten Details des Textexperiments – wie etwa Angaben zur Textsorte – fehlen jedoch in der angeführten Studie. Zu berücksichtigen wäre außerdem, daß die Ergebnisse für die US-amerikanische Perspektive sprechen, die sich für den kulturdifferenteren europäischen Raum möglicherweise manchmal nicht bestätigen ließen.

Verhaltens- und Textwirkungsforschung gehen von der Benutzerdominanz und von einem bereits existierenden Erwartungshorizont beim lesenden Website-Besucher aus. Dies gilt für die Textgestaltungspräferenz sowie für Wertvorstellungen im Hinblick auf Hyperlink-Wirkung als ‚rhetoric of departure' (Nielsen 1997) bzw. als Beurteilungsfaktor der Komplexität. Dies macht die Vorbedingungen für eine ideale Website-Rezeption noch einmal deutlich: das Bewußtsein, daß neben der Endstation *Textrezeption* und der Zwischenstation *Hyperlinkbewußtsein beim Produzenten* die *Textstruktur* der Webseite und der schnelle Sucherfolg stehen. Aus einer Studie von Zona Research Inc's "Shop until you drop" im Zeitraum Juli-August 1998 unter 239 Langzeitinternetbenutzer/inne/n ging hervor, daß 62 % der kaufwilligen Besucher/innen einer digitalen Werbeseite vor dem Kauf absprangen und 28 % die Suche als schwierig wahrnahmen (Nielsen 1997). Solche Hemmnisse verweisen darauf, daß die kulturspezifische Webseitenrezeption bislang zu wenig beachtet wurde.

2.2 Universelle und kulturbedingte Textgestaltung

Studien zu internetspezifischen Textdesignfragen waren in den Anfängen teilweise wenig praxisnah (Hannemann/Thüring 1993) und sind jetzt eher deskriptiver, theoretischer Art (Wrobel 2000a/b). Letztere Website-Forscherin unterscheidet zur Erfassung digitaler Textwertigkeit drei Niveaus: das *graphische*, das *textuelle* und das *strategische* Niveau. Die Appellfunktion der Hypertextbenutzung steht dabei im Mittelpunkt. Die gesteuerte bzw. steuerbare Aufmerksamkeit durch die

Hyperlinkstruktur ist als typisches Merkmal im Umfeld digitaler Textsorten zu bewerten. So könnten Textelemente wie z.b. Menüleiste und Textur im Optimalfall der Kongruenz von Erwartungen bei Webtext-Designern und Webtext-Benutzern durch die kulturbedingte, optionale Bestimmung möglicher und relevanter Verbindungen zu einer Akzeptanzerhöhung beitragen. Eine digitale Textkohärenz entsteht anscheinend auch in dem Moment, wo der Designer von Sites die Zahl der *Link*-Optionen stark reduziert und beschränkt. Abgespeckte Botschaften im Sinne der Kodierung bestimmter Leitbegriffe in Form von *Links* erfüllen damit eine doppelte Funktion: zum einen die Abdeckung erwarteter Interessenfelder und zum anderen eine Teilangabe eines umfangreicheren Gemeinten. Abhängig von der Einschätzung des Wissens um kulturspezifische Kodierung bestimmter Information für Zielbesucher von Sites wird die Informationsdarstellung im globalen, digitalen Werbetextverkehr einer beschränkten Pluriformität der deckungsgleichen, kulturbedingten Dekodierungsregeln folgen müssen (Wrobel 2000b).

Suchstrategisch ist wie in einem zwei- und mehrsprachigen Lexikon der Verweis auf eine kulturbedingte, unterschiedliche Sequenzialität möglich. Jedoch finden sich als ‚Schlußlicht' einer digitalen Suchaktion oft nur monosequentielle Texte, die sich von gedruckter Produktwerbung und Produktinformation kaum mehr als durch den Weg dorthin unterscheiden. Die mikrostrukturelle Relationierungsproblematik von Texteinheiten (Lobin 1999, 160) sowie die makrostrukturelle Multisequenzialität und die Kohärenzplanung von digitaler Textmischung als Teil kultur- und gruppenspezifischer Persuasion zu betrachten, ist somit auch eine Herausforderung für die *Webvertising*-Forschung.

3 Kulturwerte und digitale Produktdarstellung

3.1 Paradigmen der *Webvertising*-Forschung

In digitalen Textsorten unterschiedlichen Typs und unterschiedlicher Herkunft liegen unterschiedliche Typen von Appellfunktionen verborgen. Im Hinblick darauf ist die internationale digitale Produktwerbeforschung bislang gekennzeichnet durch die

- Beurteilung des *Webvertising* durch Vergleich mit traditionellen Medien nach Informations- und Unterhaltungswerten (Ducoffe 1996, 23 u. 27)
- Beurteilung der formalen Aspekte und der Effektivität von Attributen und Ebenen von Webseiten (Drèze/Zufryden 1997, 80)
- Beurteilung der Wirksamkeit des WWW als zusätzliches Medium der Werbung nach den gemischten Orientierungskriterien: individueller Rezi-

pient, Produkt, Strategie, Marketingstrategien und Interaktivität (Philport/ Arbittier 1997, 71f.)
- Beurteilung der beeinträchtigenden Wirkung der Interaktivität und der digitalen Visualisierung hinsichtlich des Persuasionsprozesses (Bezjian-Avery/Calder/Iacobucci 1998, 31)
- Beurteilung des einfachen Hintergrunds von Webseiten als Faktor der positiven Rezeption von digitalen Werbetexten (Bruner/Kumar 2000, 33) und Berücksichtigung der Aspekte wie Ausbildung und Erfahrung in der Bewertung von Webseiten als Hierarchie der Effekte (Bruner/Kumar 2000, 39).

Diese Liste von Forschungsperspektiven der *Webvertising*-Forschung zeigt, daß man sich sowohl einer Appellforschung nach *emischen* (eigenen kulturspezifischen) als auch nach *etischen* (mehrere Kulturen berücksichtigenden) Ansätzen noch verschlossen hat (vgl. Mayer/Illmann 2000, 352). Dies verwundert angesichts des Entwicklungsstadiums der enstehenden Normkonzeption im neuen interaktiven Medium nicht (Bezjian-Avery/Calder/Iacobucci 1998, 30). Ein solches digital-usuelles Normbewußtsein entsteht aus gruppenspezifischen Präferenzen für verbale und visuelle Mitteilungen, gleichzeitig aber auch aus den Mitteilungsabsichten im digitalen Werbetext. Das kognitive Repertoire der Textverarbeitung durch Rezipienten im neuen Medium ist dabei weder einseitig abhängig von der medialen Mitteilung, noch eindeutig autonom in der Selbstbestimmung der Aufmerksamkeitspräferenzen. Der Rezipient einer digitalen Werbenachricht kann sich dem Dargestellten bei optimaler Hyperlinkgestaltung zwar entziehen, bleibt in dieser Teilautonomie selber jedoch gleichzeitig das Ergebnis der mentalen Programmierung durch seine nicht nur digital-kulturelle Umgebung. Dieses letzten Umstandes ist man sich kaum bewußt, wenn man vom Primat der Einflußnahme des Rezipienten wie beim Standpunkt der eingleisigen Persuasionsverarbeitung ausgeht (Kruglanski/Thompson 1999, 107).

Digitale Texte aus einer solchen Perspektive sind Teil anderer Lebens- und Sprachkontexte und referieren somit Denkschemata und Ausdrucksmuster appellativ-argumentativer Art. Unter Argumentation sind im Sinne von Naccarato und Neuendorf nicht nur rationale Appelle, sondern ebenso die emotionalen zu verstehen. Diese Appelle als Ausdruck bestimmter Wertpräferenzen sind als informative Repräsentationen in den IPS (Internet-Präsenz-Sites) (mit)enthalten. Qualität wie Quantität solcher argumentativen Wertappelle sind aussagekräftig im Hinblick auf die für die textuellen Oberbegriffe *Produktwerbung* und *Produktinformation* wichtigen Akzeptanz- und Wirkungsfragen.

Nach Brock (1962) besitzt ein einziges Argument aus dem eigenen Lebenskontext immer stärkere Persuasionskraft als eine Aufzählung von (fremden) Argumenten. Ähnliches wird bestätigt durch ein Persuasionsexperiment von Nienhuis (1998), in dem die Motivation bei der Verarbeitung einer Instruktion beim Übermittler sich nach nicht-vorgegebenen Richtlinien erwiesenermaßen erhöhte (Nienhuis 1998, 159). Dieser Gedanke positiver Auswirkungen selbstgestalteter Informationsverarbeitungsprozesse überschneidet sich mit der strategischen Basis der Konzept-Konvergenz-Idee, wie sie in der Werbeforschung von Mehta (1999) sowie Hong und Zinkan (1995) dargestellt wurde. Im Falle von kulturbedingter Anwendung solcher selbstmotivierender Appelle und Appellstrukturen, die sich größtenteils vom kulturellen Selbstbildkonzept ableiten (Wang/Bristol/Mowen/ Chakraborty 2000, 108), müssen Bedingungen der Referenzialität erfüllt sein, um Akzeptanz und ein Höchstmaß an textueller Verarbeitung und Präferenz zu garantieren. Werbende Produktdarstellungen innerhalb von Webseiten als Ausdruck werbewirksamen Textens geben den Mikrokontext solcher Referenzprozesse ab. Die Hauptthese in bezug auf eine neue Forschungsperspektive der *Webvertising*-Forschung lautet dementsprechend, daß Norm- und Präskriptivitätsentscheidungen im Hinblick auf Textverarbeitungs- und Textgestaltungsvorgänge im digitalen Medium sich vornehmlich unter Berücksichtigung nachfolgender Aspekte vollziehen sollten:

1. der Produktinvolvementslenkung durch kulturunspezifische d.h. universelle Werbestrategien; konkret wird dies durch die textuelle Abstimmung auf die Beschaffenheit des Produkts realisiert

2. der Nutzung gruppenkulturbedingter, textueller und bildlicher Appellschemata, die sich nicht nur auf das WWW-Medienkonglomerat bezieht

3. webseitenspezifischer Referenzschemata als Ausdruck eines cyberspezifischen Referenz- und Repräsentationsstils.

Dies erfordert die Entwicklung einer Forschungsmethodik, die als theoretisches Modell anhand von Produkt-, Publikums- und Mediumelementen eruiert wird. Dieser theoretische Blickwinkel baut nun auf dem Gedanken auf, daß ein vielschichtiges, text- und sprachkulturelles Wissen die Basis für eine konventionsgeleitete Interaktion bei der digitalen Produktpräsentation abgibt. Vorausgesetzt wird, daß das Internet-Medium zwar eine überkulturelle Reichweite erzielt, erzielen könnte oder sollte, sich jedoch zwei Tendenzen gleichzeitig bemerkbar machen: nämlich die einer Globalisierung neben der eines Hybridisierungsbedürfnisses (Nederveen Pieterse 1993). Diese Hybridisierung ist unseres Erachtens als ein gleichzeitiges Bedürfnis nach produkt-, rezipienten- und mediumspezifischer Eigenwertigkeit aufzufassen.

3.2 Emotionale und rationale Appelle

Im Falle von *Webvertising* entsteht das Bedürfnis der Spezifizierung ebenfalls aus der Beschaffenheit des Produkts in tradierten Persuasionsschemata (Schellens/ Verhoeven 1988, 189f.). Das von uns vorgeschlagene Beschreibungsmodell für die digitale Produktwerbung greift dabei beispielweise nicht auf die Nutzung systematischer Inventuren von rhetorischen Mitteln zurück wie z.b. bei McQuarrie und Mick dargestellt (1996). Uns geht es in erster Linie um die Synchronisierung der Selbstwertauffassung einer kulturspezifischen Käuferschicht mit spezifischen und generellen Appellen und Appellstrukturen. Dabei sollte von lebensstilspezifischen Wertauffassungen auf eine wirkungsträchtige Textverarbeitung im neuen digitalen Betätigungsfeld der Leserwirkungstheorie geschlossen werden. Die Zweiteilung zwischen zentralen und peripheren Zeichenappellen entscheidet letztendlich in der Frage der Gewichtung und des Stellenwertes kognitiv-argumentativer Darstellung und emotional-appellativer Darstellung und wird aus schreibstrategischem Blickwinkel auch bei *Webvertising*-Fragen bedeutsam.

3.3 Selbstbildwerte in digitalen Produktdarstellungen

Die Vertrautheit des Lesers mit eingefahrenen, kulturspezifischen Appellstrukturen in nicht-traditionellen Textformaten der Produktdarstellung bestimmt, wie die digitale Produktwerbekampagne nach den Relevanzkriterien ‚Informationswert' und ‚Unterhaltungswert' bewertet wird. Die Produktwerbung wirkt im Falle suggestiver Kongruenz von Selbstbildwerten in teils bildhaft, teils textuell dargestellten Produktwerten als „Ich-Beteiligung" (Kroeber-Riel 1992, 347).

Dieser These liegt eine Modifikation der Stimulus-Response-Idee zugrunde, nämlich die, daß lesende Besucher von Websites mit Hilfe bestimmter kollektiver Variablen ideationaler und emotionaler Appelle eine überprüfbare, positive Reaktion aufweisen werden. Ein solcher Forschungsansatz überschneidet sich teilweise mit der sogenannten konzeptkonvergenten *readability*-Forschung, in der zentrale Wertpräferenz- und Stereotypenbegriffe zur Erklärung von Reiz-Reaktions-Verbindungen eingesetzt werden. Dazu wird ein kollektives Realitätsmodell benötigt, das sprachgruppenspezifische Vorstellungen kognitiv repräsentiert. In diesem Sinne lautet unser theoretischer Ausgangspunkt, zur Überprüfung und zur Feststellung des Einflusses kollektiv-mentaler Wertvorstellungen die Dimensionen Hofstedes (1991) mit den instrumentellen Werten von Schwartz (1994) zu verbinden.

So ließe sich auf der *Webvertising*-Textebene der jeweilige Einsatz von Autoritätsapellen, von Appellen, die sich an einer Gruppe oder einem Individuum orientieren, von Leistungsappellen, Lebensqualitätsappellen und Unsicherheitsvermeidungsappellen den entsprechenden Dimensionen Hofstedes zuordnen. Zum Teil überschneiden sich die 4 Hofstede-Kulturwertdimensionen wie beispielsweise die 2 Dimensionen ‚Maskulinität vs. Feminität' und ‚Unsicherheitsvermeidung' mit den 11 kulturbestimmenden Wert(appell)kategorien von Schwartz, nämlich mit dessen Werten wie ‚Selbstbestimmung', ‚Stimulierung', ‚Zielorientierung', ‚Macht', ‚Sicherheit' (Hofstede 1991, Schwartz 1994; dazu Hoeken/Le Pair/ Crijns 2000). Im letzteren Falle dienen die Werte der Beschreibung von Selbstwertschemata im Hinblick auf eine Wertepräferenz als Ausdruck einer gemeinsamen Kultur. Dabei wird von der These ausgegangen, daß Appelle – im weitesten Sinne als Argumente aufgefaßt – sich auf diese (gruppen)kulturspezifischen Selbstwertschemata beziehen und als Wahrnehmungs- und Interpretationsrahmen von Webtexten einsetzbar wären. So könnte man beispielweise aus der Reihe von Inhaltsvariablen in Werbetexten, die Naccarato und Neuendorf (1998, 14) auflisten, die Autoritätsappelle entweder dem Sicherheitswert bei Schwartz, oder kulturspezifisch entweder der Dimension ‚Unsicherheitsvermeidung' oder der ‚Maskulinität vs. Feminität' Hofstedes zuordnen.

Digitale Werbetextteile fungieren so als Attitüde-Objekt, an denen die kollektive Wertinstrumentalität exemplifiziert wird. Konkret lautet die Hypothese, die einer solchen Verfahrensweise zugrunde liegt: Wenn Werte bestimmter *Webvertising*-Benutzergruppen sich mit den gestalteten Mitteilungen in den Texten in Übereinstimmung befinden oder mit diesen nicht interferieren, dann wird der Text bei dieser Gruppe eine positivere Wirkung erzielen. Einer solchen Sichtweise stehen jedoch andere Standpunkte gegenüber, in denen von einer möglichen Erhöhung der Persuasionslenkung durch Repräsentationen kulturunspezifischer und individuell bedingter Selbstwertdarstellung ausgegangen wird. Wegen der parallelen Ausrichtung auf verschiedenartige Elemente der Textverarbeitung wäre dann diese vorgeschlagene Forschungsperspektive zur Beurteilung digitaler Werbetexte anhand der Selbstwerterkennung in beabsichtigter Verhaltensbeeinflussung methodologisch als Kombination von *Likeability*- und *Persuasions-Modell* zu betrachten.

4 Beurteilungskriterien im *Webvertising*

4.1 Kriterienkatalog für *Webvertising*-Texte

Bei der Auswahl möglicher Ansatzpunkte sollte die *Webvertising*-Forschung sich vor allem der Webtextwirkung als Produktinvolvement zuwenden. Dabei gilt als Ausgangspunkt, daß nach den beteiligten Faktoren im Verarbeitungsprozeß digitaler Produktdarstellungen zu fragen wäre. Die *Webvertising*-Forschung kann dann insgesamt auf jedem Niveau (Mediumproblematik, Produktbeschaffenheit,

Konsumenteninvolvement, digitale Texttypologie und kulturbedingte Appelltyppräferenzen) ansetzen. Dies ließe sich dann folgendermaßen konkretisieren:

- Bei der Bestimmung des *Mediuminvolvements* von *Rezipienten digitaler Texte* kann eine Klassifizierung der informationssuchenden Empfänger sich für den Vorhersagewert der Persuasionskraft in Webtextteilen als nützlich erweisen.

- Dies gilt ebenso für die Frage nach der optimalen *Abstimmung* zwischen *Produkt* und *Appelleinsatz*; eine bestimmte Produktsorte eignet sich der Beschaffenheit nach bereits durch eine bestimmte vorhersagbare Art des Involvements für eine bestimmte Appellpräferenz rationaler oder emotionaler Art.

- Die Bestimmung des Stellenwertes bestimmter Appelltypen nach der *Beschaffenheit des Involvements*. So wären ‚technische' Appelle als Hintergrundappelle und logische Appellformen bei hohem Involvement, Autoritätsappelle dahingegen bei niedrigerem Involvement wirksam.

- Eine Inventur aller mediumspezifischen Textsorten der digitalen Werbung sowie die Prognose ihrer Wirksamkeit im Falle ihres Einsatzes für die Werbung bestimmter Produkte.

- Eine Inventur möglicher *Inhaltsvariablen*, die als *Appelltypen* klassifiziert werden und deren Zuordnung nach *nationalkulturellen, gruppen- und lebensstilspezifischen* und *individuellen* Gesichtspunkten: z.B. Autonomieappelle und Zugehörigkeitsapelle im Hinblick auf Nationalkulturelles, kompetitive Appelle bei Gruppenspezifizierung und Humorappelle und Handlungsappelle auf der individuellen Ebene.

Bei diesem letzten Punkt setzt die von uns vorgeschlagene Forschungsperspektive an. Sie wird auf der Basis bestehender Forschungsarbeiten zur kulturspezifischen Werbewirksamkeit inhaltlicher und emotioneller Appelle die am Persuasionsprozeß beteiligten Informationskategorien in ein experimentelles Textdesign umsetzen.

4.2 Parallelen digitaler und gedruckter Produktwerbung

Dazu sei abschließend ein Beispiel aus dem Bereich der gedruckten Werbetextforschung angeführt. Im Rahmen der international vergleichenden Werbeforschung wurden US-amerikanische Werbeannoncen über Textinhaltsanalysen im Hinblick auf den Einsatz von Appellen mit Annoncen aus anderen Kulturen verglichen. Auf dieser Grundlage hat die Untersuchung von Madden, Caballero und Matsuko (1986, 42) ergeben, daß US-amerikanische Werbeannoncen mehr Garantieappelle aufweisen. Eine vergleichbare Untersuchung von Biswas, Olsen und Carlet (1992,

77) zeigte, daß US-amerikanische Werbeannoncen im Vergleich zu französischen mehr informationelle Hinweise enthielten. Beide Feststellungen wären nun im Rahmen der Dimension der ‚Unsicherheitsvermeidung' Hofstedes im digitalen Medium von neuem zu überprüfen. Bei erneuter Bestätigung könnte dies für das globalisierende *Webvertising* mit beabsichtigter höherer Werbewirksamkeit sowohl im Sinne der Produkt- als auch der Medienabhängigkeit eine kulturspezifische Anpassung der digitalen Werbetexte bewirken.

Interessante Forschungsobjekte für das *Webvertising* wären dann vor allem solche mehrsprachigen Ausführungen von Webseiten wie im Apollo-Optik-*Webvertising*, auf die bereits kulturdifferente Darstellungsweisen beim gleichen Produkt angewandt wurden: www.apollo.de/main/assortment (14.04.2000). An diesem Beispiel läßt sich exemplifizieren, wie die deutschsprachige Fassung sich nicht nur wegen des dreifachen Garantie*appells*, sondern auch wegen des *Textumfangs* und *Textaufbaus* von den anderssprachigen abhebt.

Literatur

Albers-Miller, N.D./ Gelb, Betsy D. (1996): Business advertising appeals as a mirror of cultural dimensions: a study of eleven countries. In: Journal of Advertising 4 (XXV), 57-70

Alden, Dana L./ Steenkamp, Jan-Benedict E.M./ Batra, Rajeev (1999): Brand positioning through advertising in Asia, North America, and Europe: The role of global consumer culture. In: Journal of Marketing 63, 75-87

Andres, Clay (1999): Great web architecture. Foster City, Chicago, Indianapolis, New York: IDG Books

Berthon, P./ Pitt, Leyland F./ Watson, R.T. (1996): The World Wide Web as an advertising medium: Toward an understanding of conversion efficiency. In: Journal of Advertising Research 1 (36), 43-54

Bezjian-Avery, Alexa/ Calder, Bobby/ Iacobucci, Dawn (1998): New media interactive advertising vs. traditional advertising. In: Journal of Advertising Research 3 (38), 23-32

Biswas, Abhijit/ Olsen, Janeen/ Carlet, Valerie (1992): A comparison of print advertisements from U.S. and France. In: Journal of Advertising 4 (21), 73-82

Brock, T.C. (1962): Cognitive restructuring and attitude change. In: Journal of Abnormal and Social Psychology 64, 264-271

Brock, T.C. (1965): Communicator-recipient similarity and decision change. In: Journal of Personality and Social Psychology 1, 650-654

Broek, Jasper van den (2000): Vorm óf inhoud? Overtuigend aanbieden op Duitstalige business-to-consumer websites. Doctoraalscriptie KUN onder begeleiding van R. Crijns. Nijmegen [Typoskript]

Bruner, Gordon C. II/ Kumar, Anand (2000): Web commercials and advertising hierarchy-of-effects. In: Journal of Advertising Research 1 (40), 35-42

Coney, Mary B./ Steehouder, Michaël (2000): Role playing on the web: Guidelines for designing and evaluating personans online. In: Technical Communication 3 (47), 327-340

Dieli, Mary (1986): Designing succesful documents: an investigation of document evaluation methods. Diss. Carnegie-Mellon University

Drèze, Xavier/ Zufryden, Fred (1997): Testing web site design and promotional content. In: Journal of Advertising Research 2 (37), 77-89

Ducoffe, Robert H. (1996): Advertising value and advertising on the web. In: Journal of Advertising Research 5 (36), 21-35

Englis, B.G. (ed.) (1994): Global and multinational advertising. Hillsdale/ N.J.: Lawrence Erlbaum Associates

Eves, A./ Tom, G. (1999): The use of rhetorical devices in advertising. In: Journal of Advertising Research July-August , 39-45

Früh, Werner (1980): Lesen, Verstehen, Urteilen. Untersuchungen über den Zusammenhang von Textgestaltung und Textwirkung. Freiburg/ Breisgau, München: Alber [Alber-Broschur Kommunikation; 9]

Ghose, Sanjoy/ Dou, Wenyu (1998): Interactive functions and their impacts on the appeal of internet presence sites. In: Journal of Advertising Research 2 (38), 29-43

Ha, Louise/ James, E. Lincoln (1998): Interactivity reexamined: A baseline analysis of early web sites. In: Journal of Broadcasting & Electronic Mail 4 (42), 457-474

Hamilton, M.A./ Hunter, J.E. (1998): The effect of language intensity on receiver evaluations of message, source, and topics. In: Allen, M./ Preiss, R.W. (eds.) (1998): Persuasion: advances through meta-analysis. Cresskill/ N.J., 99-138

Hannemann, J./ Thüring, M. (1993): Schreiben als Designproblem: kognitive Grundlagen einer Hypertext-Autorenumgebung. In: Kognitionswissenschaft 3, 139-160

Henninger, Michael (1994): Der Einfluß von Informationen auf Einstellungen. Erweiterung des theoretischen Bezugsrahmens und Modifikation der Erhebungsmethodik der ‚theory of reasoned action'. Diss. Tübingen

Henn, Burkhard (1999): Werbung für Finanzdienstleistungen im Internet. Eine Studie zur Wirkung der Bannerwerbung. [urspr. Diss. Univ. Göttingen] Wiesbaden: Deutscher Universitäts-Verlag

Hoeken, Hans (1998): Facts or feelings. The persuasive effects of conceptual and effective meaning of adjectives in coherent texts. In: Communication 21, 257-272

Hoeken, Hans/ le Pair, Rob/ Crijns, Rogier (2000):Het belang van cultuurverschillen voor het ontwerp van persuasieve teksten. In: Tijdschrift voor Taalbeheersing 4 (23), 363-375

Hofstede, Geert (1991): Allemaal andersdenkenden. Omgaan met cultuurverschillen. Amsterdam: Contact

Hong, J.W./ Zinkan, G.W. (1995): Self-concept and advertising effectiveness. The influence of congruency, conspicuousness, and response mode. In: Psychology and Marketing 1 (12), 53-77

Hornik, Jacob (1980): Comparative evaluation of international vs. national advertising strategies. In: Columbia Journal of World Business 1, 36-45

Janich, Nina (1998): Fachliche Information und inszenierte Wissenschaft. Fachlichkeitskonzepte in der Wirtschaftswerbung. Tübingen: Narr [Forum für Fachsprachen-Forschung; 48]

Jansen, Carel (1999): Zo werkt dat. Het ontwerp van instructieve teksten. Inaug. rede KUN. Nijmegen

Jaspersen, T. (1985): Produktwahrnehmung und stilistischer Wandel. Frankfurt, New York: Campus

Jong, Menno de/ Geest, Thea van der (2000): Characterizing web heuristics. In: Technical Communication 3 (47), 311-326

Knorr, Dagmar/ Jakobs, Eva-Maria (Hrsg.) (1997): Textproduktion in elektronischen Umgebungen. Frankfurt am Main u.a.: Lang [Textproduktion und Medium; 2]

Kroeber-Riel, Werner (^{5}1992): Konsumentenverhalten. München: Vahlen

Kruglanski, Arie W./ Thompson, Erik P. (1999): Persuasion by single route: A view from the unimodel. In: Psychological Inquiry 2 (10), 83-109

Lobin, Henning (1999): Intelligente Dokumente. Linguistische Repräsentation komplexer Inhalte für die hypermediale Wissensvermittlung. In: Lobin, Henning (Hrsg.) (1999): Texte im digitalen Medium. Linguistische Aspekte von Textdesign, Texttechnologie und Hypertext Engineering. Opladen, Wiesbaden: Westdeutscher Verlag, 155-177

Madden, C.S./ Caballero, M.J./ Matsuko, S. (1986): Analysis of information content in U.S. and Japanese magazine advertising. In: Journal of Advertising 3 (15), 38-45

Mayer, Hans/ Illmann, Tanja (^{3}2000): Markt- und Werbepsychologie. Stuttgart: Schäffer-Poeschel

McCracken, G. (1993): The value of the brand: An anthropological perspective. In: Aaker D.A./ Bowl, A.L. (Hrsg.): Brand equity and advertising: Advertising's role in building strong brands. Hillsdale/ N.J., 125-139

McQuarrie Edward F./ Mick, David Glen (1999): Visual rhetoric in advertising: Text-interpretive, experimental, and reader-response analyses. In: Journal of Consumer Research 26, 37-54

Mehta, Abhilasha (1999): Using self-concept to assess advertising effectiveness. In: Journal of Advertising Research 1 (39), 81-89

Meyers-Levy, Joan / Malaviya, Prashant (1999): Consumers' processing of persuasive advertisements: An integrative framework of persuasion theories. In: Journal of Marketing 63 (Special issue), 45-60

Mooij, Marieke de (1997): Global marketing and advertising. Understanding cultural paradoxes. Thousand Oaks, London, New Delhi: Sage

Morkes, John/ Nielsen, Jakob (1997): Concise, SCANNABLE, and objective: How to write for the Web. http://www.useit.com/papers/webwriting/writing.html (10.03.2000)

Naccarato, John L./ Neuendorf, Kimberly A. (1998): Content analysis as a predictive methodology: Recall, readership and evaluations of business-to-business print advertising. In: Journal of Advertising Research 3 (38), 19-34

Nederveen Pieterse, Jan (1993): Globalization as Hybridization. The Hague: Institute of Social Studies

Nielsen, Jakob (1997): How users read on the web, www.useit.com/alertbox/9710a.html (17.04.2000)

Nielsen, Jakob (1999): Designing Web usability. Indianapolis: New Riders

Nienhuis, Annet Elisabeth (1998): Persuasive communication and communicating persuasion. Diss. Univ. Amsterdam. Enschede

O'Keefe, Daniel, J. (1990): Persuasion. Theory and research. Newbury Park, London, New Delhi: Sage

Petersen, L.E./ Stahlberg, D. (1995): Der integrative Selbstschemaansatz. Die Suche und Verarbeitung selbstkonzeptrelevanter Informationen in Abhängigkeit vom Elaborationsgrad der involvierten Selbstschemata. In: Zeitschrift für experimentelle Psychologie 1 (XLII), 43-62

Petty, Richard E./ Cacioppo, John T. (1986a): Communication and persuasion: Central and peripheral routes to attitude changes. New York u.a.: Springer

Petty, Richard E./ Cacioppo, John T. (1986b): The Elaboration Likelihood Model of Persuasion. In: Berkowitz, L. (ed.): Experimental Social Psychology 19, 123-205

Philport, Joseph C./ Arbittier, Jerry (1997): Advertising: Brand communications styles in established media and the internet. In: Journal of Advertising Research 2 (37), 69-76

Pieters Rik G.M./ Raaij, W. Fred van (1992): Reclamewerking. Leiden: Stenfert Kroese

Rafaeli, Sheizaf/ Sudweeks, Fay (1997): Networked interactivity. In: Journal of Computer-Mediated Communication 2 (4), 1-17

Resnik, Alan/ Stern, B.L. (1977): An analysis of the information content of television advertising. In: Journal of Marketing 1 (41), 50-53

Runkehl, Jens/ Schlobinski, Peter/ Siever, Torsten (1998): Sprache und Kommunikation im Internet: Überblick und Analysen. Opladen, Wiesbaden: Westdeutscher Verlag

Schöberle, Wolfgang (1984): Argumentieren, bewerten, manipulieren: eine Untersuchung in linguistischer Kommunikationstheorie am Beispiel von Texten und von Text-Bild-Zusammenhängen aus der britischen Fernsehwerbung. [Diss. Univ. Tübingen 1983] Heidelberg: Groos [Sammlung Groos; 22]

Schellens, Peter Jan/ Verhoeven, Gerard (1988): Argument en tegenargument. Een inleiding in de analyse en boordeling van betogende teksten. Leiden: Nijhoff

Schlosser, A./ Kanfer, A. (1999): Interactivity in commercial web sites: Implication for web site effectiveness [manuscript under review]. http://us.badm.washington.edu/ann.schlosser (15.10.2001)

Schwartz, Shalom H. (1994): Are there universal aspects in the structure and content of human values? In: Journal of Social Issues 4 (50), 19-45

Spyridakis, Jan H. (2000): Guidelines for authoring comprehensible web pages and evaluating their succes. In: Technical Communication 3 (47), 359-382

Strauss, Judy/ Frost, Raymond (1999): Marketing on the internet. Principles of online marketing. Upper Saddle River/ N.J.: Prentice Hall

Stern Bruce L./ Krugman, Dean M./ Resnik, Alan (1981): Magazine advertising: an analysis of its information content. Do ads inform oder persuade? In: Journal of Advertising Research 2 (21), 39-44

Storrer, Angelika (1999): Kohärenz in Text und Hypertext. In: Lobin, Henning (Hrsg.) (1999): Text im digitalen Medium. Linguistische Aspekte von Textdesign. Texttechnologie und Hypertext Engineering. Opladen, Wiesbaden: Westdeutscher Verlag, 33-66

Storrer, Angelika (2000): Was ist ‚hyper' am Hypertext? In: Kallmeyer, Werner (Hrsg.): Sprache und neue Medien. Berlin: de Gruyter, 222-249

Sundar, Shyam S./ Narayan, Sunetra/ Obregon, Rafael/ Uppal, Charu (1998): Does web advertising work? Memory for print vs. online media. In: Journalism and Mass Communication Quarterly 4 (75), 822-835

Timm, Ulf J. (1999): Beiträge zum Einsatz von Benutzermodellen in der elektronischen Produktberatung. Diss. Univ. Erlangen-Nürnberg

Triandis, Harry C. (1971): Attitude and attitude change. New York, London, Sydney, Toronto: Wiley

Wang, Cheng Lu/ Bristol, Terry/ Mowen, John C./ Chakraborty, Goutam (2000): Alternative modes of self-constructual: Dimensions of connectedness-separateness and advertising appeals to cultural and gender-specific self. In: Journal of Consumer Psychology 2 (9), 107-115

Wrobel, Ursula (2000a): Culture Clash Goes Online. Interkulturelle Rezeption von Stereotypen in Web Sites vor dem Hintergrund theoretischer Überlegungen zur Analayse deutscher und US-amerikanischer Internetauftritte. In: Rösch, Olga (Hrsg.) (2000): Stereotypisierung des Fremden. Auswirkungen in der Kommunikation. Berlin: News and Media [Wildauer Schriftenreihe Interkulturelle Kommunikation; 4], 69-84

Wrobel, Ursula (2000b): Internet-Auftritte: Sprechen Sie die Sprache Ihres Kunden. Standardisierte Marketing-Konzeption oder Anpassung auf lokale Zielgruppe? http://www.marketing marktplatz.de/Intro/Globalisierung.htm (16.10.2000) [25.10.2001 dort nicht mehr verfügbar]

Über die Autoren

Rogier M.J. Crijns, Drs., Studium der Germanistik, der Theoretischen Literaturwissenschaft, Niederlandistik und Didaktik an der Universität Nijmegen (NL). Arbeitet als Abteilungsleiter (ass. prof.) Deutsch an der Fachgruppe Unternehmenskommunikation (Business Communication) der Universität Nijmegen. Forschungsschwerpunkt: internationale Unternehmenskommunikation (E-Mail-Kommunikation, Werbung und e-recruitment); Veröffentlichungen zur (betrieblichen) E-Mail-Kommunikation, interkulturellen Verhandlungskommunikation, internationalen Werte-Forschung und Niederlandistik.

E-Mail: R.Crijns@let.kun.nl

Eva Martha Eckkrammer, Mag. Dr. phil., Studium der romanischen Philologie an der Paris-Lodron-Universität Salzburg sowie an der Universität Coimbra/ Portugal. 1994 Promotion mit einer Arbeit zur Übersetzungswissenschaft und Kreolistik. 1994-1997 wissenschaftliche Mitarbeiterin im FWF-Projekt „Kontrastive Textologie". Seit 1997 Universitätsassistentin für romanische Linguistik in Salzburg mit den Forschungsschwerpunkten Textlinguistik und Kreolistik. Zur Zeit Arbeit an einer Habilitation zur diachronischen Entwicklung laienmedizinischer Fachtexte.

E-Mail: eva.eckkrammer@sbg.ac.at

Helmut Felix Friedrich, Dr. rer. soc., Dipl-Psych., wissenschaftlicher Mitarbeiter in der Abteilung Angewandte Kognitionswissenschaft am Deutschen Institut für Fernstudienforschung (DIFF) an der Universität Tübingen. Arbeitsschwerpunkte: Selbstgesteuertes Lernen, Lernstrategien, Lernen mit Medien, Evaluation telematischer Lernumgebungen.

E-Mail: f.friedrich@iwm-kmrc.de

Bernd Gaede, Dipl.-Inform., studierte von 1988 bis 1995 Informatik an der Universität Kaiserslautern. Seit 1995 wissenschaftlicher Mitarbeiter am Bayerischen Forschungsinstitut für Wissensbasierte Systeme (FORWISS) in Erlangen. Seit 1997 leitet er dort das Projekt ProfiL, in dem ein Produktionssystem für interaktive Lernmaterialien entwickelt wird, und promoviert zum Thema „Eine lerntheoretisch fundierte Spezifikationssprache, regelbasierte Spezifikationsvarianten- und Framework-basierte Codegenerierung". Technische Schwerpunkte: Java, XML, Softwarewiederverwendung und Lernsoftware.

E-Mail: gaede@forwiss.de

Peter Handler, Dr. phil., Studium der Germanistik und Romanistik (Französisch) an der Universität Wien und an der Université François Rabelais, Tours. Lektor für deutsche Sprache und österreichische Landes- und Kulturkunde an der Université de Bourgogne, Dijon. 1990 Promotion. Gastlehrtätigkeit an der Université Paris Nord – Laboratoire des sciences de l'information et de la communication. Assistenzprofessor am Institut für Romanische Sprachen der Wirtschaftsuniversität Wien. Arbeitsschwerpunkte: Wirtschaftsfranzösisch, Stilistik, Sprache in den neuen Medien.

E-Mail: peter.handler@wu-wien.ac.at

Carsten Hausdorf, Studium der Informatik mit dem Abschluß Diplom. Seit 1998 wissenschaftlicher Mitarbeiter in der Forschungsgruppe Wissenserwerb am bayerischen Forschungszentrum für wissensbasierte Systeme. Arbeitsschwerpunkte: Wissensmanagement, Data Mining. Promotion im Fachbereich Informatik; Thema: Werkzeugunterstützung bei der elektronischer Textproduktion.

E-Mail: Carsten.Hausdorf@forwiss.de

Aemilian Hron, Dr. rer. soc., Dipl.-Psych., Dipl.-Volksw.; wissenschaftlicher Mitarbeiter in der Abteilung Angewandte Kognitionswissenschaft am Deutschen Institut für Fernstudienforschung (DIFF) an der Universität Tübingen. Arbeitsschwerpunkte: Interfacedesign bei Lernsoftware, Informationsdesign für das World Wide Web, netzbasiertes kooperatives Lernen.

E-Mail: a.hron@diff.uni-tuebingen.de

Guido Ipsen, M.A. (UK), Dr. phil., Studium der Anglistik, Germanistik, Geschichte, Philosophie und Kunstwissenschaften an der Universität GhKassel. Studium der Informationswissenschaften und Geschichte an der University of Wolverhampton, England. 1995 Master of Arts. Dissertation zur Semiotik des Hypertextes bei Prof. Dr. Winfried Nöth, Kassel. Habilitationsprojekt zur Mediensemiotik und Mediengeschichte.

E-Mail: ipsen@uni-kassel.de

http://www.uni-kassel.de/~ipsen

Eva-Maria Jakobs, Prof. Dr., Studium der Germanistik, Kunstgeschichte und Erziehungswissenschaft. 1996 Habilitation zu Prozessen der Aneignung, Reproduktion und Vernetzung von Wissenschaftstexten. Professur für Textlinguistik am Germanistischen Institut der RWTH Aachen. Leitung der Studiengänge Kommunikationswissenschaft und Technische Redaktion. Arbeitsschwerpunkte: elektronische Medien, Textproduktion, Technik- und Unternehmenskommunikation, Wissenstransfer, Textlinguistik.

E-Mail: e.m.jakobs@germanistik.rwth-aachen.de

Thomas Jechle, Dr. phil., Studienfächer: Erziehungswissenschaft, Germanistik, Informatik. Studienleiter der tele-akademie an der Fachhochschule Furtwangen; Arbeitsschwerpunkte: Mediendidaktik, Tele-Lernen.

E-Mail: jechle@fh-furtwangen.de

Dagmar Knorr, Dr. phil., Studium der Germanistik, Philosophie, Geographie. 1997 Promotion über das Informationsmanagement in wissenschaftlichen Textproduktionen. 1996-1998 wissenschaftliche Mitarbeiterin am Institut für Angewandte Sprachwissenschaft der Universität Hildesheim, seitdem im Erziehungsurlaub. Arbeitsschwerpunkte: Textproduktionsforschung in den Domänen Technische Dokumentation und Wissenschaft mit Schwerpunkt auf die Veränderungen der Prozesse des Schreibens und des Informationsmanagements durch die neuen Medien.

E-Mail: Dagmar.Knorr@sign-lang.uni-hamburg.de

Katrin Lehnen, Studium der Fächer Deutsch und Philosophie in Bielefeld (1. Staatsexamen Sek.II). 2000 Promotion über kooperative Textproduktionsprozesse am Bielefelder Graduiertenkolleg „Aufgabenorientierte Kommunikation". Zu Ende der Dissertation Projekt zum „Domänen- und kulturspezifischen Schreiben" zusammen mit Kirsten Schindler. Seit Januar 2000 wissenschaftliche Mitarbeiterin in dem Leuchtturmprojekt „Schlüsselkompetenzen für Beruf und Studium: Fachinhalte erschließen, verarbeiten und hypertextuell darstellen" an der RWTH Aachen.

E-Mail: k.lehnen@germanistik.rwth-aachen.de

Daniel Perrin, Dr. phil., hat als Journalist und Redaktor bei Radio und Presse gearbeitet und war Textchef einer großen Tageszeitung. Als Writing Coach trainierte und trainiert er mit Online-, Print-, Radio- und TV-Redaktionen. Er promovierte und habilitiert über professionelle Schreibstrategien. An der Universität Bern leitet er die Forschungsstelle Berufliches Schreiben, an der Zürcher Hochschule Winterthur (www.medienhochschule.ch) leitet er die Studiengänge Fachjournalismus und Unternehmenskommunikation.

E-Mail: daniel.perrin@bluewin.ch

Karl-Heinz Pogner, Ph.D., Studium der Germanistik und Geschichte in Trier und Mainz, Promotion Odense/DK zum Thema „Schreiben im Beruf als Handeln im Fach". Von 1988 bis 1998 als Dozent im Bereich „Deutsch als Fremdsprache" an der Universität Odense/DK und der Wirtschaftsuniversität Dänemark-Süd in Sønderborg/DK tätig. Seit Herbst 1998 Forschung und Lehre im Bereich „Kommunikation" an der Wirtschaftsuniversität Kopenhagen. Arbeitsschwerpunkte:

Organisationskommunikation, interkulturelle Kommunikation und Textproduktionsforschung.

E-Mail: kp.ikl@cbs.dk

Peter Reimann, Prof. Dr., Leiter der Arbeitseinheit Pädagogische Psychologie – Lehren und Lernen – am Psychologischen Institut der Universität Heidelberg. Umfangreiche Forschungserfahrung in den Bereichen der Instruktionspsychologie (im besonderen mit dem Schwerpunkt des computerunterstützten Lehrens und Lernens sowie der Erwachsenenbildung) sowie der Kognitionspsychologie (Denken und Problemlösen).

E-Mail: peter.reimann@uni-hd.de

http://paeps.psi.uni-heidelberg.de/reimann

Marc Rittberger, Dr. rer. soc., Studium der Physik und Informationswissenschaft. 1995 Promotion zum Thema Selektion von Informationsressourcen. Zur Zeit am Lehrstuhl für Informationswissenschaft an der Universität Konstanz mit den Arbeitsschwerpunkten Information Retrieval und Qualität von Informationsdienstleistungen tätig. Leiter des Steinbeis-Transferzentrums Information Management & Information Engineering (STZ IMIE).

E-Mail: Marc.Rittberger@uni-konstanz.de

Christoph Sauer. Dr. phil., Studium der Elektrotechnik und Musik, dann der Deutschen Philologie und Publizistik in Berlin (TU, HdK, FU), Promotion 1990 (Universiteit van Amsterdam) mit einer Arbeit über NS-Sprachpolitik in der Besatzungspresse („Der aufdringliche Text"). Seit 1977 Lehr- und Forschungstätigkeit an verschiedenen Universitäten in den Niederlanden. Seit 1991 Hochschullehrer (entspricht dem „Senior Lecturer") an der Rijksuniversiteit Groningen, am FB Sprache und Kommunikation (Studiengang „Communicatie- en Informatiewetenschappen"). Arbeitsschwerpunkte: Diskursanalyse, Angewandte Pragmatik, Verständlichkeitsforschung, Medientheorie und Öffentlichkeitsarbeit.

E-Mail: c.l.a.sauer@let.rug.nl

Kirsten Schindler, M.A., Studium der Geschichtswissenschaft, Romanistik und Wirtschaftswissenschaften an den Universitäten Bielefeld, Rouen und Köln. Nach Abschluß des Studiums Projekt zum „Domänen- und kulturspezifischen Schreiben" gemeinsam mit Katrin Lehnen an der Universität Bielefeld. Seit März 2000 Dissertationsprojekt zur Adressatenorientierung in der schriftlichen Textproduktion am Bielefelder Graduiertenkolleg „Aufgabenorientierte Kommunikation".

E-Mail: kirstenschindler@yahoo.de

Über die Autoren

Horst Silberhorn, Dipl. Math., Studium der Mathematik und Physik an der Friedrich-Alexander-Universität Erlangen. Seit 1996 wissenschaftlicher Mitarbeiter am Bayerischen Forschungsinstitut für Wissensbasierte Systeme (FORWISS) in Erlangen. Von 1996 bis 1999 im Projekt ForeignSGML beschäftigt, in dem Methoden und Werkzeuge entwickelt wurden, die Erstellung und Konsistenzsicherung bei hochstrukturierter technischer Dokumentation zu unterstützen. Seit 1999 Leiter des Projekts TabulaMagica, das sich mit der Bearbeitung und Qualitätssicherung komplexer Tabellen auseinandersetzt. Wissenschaftliche Interessen: SGML (Standard Generalized Markup Language), XML (eXtensible Markup Language), Dokumentmodelle, Dokumentenerstellung und Dokumentenverwaltung.

E-Mail: silberhorn@forwiss.de

Anne-Marie Søderberg, Studium der Skandinavistik und Psycholinguistik in Kopenhagen/DK. Von 1974-1989 an der Kopenhagener Universität tätig als Doktorandin und Dozentin in den Bereichen „Sprache und Sozialisation" sowie „Geisteswissenschaftliche Fachdidaktik". Seit 1989 Forschung und Lehre im Bereich „Kommunikation" an der Wirtschaftsuniversität Kopenhagen. Forschungsschwerpunkte: Kultur, Identität und Kommunikation in Organisationen, Interkulturelle Wirtschaftskommunikation und Internationales Management.

E-Mail: ams.ikl@cbs.dk

Herbert Stoyan, Prof. Dr., seit 1990 Inhaber des Lehrstuhls für Künstliche Intelligenz im Studiengang Informatik an der Universität Erlangen-Nürnberg und Autor zahlreicher Publikationen zum Thema Wissensmanagement. Als Direktor des FORWISS und Leiter der Forschungsgruppe Wissenserwerb betreut er mehrere Projekte in den Bereichen Wissensmanagement, Dokumentenmanagement und Data Mining mit namhaften Partnern der Automobilindustrie und weiterer Branchen.

E-Mail: stoyan@forwiss.de

Sigmar-Olaf Tergan, Dr. rer. soc., Dipl.-Psych., wissenschaftlicher Mitarbeiter in der Abteilung Angewandte Kognitionswissenschaft am Deutschen Institut für Fernstudienforschung (DIFF) an der Universität Tübingen. Arbeitsschwerpunkte: Individuelles Lernen mit Multimedia; Lernen und Wissensmanagement mit Hypermedien.

E-Mail: sigmar.tergan@diff.uni-tuebingen.de

Rolf Todesco, Studium der Soziologie, Moderation der Lernveranstaltungen Hyperkommunikation und Konstruktives Wissensmanagement an der Fachstelle für Weiterbildung der Universität Zürich. Arbeitsschwerpunkte: Radikaler Konstruktivismus, Systemtheorie 2. Ordnung.

E-Mail: todesco@hyperkommunikation.ch

http://www.hyperkommunikation.ch/todesco

Frank Zimmermann, Dipl. Informationswissenschaftler, Dipl. Betriebswirt (FH). Doktorand am Lehrstuhl für Informationswissenschaft der Universität Konstanz mit dem Thema: Konzeptentwicklung für einen elektronischen Marktplatz der Marke Mercedes-Benz in Deutschland bis 2005. Zur Zeit bei der DaimlerChrysler AG Stuttgart, Development Virtual Sales Channels. Arbeitsschwerpunkte: E-Commerce und Content Strategie, Konzeptentwicklung von E-Commerce-Anwendungen in der Automobilindustrie, Evaluierung virtueller Marktplätze.

E-Mail: Frank.Z.Zimmermann@DaimlerChrysler.com

Jörg Zumbach, Dipl.-Psych., forscht und lehrt gegenwärtig am Psychologischen Institut der Universität Heidelberg im Fachbereich Pädagogische Psychologie, insbesondere in dem Bereich „Lehren und Lernen mit Neuen Medien". In diesem Bereich befindet sich auch der Schwerpunkt seiner Zeitschriften- und Buchpublikationen.

E-Mail: zumbach@uni-hd.de

http://zumbach.psi.uni-heidelberg.de

Namensregister

A
Adamzik, Kirsten 15
Alessi, S. 135
Almqvist, Ingrid 224
Andres, Clay 281
Antos, Gerd 14, 172
Arbittier, Jerry 284
Aristoteles 24
Ashman, H. 148
Atkinson, Maxwell 69
Aufderlandwehr, Werner 171, 174
Ausubel, D. P. 135, 145

B
Ballstaedt, Steffen-Peter 135
Baratta, A. N. 133
Baron, Naomi S. 53
Baurmann, Jürgen 49
Bayum, Nancy K. 239
Beaugrande, Robert-Alain de 59, 63, 72
Becker-Mrotzek, Michael 179, 188
Behrbohm, P. 266
Bell, Allan 194
Bezjian-Avery, Alexa 281, 284
Bickenbach, Matthias 25, 38
Biswas, Abhijit 288
Blum, Roger 193, 200
Bodart, François 153
Bodensteiner, Wayne 236
Bolter, Jay David 77
Börner, Fritz 169, 170
Bosak, John 225
Böttcher, Ingrid 13
Bradley, Neil 224
Brickley, Dan 147
Brill, Andreas 235, 250
Bristol, Terry 285
Brock, T. C. 285
Brockmann, Daniel 223
Brössler, Peter 144
Bruce, Vicky 32
Bruner, Gordon C. 284

Brünner, Gisela 68
Brunswicker, Florian 228
Bucher, Hans-Jürgen 194
Burkhardt, Rainer 149
Burr, Vivian 237
Bush, Vannevar 81, 89, 92

C
Caballero, M. J. 288
Cailliau, R. 148
Calder, Bobby 281, 284
Carey, L. 137
Carlet, Valerie 288
Cash, J. 266
Cathro, Warwick 149
Chakraborty, Goutam 285
Chama, Ziad 224
Chang, Shi-Kuo 144
Chaplin, Charlie 38
Chapman, Pamela 238
Charras, Christian 228
Clark, Herbert H. 29, 33
Comenius 41
Coney, Mary B. 280
Conklin, Jeff 135
Coulson, Richard L. 132
Crijns, Rogier 8, 235, 240, 244, 250, 277, 287, 295
Crisell, Andrew 28, 29
Cunningham, D. J. 133

D
Danet, Brenda 55
Dausenschön-Gay, Ulrich 176
de Jong, Mariët 72
de Vries, Michael 235, 250
Dehn, Jörg 224
Dick, W. 137
Dillon, Andrew 75, 76, 134
Doelker, Christian 29, 32
Döring, N. 256
Draper, S. 75
Dressler, Wolfgang U. 59, 63, 72

Drèze, Xavier 283
Duffy, Thomas 132, 133
Dukerich, Janet 239
Dürscheid, Christa 41
Dutton, Jane 239

E
Eason, K. 75
Eckkrammer, Eva Martha 4, 23, 24, 41, 45, 46, 48, 50, 53, 172, 295
Eder, Hildegund M. 48, 53
Edwards, J. 157
Ehlert, Holger 170
Ehlich, Konrad 12, 27-29, 31, 32, 34, 36
Ehmer, Heidi 240, 251
Eigler, G. 158
Endres-Niggemeyer, Brigitte 14
Enzensberger, Hans Magnus 24

F
Faigley, Lester 235
Fairclough, Norman 27, 28, 34, 37
Feltovich, Paul J. 132
Fickenscher, H. 266
Fidler, Roger 28, 32, 35
Firdyiwek, Y. 144
Fix, Ulla 45, 46
Flanagan, D. 149
Flender, Jürgen 132
Frank, Andrea 174
Frank, U. 261
Freitag, Burkhard 144
Friedrich, Helmut F. 6, 16, 157, 171, 295
Frindte, W. 257
Frindte, Wolfgang 250

G
Gaede, Bernd 6, 143, 295
Garton, Laura 235, 236, 250
Gemert, Lisette 171
Georgeson, Mark A. 32
Gerdes, Heike 131, 132, 135, 136
Gergen, Kenneth J. 237
Gerloff, Edwin A. 236
Giesecke, Michael 27-30, 36, 37
Gilder, George 56
Gioia, Dennis A. 239

Goffman, Erving 33
Goldfarb, Charles F. 148, 222, 224
Graefen, Gabriele 68
Graf, M. 137
Gray, Susan H. 69, 70
Green, Patrick R. 32
Grice, Paul 73
Gross, Sabine 24, 32, 40
Gruber, H. 137, 158, 170
Gulia, Milena 239
Gülich, Elisabeth 15, 171, 172
Gumperz, John J. 28, 33, 34
Günther, Hartmut 122
Günther, Ulla 53
Gusfield, Dan 228

H
Ha, Louise 279
Habscheid, Stephan 29
Hackenbroch, Veronika 175
Haller, Johann 224
Handler, Peter 23, 24, 32, 53, 109, 171, 235, 240, 244, 250, 296
Handlos, Andrea 50
Hanke, P. 266
Hannemann, J. 282
Hannemann, Jörg 73
Hanrieder, Gerhard 224
Hanusch, H. 266
Harms, U. 160
Hartmann, Reinhard R. K. 48
Hatch, Mary Jo 239
Hausdorf, Carsten 5, 95, 296
Häusermann, Jürg 194, 197
Havriluk, M. A. 157
Hedley, C. N. 133
Hedley, W. E. 133
Heger, A. 257
Heinrich, L. J. 268
Heins, J. 157
Hellemans, Frank 37
Hempelmann, Claudia 174
Herfarth, C. 136
Heritage, John 69
Herring, Susan 53
Herrstrom, David S. 76
Hesse, F. W. 157, 158

Namensregister

Heyn, Matthias 224
Hödl, Nicola 50
Hoek, Leo H. 55
Hoeken, Hans 287
Höflich, Joachim K. 17, 27, 32
Hofstede, Geert 277, 286, 287
Holly, Werner 27, 28, 37
Hong, J. W. 285
Hornung, Antonie 14
Howe, R. 266
Hron, Aemilian 6, 16, 157, 158, 171, 296

I
Iacobucci, Dawn 281, 284
Iannella, Renato 149
Illmann, Tanja 277
Ipsen, Guido 5, 23, 32, 67, 72, 296
Ives, B. 266

J
Jacobson, Michael J. 132, 137
Jakobs, Eva-Maria 4, 11, 12, 14, 18, 95, 98-100, 109, 110, 170, 172, 176, 194, 235, 296
James, E. Lincoln 279
Janich, Nina 235, 250
Jechle, Thomas 6, 16, 157-159, 171, 297
Jefferson, G. 69, 70
Jehng, Jihn-Chang 132, 133, 140
Jonassen, D. H. 134, 139
Jones, Steven G. 235, 238
Joyce, James 42

K
Kallinowski, F. 136
Kanoff Muir, Nan 236
Kaplan, R. S. 255
Kaupp, Peter 50
Kendall, Julie E. 71
Kendall, Kenneth E. 71
Kepner, C. H. 266
Kerres, M. 144, 161
Keseling, Gisbert 18
Klein, Erwin 228
Kleinberger Günther, Ulla 235, 236, 250
Knorr, Dagmar 5, 14, 18, 96-98, 102, 103, 109, 121, 123, 297
Knuth, R. 133

Koch, Peter 41, 54-56
Koch, Sabine 131
Köhler, T. 257
Köhler, Thomas 250
Kolar, C. 137
Kollberg, Py 19, 194, 197
Kollman, K. H. 266
Kollock, Peter 235, 250
Kopka, Helmut 146
Koreimann, D. S. 272
Krafft, Ulrich 171, 172, 176
Kress, Gunther 27, 32, 38
Krings, Hans P. 19
Krippendorf, Klaus 238
Kroeber-Riel, Werner 286
Kronen, J. 261
Kruglanski, Arie W. 277, 284
Kruse, Otto 12, 102, 103, 170
Kuhlen, R. 256-258
Kuhlen, Rainer 72, 131, 135, 136
Kumar, Anand 284

L
Lacey, Nick 28, 38
Landow, George P. 67
Le Pair, Rob 287
Lea, Joseph 199
Learmonth, G. P. 266
Lechner, M. 160
Lecroq, Thierry 228
Lehnen, Katrin 6, 15, 158, 169, 173, 176, 181, 297
Lengel, Robert H. 236
Leslie, Jacques 53
Lessing, Gotthold Ephraim 23, 39, 40
Levinson, Stephen C. 33, 73, 76
Levonen, Jarmo J. 131
Levy, C. Michael 199
Lewis, David 48
Liefländer-Koistinen, Luise 50
Lobin, Henning 283
Lodge, David 29, 36
Ludes, Peter 27-29, 35
Ludwig, Otto 122
Luger, Kurt 49
Luther, Klaus 174
Lyons, John 76

Namensregister

M
Mackenzie, Charles E. 147
Madden, C. S. 288
Mandl, Heinz 132, 133, 137, 158, 170
Maouri, C. 137
Marek, J. Pamela 199
Marschang, Dietwald 113
Massey, David G. 76
Matsuko, S. 288
Mayer, Hans 277, 284
McFarlan, F. W. 266
McKenney, J. L. 266
McKnight, Cliff 76
McLaughlin, M. 266
McLuhan, Marshall 37
McQuarrie, Edward F. 286
Mehrabi, Arianeb 136
Mehta, Abhilasha 285
Meise-Kuhn, Kathrin 53
Merziger, G. 158
Michelmann, Rotraut 104, 105
Michelmann, Walter U. 104, 105
Mick, David Glen 286
Millar, V. E. 266
Miller, Eric 147
Mishra, P. 137
Mittelstraß, Jürgen 70
Molitor(-Lübbert), Sylvie 18, 98, 109, 110, 158, 194
Morkes, John 281
Morris, Charles W. 68
Moulthrop, Stuart 62
Mowen, John C. 285
Mulholland, Joan 235, 242, 245
Murray, Denise E. 53

N
Naccarato, John L. 277, 287
Nadin, Mihai 69
Nagel, K. 265
Nederveen Pieterse, Jan 285
Neuendorf, Kimberly A. 277, 287
Neumann, C. 257
Niederhauser, Jürg 14, 175
Nielsen, Jakob 32, 59, 77, 277, 281, 282
Nienhuis, Annet Elisabeth 285
Nonaka, I. 81

Norman, D. 75
North, K. 257
Norton, D. P. 255
Nöth, Winfried 68, 69

O
Ochs, E. 76
Olsen, Janeen 288
Ong, Walter J. 53
Ortner, E. 146
Österreicher, Wulf 41, 54-56

P
Pansegrau, Petra 174
Parsons, G. L. 266
Peirce, Charles Sanders 68, 74
Perfetti, Charles A. 131
Perrin, Daniel 7, 14, 19, 193, 195, 197, 199, 200, 297
Phillips, Nelson 238
Philport, Joseph C. 284
Picot, A. 266
Pieth, Christa 15
Pietsch, T. 266, 267
Platon 39, 40
Pöckl, Wolfgang 50
Pogner, Karl-Heinz 7, 14, 76, 171, 172, 176, 182, 188, 235, 237, 297
Porteman, Piet 28, 29, 32
Porter, M. E. 266
Postman, Neil 37
Probst, G. J. B. 257
Putnam, Linda 238

R
Raub, S. 257
Rehbein, Jochen 27, 29
Reichwald, R. 266
Reimann, Peter 6, 131, 136, 138, 298
Reinmann-Rothmeier, Gabi 132, 133
Reiss, Katharina 46
Reiß, Veronika 175
Renkl, A. 137, 158, 170
Rentz, Claudia 136
Richardson, John 76
Rico, Gabriele 13
Rittberger, Marc 8, 255, 260, 266, 298

Namensregister

Roblyer, M. D. 157
Romhardt, K. 257
Rothkegel, Annely 103
Rouet, Jean-François 131
Rudat, Christiane 223
Ruhmann, Gabriela 12, 194
Russell, Bertrand 74

S
Saarinen, Esa 55
Sågvall Hein, Anna 224
Sandig, Barbara 172
Sassone, P. G. 266
Sauer, Christoph 4, 14, 23, 29, 38, 51, 298
Saunders, W. M. 159, 160
Saussure, Ferdinand de 67
Savery, John 132
Schegloff, E. A. 69
Schellens, Peter Jan 286
Scherner, Maximilian 179
Schindler, Kirsten 6, 169, 173, 177, 182, 298
Schmid, Hans Albrecht 150
Schmidt, Bernhard 171, 174
Schmidt, Siegfried J. 25, 28, 29, 36
Schmitz, Ulrich 24, 41, 42
Schnell, Ralf 29, 36
Schnotz, Wolfgang 137
Schreiber, A. 257
Schuler, Wolfgang 70-73
Schulmeister, Rolf 134
Schultz, Majken 239
Schütz, Jörg 223
Schwartz, P. A. 266
Schwartz, Shalom H. 277, 286, 287
Schwarzer, Christian 136
Seel, N. M. 157
Seifert, Michael J. 184, 188
Severinson Eklundh, Kerstin 194, 197, 244
Shannon, Claude E. 237
Sharples, Mike 171
Shasha, Dennis 228
Shulman, Arthur D. 238, 250
Silberhorn, Horst 7, 221, 228, 299
Simm, Hans-Jürgen 174
Simon, Lothar 228
Smith, J. B. 158
Smith, Marc A. 235, 250

Søderberg, Anne-Marie 7, 235, 299
Sokrates 39
Spillner, Bernd 48
Spiro, Rand J. 132, 133, 140
Stark, R. 137
Steehouder, Michaël 280
Steets, Angelika 12
Steinbuch, P. A. 262
Stolt, Birgit 46
Storrer, Angelika 24, 38, 41, 42, 55, 72, 136, 277
Stoyan, Herbert 5, 95, 299
Street, Brian V. 122
Süß, Christian 144
Swick, Ralph 147

T
Takeuchi, H. 81
Tannen, Deborah 53
Taylor, Marc C. 55
Tergan, Sigmar-Olaf 6, 16, 157, 160, 171, 299
Thimm, Caja 235, 236, 240, 250, 251
Thompson, Erik P. 277, 284
Thorn, Tommy 149
Thüring, M. 282
Thüring, Manfred 70-73
Tiittula, Liisa 174
Todesco, Rolf 5, 81, 92, 300
Traunspurger, Inka 12
Tregoe, B. B. 266
Trevino, Linda Klebe 236
Trollip, S. 135
Trost, Jan 46
Tschauder, Gerhard 74
Tucholsky, Kurt 42

V
van Berkel, Arrie 72, 138
van der Geest, Thea 171
van Dijk, Teun A. 76
van Leeuwen, Theo 27, 32, 38
van Waes, Luuk 194
Vanderdonckt, Jean 153
Venezky, Richard L. 122
Verhoeven, Gerard 286
Vogel, Johannes 224

W
Wagner, Daniel A. 122
Wagner, Jörg 122, 123
Walker, Katherine 251
Wallmannsberger, Josef 68
Walter, T. 266, 268
Wang, Cheng Lu 285
Weaver, Warren 237
Wedekind, J. 160
Weibel, Stuart 149
Weingarten, Rüdiger 49, 60
Welbers, Ulrich 170
Wellman, Barry 235, 236, 239, 250
Wenz, Karin 41
Werlen, Iwar 194
Werner, S. 257, 258
Winter, A. 158
Wittenzellner, H. 261
Wittgenstein, Ludwig 133
Wöhe, G. 265
Wolpert, J. F. 265
Wolpert, S. A. 265
Woudstra, Egbert 171
Wright, Patricia 73
Wrobel, Ursula 277, 281-283
Wyss, Eva L. 53

Y
Yetim, Fahri 226
Yule, George 67, 70, 73

Z
Zhang, Kaizhong 228
Zielinski, Siegfried 36
Zimmermann, Frank 8, 255, 259, 262, 268, 300
Zink, Thomas 137
Zinkan, G. W. 285
Ziv, Oren 235
Zufryden, Fred 283
Zumbach, Jörg 6, 131, 136, 138, 300

Sachregister

A

Abschleifungstendenzen 4, 45, 48
Abstract 14, 97, 119
Adressatenbezug 4, 57, 180
Adressatenperspektive 181
Agenten (robots) 84
Aktualitätswert 278
Akzeptanz 13, 103, 149, 159, 162, 231, 256, 264, 268, 283-285
Alignment-Tools 223
Alphabet 90
Animation 24, 77, 150
Anthropomorphisierung 69
Antizipation 35
Antwortrate 46
anything goes 55
Appelle 8, 46, 282, 285-287, 289
   emotionale 284
   kulturspezifische 277
   rationale 284
Application Programming Interface (API) 149
Arbeitsplan 161
Argumentationsketten 82
ASCII 147
Aufmerksamkeit 36, 280
Aufzeichnungsprogramme 195
Ausdrucksmittel
   expressive 256
Aushandeln 181, 237, 250
Austauschformat 147, 232
Auszeichnungssprachen (markup languages)
   HTML 16, 73, 77, 148, 149
   SGML 16, 148, 221, 222, 224-226, 228, 231, 232
   XML 16, 148, 154, 221, 222, 225, 226, 228, 231, 232
Authentizität 188

B

Basic Support for Collaborative Work (BSCW) 160
Behördensprache 184
Benutzerfreundlichkeit 59
Benutzerzufriedenheit 268
Bildinformation 55, 279, 286

Bildschirm 17, 24, 25, 32, 73, 103, 104, 113, 118, 122, 124, 178, 193, 195-197, 201, 208, 213, 216
BiLingual Document Object Model (BLDOM) 228, 229
Browser 5, 102, 103, 148, 149
Buchpublikation 5, 97, 109-128
   Druckvorlagenerstellung 125
   Indexerstellung 127
   Produktionszeiten 127
   Zitierkonventionen 126

C

Cascading Style Sheets (CSS) 148
Chat 13, 16, 54, 259
Co-Publishing 159
Co-Writing 159
Code 74
Cognitive Flexibility Theory 6, 131-142
cognitive modes 158
Cognitive Overhead 135, 136, 140
computer literacy 153
Computer-Mediated-Communication (CMC) 60
Computerexpertise 123
Computerphilologie 78
Computersemiotik 78
controlled languages 224
corporate design 144
Cyberliteratur 77

D

data mining 82, 89
Datenbank 2, 85, 102
Datenmanagement 81, 90
Dekontextualisierung 55, 102
Denken
   kategoriales 16
Desktop Publishing (DTP) 222, 225
Desorientierung 138
Dialektik 88
Dialog 251
   Sequenzen 85
Dialogizität 69
Didaktik 1, 2, 64, 144, 155, 194

Sachregister

Differenzierung
    kulturelle 281
discourse practices 27, 34
Diskursgemeinschaft 76, 235-254
    wissenschaftliche 176
Diskussionsforum 13, 240, 249, 251, 257
Dissertationsschrift 5, 109-128
    Abbildungen 117
    Änderungen 115
    Auflagen erfüllen 117
    Bearbeitungsabschnitte 114
    Bearbeitungszeit 112, 123, 125
    Gestaltungsvorgaben 120
    Makrostruktur 115
    Mikrostruktur 116
Disziplinen
    geisteswissenschaftliche 114
    naturwissenschaftliche 114
Document Type Definition (DTD) 16, 145, 148
Dokument-Typen 84
Dokumentation
    Qualitätsanforderungen 222
    technische 221-233
Dokumente 87
    aus Papier 89
    digitale 221
    multilinguale 7, 227, 228, 230, 231
    Schablonen (templates) 145, 151, 152, 154
Dokumentenmanagement 145, 263
Dokumentformate
    darstellungsorientierte 221
    inhaltsorientierte 221
Dokumentstruktur 224
Dokumentverwaltung 84, 85

E
E-Book 1
E-Commerce 11
E-Mail 2, 5, 7, 11, 13, 15, 16, 19, 53, 54, 58, 61, 78, 81-83, 85, 111, 163, 235-254, 257, 264
E-Service 11
E-Text 1-3
E-Zine 1
Eingabe
    natürlichsprachliche 17
    per Tastatur 17
Eingabemasken 53, 58
Emoticons 54
EU-Projekte
    KnowNet 84-93
    KnowPort 83-93
Expertenschaft 110, 123, 132, 137, 139, 144, 173, 181, 206, 257, 267
Grade 122
eXtensible Stylesheet Language (XSL) 148

F
Fachinformationen 97
Fachinhalte 171
Fachpublikum 113
Fachtext 75, 97, 100, 102
Fachtextinformationen 97
Faktoren
    weiche 273
Feedback 260, 280
Firmenprofil 54
Formate
    plattformübergreifende 147
Formular 61
Formulare 4, 58, 59, 280
Formulierungsentwürfe 18
Formulierungsroutinen 172
Forschungsmethoden
    Balanced-Scorecard-Methode 8, 255
    Critical Discourse Analysis 34, 37
    Fallstudie 235-254
    Feldexperiment 6, 157-168
    Fragebogenerhebung 5, 109-128, 163, 262
    gestalttheoretische 32
    Inhaltsanalyse 278
    Kontrastive Textologie 45-66
    Konversationsanalyse 69
    Korpusanalyse 53, 236
    Nutzwertanalyse 255
    Persuasionsforschung 277
    Progressionsanalyse 194, 196, 198, 217
    Radikaler Konstruktivismus 5, 81, 87
    Rezeptionsforschung 13, 277
    Usability-Forschung 19
    Verbalprotokolle 165
    Verstehensforschung 13
Fragmentierung 217

Sachregister

Frameworks 150
Funktionalität 38, 95, 146, 264, 278

G
Gesprächssituation 76
Graduiertenkolleg 111
Grammatik 146
Grammatikalität 74
Gruppenarbeit 157, 162, 166, 173, 177
  netzbasierte 159
Gruppenmanagement 160
Gruppenprozesse 83

H
Handeln
  interaktionelles 278
  kommunikatives 77
  sprachliches 23, 29, 33, 237
Handlungszusammenhänge 200
Hilfesysteme 122
Homepage 61
  firmeneigene 54, 277-293
Hybridisierung 41, 45, 51, 285
Hybridität
  ineffiziente 59
Hypermedia 23, 25, 30, 131-142
  Navigation 135
  Navigationselemente 25
  Probleme 133
Hypertext 3, 4, 6, 13, 16, 19, 25, 26, 30, 34, 37, 38, 40, 41, 45, 48, 61, 62, 64, 67-80, 95, 131, 132, 139, 144, 258, 277, 282
  Design 5, 70, 73
  Einheit (chunk) 74, 278
  History-Funktion 136
  instruktionaler 135
  Knoten (node) 62, 72, 73, 82, 133, 134
  Kohärenz 5, 72
  Navigation 62, 70, 92, 136
  Orientierung 136
  Referenzstrukturen 5, 73
  Struktur 8, 63, 72
  User-Centred Design (UCD) 5, 75
  Verknüpfung (link) 2, 30, 42, 54, 61, 62, 72-75, 81, 86, 90-93, 106, 136, 139, 208, 209, 222, 244, 278-284
  Verweispraktiken 67

Hypertext-Designer 60

I
Identität 235-254
  organisatorische 236, 239, 259
Individualisierung 154
Inferenz 5, 73
Informatik 19, 88
Information 258, 283
  Linearisierung 136
  nonverbale 158
  paraverbale 158
Informationsgehalt 271
Informationsgesellschaft 11, 14, 51, 159
Informationsorganisation 145
  Advance Organizer 135, 146
  Annotationshilfen 139
  Leads 280, 281
  nichtlineare 134, 140
  Querverweise 132
  Sequenzierung 132
  Site Map 278
  Strukturierungshilfen 139
  Themenreisen 132, 137
Informationssystem 68, 235
Informationsübertragung 235, 236, 250, 252
Informationsverarbeitung 131, 285
Informationsvermittlung 137
  mehrkanalige 41
Innovationskraft 255
Instructional Material Description Language (IMDL) 151, 152, 154
Instruktion 285
Interaktion 33, 157, 158, 177, 178, 180, 255, 256
  gruppeninterne 167
  Lerner-Medien 131, 134, 137
  mündliche 34
  Schnelligkeit 55
  soziale 237, 238, 252
  verbale 15
Interaktionen 181
Interaktivität 2, 28, 32, 38, 55, 98, 100, 143, 278, 280, 284
Interdiskursivität 243
Interdisziplinarität 19, 144
Intermedialität 37
Internationalisierung 260

Internet 15, 16, 37, 49, 50, 54, 57, 58, 60, 77, 90, 106, 112, 113, 122, 148, 157, 221, 232, 242, 246, 248, 251, 258, 282, 284, 285
Intertextualität 53, 208, 243
Intranet 106, 246, 251, 259

K
Kognition 6, 131, 257, 284
Kognitionswissenschaft 63
Kommunikation
  computergestützte 158
  direkte 29, 33
  elektronische 3, 68, 235, 240, 256
  entpersönlichte 77
  face-to-face 15, 28, 29, 31, 33, 68, 77, 158, 243, 246, 256
  Formen 30
  Geschäftskommunikation 174
  halb-öffentliche 235, 240
  innerbetriebliche 259
  mündliche 36
  netzbasierte 164
  nonverbale 28, 33
  organisationsinterne 235, 236, 239
  ortsverschobene 85
  Prozeduren 31
  Prozesse 3, 15, 61, 83, 250, 251, 259, 261
  Rollen 33
  sprachliche 33
  technisierte 49
  top-down 242, 247
  unternehmensinterne 255, 256
  verbale 263
  virtuelle 78
  visuelle 32
  zeitverschoben 85, 258
  Ziele 31
Kommunikationsanalyse 255, 272
Kommunikationsbarrieren 257
Kommunikationsformen 235
Kommunikationsforum 8, 251, 255-275
Kommunikationsgemeinschaft 45, 48, 61, 235-254
Kommunikationsmodell 32, 237
  telematisches 24
Kommunikationsstruktur 264

Kommunikationssystem 8, 261, 263, 264
Kommunikationstechnologie 251, 256
Kompensation 36
Kompetenzen 5, 23, 41, 45, 49, 63, 64, 85, 110, 122
Komponentenarchitekturen
  DCOM 149
  JavaBeans 149
Komponentenbibliotheken (widget libraries) 146, 150, 155
Konstruktion 5
  soziale 3, 7, 236, 250
Kontext 5, 86, 90, 175, 180
  organisatorischer 239
  sozialer 235
Kontextualisierungshinweise 33
Konventionalisierung 143-156
Konventionen 4, 14, 28, 45, 48-50, 54, 59, 62, 63, 76, 97, 147, 170, 172, 175, 237
  alternative 155
  ergonomische 155
  kulturspezifische 49
Konversation 69
Konversationspostulat 73
Kooperation 157
Koordinator 161
Kritik 89
Kultur 8, 49
Kulturtechnik 122

L
Layout 154, 221
  Vorlagen (templates) 146
Lazy Learning Software Specification (LLSS-i) 153
Lerneinheiten 143
Lernen 6, 41
  aus multiplen Perspektiven 140
  Goal-Based-Scenario 138
  hypermediales 6, 131-142
  life long learning 143
  Motivation 137
  Problemlöseprozeß 138
  selbstgesteuertes 137
  Vorwissen 137
Lerner 132, 134, 136, 137, 140, 153, 158
Lernpsychologie 137

Sachregister

Lernsoftware 143-156
   Autor 152
   multimediale 145
Lernstile 6, 143
Lernsysteme
   Autoren 133
Lernumgebungen 3, 6
   telematische 157
   virtuelle 157
Lernziele 135
Lese-Etappen 206
Lesen
   'scannendes' 282
   studierendes 104
   suchendes 104
   textbezogenes 105
   textkritisches 105
   wissensbezogenes 105
Leser
   aktiver 32
Leseverhalten 281
Leseziele 119
Lexik 56
Linearität
   konzeptionelle 41
Linguistik 13, 16, 19, 25, 41, 45, 47, 49, 62-64, 67, 68, 77, 78, 119, 174, 175, 179, 187, 194, 224, 226, 231, 250
Logfiles 217
look & feel 144
Lost in Hyperspace 6, 135, 136, 140

M

Management-Theorien 251
Mängel
   grammatische 56
Manuskript 109
Massenästhetik 25
Masseninformation 251
Medialisierung 30, 67
Mediamix 25
Mediathek 42
Medien 23-44, 152, 202, 221, 259
   alte 4, 24, 25, 131
   CD-ROM 113
   digitale 278
   Digitalisierung 131
   elektronische 2-4, 123
   gedruckte 278
   Mikrofiche 113
   neue 4, 24, 25, 36, 131
   Qualität 36, 39
   Speichermedien 33, 102
   technische 27, 67
   traditionelle 283
   Übertragungsmedien 33
   Vergangenheit 35
Medienbedingungen 40
Medienentwicklung 28, 30, 45
Medienkombination 4, 17, 19
Medienkonfiguration 4, 23
Medienkonkurrenz 39
Medienkonsum 36
Medienkultur 36
Medienmanagement 15
Mediennutzung 37
Medientheorie 4, 23, 25, 41
   Historisierung 40
Medienunternehmen 8, 255-275
Medienvergleich 36, 38, 48
Medienwechsel 17, 45, 50, 60
Medium 3, 49, 67
Merkmale
   informationelle 30
Metadaten 148, 155
Metakommunikation 242
Metapher 279, 280
   dynamische 72
Metatext 81, 89, 91
Metawissen 187
mind maps 95, 105
Mobilfunk 17, 214
Modalität 61
Multimedia 17, 23, 28, 41, 132, 143-145, 150, 155, 159, 160
Mündlichkeit
   konzeptionelle 4, 45, 54
Muster
   traditionelle 59

N

Netiquette 64, 239
Netze
   semantische 134

Neuphilologien 63
Newsgroup 54, 257
Newsletter 242, 246
Normen 53, 170, 172, 176, 181, 183, 222, 278, 281, 284
  kulturspezifische 185
Novizen 122, 131, 139
Nutzer 13, 14, 16-18, 24, 35, 42, 68, 69, 71-76, 84, 88, 92, 103, 110, 122, 123, 125, 127, 143, 223, 231, 252, 278, 282
  erfahrene 153, 225, 256
  unerfahrene 153, 225, 256

O
Online-Konferenzen 16, 257
Online-Publikation 51, 57, 61, 112
Ontologie 82, 87
Organigramm 261

P
Pädagogik 20, 144
peer review 161, 165, 167
Persuasion 8, 280, 281, 284-288
Planen
  interaktives 15
  sequentielles 15
Polysemie 2
Portabilität 149
Portal 11
Potential
  kommunikatives 236
Pragmatik 5, 32, 34, 56, 67-80
  Prinzipien 70
Präsentationsmodus 4, 23, 278, 281
Programmiersprachen
  Java 149, 153, 231
  objektorientierte 146
Psychologie 19, 63, 194, 250

Q
Qualitätssicherung 273

R
Register 97, 123, 153
  Index 90, 119
  Inhaltsverzeichnis 90, 119, 136
  Kartei 90

Liste 90
Repräsentation 38
Resource Description Framework (RDF) 147
Rezeptionsgeschichte 106
Rhetorik 40, 279, 282, 286
Rhizom 41
Rich Text Format (RTF) 147

S
S-Notation 197, 217
Satzspiegel 120
Schreibaufgabe 3, 6, 7, 13, 157-168, 169-190, 195
  Aufgabensammlung 188
  kooperative 164, 166
Schreibbedingungen 169, 173
Schreibdidaktik 12, 169-190, 194
Schreiben
  am Arbeitsplatz 169, 172, 188
  domänenspezifisches 4, 6, 14, 169-190
  journalistisches 7, 14, 193-219
  kontrastierendes 187
  kooperatives 4, 15, 157-168
  kreatives 13
  kulturspezifisches 4, 6, 14, 169, 185
  Nachrichtenschreiben 193-219
  Perspektive 181
  Prozesse 4, 7, 11, 13-16, 48, 49, 61, 169, 171, 173, 187, 193-200, 203, 208, 211, 214, 217, 218
  Regularitäten 194
  Richtlinien 186
  Strategien 6, 13, 100
  vergleichendes 187
  wissenschaftliches 170
Schreibforschung 11-13, 49, 195
Schreibgeschichte 197
Schreibmedium 121
Schreibpraktikum 188
Schreibprojekt 170, 172, 185
Schreibprozeß
  Online-Registrierung 19, 193-219
Schreibratgeber 188
Schreibsituation 196
Schreibsozialisation 197
Schreibverlauf 197, 202
Schreibwerkzeug 109

Sachregister

Schreibzentren 12
Semiose 55, 68
Semiotik 27, 68
Skriptsprachen
    Javascript 149
SMS 17
snail mail 85
Software 5, 14, 16, 18, 93, 109, 110, 116, 140, 143, 149, 225
    Adobe Acrobat Reader 95
    FrameMaker 123
    Knowledger 84, 92
    Lotus Notes 84
    MailTack 5, 81-93
    Microsoft Word 123
    Outlook 83
    PageMaker 123
    ScientiFix 5, 95, 96, 103, 106
    TeX/LaTeX 123, 146
    WordPerfect 123
    Write 123
Softwareentwicklung 13, 71, 82, 143-156
    ForeignSGML 7, 221-233
    Oberfläche 5, 103, 155
    Phasenmodell 144
    ProfiL 6, 143-156
    Prozesse 145
Softwareergonomie 154
Softwarefunktionen 109, 127
Soziologie 250
Sprache 29, 237
    gesprochene 56
    natürliche 77
Sprachkultur 59
Sprachökonomie 2, 51, 56, 59
Sprechakte 5, 72
Stereotypen 286
Stil 53, 55, 72, 177, 181, 184, 215-217, 235, 236, 242, 245, 248, 285
Strategien 5, 13, 15, 23, 45, 49, 63, 96, 134, 157, 161, 165, 170, 193, 194, 217, 218, 246, 284
    mentale 7, 193
    Präsentation 152
    produktgerichtete 209
    Produktion 17, 18
    prozeßgerichtete 200

Repertoire 7, 19
Rezeption 17
    strukturelle 214
    zur Planung 203
Strukturabgleich 230
Suchmaschinen 89
Szenenfolge 212

T

Taktilität 38, 40
task analysis 75
Teachware 144
Terminologie-Management-Systeme 223
Testauswertung 155
Text 41
    begriffliche Konsistenz 103, 119, 223
    Gliederung 102
    Modularisierung 4, 16
    Standardisierung 16
    Ton 183
    Zitat 100
Textbearbeitung 110
Texte 145, 152, 172
    Adäquatheit 45
    Akzeptanz 45
    digitale 284
    elektronische 3, 28
    klassifizieren 88
    konventionalisierte 185
    literarische 46
    maschinell generierte 55
    monosequentielle 283
    Prototypen 48
    Quellentexte 195, 205, 207, 213
    segmentieren 88
    traditionelle 135
Textfenster 203
Textformatierungen 125
Textfunktion 54, 210
Texthierarchie 278
Textkohärenz 283
Textkohäsion 226
Textmischung 283
Textmuster 145, 186
Textmustermontagen 46
Textoptimierung 14, 116, 140, 177, 281
Textorganisation 35

Kapitelüberschriften 119
Querverweise 125
Textproduktion 4, 5, 11-21, 62, 158, 172, 180, 186
  Anforderungen 14
  Assistenten 106
  Automatisierbarkeit 103
  Automatisierung 6, 123, 127, 143, 145
  berufliche 171
  berufsbezogene 170
  elektronische 1, 3, 49, 70
  Forschungsstelle 13
  guidelines 97, 145, 151, 152, 154
  Kontexte 174
  kooperative 5, 6, 106, 166
  parallele 5, 106
  professionelle 176
  prozedurale Unterstützung 159, 162, 165
  Prozesse 11, 13-15, 18, 19, 57, 59, 95-98, 100, 102, 103, 123, 127, 143-145, 150, 155, 158, 173-175
  Rahmenbedingungen 62
  Situationen 48, 99
  wissenschaftliche 14, 95, 96, 98
Textproduktionsforschung 11-21, 110, 175
Textproduzenten 110, 123
  Typen 18
Textreproduktion
  computergestützte 7, 193, 194, 203, 208, 212, 213
Textrevisionen 193-219
Textrezeption 5, 46, 62, 95, 119, 135, 282
Textsegment 86
Textsequenz 60
Textsorte 4, 15, 45-66, 75, 246, 282
  Antrag 174
  Aufsatz 85
  Bewerbungsschreiben 174
  Brief 174, 176, 179, 182
  digitale 283
  Essay 85
  Kochrezept 45-66
  Kontaktanzeige 45-66
  mediumspezifische 288
  parodierte 47, 247
  Populärwissenschaftlicher Artikel 175
  Prototypen 53

Rede 174
Stellenangebot 45-66
Texttypen 235, 236, 243, 277
Textualitätskriterien 63
Textvernetzung 209, 278
Textvolumen 51
Textwissenschaft 2, 194
Themen 82, 97, 106, 136, 152, 172, 200, 223, 236, 241, 246, 250, 259, 260
Transaktionsfunktion 258
Transdisziplinarität 70
Transformation 6, 152
  mediale 4, 23, 24, 29, 30, 38
Translation-Memory-Systeme 223, 231
turn-taking 69
Typographie 35

U
Überlieferungsqualität 35
Übersetzung 221-233
  Arbeitsschritte 225
Übersetzungsprozeß 7, 226
Übersetzungsunterstützung 221-233
Übersetzungswissenschaft 19, 63
Unicode 147, 228
Unified Modeling Language (UML) 149
Universalien 56
Unternehmensorganisation 261
Untersuchungsmethodik 19

V
Variabilität 48
Verarbeitung
  kognitive 37
Verlage 5, 113, 115, 121
Vernetzung
  elektronische 16, 60
Versionsabgleich 228
Verständlichkeit 179, 184
Verweildauer 77
Verwendungskontext 76
Videoclips 28
Videoübertragung 256
Visualisierung 24, 41, 73, 74, 229
Vorspann 212

Sachregister

W
Wahrnehmung 30
WAP 11, 17, 77
Web-Based Instruction (WBI) 143
Webvertising 8, 277-293
   Banner 280
   Branding 279
   Corporate Homepage 279
   Stakeholder communication 279
Werbung 8, 25, 46, 170, 277, 279, 283, 284, 286, 288
Werkzeug 5, 7, 81, 85, 87, 88, 95-107, 140, 143-156, 221-233
   Autorenwerkzeuge 144
   Cognitive Tools 139
   elektronisches 4, 221
   linguistisches 224
   semiautomatisches 106
   vollautomatisches 106
   Zeichenwerkzeug 118
Werte 286, 287
Wiederholungsrate 223
Wirklichkeit 84, 89
Wirtschaftlichkeitsanalyse 255-275
Wissen 3, 5, 30, 35, 41, 77, 81, 95, 143, 171, 172, 283
   als Handlungszusammenhang 88
   deklaratives 174
   domänenspezifisches 181
   Handlungswissen 185
   implizites 257
   kategoriales 92
   Kategorien 87
   Knowlegde Portfolio 81
   konstruktives 89
   Popularisieren 14, 175
   prozedurales 174
   reflexives 174
   sprachkulturelles 285
   träges 133
   über Textsorten 45, 48, 51, 56
   Weltwissen 73
Wissens-Portfolio 85, 87, 92
Wissensaneignung 98, 138
   eigenverantwortliche 143
Wissensbasis 5, 87
Wissensexplosion 131
Wissensgesellschaft 11
Wissensinseln 257
Wissenskonstruktion 132
Wissensmanagement 81-93, 257, 259
   corporate knowledge management 84
   datenorientiertes 82
   tacit knowledge 81
Wissensprozesse 5, 93
Wissensstand
   erweiterter 154
Wissensstrukturen 97, 158
Wissenstransfer 2, 14, 27
World Wide Web (WWW) 30, 42, 48, 68, 77, 111, 143, 221, 278
Wörterbücher
   elektronische 222

Z
Zeichen 77, 286
   fremde 37
   ikonische 34
   Indizes 34
   Kombinationen 27
   konventionalisierte 34
   Symbole 34
Zeichentheorie 68
Zertifizierung 153
Zielgruppe 140
Zielvorgabe
   explizite 138
   implizite 138
Zitatindikatoren 74
Zitierkonventionen 121
Zwischenprodukte 101

Textproduktion und Medium

herausgegeben von Eva-Maria Jakobs und Dagmar Knorr

In der Reihe „Textproduktion und Medium" erscheinen prozeßorientierte Untersuchungen zur Textproduktion unter besonderer Berücksichtigung moderner Informationstechnologie in verschiedenen Domänen, Kulturen und aus verschiedenen Perspektiven (Linguistik, Informatik, Psychologie, Dokumentation, Softwareentwicklung und Didaktik).

Weitere Informationen
URL <http://www.sign-lang.uni-hamburg.de/prowitec/reihe-info.html>

Band 1 Schreiben in den Wissenschaften. Hrsg. von Eva-Maria Jakobs und Dagmar Knorr, 1997

Band 2 Textproduktion in elektronischen Umgebungen. Hrsg. von Dagmar Knorr und Eva-Maria Jakobs, 1997

Band 3 Domänen- und kulturspezifisches Schreiben. Hrsg. von Kirsten Adamzik, Gerd Antos und Eva-Maria Jakobs, 1997

Band 4 Konrad Ehlich, Angelika Steets, Inka Traunspurger: Schreiben für die Hochschule. Eine annotierte Bibliographie, 2000

Band 5 Textproduktion. HyperText, Text, KonText. Hrsg. von Eva-Maria Jakobs, Dagmar Knorr und Karl-Heinz Pogner, 1999

Band 6 Jörg Wagner: Mensch – Computer – Interaktion. Sprachwissenschaftliche Aspekte. 2002

Band 7 E-Text: Strategien und Kompetenzen. Elektronische Kommunikation in Wissenschaft, Bildung und Beruf. Hrsg. von Peter Handler, 2001

Ulrich Breuer / Jarmo Korhonen (Hrsg.)

Mediensprache · Medienkritik

Frankfurt/M., Berlin, Bern, Bruxelles, New York, Oxford, Wien, 2001. 386 S., zahlr. Abb.
Finnische Beiträge zur Germanistik.
Herausgegeben von Irma Hyvärinen und Jarmo Korhonen. Bd. 4
ISBN 3-631-37701-0 · br. € 50.10

Dieser Sammelband geht von der Voraussetzung aus, dass Medialität zu den grundlegenden Eigenschaften von Sprache und Literatur gehört. Erst die Marginalisierung von Sprachlichkeit in den elektronischen Medien erfordert eine funktionale Zuordnung von Mediensprache und Medienkritik. Daher wird die linguistische Untersuchung einzelner Spezifika der Mediensprache ergänzt durch literatur- und medienwissenschaftliche Studien zur Medienkritik. Der Band enthält auch kontrastiv angelegte Beiträge, die kulturspezifische Eigenarten der Mediensprache thematisieren. Er will die Interaktion mediensprachlicher und medienkritischer Zugangsweisen anregen und fördern.

Aus dem Inhalt: H. Burger: Intertextualität in den Massenmedien · J. Häusermann: Der Text als Ort der öffentlichen Kommunikation. Zur sprachlichen Aus- und Fortbildung im Journalismus · D. Perrin: »Mit etwas Lustigem anfangen«. Prozedurale Grundmuster der Nachrichten-Dramaturgie · U. Püschel: Berichten in aufgeregter Zeit. Zu den Anfängen des Meinungsjournalismus 1848 · E. Straßner: Von der Korrespondenz zum Hypertext. Zeitungssprache im Wandel · C. Földes: Wo die „Boys" noch „Jungen", die „Girls" noch „Mädchen" und die „Kids" noch „Kinder" heißen. Anmerkungen zur Sprache der Rubrik „Jugend" in einem Minderheitenblatt · I.T. Piirainen: Höflichkeit und Unhöflichkeit im öffentlichen Sprachgebrauch · T. Schröder: Im Vorfeld. Beobachtungen zur Satzstruktur in Zeitungsnachrichten · J. Toomar: Verbidiome in Titelseitenberichten überregionaler Zeitungen der Bundesrepublik Deutschland. Eine Frequenz- und Funktionsanalyse · N. R. Wolf: (Deutsche) Sprache und neue Medien · H. Kohvakka: Meldungen internationaler Nachrichtenagenturen in deutschen und finnischen Tageszeitungen · H.-H. Lüger: Akzeptanzwerbung in Pressekommentaren · M. Majorin: Zur Textsortenspezifik der „Kleinen Meldungen" · M. Skog-Södersved: Einige inhaltliche und sprachliche Beobachtungen zu „Top-News" in „Focus Online" · L. Tiittula: Normen und Normvorstellungen in deutschen und finnischen Fernsehdiskussionen · H. Arntzen: Medienkritik und sprachkritische Ethik · Ein Prolegomenon · U. Breuer: Parasitenwissen. Medienkritische Argumente in Peter Handkes Serbienreise · H. Burger: Psychologische Beratung am Fernsehen · E. Straßner: »Good-bye England's Rose«. Zur Berichterstattung deutscher Zeitungen anlässlich des Todes von Lady Diana Spencer, Princess of Wales · G. Stanitzek: Kriterien des literaturwissenschaftlichen Diskurses über Medien

Frankfurt/M · Berlin · Bern · Bruxelles · New York · Oxford · Wien
Auslieferung: Verlag Peter Lang AG
Jupiterstr. 15, CH-3000 Bern 15
Telefax (004131) 9402131

*inklusive der in Deutschland gültigen Mehrwertsteuer
Preisänderungen vorbehalten
Homepage http://www.peterlang.de